인간성 수업

인간성 수업

새로운 전인교육을 위한
고전의 변론

마사 C. 누스바움 지음 | 정영목 옮김

문학동네

레이철에게

“이제 너 자신의 것을 보여주어라.”*

* "Aliquid et de tuo profer." 세네카, 『서간집』 제33편.

차례

일러두기

1. 이 책은 Martha C. Nussbaum, *Cultivating Humanity: A Classical Defense of Reform in Liberal Education* (Harvard University Press, 1997)을 완역한 것이다.
2. 저자 주는 미주로, 옮긴이 주는 각주로 실었다.
3. 단행본, 정기간행물은 『 』로, 시, 단편, 논문은 「 」로, 강연, 연극, 영화 등은 〈 〉로 구분했다.

서문

이 책은 지난 20년간 하버드 대학, 브라운 대학, 시카고 대학에서 가르치고, 객원강사 및 파이베타카파 방문교수* 자격으로 미국 내 대학 수십 곳을 다니면서 축적한 다양한 경험에서 시작되었다. 파이베타카파 방문교수 프로그램 참가 중에는 전부 10개 대학을 방문해 사흘씩 머물며 수업 시수로 서너 시간 동안 (철학 또는 고전학) 학부수업을 이끌었고, 학생들과 선생들을 상대로 공개강연을 했고, 비공식적 면담도 여러 시간 진행했다. 비슷한 프로그램이 '철학 연구위원회' 주관 및 '국립 인문학 지원기금' 후원으로 열리는데, 나는 여기에도 자주 참여했다. 이런 유의 프로그램들은 모두 다른 방법으로는 강연자를 초청할 재정적 여유가 없는 대학을 지원하기 위해 생겼다. 시간이 흐르면서 나는 그간의 경험을 대학교육에 관한 책과 견주어보게 되었고, 책의 내용이 미국 각급 대학의 전반적 상황을 정확하게 보여주지 않는다고 느꼈다. 그리고 이런 불만을 『뉴욕 리뷰 오브 북스』와 『뉴 리퍼블릭』 서평란에 표출하기 시작했다.

나 자신의 접근법은 예나 지금이나 철학을 토대로 한다. 나는

* 미국의 학업우수 대학생 모임인 파이베타카파협회Phi Beta Kappa Society에서 주관하는 교수방문프로그램으로, 협회로부터 초청받은 교수가 파이베타카파 지부가 있는 대학을 방문해 토론과 공개강연을 하는 일정으로 짜여 있다.

특정한 시민성의 규범을 지지하며 그 이상에 비추어 교육에 관해 제안하고자 한다. 그러나 철학이라고 해서 현실 생활과 동떨어진 글을 쓰는 것은 아니기에, 나로서는 미국 각급 대학의 현재 발전 상태를 파악한 뒤 여기에 근거해 제안하는 것이 중요했다. 대다수 사람들이 이런 발전 상태에 대해 불완전한, 심지어 심각한 오해의 소지가 있는 그림을 내면화했을 가능성이 있기 때문에 이런 경험적 기초는 더욱 중요하다. 또 너무 추상적이어서 아무 쓸모 없는 제안을 하지 않으려면 미국 내 학생과 대학의 다양성을 강조하는 것이 중요하다. 물론 이 프로젝트는 통계조사를 시도하지도 필요로 하지도 않는다. 영문학 강의 시간에 셰익스피어를 공부하는 대학은 몇 곳인가, 벵골어와 힌디어를 가르치는 교육기관은 몇 군데인가 같은 자료는 제공하지 않는다는 뜻이다. 그 대신 수없이 다양한 유형의 교육기관이 교육과정의 변화를 위해 노력하는 과정은 충분히 다채롭게 묘사되어야 할 것이며, 이는 이 철학적 제안의 유용한 사례와 근거가 되어줄 것이다. 대학교육에 대한 책 대부분은 유명한 엘리트 교육기관 몇 군데나 그 밖의 대학들에서 가져온 몇 가지 일화에 국한되기 마련이다. 반면 나는 독자가 현재 벌어지고 있는 변화에 대해 분명하게 생각할 수 있도록 다양한 유형의 교육기관에서 실제로 벌어지고 있는 일의 생생한 느낌을 전달하고자 한다.

미국의 대학교육을 책으로 선보일 수 있을 만큼 더 체계적으로 이해하고 초점도 더 분명히 잡기 위해, 우선 다양한 유형의 미국 대학을 대표할 15개 교육기관을 '핵심' 그룹으로 선정해 면밀히 검토하기로 했다. 선정 시에는 내가 다니고 겪었던 대학을 먼저 택했다. 그런 다음 각 대학의 신뢰할 수 있는 지인 한 명을 주요 자료 제공자로 선정했다. (보통 철학, 고전학, 정치이론 쪽 사람이었다.) 한 사람을 제외하고는 모두 교수로 재직하고 있던 자료 제공자들에게 요청한 것은 새로운 교육형식들을 통합하려는 대학의 노력에 대한 보고서를 작성해달라는 것, 따로 더 만나볼 만한 사람들의 명단과 관련 인쇄 자료를 전해달라는 것, 나나 연구조교가 캠퍼스를 방문할 때 도움을 달라는 것 등이었다. 그러나 불가피하게도 인생은 계획한 대로 진행되지 않았다. 어떤 학교에서는 상대적으로 상세한 보고서를 보내주었다. 어떤 때는 원래 섭외했던 '정보원'이 아무것도 제공하지 않았지만 그 공백을 메워줄 다른 사람들을 만나게 되기도 했다. 또 염두에 두었던 학교 대신 교육과정을 창조적으로 바꿔나가는 다른 학교를 발견해 선정 대상을 교체하기도 했다. 예를 들어 일전에 방문한 적이 있었는데도 세인트로렌스 대학의 프로그램은 이 작업을 시작할 때만 해도 알지 못했다. 어떤 경우든 다양한 관점을 파악하려고 하면서 교수들뿐만 아니라 학생들과도 이야기했다.

이 과정에서 훌륭한 연구조교 네 명의 도움을 받았다. 책이 완성되기까지 몫을 다한 그들을—특히 두 사람은 여러 대학에서 면담을 진행했다—독자에게 소개하고자 한다. (스토아학파의 정치사상에 관한 박사논문을 마무리하는 중인) 브라운 대학 고전학과 샘 하우저는 발표 자료를 모으고, 문의 편지를 수십 통 쓰고, 작업 개시 후 여섯 달 동안 파일들을 정리했다. 현재 캘리포니아 주립대학 버클리 캠퍼스에서 사회학 박사 과정을 밟고 있는 에릭 클리넨버그는 브라운 대학에서 미국 문명을 주제로 한 논문으로 학사 학위를 받은 직후 1993~94학년도에 함께 일했다. 그는 나 대신 모어하우스 칼리지, 스펠먼 칼리지, 벨몬트 대학을 방문해 관련자들을 면담하고 자료를 수집했다. 시카고에서 성장하고 브라운 대학에서 교육받은 유대인 남성이 내슈빌의 보수적인 침례교계 학교인 벨몬트 대학을 방문하고 다음날 바로 모어하우스 칼리지와 스펠먼 칼리지를 찾아가 면담자들로 하여금 종교, 문화, 인종의 장벽을 허물고 속내를 털어놓도록 분위기를 조성하는 일은 쉽지 않았다. 그러나 몇 시간에 걸친 면담의 녹음 기록을 들으면 그가 지성과 기지를 발휘해 그 일을 탁월하게 해냈음을 알 수 있다. 야스민 달리사이이는 1994년 봄과 여름에 캘리포니아 주립대학 리버사이드 캠퍼스, 브리검영 대학, 네바다 주립대학 리노 캠퍼스를 찾아갔다. 야스민의 부모는 모두 필리핀 출신 의사로 미국 이주 직후 제안받은 일자리를 따라 유타 주 오렘으로 갔는데, 이곳은 브리검영 대학이 자리한 프로보에서 멀지 않다. 야스민의 부모는 모르몬교에 대한 사전지식이 없었다. 야스민은 매우 보수적인 그 공동체에서 자유주의적이고 혼합문화적인 외국인으로 성장했다. 그는 모르몬교에 대한 지식도 풍부했고 모르몬교 전통을 (비판적이기는 했지만) 존중했기에, 브라운 대학 학생에게 더 편했을 법한 캠퍼스들에서는 물론이고 브리검영 대학에서도 탐색적 면담을 수행할 수 있었다. 철학 전공생이었던 야스민은 1996년에 학부를 졸업했다. 마지막 집필 시기의 연구조교는 시카고 대학 로스쿨 학생이자 1996~97학년도 『유니버시티 오브 시카고 로 리뷰』의 편집장을 지낸 로스 데이비스였다. 그는 1997년부터 1998년까지 미국 항소법원 제7순회재판소에서 다이앤 우드 판사의 보좌관으로 일하게 된다.

이 과정에서 함께한 면담 대상자들은 모두 프로젝트의 성격을 숙지하고 있었다. 그들은 면담과 그 내용을 녹음하고 책에 인용하는 것에 동의했다. 책에 나오는 학생들의 이름은 대부분 본명이지만 간혹 가명도 있다.

이 책을 계획하고 써나가는 동안 수많은 이에게 도움을 받았고 감사의 빚을 졌다. 우선 경이로운 편집자 네 사람을 거명하고 싶다. 『뉴욕 리뷰 오브 북스』의 로버트 실버스는 1987년 나에게 앨런 블룸의 『미국 정신의 종말』 서평을 써보라고 권유했고, 거기에서 모든 것이 시작되었다. 『뉴 리퍼블릭』의 리언 위젤티어와 앤드루 설리번은 1992년 게이 연구에 대한 논쟁에 대한 글을 쓸 때 함께 작업하며 도와주었다. 또 누구보다 하버드 대학 출판부의 조이스 셀처에게 특별히 감사하고 싶다. 그는 나에게 프로젝트를 제안하고 국면에 부딪칠 때마다 이끌어주었으며, 늘 매섭고 꼼꼼한 태도로 강인한 정신의 비평가 역할을 맡아주었다.

이 책을 작업하기 전 몇 년간 다문화적이고 다국적인 가족의 일원으로 지내며 아이들을 함께 키웠는데, 식구들의 출신지는 인도, 독일, 이탈리아, 영국 등 다양했다. 이 시기에 나는 내가 얼마나 무지했는지 깨달았고 비로소 지금까지 받았던 교육에 대해 비판적인 질문을 던지게 되었다. 나는 오랜 기간 교육을 받았지만 힌두교와 무슬림과 인도사, 아니, 사실상 개발도상국 전체의 경제적·사회적 상황에 관해서는 아무런 정보도 얻지 못했다. 헬싱키의 '개발경제 윤리연구소'가 주관한 개발윤리에 관한 프로젝트에 참여하면서 무지에 대한 자각은 더욱 깊어졌다. 나를 참아주고 지원해준 랄 자야와르데나를 비롯한 연구소 동료 모두에게 고마움을 전한다. 하지만 내가 세계시민이라는 영역을 그나마 이해하게 된 것은 누구보다도 센 가족 덕분이다. 인드라니, 카비르, 툼파, 피코, '삼마', 바부, 그리고 특히 아마티아는 상상력과 동정심, 도덕적 헌신을 발휘해 '세계시민'이 이룰 수 있는 것의 모범을 보여주었다.

나는 이 책을 위해 면담에 응해주거나 정보를 보내준 수백 사람, 특히 상세하면서도 포괄적인 자료를 제공한 대학 현장의 '정보원들'에게 톡톡히 빚을 졌다. 이들 가운데 일부는 원고를 논평해주기도 했는데, 스콧 애벗, 데버라 액턴버그, 존 암스트롱, 그랜트 콘월, 메릴린 프리드먼, 로니 리틀존, 월터 매시, 수전 몰러 오킨, 필립 퀸, 이브 스토더드, 폴 와이드먼, 그리고 특히 원고 전체에 대해 꼼히 논평해준 데이비드 글리든에게 감사하다. 로런스 블럼, 빅터 캐스턴, 토머스 단드레아, 헨리 루이스 게이츠, 에이미 메셀슨, 진 포터, 위톨드 라비노비츠, 스티븐 스트레인지, 캔더스 보글거, 로버트 구딩 윌리엄스 등의 논평도 큰 도움이 되었다. 시카고 대학 로스쿨은 지적·정치적 차이를 진정한 소크라테스적인 예의와 이성에 충실한 태도로 논의할 수 있는 공간이다. 일부 대목에서는 의견이 크게 다름에도 이 프로젝트에 대해 함께 논의하고 논평해준 로스쿨 동료들에게 감사한다. 특히 엘리자베스 개릿, 댄 케이헌, 존 롯, 마이클 매코널, 트레이시 미어스, 리처드 포스너, 마크 램시어, 데이비드 스트라우스, 케이스 선스틴에게 고마움을 전한다.

마지막으로 하버드 대학, 브라운 대학, 시카고 대학에서 만난 수많은 제자에게 감사하고 싶다. 이들을 가르치면서 시민성에 대해 배웠고 이들과 오랜 세월 토론하면서 큰 기쁨을 맛보았다.

그러나 내가 다른 누구보다 많이 토론하고, 누구보다 큰 기쁨과 자부심을 느낀 제자가 있다. 바로 딸 레이철 누스바움이다. 레이철은 바그너 숭배자이자 시장 자유주의자, 소크라테스식 논증자이자 니체식 낭만주의자로서 형성한 복잡한 정체성의 내적 관점에 입각해, 이 책에 나오는 거의 모든 주장을 논박했다. 그 덕분에 나는 생각을 더 충실하고 예리하게 정리할 수 있었다.

시카고

1996년 11월

……사는 동안, 인간들과 함께하는 동안
우리의 인간성을 계발하자.

세네카, 『분노에 대하여』

머리말

옛 교육과 생각 학교

아리스토파네스의 위대한 희극 「구름」에서, 새로운 배움을 갈망하는 젊은이는 저 이상하고 악명 높은 인물 소크라테스가 운영하는 '생각 학교'에 간다. 그곳에서는 젊은이를 앞에 두고 전통적 교육의 장점과 소크라테스식 논증이라는 새 교육의 장점을 비교하는 논쟁이 벌어진다. '옛 교육'의 대변인은 강인한 노병이다. 그는 암기할 것은 많고 질문의 여지는 별로 없는, 기율이 잘 잡힌 애국적 훈련을 지지한다. 그는 어쩌면 실제로는 있지도 않았을 시절—젊은이들이 부모에게 순종하고 조국을 위해 죽는 것 이상을 바라지 않던 시절, 교사들이 이상한 요즘 노래가 아니라 웅장한 옛 노래 '아테나, 도시의 약탈자여'를 가르치던 시절—을 즐겨 회고한다. 그는 우렁차게 소리친다. 나와 함께 공부하라, 그러면 진짜 남자처럼 보이게 되리라. 가슴은 넓어지고 혀는 짧아지고 엉덩이는 단단해지고 생식기는 작아질지니.(그 시절에 작은 생식기는 남성적 자제력을 상징하기 때문에 장점이었다.)

그의 맞수는 논쟁하는 자, 말로 유혹하는 자다. 이것이 아리스토파네스의 보수주의라는 왜곡된 렌즈에 비친 소크라테스의 모습이다. 그는 젊은이에게 시간을 초월해 있는 듯한 도덕규범의 사회적 기원에 관해, 관습과 본성의 차이에 관해 비판적으로 생각하는 법을 가르쳐주겠다고 약속한다. 젊은이는 권위에 구애받지 않고 스스로 논리를 구축하는 법을 배울 것이다. 행군은 많이 하지 않을 것이다. 그의 결론은 이렇다. 나와 함께 공부하라, 그러면 철학자처럼 보이게 되리라. 혀가 길어질 것이고 가슴은 우묵하게 좁아질 것이며 엉덩이는 물렁해지고 생식기는 커지리니.(그 시절에 큰 생식기는 자제의 결여를 상징하기 때문에 단점이었다.) 물론 소크라테스의 이런 자기선전은 보수적인 반대파가 교활하게 지어낸 말이다. 무슨 메시지를 주려고? '새 교육'은 남성적 자제를 무너뜨리고 젊은이들을 섹스에 사로잡힌 반항아로 만들어 도시를 파괴하리라는 것이다. 젊은이는 속히 집으로 돌아가서 아들인 자신이 아버지를 때려야 한다는 상대주의적 논리를 펼친다. 그러자 아버지는 횃불을 들고 가서 '생각 학교'를 불태운다.(아들이 학교 안에 있는지는 분명치 않다.) 25년 뒤 젊은이들을 타락시킨다는 혐의로 재판을 받게 된 소크라테스는, 자신을 둘러싼 편견의 주요한 출처로 아리스토파네스의 이 희곡을 지목했다.

고대 아테네의 상황과 마찬가지로 오늘날 미국의 자유교육* 또한 변화를 겪고 있다. 대학 자유학문 교육과정에 새로운 주제들이 등장해, 학생들은 이를테면 비서양 민족 및 미국 내 민족적·인종적 소수집단의 역사와 문화, 여성의 경험과 성취, 레즈비언·게이의 역사와 관심사 등을 배우게 되었다. 대중 저널리즘에서는 이런 변화를 학업성취의 전통적 기준과 시민성의 전통적 규범 양쪽에 매우 위협적인 현상으로 제시하곤 한다. 그 결과 독자들은 대단히 정치적이고 획일적인 엘리트 집단이 인간 삶을 두고 '정치적으로 공정한' 관점을 강요하려 들면서 전통적 가치들을 전복하고, 결국 학생들에게 아버지 구타 같은 행동을 지지하는 논리를

* liberal education. 흔히 '교양교육'으로 옮기기도 하지만, 여기에서는 '비판적 사고력과 호기심을 함양하는 교육'이라는 원래의 뜻에 가깝도록 '자유교육'으로 옮기기로 한다. 마찬가지의 맥락에서 통상 '교양과목'으로 번역되어온 'liberal arts'도 '자유학문'으로 옮긴다.

펴라고 가르치는 광경을 떠올리게 된다. 소크라테스식 문답법은 여전히 재판중인 것이다. 교육과정을 둘러싼 우리 논쟁에서 아리스토파네스의 뛰어난 작품에 표현된 내용, 즉 더 순종적이고 통제된 시절에 대한 향수, 새롭고 독립적인 사고에 대한 의심이 똑같이 드러난다.

그러나 오늘날 미국 대학을 그런 식으로 묘사하는 것은 선생과 학생이 인간 다양성을 둘러싼 쟁점을 붙들고 씨름하는 대학교육의 일상적 현실과 거리가 멀다. 때로는 끔찍한 사태를 선정적으로 묘사한 글이 책임 있는 의사 결정 과정을 섬세하게 설명한 글보다 흥미롭기 마련이지만, 우리에게 절실한 것은 후자다. 그것이 현실 일반을 훨씬 더 잘 보여주기 때문이다. 현재 각급 대학에서 벌어지고 있는 변화를 평가하려면 더 꼼꼼히 들여다보면서 무엇이 왜 변하고 있는지 정확하게 파악해야 한다. 선생들과 학생들이 실제로 무엇을 공부하고 있으며, 인간 다양성과 관련한 쟁점들의 새로운 경향은 이들의 공부에 어떤 영향을 주는가? 미국 대학은 어떤 종류의 시민을 배출하고자 하고, 그 과제를 얼마나 성공적으로 수행하고 있는가? 이런 질문에 답을 얻으려면 유명한 교육기관 한두 곳만이 아니라, 공립학교와 사립학교, 종교계 학교와 비종교계 학교, 큰 학교와 작은 학교, 농촌 지역 학교와 도시 지역 학교, 칼리지와 종합대학 등 현재 미국의 다양한 대학교육을 대표하는 교육기관들을 폭넓게 살펴야 한다.

이런 식으로 살펴나가면 문제점이 드러나고 비판해야 할 동향도 보인다. 그러나 미국의 대학교육은 전반적으로 건강한 상태다. 이토록 많은 재능 있고 헌신적인 젊은 선생들이 이렇게 다양한 종류의 기관에 널리 퍼져 교육과 시민성을 연결하는 까다로운 문제에 골몰한 적은 지금까지 없었다. 인문학과 사회과학 분야의 일자리 부족으로 현실은 가혹해졌고, 많은 사람이 자기가 사랑하는 일을 그만두어야 했다. 그러나 남은 사람들이 있고, 이들은 대단히 헌신적이다. 더욱이 최고 수준의 선생들과 학자들은 이제 얼마 안 되는 엘리트 학교들로만 몰리지 않는다. 이들은 전국 각지에서 학생들을 가르치며 대학교육의 사명을 깊이 헤아리고, 자신들이 만난 학생들에게 생각의 활기를 불어넣을 전략을 강구하고 있다. 미국 대학교육의 현실을 둘러싼 이야기는, 스스로 긴급한 문제를 면밀히 추론하는 한편 학생들의 마음과 정신을 그 탐색으로 이끄는 이들이 겪는 매일의 투쟁기다.

캐나다 접경지대, 뉴욕 주 북부에 자리잡은 작은 리버럴 아츠 칼리지*인 세인트로렌스 대학. 1월 초면 눈이 순식간에 50센티미터 이상 쌓여, 단단하게 다져진 하얀 눈 위를 자동차들이 엉금엉금 조용히 기어간다. 그러나 크리스마스 기간에도 캠퍼스 안은 제설작업이 되어 있다. 젊은 선생들이 방학중인데도 세미나실에 모여 환히 불이 밝히고 상기된 채 아프리카 농촌생활 연구차 한 달간 머물렀던 케냐에 관해 이야기를 나누고 있다. 그 지역의 보통 사람들과 함께 생활하면서 영양학, 일부다처제, 에이즈 등 여러 주제로 열린 토론회에 참여했던 이들은 이제 그 경험을 강의—미술사학, 철학, 종교학, 여성학 강의—에 녹여내는 중이다. 이들은 열의에 차서 다음 여름의 인도 출장을 계획하며, 벌써부터 일주일에 한 번 저녁 시간에 모여 인도 문화와 역사에 관한 세미나를 하고 있다. 그룹 지도자인 철학과의 그랜트 콘월과 영문학과의 이브 스토더드는 학생들에게 문화상대주의를 비판적으로 생각하도록 가르치는 과정에 대해 이야기한다. 그들은 우리가 관용을 발휘해 다른 사람의 생활방식을 비판하지 말아야 한다는, 마음이야 편하지만 (그들의 주장에 따르면) 궁극적으로는 모순된 생

* 미국에서 발달한 학부중심대학으로, 지적으로 균형잡힌 전인교육이라는 방침 아래, 학생들에게 전공 프로그램과 더불어 자유학문에 바탕을 둔 다분야 커리큘럼을 제공한다.

각을 비판하는 과정에서, 소크라테스의 전통을 따르는 신중한 철학적 문답법을 이용한다. 학생들은 아프리카의 여성 할례 관행에 대해 외부인이 이러쿵저러쿵하는 것에 찬성하는 진영과 반대하는 진영의 논리를 각각 분석해, 면밀한 추론을 바탕으로 소논문을 작성해 제출한다.

아침 8시부터 갈색 아지랑이가 산과 오렌지 농장을 덮는 캘리포니아 주 리버사이드. 이 지역 주립대학 캠퍼스에서 열린 여름방학 계절학기 첫날, 다양한 민족 출신 학생들이 교정 잔디밭에 빽빽이 모여 있다. 40퍼센트 이상이 소수민족 출신이다. 민족학을 가르치는 젊은 백인 강사 리처드 로위가 속속 이야기를 꺼내놓는다. 그의 말을 듣고 있는 내 연구조교 야스민 달리사이는 유타 주 오렘으로 이주한 필리핀 의사 부부의 딸이다. 로위는 두꺼운 안경 너머로 주의깊은 시선을 던지며 낮고 부드러운 목소리로 이야기한다. 로위는 선정주의, 불신, 비이성적 감정에 호소하는 정치적 분위기 속에서 새로운 소수집단의 이주, 동화, 정치투쟁에 관해 가르치는 일이 얼마나 어려운지 설명한다. "물론 도발적인 방식으로 다문화주의를 가르치는 사람들도 있지요. 하지만 나는 점잖은 접근법을 취합니다. 누구를 만나든 나는 이 자리에서 당신을 비하하려는 것도, 누군가의 조상이나 친척이 한 일을 두고 비난하려는 것도 아니라고 말하려고 합니다. 단지 현재 벌어지고 있는 일을 설명하려는 겁니다. 그러면서 내가 전하는 지식이 사람들에게 영향을 주기를 바랄 뿐이지요. 반면 감정에 호소해 오히려 듣는 이의 흥미를 떨어뜨리는 이들도 있습니다. 사람들이 오직 정치적인 맥락에서만 자기 인간성의 방향을 잡는 것은 너무 편협하다고 봅니다. 그래서 나는 늘 사람들에게 당신의 인간성을 정치로 포장할 수도 있지만 당신의 정치를 인간성으로 포장할 수도 있다고, 당신이 정말로 올바른 태도와 바른 마음과 선한 믿음으로 사람을 대하는 품위 있는 인간이라면 그런 모습이 겉으로 드러나게 된다고 말합니다. 그래서 그런 식으로 시야를 넓히려고 노력하지요."

네바다 주립대학 리노 캠퍼스는 카지노 부지 한가운데 자리잡은 섬 같은 학교로, 붉은 벽돌과 정돈된 잔디밭이 인상적인 곳이다. 야스민은 카슨시티에서 온 보건학과 4학년 에릭 차머스와 이야기를 나눈다. 차머스는 자신을 "대학생치고 상대적으로 편협한 편"이라고 소개한다. 그는 비서양 문화나 미국 내 민족 또는 젠더 문제를 다루는 과목을 하나 이상 필수적으로 이수해야 하는, 최근 도입된 신입생 대상의 '다양성을 위한 필수과목'에 대해서는 들어본 적이 없다면서도 국제화 경향을 환영했고, 이슬람교나 중동을 공부할 기회가 없었던 것을 아쉬워한다. 그러나 그는 "해방적인 여성 교수"가 강의한 가정폭력에 관한 수업이 "남자의 품위를 너무 떨어뜨리는" 것 같았다고 비판한다. 인터뷰가 끝날 무렵 그는 뭔가 기억났는지 웃음을 터뜨린다. "재미있는 일이 한 가지 더 있습니다. '영작문 102' 수업 때 게이 당사자 입장에서 편지를 써야 했습니다. 부모에게 자신이 게이라고 처음 고백하면서 삶의 방식을 설명하는 거였죠. 당시 나는 신입생이었는데, 정신나간 일이라는 생각이 들었습니다. 좀 불편한 과제였죠. 하지만 지금 돌아보니 왜 우리가 그런 숙제를 했는지 이해할 것 같습니다. 우리는 살면서 사람들, 그러니까 다양한 유형의 사람들을 만나게 되기 마련이니까요. 늘 말입니다. 어쩌면 그 과제는 그런 다양한 사람들의 신념 체계를 이해하기 위한 시도였는지도 모르겠네요." 그는 편치 않은 표정으로 웃음을 터뜨린다.

1995년 2월의 어스름한 오후, 나는 매사추세츠 주 케임브리지에 있는 헬스클럽에 간다. 늘 다니던 이 헬스클럽 접수대에 처음 보는 청년이 있다. 키가 크고 건장하고 뺨이 불그레한 10대 후반으로, 빨간 야구모자에 밝은 자주색 트레이닝셔츠 차림이다. 셔츠 위쪽에는 '워싱턴'이라는 단어가 은색으로, 아래쪽에는 백악관 사진이 형광색으로 인쇄되어 있다. 자신을 빌리라고 소개한 그는 플라톤의 『소크라테스의 변명』과 『크리톤』*을 읽고 있다. 플라톤을 읽고 있네요, 내가 말한다. "네. 이런 거 좋아하세요?" 그가 묻는다. 눈이 갑자기 반짝거린다. 나는 그런 거 아주 좋아한다고 말하며, 그가 수강하는 수업에 대해 묻는다. 근처 월섬에 위치한 작은 대학인 벤틀리 칼리지에서 하는 수업으로, 이 대학은 비즈니스 교육에 중점을 두는 교육기관이다. 선생님이 누구예요? "기억이 잘 안 나네요. 외국 여자 선생님인데." 강의계획서에 따르면 선생의 이름은 "크리슈나 말리크 박사"다. 인도 콜카타 출신의 크리슈나 말리크는 소크라테스의 자기성찰이라는 과제, 그의 아테네 법에 대한 복종, 자신의 주장을 관철하기 위해 죽음을 기꺼이 무릅쓰는 태도 등에 관한 탁월한 연구 논문을 몇 편이나 발표한 학자다. 학생들은 이제 플라톤을 통해 배운 기법을 이용해 우리 시대의 도덕적 딜레마들에 대한 토론을 펼치게 될 것이다. 나는 본격적으로 운동을 시작하기 전에, 소크라테스가 기회가 있었음에도 어째서 감옥에서 탈출하지 않았는지 이 젊은이와 한동안 이야기를 나누었다. 크리슈나 말리크가 그 학생을 진심으로 감동시킨 것이 분명하다. "있잖아요, 이 철학 수업 정말 좋아요. 다른 강의에서는 사소한 사실들을 잔뜩 외워야 하는데, 이 수업에서는 우리한테 생각을 하고 질문을 하기 바라거든요."

시카고 대학은 로스쿨 주차장 뒤편 철조망을 경계로 캠퍼스와 캠퍼스 주변의 궁핍한 흑인 거주지가 분리되어 있다. 가끔 흑인 아이들이 담을 넘거나 진입로를 통과해 교정에 들어오긴 하지만 오래 머무는 것은 허용되지 않는다. 5월의 어느 오후, 로스쿨 건물 강의실에서 학생 일흔 명(그중 흑인 학생은 한 명)이 1940년의 시카고 지역 안에서도 바로 이 구역을 배경으로 한 소설인 리

* 소크라테스와 크리톤이 '탈옥'이 정의로운가를 두고 논의하는 내용이다.

처드 라이트의 『미국의 아들』을 두고 토론하고 있다. 학생들은 주인공 비거 토머스가 백인의 증오와 흑인의 수치를 상징하는 것으로 여기는 흑과 백 사이의 '금'에 관해 이야기하며, 비거의 정신 상태와 그가 저지른 범죄의 형사책임 수준을 놓고 열띤 논쟁을 벌인다. 그 무렵 판사 클래런스 토머스의 입장 표명, 즉 자신들의 범죄 성향을 불우한 배경에서 찾는 흑인 피고인들에 동조해 형량을 경감해주어서는 안 된다고 주장한 것과 관련해, 학생들은 라이트의 소설이 토머스의 주장을 뒷받침하는 내용인지 반박하는 내용인지 묻고 가늠해본다.

브리검영 대학을 갓 졸업한 게이이자 모르몬교도 청년인 스콧 브레이스웨이트는 예배 시간에 사람들 앞에서, 자유학문 교육과정에 인간 섹슈얼리티의 역사와 다양성에 관한 논의를 포함하는 것이 중요하다고 설파한다. 이것은 최근 브리검영 대학에서 뜨겁게 달아오른 논쟁 주제인데, 브레이스웨이트의 이야기에는 성경 말씀만이 아니라 모르몬교 경전과 역사에 대한 언급도 빈번하게 등장한다. 그의 결론은 이렇다. "이상적으로 말하자면 우리는 모든 사람을 사랑해야 한다고 해야 할 것입니다. 그러나 모르는 사람을 사랑하는 것, 나와 다른 사람을 사랑하는 것은 대개 어려운 일입니다."

리처드 로위의 타당한 지적처럼, 미국 문화에서는 감정이 실린 선정적인 메시지를 전달하는 일은 쉬워도 정확한 정보와 인간성에 유머까지 담아서 사람들의 다양성과 복잡성을 진지하게 이야기하는 것은 어렵다. 정치적 논쟁이 벌어지면 개인들은 너무 쉽게 잊히고 만다. 그런 만큼 이 책에서는 자신들을 대표하면서도 개성이 강한 교원들과 학생들의 목소리를 들려줄 것이다. 독자들이 "정치를 인간성으로 포장"하겠다고 마음먹기를, 즉 대학에서 실제로 가르치는 선생들에 대해 정치적으로 예단하기보다 교육과정을 결정하는 교원들의 구체적인 상황을 상상하면서, 공감하는 마음과 유연한 태도로 쟁점들을 생각해보기를 바라기 때문이다.

오늘날 선생들은 문화 다양성 시대, 국제화 추세가 강화되는 시대를 사는 미래 시민을 양성하고 있다. 미국은 다원적일 수밖에 없는 나라다. 미국 시민은 어떤 결정을 내려야 할 때, 상당히 많은 경우 미국 내 인종적·민족적·종교적 집단과 여성 및 성적 지향과 관련된 성소수자의 상황을 어느 정도 이해하고 있어야 한다. 또 미국인은 한 사람의 시민으로서 농업, 인권, 생태를 다룰 때, 심지어 상업 및 산업의 문제를 처리할 때 여러 나라 사람들이 참여하는 토론이 이루어진다는 것을 이해해야 한다. 미국 경제의 활기를 유지하고 인류의 다급한 문제들을 효과적으로 풀어내려면 그런 토론은 더욱 자주 일어날 수밖에 없다. 대학 교육과정에서 '다양성'을 새롭게 강조하는 이유는 무엇보다도 그래야 시민성의 새로운 요건을 고민할 수 있기 때문이고, 어떤 지역이나 집단에 속한 시민으로만이 아니라, 이것이 더욱 중요한데, 복잡하게 얽힌 세계 시민으로 기능하는 성인을 배출할 수 있기 때문이다.

1969년 하버드 대학에 입학했을 때 일이다. 어느 저명한 고전학 교수가 나를 비롯한 대학원 신입생들을 이끌고 와이드너 도서관 옥상에 올라갔다. 교수는 이렇게 높은 곳에 올라오면 미국 성공회 교회가 얼마나 많이 보이는지 모른다고 말했다. (성공회교도였다가 개종한) 유대교도인 나는 만약 남편과 내가 설사 원했다 해도 하버드 대학의 메모리얼 교회에서는 식을 올리지 못했으리라는 사실을 알고 있었다. 그즈음 메모리얼 교회가 유대인 커플의 결혼식 접수를 거부했기 때문이다. 한편 여성인 나는 초대를 받는다 해도 교수회관의 본관 식당에서는 식사할 수 없었다. 여학생은 그 몇 년 전만 해도 학부생 도서관을 이용할 수 없었다. 또 1972년에 나는 여성 최초로 주니어 펠로십—선발된 일부 대학원생에게 연구에 전념할 수 있도록 강의 의무를 면제해주는 장학제도—의 혜택을 받았다. 그때 어느 저명한 고전학자로부터 축하편지를 받았는데, 그는 편지에 여성 펠로를 어떻게 불러야 할지 모르겠다고 썼다. 펠로의 여성형 명사 '펠로위스fellowess'는 낯선 조어였기 때문이다. 그러면서 그는 그리스어가 문제를 해결해줄 수 있겠다고 했다. '펠로'를 그리스어로 옮기면 '헤타이로스hetairos'이니, 나를 그 단어의 여성형 명사인 '헤타이라hetaira'라고 부르면 되겠다는 것이었다. 그러나 내가 알기로 고대 그리스에서 '헤타이라'는 '여성 펠로'가 아니라 '성매매 여성'을 뜻했다.

그런 배제와 그런 '농담'이 일상인 환경에서 여성사, 여성이 쓴 문학, 젠더 사회학과 정치학을 학문적으로 연구할 수 없었다는 것, 그런 지극히 일반적이고도 중요한 온갖 주제가 진지한 연구의 대상이 될 수 없었다는 것이 놀라운 일일까? 이런 연구는 가능하지 않았다. (많은 곳에서) 유대교, 아프리카와 아프리카계 미국인 문화, 대다수의 소수민족, 비서양 종교와 문화, 인간 섹슈얼리티의 다양성과 차이 등에 대한 진지한 학문적 연구 역시 마찬가지로 불가능했다. 어떤 사람들을 배제하는 것과 지식 영역에서 그들의 삶을 배제하는 것은 함께 간다. 이런 배제는 자연스럽고 비정치적인 것으로 보였다. 반면 포용을 요구하는 일은 '정치적 의제'를 바탕에 깔고 있는 것처럼 보였다. 그러나 와이드너 도서관 옥상에서 내려다보이는 곳에는, 나의 동료들은 볼 수 없었지만, 많은 사람과 많은 삶이 존재하고 있었다.

우리는 지금 여성, 종교적·민족적 소수집단 구성원, 레즈비언과 게이, 비서양 문화의 사람들을 존경과 사랑을 담아 인식 주체인 동시에 연구 대상으로 보고 들을 수 있는 학교, '여성 펠로'가 '성매매 여성'으로 불리지 않는 학교, 세계에 다양한 유형의 시민들이 있음을 인식하고 우리 모두가 그 전체 세계의 시민으로 기능하는 법을 배울 수 있는 학교를 건설하려고 노력하는 중이다.

이렇게 변화를 일으키려는 시도에는 불가피하게 고통과 혼란이 따른다. 또 변화를 위한 제안이라고 해서 모두 건강한 것도 아니다. 일부 선생들은 교육과정의 다양화를 추구한다고 하면서도, 모든 시민의 지식 및 이해 추구의 필요성보다 이익집단의 정체성 정치에 초점을 맞춤으로써 궁극적으로 시민성이라는 목표를 파괴한다. 또 어떤 선생들은 합리적 논증의 악용이 합리성 자체의 본질적 속성이라고 생각해 회의적인 태도를 취하기도 한다. 그러나 이런 오류와 남용은 보편적인 것도 아니고 논박이 불가능하지도 않다. 적어도 나 자신이 대학 현장에서 듣는 건 '정치적으로 공정한' 정통파 학설 한 가지가 아니라, 대개 풍부한 지략과 지성과 성실한 태도로 교육과정상의 쟁점들과 대면하는 수없이 다양한 선생, 행정가, 학생 들의 목소리다. 이 말은 선생들이 가르치는 학생들의 특성과 소속 학교의 역량을 이해하고 지역 실정에 따라 문제에 맞서고 있다는 뜻이다. 시민성 형성을 위한 단일한 교육과정 제안은 무엇이든 바로 그 단일하다는 점 때문에 문제가 된다. 미국 대학생들은 유난히 다종다양하게 이루어진 집단이기 때문이다. 따라서 이 책의 여자 주인공들과 남자 주인공들은 이런 과제를 헌신적으로 수행하고 있는 많고 많은 선생들이다. 미래를 위한 시민성이라는 개념을 구체적인 맥락 안에서 창조하고자 애쓰는 리처드 로위, 이브 스토더드, 그랜트 콘웰, 크리슈나 말리크 같은 선생들 말이다. 이들은 탐색하는 태도로 사고하며, 생산적으로 반대하고, 우리가 완전히 동의할 수 없을 때도 존중할 수밖에 없는 구체적인 해법을 제시한다.

미국 대학은 시민을 배출한다. 이는 우리가 훌륭한 현대 시민이란 어떠해야 하고 무엇을 알아야 하는지 물어야 한다는 뜻이다. 오늘날 세계는 불가피하게 다문화적이고 다국적이다. 우리가 더없이 다급한 문제들을 해결하려면 민족적·문화적·종교적 배경이 대단히 다양한 사람들이 한데 모여 대화하며 지적이고 협력적인 해법을 찾아야 한다. 가장 가깝게 느껴지는 쟁점들—예를 들어

가족 구조, 섹슈얼리티의 규제, 아이의 장래 등에 관한 쟁점—조차 폭넓은 역사적·다문화적 이해를 바탕으로 접근해야 한다. 미국 대학 졸업생은 전문가로서든, 아니면 단순히 유권자, 배심원, 친구로서든 이런 차이와 관련된 토론에 지적인 구성원으로 참여할 수 있는 시민이 되어야 한다.

자유교육과 시민성의 관계를 묻는 것은 곧 서양철학 전통에서 유서가 깊은 질문을 하는 것이다. 우리가 의지하는 것은 소크라테스의 '성찰하는 삶'이라는 개념, 아리스토텔레스의 반성적 시민성이라는 관념, 그리고 무엇보다 그리스·로마 스토아학파의 교육관념, 즉 습관과 관습의 굴레로부터 정신을 해방시켜 감수성과 경계심을 갖추고 민감하고 기민한 태도로 세계 전체의 시민으로 기능할 수 있는 사람들을 배출한다는 의미에서 '자유로운' 교육이라는 관념이다. 이것이 바로 세네카가 말하는 인간성 계발의 의미다. '세계시민'으로 잘 교육받은 사람이라는 관념은 서양의 교육 사상 형성에 중대한 영향을 주었다. 이를테면 스코틀랜드/잉글랜드 전통에서는 데이비드 흄과 애덤 스미스에게, 대륙 계몽주의 전통에서는 임마누엘 칸트에게, 미국 전통에서는 토머스 페인을 비롯한 '헌법 제정자들'에게 영향을 주었다. 이런 관념들의 고전적 뿌리를 이해하면 미국의 민주주의 형성에 영향을 끼친 유력한 논리들을 복원하는 데 도움이 된다.

사실 미국의 민주주의는 이런 이상들을 세계적으로 유례없이 고등교육기관의 기초로 삼았다. 대다수의 나라에서 보통 대학에 입학한 학생들은 단일한 주제를 지속적으로 연구하는데, 그것이 공부의 전부다. 미국은 '자유교육'이라는 관념—시민성과 삶 전반이 제 기능을 하도록 전인계발을 하는 고등교육—을 전적으로 흡수했다. 그러나 미국의 모든 각급 대학에서 이 고귀한 이상을 완전하게 실현하고 있는 것은 아니다. 일부에서는 '자유교육'이라는 말을 사용하면서도 전인교육을 기술교육과 직업교육에 종속시킨다. 외형적으로는 '자유로운' 경우에도 한 시민이 진정으로 알아야 하는 모든 것이 담겨 있지 않은 교육도 있다. 따라서 우리는 미국이 스스로 정한 목표를 진정으로 얼마나 잘 달성하고 있는지 물어야 한다. '인간성 계발'에 필요한 것은 무엇인가?

'세계시민'이라는 고전적 이상은 두 가지로 이해할 수 있으며, 이에 따라서 '인간성 계발'도 두 가지로 이해할 수 있다. 세계 전체의 인간에게 충성하는 것을 일차적으로 여기고 나라나 지역 내지 다양한 집단에 충성하는 것을 명백히 이차적으로 여기는 시민이라는 이상, 이것이 좀더 엄격하고 더 절박한 이해라고 할 수 있다. 이보다 느슨하게 이해하자면, 세계시민으로서 우리는 우리가 충성을 바쳐야 하는 대상의 우선순위를 정하는 각기 다양한 방식을 허용하되, 그것을 어떻게 정하든 필요할 때마다 인간 생명의 가치라면 장소를 불문하고 인정해야 하고, 우리 자신이 멀리 떨어진 곳에 있는 사람들과 공통의 인간적 능력과 문제로 묶여 있음을 인식해야 한다. 이런 두 가지 이해 방식은 고대 로마의 정치가이자 철학자인 키케로가 로마인을 위해 그리스 스토아철학의 엄격한 요구들을 완화한 이래 공존해왔다. 나는 더 엄격한 명제에 공감하지만, 이 책에서 내가 관심을 기울이는 것은 더 느슨하고 포괄적인 명제다. 그렇다면 이 포괄적인 개념에 비추어볼 때 우리는 무엇을 배워야 하는가?

오늘날의 세계에서 인간성을 계발하려면 단연 세 가지 능력을 반드시 갖추어야 한다. 첫째는 자기 자신과 자신의 전통을 비판적으로 성찰하는 능력으로, 소크라테스의 말을 빌려 '성찰하는 삶'이라고 부를 수 있는 삶을 영위하는 능력이다. 이것은 어떤 믿음을 단지 전통으로 이어졌거나 습관을 통해 익숙해졌다는 이유로 권위 있는 것으로 받아들이지 않는 삶, 모든 믿음에 질문을 던지고 일관성과 정당성이라는 이성의 요구를 버티고 살아남는 믿음만 받아들이는 삶이다. 이 능력을 발달시키려면 추론 능력은 물론, 자신이 읽거나 말하는 것을 추론의 일관성, 사실의 진실성, 판단의 정확성에 비추어 점검하는 능력을 계발해야 한다. 소크라테스가 "젊은이들을 타락시킨다"는 혐의에 맞서 자신을 방어할 때 주지하고 있었던 것처럼, 이런 종류의 점검은 자주 전통에 도전하게 된다. 그러나 소크라테스는 민주주의에 필요한 시민은 단순히 권위에 따르기보다 스스로 생각할 줄 아는 시민, 근거 없는 주장과 반박을 주고받기보다 자신의 선택을 두고 이성적으로 논의할 줄 아는 시민이라는 것을 근거로 자신의 활동을 변호했다. 그는 자신이 훌륭하지만 게으른 말의 등에 올라앉은 등에처럼, 잠들어 있는 민주주의를 깨워 민주주의가 더 반성적이고 합리적인 방식으로 제 기능을 하도록 도왔을 뿐이라고 말했다. 미국의 민주주의 역시 고대 아테네의 상황처럼 성급하고 너절한 추론으로 흐르거나 독설로 진정한 숙의를 덮는 경향이 있다. 따라서 민주 시민이라는 목표를 달성하려면 소크라테스의 가르침이 필요하다.

나아가 인간성을 계발하는 시민에게 무엇보다 필요한 것은 자신을 단순히 소속 지역이나 집단의 시민으로 바라보는 것을 넘어 인정과 관심이라는 유대로 다른 모든 인간과 묶여 있는 인간으로 바라보는 능력이다. 우리를 둘러싼 세계는 불가피하게 국제화되어 있다. 상업에서 농업까지, 인권 문제에서 기근 피해자 구호까지, 수많은 쟁점이 협소한 단위의 집단에 충성하는 일을 넘어 멀리 떨어진 삶의 현실을 생각할 수 있도록 상상력을 과감히 펼쳐야 한다고 요구한다. 우리는 집단의 맥락 안에서 우리 자신을 생각하기 쉽다. 우선 무엇보다 미국인이고 그런 다음 인간이다. 심지어 더 좁게는, 우선 이탈리아계 미국인 아니면 이성애자 아니면 아프리카계 미국인이고, 그다음이 미국인이고, 혹시 생각이 나면 그다음이 인간이다. 멀리 살거나 우리 중 자신과 달라 보이는 시민들을 우리 자신과 연결할 필요나 능력은 무시한다. 이것은 우리가 저들과 소통하거나 유대관계를 형성할 기회 대부분을, 우리가 저들에게 느껴야 할 수도 있는 책임감을 의식하지 못한다는 뜻이다. 한편으로는 가끔 먼 곳의 삶도 우리의 삶과 비슷하다고 지레 가정해버려 그 삶이 실제로 어떠한지 알아보려는 호기심을 잃고 마는데, 말하자면 차이를 무시하는 잘못을 저지르는 셈이다. 복잡하게 얽힌 세계에서 우리의 인간성을 계발하려면 공동의 요구와 목표가 다양한 환경에서 다양하게 실현되는 방식을 이해해야 한다. 여기에는 미국의 대학생들이 이전 시대에는 거의 접하지 못하던 방대한 양의 지식, 즉 비서양 문화, 미국 문화 내의 소수집단, 젠더 및 섹슈얼리티의 차이에 대한 지식이 필요하다.

그러나 생각을 잘하는 시민이 되려면 사실에 입각한 지식이라는 기본만으로는 부족하다. 앞의 두 가지 능력과 밀접하게 관련된 시민의 세번째 능력은 서사적 상상력이라고 부를 수 있다. 이는 다른 사람의 입장이 되면 과연 어떨지 생각하고, 그 사람의 이야기를 지적으로 읽어내고, 그런 처지에 있는 사람이 가질 법한 감정과 소망과 욕망을 이해하는 능력을 말한다. 서사적 상상력은 무비판적인 것이 아니다. 우리는 다른 사람을 만날 때 늘 우리 자신과 우리 자신의 판단을 가져가기 때문이다. 또 소설의 등장인물 내지 나와 동떨어진 사람을 우리 자신과 동일시하면서 그 삶의 이야기를 상상할 때면 결코 단순한 동일시로 끝나지 않는다. 우리는 또 자신의 목표와 갈망에 비추어 이야기를 판단한다. 그러나 다른 사람의 관점에서 세계를 이해하는 일은 모든 책임 있는 판단 행위에서 필수적으로 행해야 하는 첫번째 단계다. 어떤 행동의 의미를 그 사람이 의도한 대로 보기 전에는, 어떤 말의 의미와 중요성을 화자의 역사와 사회라는 맥락에서 포착해 이해하기 전에는, 우리가 지금 무엇을 판단하고 있는지조차 알 수 없기 때문이다. 미국 학생들이 길러야 하는 이 세번째 능력은 상상력을 이용해 그 의미를 판독하는 능력이다.

지적인 시민에게는 이 세 가지 능력 이상이 필요하다. 과학적 이해 또한 어느 능력 못지않게 중요하다. 변명 같지만 내가 자유교육에서 과학적 이해라는 측면을 길게 이야기하지 않는 것은, 나보다 훨씬 탁월하게 서술할 수 있는 이들이 있기 때문이다. 마찬가지의 이유에서 경제학 역시 이 책에서는 철학이나 정치학과 관련된 측면에서만 다루고자 한다. 이제 나는 현재의 자유교육 가운데 '인문학', 그리고 어느 정도는 '사회과학'과 관련된 부분에 치중할 것이다. 따라서 철학, 정치학, 종교학, 역사학, 인류학, 사회학, 그리고 문학, 미술, 음악, 언어, 문화 연구에 우선적으로 초점을 맞출 생각이다. 또 이 영역들 가운데 훌륭한 시민이 알아야 하는 모든 것을 서술하지 않고, 현재 긴박하게 돌아가는 논란의 영역들을 중점적으로 다룰 것이다. (논란이 되는 영역들 가운데서도 선별해서 제시하기로 한다. 민족 연구 일반에 관한 한층 복잡한 논쟁의 대표적인 사례로 아프리카계 미국학을 든다거나 하는 식일 것이다. 다른 기회에 다루었던 빈곤과 사회계급이라는 쟁점은 다른 목적을 염두에 두고 기술한 장들 내에서 선별적으로 다루겠다.)

내 이력과 관련해 이야기하자면, 나는 그리스인들과 로마인들의 논의를 통해 이런 생각들과 만났다. 그리스와 로마에서 이런 발상이 표현된 방식은 오늘날 우리가 같은 주제의 논쟁을 따라가는 데 매우 유익하기에, 나는 저 고대인들이 기여한 바에 중점을 둘 것이다. 하지만 이런 사유들은 다른 전통들에서도 찾아볼 수 있다. 인도, 아프리카, 라틴아메리카, 중국에도 이와 밀접한 구상들이 존재한다. 다양성을 추구하는 교육이 추방할 수 있는 오류 중 하나가 오직 자기 전통만이 자기비판이나 보편적 갈망을 담을 수 있다는 그릇된 믿음이다.

세계시민성의 세 가지 목표에 비추어 현대 자유교육의 사례들을 살펴보기로 하자. 세인트로렌스 대학의 프로그램은 세 가지 능력 중 두번째 목표, 즉 자신과 다른 사람들의 삶에 관한 정보를 잘 갖춘 학생, 인간의 미래에 관심이 있고 그런 삶에 대해 토론할 수 있는 학생을 배출하는 데 역점을 기울인다. 그러나 이 프로그램의 지도자들은 학생들이 자신과 다른 사람들의 삶에 관한 정보를 갖출 수 있도록 책임감 있게 가르친다는 것은 또한 소크라테스의 가르침, 즉 비판적으로 사고하고 논리를 구축할 줄 아는 능력을 훈련시키는 일일 수밖에 없다고 생각한다. 이런 훈련은 프로그램 안에 단단히 자리잡고 있으며, 철학이 중심 역할을 맡고 있다. 마지막으로 이 프로그램은 여행을 강조해 사실에 근거한 지식과 상상력을 더불어 계발하고자 한다. 케냐에서 현지인들과 함께 생활하면 그들의 관점에서 세계를 볼 수 있게 되고 강한 감정이입을 통해 새로운 지식에 다가갈 수 있게 된다.

리처드 로위의 민족학 수업은 어려운 싸움을 치르고 있다. 자신의 집단 정체성에 충성하려는 학생들의 집요한 경향과 맞서야 하는 것이다. 로위는 이미 이런 정체성으로 정치화된 학생들과 마주하며, 주어진 상황 안에서 학습 및 대화 공동체를 창조하려고 노력한다. 세인트로렌스 대학 교원들처럼 로위도 집단에 대한 충성을 강조하는 이데올로기적 태도가 요구하는 맥락보다 넓고 유연한 맥락에서 인간을 생각하는 일이 얼마나 중요한지 힘주어 말한다. 로위 또한 세계시민성과 이해를 목표로 삼는다. 그의 방식에서는 소크라테스식 논리적 능력이 덜 강조되는데, 그것은 무엇보다 그의 분야와 교과의 성격 때문이다. 그 대신 학생들에게 좁은 차원의 공감을 넘어서라고 호소하는 방식에서 상상과 감정이입에 대한 강조는 분명하게 드러난다.

이와 대조적으로 빌리 터커가 듣는 철학 수업은 질문하고 정당화하는 소크라테스적 능력에 역점을 두며, 이것을 시민성 개념의 토대로 삼는다. 크리슈나 말리크와 리처드 로위는 서로 다른 전공의 시각에서 출발하지만, 연관된 목표를 추구한다. 폭넓은 이해와 존중에 기초한 대화라는 목표다. 그러나 그간 터커가 철학 교육으로부터 받은 도움이 시민으로서 그에게 무척 중요했다는 것만큼은 의심의 여지가 없다. 그것은 사실에 근거한 지식으로 대체될 수 없는 부분이었을 것이다. 터커는 정치적 토론에 접근하는 새로운 방식, 즉 인물보다 쟁점에 초점을 맞추고, 욕을 하거나 슬로건을 외치기보다 합리적 분석에 집중하는 방식을 배우고 있다. 터커가 스스로 논리를 다지기 위해서는 사실들이 필요하며, 이 수업은 토론 참가자들에게 각자의 주제와 관련해 조사 과제를 내주면서 사실 조사가 필수임을 강조한다. 그러나 이 수업에서 소크라테스식 논증을 강조하지 않았다면, 오류를 찾아내고 형식을 갖추어 논리를 세우는 언뜻 지루해 보이는 현상들로 학생의 관심을 모으는 말리크의 능력이 없었다면, 조사한 사실들만으로는 대화를 끌어내지 못했을 것이다.

에릭 차머스가 수강한 작문 수업은 상상력에 초점을 맞추고, 서사적으로 이해하는 연습을 통해 세계시민성이라는 목표를 추구한다. 차머스는 자신이 보기에 이데올로기적이거나 정치적 당파성이 강한 방식으로 의견이 제시되는 강의에는 저항감을 느꼈다. 그러나 자신과 다른 사람의 시각에서 세계를 그려보라는 권유에 강한 흥미를 느꼈으며, 그 결과 비판적 판단 능력은 계속 유지하면서도 보건 분야 종사자로서 더 탄탄한 지식과 공감하는 태도를 갖춰 동성애자들과 관계를 맺게 될 것이다.

스콧 브레이스웨이트는 그런 수업에 참여할 기회가 없었다. 그가 브리검영 대학에서 받은 훈련은 오히려 내가 말한 세 가지 목표 모두에 의도적으로 맞서기 위해 구성된 것이었다. 그 훈련은 세계시민에 대한 소크라테스식 접근법보다는 아리스토파네스가 묘사한 '옛 교육'과 공통점이 더 많다. 브레이스웨이트는 자신의 전통을 비판적으로 생각하라고 배운 적이 없다. 그는 전통의 가르침을 내면화하라고 배웠다. 어떤 의미에서 그가 배운 것은 고도로 국제화된 모르몬교의 젊은 교인으로서 세계 여러 지역의 다른 사람들과 상호작용하라는 교리였다고도 할 수 있다. 그러나 그것은 보통 상대를 개종시키려는 방식이었으며, 학습이 쌍방향으로 이루어질 수 있다는 생각은 해본 적이 없었다. 게다가 브레이스웨이트에 따르면, 그가 받은 교육은 주변 학생들에게 브레이스웨이트 같은 사람을 상상하거나 인식하라고 권유하지 않았으며, 그에게 자기 자신을 알라고 권하지도 않았다. 브레이스웨이트는 이러한 앎의 실패가 다름아니라 자신의 종교가 모든 사람에게 설파하는 것, 즉 서로에 대한 사랑 자체를 실패로 이끈다고 주장한다.

시카고 대학 로스쿨 학생들은 곧 여러 면에서 이 나라의 삶에 영향을 줄 것이다. 그 가운데 다수는 곧 판사의 보좌관으로 일하며 판결이유를 작성할 것이다. 어떤 학생들은 공공서비스 프로젝트에 참여할 것이고, 어떤 학생들은 곧바로 법률사무소에 취직해 다양한 일을 하게 될 것이다. 이들 대부분은 시차는 있겠지만 언젠가 인종 문제를 다루게 될 것이다. 보좌관으로서 적극적 차별 시정 조치와 소수자 고용 판례를 조사할 수도 있고, 변호사로서 소수자 의뢰인을 대리할 수도 있다. 이곳 학생 대다수는 라이트의 소설에 나오는 메리 돌턴과 마찬가지로 강의실에서 몇 블록 떨어진 곳에 언제나 있는 공동주택 같은 곳에 들어가본 적이 없을 것이다. 이 학생들이 미래에 훌륭한 시민이 되려면 논리적 능력과 지식—교육과정에서 이미 충분히 강조하고 있는 시민성의 측면들—만으로는 부족하다. 동시에 학생들은 상상력을 발휘해 비거 토머스 같은 사람들의 삶에 이입해, 이들의 사회적 배경이 갈망과 감정을 형성하는 방식을 살펴야 한다.

이렇게 여섯 가지 사례 가운데 다섯 경우를 살펴보면 비전통적 연구, 25년 전만 해도 교육과정에 들어가지 않았을 연구가 시민성의 핵심 구성요소를 채우고 있다. 지난 세대에 개설되었을 만한 수업에 가장 가까운 빌리 터커의 수업도 시민성과 현재의 쟁점들에 초점을 맞추는데, 이런 면은 얼마 전까지만 해도 철학 교육에서 찾아보기 어려웠다. 세인트로렌스 대학의 프로그램은 과거 유럽과 북아메리카에 중점을 두던 교육과정을 근본적으로 개혁한 것과 관련되어 있다. 캘리포니아 주립대학 리버사이드 캠퍼스에서 민족학을 강조하는 경향도 기존 교육과정이 인간 다양성에 대한 여러 접근 방법을 아우르는 방향으로 바뀌어가는 복잡한 과정의 일부다. 에릭 차머스는 아주 최근에야 네바다 주립대학 리노 캠퍼스에 다양성 운동의 한 방식으로 등장한 영작문 과제를 하게 되었는데, 이것은 캠퍼스에서 여전히 격렬한 논쟁을 일으키고 있다. 스콧 브레이스웨이트는 브리검영 대학 교육과정에 그런 변화가 일어나지 않는 것을 안타까워한다. 이에 비해 미국의 주요 로스쿨 대부분이 그렇듯이 시카고 대학 로스쿨에서도 학생과 선생의 관심에 부응해 인종 쟁점에 한층 더 관심을 기울이고 있다. 그러나 다른 로스쿨들과 달리 시카고 대학 로스쿨은 사실에 근거한 지식만이 아니라 인문학적 상상력에도 초점을 맞춘다.

미국 대학은 미국 시민을 교육한다. 교육받은 시민이 된다는 것은 사실을 다양하게 배우고 추론 기법을 습득한다는 뜻이다. 하지만 여기에서 그치는 것이 아니다. 그것은 사랑하고 상상하는 능력을 갖춘 인간이 되는 법을 배운다는 뜻이다. 우리는 자신과 다른 사람을 이해하는 데 어려움을 겪고 상상력이 자신의 지역적 배경을 넘어서지 못하는 편협한 시민을 계속 배출할지도 모른다. 도덕적 상상력은 이런 식으로 협소해지기가 너무 쉽다. 찰스 디킨스의 『크리스마스 캐럴』에 나오는 나쁜 시민성의 이미지를 생각해보라. 디킨스가 그린 제이컵 말리 유령은 스크루지를 찾아가 무딘 상상력의 위험성을 경고한다. 말리 유령은 금고가 매달린 사슬을 영원토록 끌고 다닌다. 살았을 때 그의 상상력은 사업 성공이라는 담을 한 번도 넘어본 적이 없고, 주변 사람들은 물론 사회계급과 배경이 다른 사람들의 삶과 만나본 적이 없기 때문이다. 우리는 말리 유령과 같은 시민, 그리고 밖으로 나가 자신을 둘러싼 세상에 무엇이 있는지 보기 전의 스크루지와 같은 시민을 너무 많이 배출했다. 그러나 더 잘할 수 있는 기회가 있고, 이제 그 기회를 잡기 시작했다. 그 기회란 '정치적 공정성'이 아니다. 인간성 계발이다.

제1장

소크라테스식 자기성찰

> 매일 덕을 비롯해 내가 이야기하는 여러 가지에 관해 논의하고, 나 자신과 다른 사람들을 성찰하는 것, 그것이 인간에게 가장 좋은 것이라고 말한다면, 성찰하지 않는 삶은 인간이 살 가치가 없다고 말한다면, 여러분은 내가 하는 말을 더욱더 믿지 않으려 할 겁니다. 그렇지만 여러분, 여러분을 설득하는 것이 쉬운 일은 아니지만, 내가 주장하는 대로 그게 사실입니다.
>
> 소크라테스, 플라톤의 『소크라테스의 변명』 38A.

아리스토파네스가 묘사한 장면에서 '옛 교육'은 젊은 시민을 전통 가치에 문화적으로 동화시켰다. 젊은 시민은 전통을 내면화하고 사랑하라고 배웠으며, 전통에 의문을 제기하는 것은 단념해야 했다. 아리스토파네스가 보고 있듯이, 이 옛 교육의 가장 위험한 적은 소크라테스다. 그의 질문은 전통의 권위를 뒤집으며, 이성 외에는 어떤 권위도 인정하지 않고, 심지어 신들에게까지 자신들의 선호나 명령을 합리적으로 설명할 것을 요구한다. 소크라테스의 '생각 학교'는 시민 타락의 근거지로 묘사된다. 이곳에서 젊은 사람들이 부모를 때리는 것을 정당화하는 법을 배운다는 것이다. 이런 날조된 공격은 사람들이 소크라테스의 생활방식에 진짜로 의심을 품도록 조장했다. 아테네의 지도자들은 젊은이들이 부모나 시 당국을 순순히 따르지 않고 자신들 믿음을 정당화할 논거를 찾는다는 생각에 불안을 느꼈으며, 주위에서 감지되는 문화적 불화의 책임을 소크라테스에게 덮어씌웠다. 소크라테스는 젊은 사람들을 타락시킨다는 혐의로 고발되었고 결국 목숨을 잃었다.

소크라테스와 그의 적들 사이에 벌어졌던 옛 토론은 현재의 교육 논쟁 현장에서도 살펴볼 가치가 있다. 소크라테스와 마찬가지로 미국의 대학은 젊은 사람들을 타락시킨다는 혐의를 받고 있다. 젊은 사람들이 현대의 '생각 학교'를 나와 여성, 인종, 사회정의, 애국 등에 관한 전통적인 사고에 여러 방식으로 도전하는 것을 보면서, 다양한 종류의 사회적 보수주의자들은 대학이 사회구조의 전복을 최종 목표로 삼는 급진적 엘리트의 부패한 사고의 온상이라고 주장해왔다.[1] 학생들에게 스스로 생각하라고 가르치고자 하는 소크라테스적 교육에 맞서, 유서 깊은 '서양 문명' 전통에 문화적으로 동화되도록 장려하는 교육이 또다시 옹호되고 있는 것이다. 실제로 아주 다양한 종류의 교육기관에서 학생들은 전통의 권위에 도전하고 의문을 제기하고 있다.

인디애나 주 사우스벤드의 노터데임 대학에서 철학자 필립 퀸이 진행하는 과학과 인간 가치에 관한 강의를 들으려면 두 학기짜리 철학 필수과목을 선수강해야 한다. 가톨릭계 교육기관에서 가르치고 싶어 브라운 대학을 떠나 노터데임 대학으로 온 가톨릭교도 퀸은 철학 수업을 필수적으로 듣게 하는 것이 가장 수동적인 학생들조차 스스로 생각하고 자신의 믿음을 논리적으로 옹호할 수 있게 만드는 방법이라고 본다. 수강생 대부분도 철학 수업을 들으면서 논거를 들어 자신의 선택을 옹호하는 과정에서 더 나은 가톨릭교도가 되었다고 말한다. 그러나 이의를 제기하는 학생들도 있다. 이 그룹을 대표하는 키 크고 운동 잘하는 금발 청년 케빈 야니키는 철학 공부로 인해 대학 당국이 여성이나 동성애 관련 쟁점들을 다룰 때 합리적 논거를 분명하게 제시하는 경우가 거의 없다는 것을 알게 되는 바람에 가톨릭 신앙에 의문을 품게 되었다고 말한다. 대학은 철학을 공부하고 질문을 던지라고 하는 동시에, 권위에 따르고 아무 질문도 하지 말라고 한다. 이 학생은 꽉 찬 강의실 뒤편에 어리둥절한 표정으로 서 있다.

테네시 주 내슈빌의 침례교계 교육기관인 벨몬트 대학, 나는 견문이 넓고 진지한 무리와 고대 그리스 윤리학에 관해 이야기하며 하루를 보낸다.[2] 저녁때는 진저 저스터스 교수의 집에서 철학 전공자들과 비공식 모임을 가진다. 재능 있는 젊은 철학 선생 저스터스는 학생들을 따뜻하게 맞아준다. 그의 목소리에는 유머와 활기가 넘친다. 바닥에 둘러앉아 식사를 하는 동안 학생들은 얼마 전 철학과가 종교학과로부터의 분리 허가가 떨어진 뒤 자신들이 철학을 전공하기로 한 과정중에 겪은 일을 들려준다. 그들은 자기가 하는 공부를 아주 좋아하지만, 친구들 여럿과 사이가 멀어졌다고 한다. 친구들은 부모로부터 철학 전공자들은 '세속적 인본주의'에 오염되었으니 사귀지 말라는 압력을 받는다는 것이다.

크리스마스 직전에는 브라운 대학에서 1995학년도 우등졸업을 위한 논문반의 지도학생인 4학년생 세 명을 만난다. 에이미 메셀슨은 스토아학파와 아리스토텔레스의 자유의지와 결정론에 관해 쓰고 있다. 이 학생은 당일 아침 제출한 행간도 빽빽하고 여백도 없는 스무 쪽짜리 꼼꼼한 원전 분석을 두고 이야기하기 위해 일찍 도착했다. 중국계와 영국계 부모를 둔 이민 2세대 니콜 라이는 고대 그리스의 이야기들을 현대의 윤리적이고 법적인 논거들과 연결해 여성과 복수를 주제로 쓰고 있다. 그는 정당화 가능한 살인을 다룬 신간을 들고 와, 방학 동안 시애틀의 집으로 가져가서 읽어야 하니 이틀 동안 반드시 다 읽고 돌려달라고 한다.(그전 주에 나에게 갖다준 다른 책 두 권도 같이.) 릴리아나 가르세스는 모국인 콜롬비아에서 벌어지는, 낙태를 둘러싼 철학적·종교적 찬반양론에 대해 쓰고 있다. 그는 열두 살 때 영어를 전혀 못하는 상태에서 미국으로 이주했다. (어머니는 청소부로 일하면서 딸을 가톨릭 교구 부속학교에 보냈으며, 지금은 미용사로 일한다.) 릴리아나는 외국어 억양이 약간 섞인 영어를 사용하는 차분하고 명석한 학생으로(철학 수업 학점이 평균 4.0이다), 방학 때 콜롬비아 메데인으로 돌아가 면담조사를 할 예정이다. 우리는 면담용 질문을 함께 검토한 뒤 그의 로스쿨 지원서에 관해 이야기를 나눈다. 이 세 논문 가운데 두 주제는 15년 전만 해도 미국 대학의 철학 전공 과정에서는 볼 수 없었다. 그러나 이 두 논문 또한 첫번째 논문과 마찬가지로 고대 그리스 전통을 따르고 있다. 말하자면 소크라테스에서 파생된 비판적 사유의 전통을 이었던 세네카와 마르쿠스 아우렐리우스의 글처럼, 철학에서 나온 개념들을 자신의 문화에 대한 분석과 비판에 적용한 논문들이다.

케임브리지의 헬스클럽에서 만난 빌리 터커는 소크라테스와 그의 주장을 다루는 철학 수업 중에 치른 첫 시험에서 좋은 점수를 받았다. 접수대를 사이에 두고 이야기를 나눌 때 그는 자부심과 의욕이 충만하다. 그는 철학이 아이비리그 학생들을 위한 공부라고 생각했지만, 이제는 자신이 철학을 할 수 있다는 것을 안다. 크리슈나 말리크는 학생들에게 소크라테스에 대해 사유하면서 배운 기법들을 활용해 신문에 나온 주장들을 분석해보라고 했다. 터커는 오류를 수없이 발견했다고 말한다. 다음주 수업 시간에는 의사인 키보키언*과 그의 행동의 도덕성에 관해 토론할 예정이다. 터커는 자신이 지지하지 않는 입장을 뒷받침하는 논거를 찾아오라는 말을 듣고 놀란 참이다.

사람이 있는 곳마다 철학적 질문이 생겨난다. 이 학생들은 철학이 멀리 있는 추상적 학문이 아니라, 소크라테스의 주장들이

* Dr. Kevorkian. 환자의 죽을 권리를 주장하며 안락사를 실행에 옮긴 미국 의사.

그랬듯이, 자신의 일상생활이라는 직물에 삶과 죽음, 낙태와 복수, 제도적 정의와 종교에 대한 논의 등을 짜엮은 학문임을 깨닫는다. 사람들에게 스스로 생각하고 소크라테스식으로 질문하라고 권하는 곳 어디에서나 철학이 터져나온다. 철학은 이 모든 학생에게 질문의 적극적인 통제와 장악, 구별 능력, 근거 없는 단순한 주장과 반박에 기대지 않는 상호작용 방식 등 이전에는 부족했던 것을 제공한다. 학생들은 이 모든 것이 자신의 삶과 서로의 삶에 중요하다고 생각한다.

미국의 각급 대학에서 학생들은 소크라테스를 따라 자신의 관점에 의문을 제기하고, 그런 관점들이 논증의 시험대에서 얼마나 오래 살아남을 수 있는지 확인한다. 소크라테스식 절차는 오래전부터 철학 입문 강좌에 자주 등장했지만, 이제 철학은 50년 전보다 훨씬 많은 학생에게 계급과 배경과 종교를 막론하고 이르러 있다. 또한 한때는 멀고 추상적인 학문으로 배웠던 철학이 점차 현재의 사건과 사상을 분석하고 비판하는 작업과 연결되고 있다. 이제 학생들은 진공상태에서 논리적 분석을 배우는 것이 아니라, 신문에 나오는 주장들을 자세히 분석하고, 의학과 법과 스포츠 분야에서 현재 논란이 되고 있는 것들에 관해 토론하고, 자신의 정치적, 심지어 종교적 관점의 토대를 비판적으로 생각하는 법을 배운다.

소크라테스 시대의 부모와 마찬가지로 현대 미국의 부모도 이런 전개를 매우 불안하게 여길 수 있다. 논증은 가정 내 타성에 끼어든 냉정하고 낯선 침입자처럼 보인다. 아리스토파네스의 작품 속 아버지는 어느 날 집에 돌아와서 아버지를 때리는 것을 찬성하는 자식의 주장과 마주쳤다. 학기가 끝나면 벨몬트 대학 철학 전공생들의 부모는 전통적 기독교가 지배하던 그곳에서 '세속적 인본주의'와 마주칠지도 모른다. 니콜 라이의 부모는 브라운 대학에 진학한 딸이 자신을 학대한 사람들에게 법 바깥의 방식으로 복수하는 여자들을 논리를 내세워 옹호하는 모습을 보게 된다. 이성에 대한 소크라테스식 강조는 전복적일 뿐 아니라 냉정해 보인다. 친절하고 다정한 사람들은 자신이 오랫동안 지지하며 자식들에게 가르쳐온 정치적 믿음의 논거를 제시하라는 요구를 모욕적으로 받아들일 수 있다. 자신들이 소중하게 간직해온 전통이 이제 낯선 엘리트 지식인 세계의 관점에서 정밀 조사를 받아야 하는 것 같을 수도 있다. 미국의 각급 대학에서 '응용윤리학' 수업, 그리고 전반적으로 철학 수업이 급격히 늘어나는 것을 보고 많은 부모가 불안해하는 것도 놀랄 일은 아니다.

전통은 확실히 소크라테스적 이성의 적이다. 그러나 소크라테스에게는 다른 적들도 있다. 그의 가치는 우파뿐만 아니라 좌파에게도 공격받는다. 오늘날 진보적 지식인 진영에서는 이성적 논증이 남성적이고 서구적인 장치이며, 그 본질상 여성과 소수자와 비서양 민중의 평등을 파괴한다고 말하는 것이 유행이다. 여기에서도 다시 소크라테스식 논증은 오만하고 엘리트주의적이라고 의심받는다. 다만 이 경우 엘리트주의는 외부자들을 집요하게 주변으로 내몰았던 지배적인 서양의 지적 전통에 속한 것으로 간주된다. 이해관계를 떠나 진리 추구에 관여하는 척하는 것 자체가 편견을 편리하게 은폐할 수 있다는 것이다. 그런 비판자들은 릴리아나 가르세스와 니콜 라이의 논문 기획을 수상쩍게 바라볼 것이다. 권력이 없고 주변화된 사람임에도 소크라테스적 전통의 이성적 논증에 열의를 바치다가 지배적인 자유주의 전통에 흡수당하고 말았다는 식으로 생각할지도 모른다.

그러나 논증이 민주주의의 가치를 파괴한다고 생각하는 좌파 소크라테스 반대자들은 보수파 반대자들과 똑같은 실수를 하는 것이다. 소크라테스식 논증은 비민주적이지 않다. 배제된 사람들의 정당한 주장을 무너뜨리지도 않는다. 소크라테스가 알고 있었듯이 강력한 민주주의와 정의의 지속적인 추구에 이런 논증은 오히려 필수적이다. 단순히 경쟁하는 이해 집단들의 장터를 만들 것이 아니라 숙의에 기초한 반성적 민주주의, 진정으로 공동의 이익을 고려하는 민주주의를 육성하려면, 우리는 자신의 믿음에 대해 소크라테스적인 추론 능력을 발휘하는 시민을 배출해야 한다. 라디오 전화토론 프로그램을 들으며 논리를 받아들이고 한 번도 의심해보지 않은 정서에 기초해 투표하는 것은 민주주의에 좋지 않다. 비판적으로 생각하지 못하면, 이야기는 나누지만 진정한 대화는 절대 하지 못하는 민주주의가 생겨난다. 그런 분위기에서는 나쁜 논증이 좋은 논증으로 통용되며, 편견이 이성으로 위장되기 십상이다. 편견의 가면을 벗기고 정의를 확보하려면 우리에게 논증이 필요하다. 이것은 시민적 자유의 필수 수단이다.

미국 각급 대학의 자유교육은 단순히 근거 없는 주장과 반박을 교환하는 것이 아니라, 학생 각각의 독립적 정신을 작동시키고 어떤 문제에 관해 진정으로 함께 추론할 수 있는 공동체를 만드는 데 헌신한다는 의미에서 소크라테스적이며 소크라테스적이어야 한다. 우리는 가족과 전통에 충실하지만, 또 미국 내부의 여러 집단에 대한 불의를 시정하는 문제에서 이해관계가 엇갈리지만, 그럼에도 소크라테스적인 방식으로 함께 추론할 수 있고 추론해야 하며, 대학 현장은 우리가 그렇게 해낼 수 있도록 준비시켜야 한다. 우리는 소크라테스와 그리스 스토아학파의 사고에 나타난 이성의 공동체라는 목표를 바라봄으로써 그런 목표의 위엄과 더불어 그런 목표가 민주적 자치에 중요하다는 것을 보여줄 수 있다. 수많은 종류의 학부 강의에서 이런 생각을 철학 교육과 연결시킨다면, 우리는 우리 사회의 건강에 치명적인 것은 소크라테스적 교육이 아니라 그 부재임을 알게 될 것이다.

소크라테스 이전의 그리스 철학자들은 자신이 말하는 주제에 관해 권위 있는 지식을 갖추고 있다고 주장했다. 철학자 파르메니데스의 시에서 철학자는 정의의 열쇠를 쥐고 있는 여신으로부터 진리를 들여다볼 통찰력을 전수받은 자로 묘사된다. 이런 유리한 위치에서 철학자는 '죽을 수밖에 없는 인간'의 평범한 생각들이 오류투성이라고 비난한다. 엠페도클레스는 "소년, 소녀, 덤불, 새, 우둔한 바닷물고기" 등으로 오랜 윤회를 거쳐왔으므로 자신에게 특별한 지식이 있다고 주장했다. 그는 "내가 당신들에게 하는 말에 진리가 있다는 것을 알아야 한다"라고 말했다. 헤라클레이토스는 자신의 함축적인 경구들을 델포이의 신탁에 비교했는데, 이는 자신의 경구에 듣는 사람이 애써서 끌어내야 할 지혜가 감추어져 있다는 암시였다. 피타고라스의 추종자들은 스승이 이적을 일으키는 현자라고 생각했으며, 스승의 지혜를 영구히 보존하기 위해 침묵의 맹세로 묶인 공동체들을 만들었다.

이 스승들 가운데 학습을 민주주의적 관점에서 생각한 사람은 없었다. 그들 누구도 진리를 생각할 수 있는 모든 사람이 공적으로 손에 넣을 수 있는 것이라고 여기지 않았기 때문이다.[3] 그들 누구도 "모두가 자기 나름으로 진리에 기여할 수 있다"는 입장에 서지 않았다.[4] 나아가 이런 사상가들이 즐겨 다루던 주제(우주 창조, 원소의 개수와 본질, 사고와 존재의 관계)는 보통 민주 시민의 일상적 선택과는 거리가 멀었다. 따라서 (아테네가 아닌 이오니아와 이탈리아 남부에서 활동했던) 그런 철학 사상가들은 발전 중인 아테네 민주주의와 별 관계가 없었다.

아테네의 민주주의는 다른 유형의 토착 사상가들을 길러냈다. 이들은 공적 근거와 공적 논리를 기대하는 이 새로운 체제의 욕구를 충족시키는 데 뛰어났다. 헤로도토스 같은 역사가들은 정치적 가치에 관해 사유하고자 다양한 민족에 관한 자료를 모았다. 의학 저술가들은 전염병과 신체 구조에 관한 사실들을 공표했다. 비극 시인들은 도덕의 핵심 쟁점들을 논리적으로 판단하는 장면을 묘사했는데, 이는 민주적 집회에서 목격되는 새로운 공적 토론 문화를 재현하는 한편 그런 문화를 형성하는 데 이바지했다. 소크라테스가 특별히 기여한 바는 이런 공동체적 관심사에 영향을 주는 철학적 논증을 지속적으로 가차 없이 펼쳤다는 것이다. 훗날 키케로가 말했듯이, 그는 철학을 하늘에서 땅으로 끌어내렸다.[5] 그러나 그의 활동이 그가 만난 사람들 모두의 마음에 들었던 것은 아니다.

소크라테스는 "많은 사람들이 보기에, 특히 자기 자신이 보기에 똑똑하고 모르는 것이 없다는" 한 지도자급 정치가에게 다가간다.[6] 소크라테스는 그가 내세우는 전문지식에 관해 질문한다. 늘 해오던 대로 몇 가지 중요한 법적·정치적 개념들, 예컨대 평등, 정의, 법 같은 개념들에 관해 모순 없이 일관된 설명을 요구했을 것이다. 이 전문가가 소크라테스의 질문에 만족스럽게 답할 수 없다는 것이 드러난다. 소크라테스는 놀라움을 표한다. 소크라테스는 자리를 떠나며 자신이 그래도 이 전문가보다는 약간 더 많이 안다고 결론내린다. 적어도 자신은 그런 개념들이 매우 어렵다는 것을 알고 그런 개념들에 대한 이해를 더 명료하게 다져야 한다는 것을 아는 반면, 그 전문가는 개념 이해가 충분하지 못할 뿐 아니라 자신이 부족하다는 것도 알지 못하기 때문이다. 소크라테스는 자신이 민주 정부가 보유할 가치가 있는 매우 쓸모 있는—훌륭하지만 게으른 말 위에 앉아 등을 따끔하게 무는 등에 같은—인물이라고 결론을 내린다.[7]

지식인들이 이런 식의 행동으로 돕고자 할 때 사람들이 꼭 기꺼워하는 것은 아니다. 소크라테스는 도시 재정으로 종신이 보장된 일자리를 달라고 청했다. 그러나 아테네 시민들의 생각은 달랐다. 특히 민주주의 사회에서 실용적인 일에 깊이 몰두해 있는 사람들이 보기에 질문하는 지식인은—게다가 철학자라면—늘 어딘지 좀 수상쩍다. 이 사람은 왜 이렇게 초연한가? 이 사람이 경험적인 전문지식을 갖춘 분야는 무엇인가? 누가 이 사람에게 아무한테나 다가가, 상대에게 무슨 잘못이 있는지 마음대로 말해도 되는 권리라도 얻은 듯 질문할 권리를 주었는가? 오늘날 미국 대학에서도 학생들을 '찔러' 자신들이 믿는 가치를 재고하도록 하면 불안과 분노가 뒤따를 것이다. 이런 재고하기의 원인 제공자인 선생을 대중적 가치들에 초연하고 무심한 자칭 급진적 엘리트가 틀림없다고들 여기는 것도 당연하다.

소크라테스는 성찰하지 않는 삶은 인간으로서 살 가치가 없다고 말했다.[8] 다시 말해, 질문하는 삶이란 그저 약간 쓸모 있는 정도가 아니다. 이것은 어떤 사람, 어떤 시민에게나 가치 있는 삶에서 불가결한 부분이다. 소크라테스는 무슨 의도로 이렇게 말했을까?

소크라테스가 만난 사람들은 대부분 수동적 삶, 더없이 중요한 사안에서의 행동과 선택을 관습적 믿음이 지배하는 삶을 살고 있었다. 이런 믿음은 사람들을 침윤하여 형성했지만, 정작 그들은 한 번도 그 믿음을 체화하지 못했다. 한 번도 진정으로 그 믿음들을 살펴보면서 일을 처리하는 다른 방식이 있지 않은지, 어떤 길에 자신의 개인적인 삶과 정치적인 삶을 인도할 진정한 가치가 있는지 물어본 적이 없기 때문이다.[9] 이런 면에서 그들은 자신의 자아를 완전히 자기 것으로 만들지 못한 셈이었다. 그들의 믿음 가운데 상당 부분은 분명 진실하고 고귀했을 것이다. 소크라테스도 이 점을 인정하지만 그의 생각에 교육은 선생이 주입할 때가 아니라 학생 스스로 자신의 믿음을 비판적으로 꼼꼼하게 검토할 때 진전을 이룬다. 훌륭하긴 하지만 게으른 말이라는 그의 민주주의 비유에는, 관습적 믿음의 내용 가운데 많은 부분이 올바른 궤도에 올라 있다는 뜻이 담겨 있다. 진정한 문제는 민주 시민들의 특징인 생각의 게으름, 즉 대안과 이유를 생각해보지 않고 되는대로 살아가는 경향이다.

그들이 받은 교육을 생각하면 그들이 그렇게 된 것도 놀랄 일은 아니다. 아리스토파네스의 노스탤지어 섞인 익살맞은 묘사는 물론 과장이다. 인간 역사에서 젊은 사람들이 아무런 질문도 던지지 않은 때가 한 번이라도 있었겠는가? 그러나 이런 과장이야말로 어떤 문화적 이상이 얼마나 뿌리깊게 자리를 잡고 있는지 보여준다. 그것은 옛 전쟁 노래라면 재까닥 따라 부르고 질문이나 혁신이라는 생각에는 겁을 집어먹는, 강하고 남자다운 젊은 시민이라는 이상이다. 소크라테스는 바로 이런 시민을 잠에서 깨우려 한다.

그런 질문법이 어떻게 실용적 이익을 가져올 수 있는지 의아해할 수 있다. 회의적인 문화에 속한 사람이 멀리서 오늘날의 대학들을 본다면, 관습에 질문을 던지는 젊은이들을 두고 저속하고 무례하며 근본이라고는 없는데다가 쾌락주의적이라고 판단하기 십상이다. 이유와 논리를 요구하는 소크라테스적 경향 때문에 이 젊은이들이 지혜로워지기는커녕 건방져진다고 말할 수도 있다. 그러나 더 꼼꼼히 살펴보면 플라톤이 이야기하는 소크라테스의 질문법이 민주주의에 어떻게 유익한지 이해되기 시작한다. 또 미국 대학도 그와 똑같은 유익을 몇 가지 얻는다는 사실이 보이기 시작한다.

플라톤의 『국가』 제1권에서 소크라테스와 친구들 무리는 부유한 노인 케팔로스 집에 모인다. 플라톤이 선택한 극적 장치 덕분에 독자는 정의와 올바른 행동이라는 문제를 생생하게 인식할 수 있다. 독자는 등장인물들이 모르는 사실을 알고 있기 때문이다. 즉 이 대목에서 묘사되는 것은 평화로운 철학적 토론 장면이지만, 몇 년 뒤 이들은 격렬한 정치적 갈등에 말려들어 양편으로 대립하게 되며 이들 모두 목숨이 위태로워지고 결국 세 사람이 죽는다는 사실이다. 그 결과 '30인참주'로 알려진 과두제 지배집단이 아테네 정권을 장악하게 되는데, 그 지도자에는 플라톤 가문 사람들도 있다. 이들은 정의라는 관념에 호소하는 ("우리는 아테네의 불의를 청소해야 한다"라는) 구호를 동원해, 재산을 노리고 부유한 시민에게 정치적 혐의를 씌우는 등 수단과 방법을 가리지 않고 자신들의 부를 늘려나간다. 플라톤은 독자에게 웅변가 리시아스—『국가』의 주요 인물인 폴레마르코스의 형제로, 스스로 말은 하지 않고 언급만 되는 인물—의 유명한 연설을 환기한다. 이 연설에서 리시아스는 형이 잔인하게 살해당한 상황에서 간신히 탈출했던 사건을 묘사한다. 그는 새로운 반민주적 지배자들의 탐욕이 얼마나 엄청났던지 폴레마르코스의 부인을 안뜰로 끌고 나와 귀에 단 금귀고리까지 잡아뜯었다면서 개탄한다. 그들은 그러면서도 내내 정의야말로 자신들의 동기라고 말했다.[10]

그러니까 이 대목에서 우리는 더없이 긴박한 현실을 배경으로 차분히 진행되는 정의에 관한 철학적 대화 장면을 보고 있는 셈이다. 플라톤의 배다른 형제들인 글라우콘과 아데이만토스는 미래의 과두제 쪽을 대변한다. 폴레마르코스, 리시아스, 역시 스스로 말은 하지 않고 언급만 되는 인물 니케라토스(나중에 살해된다)는 위험에 처한 민주주의를 대변한다. 이 사람들이 도덕 문제에 관해 이야기하기 시작하면 독자는 이들의 논의에 많은 것이 걸려 있다고 여기게 될 것이며, 또한 이것은 권력의 문제인 것이 너무 빤한데 차분한 토론으로 무엇을 해결할 수 있겠느냐는 식으로 회의적인 태도를 드러낼 수도 있다. 『국가』의 등장인물 트라시마코스가 정의는 단지 "더 강한 자가 이용하는 것"에 불과하다고 소리칠 때, 도덕성에 대한 그의 냉소는 독자의 마음속에 이미 생겨난 우려를 표현하는 것일지도 모른다. 리시아스의 주장대로, 정의란 그저 사람들이 탐욕을 가리느라 두르는 장막에 지나지 않는 것이 아닐까? 소크라테스의 현대 좌파 반대자들은 리시아스나 트라시마코스와 비슷하다. 그들은 우리에게 논리나 이성에 대한 이 모든 말이 권력의 소리 없는 작용을 가리는 장막에 불과함을 깨달으라고 촉구할 것이다. 그러나 소크라테스는 이성적 성찰이 기여하는 바를 보여주고, 전통을 사랑하는 자나 권력을 의식하는 회의주의자 앞에서 이 기여를 정당화했다.

이 대화의 어떤 순간, 소크라테스의 '등에' 기법이 민주주의에 선사할 수 있는 유익이 생생하게 펼쳐진다. 경건하고 덕이 높은 케팔로스는 자신이 훌륭하고 정의롭게 살았기 때문에 만족스럽다고, 깨끗한 양심으로 임박한 죽음을 맞을 것이라고 말한다. 그는 자신의 부가 늘어난 것이 도덕성에도 도움이 되었다고 말한다. 속이거나 훔쳐야 한다는 압박감 없이 진실을 말할 수 있었고, 빚을 졌을 때도 갚을 수 있었기 때문이다. 그러자 소크라테스는 그런 것이, 즉 진실을 말하고 빚을 갚는 것이 그가 정의한 정의냐고 묻는다. 케팔로스의 아들 폴레마르코스가 열광적으로 지지하는 이 정의는 관습적인 시적 전거—전통적 교육에서 젊은 사람들에게 묻지 말고 암기하라고 가르치는 텍스트들—에 기초한다. 케팔로스 본인은 철학자들의 열성에 부드러운 웃음을 터뜨린 뒤 토론을 아들에게 넘기고 제사에 참석하러 떠난다.

개념을 반성적으로 정의한다고 뭐가 달라질까? 왜 케팔로스처럼 철학적 성찰 없이 전통적 관행을 따르면 안 되는 걸까? 또는 트라시마코스처럼 모든 것이 권력의 문제라는 현실에 눈을 뜨고, 논리에 대한 관심은 힘 있는 자가 힘없는 자를 줄 세우는 방식이라고 간단히 넘겨버리면 안 되는 걸까? 그뒤에 이어지는 대화는 양쪽 질문에 몇 가지 답을 준다. 전통적인 정의 개념은 실제로 선택을 요구받는 다양한 상황에서 폴레마르코스를 안내하기에 충분하지 못하다는 것이 드러난다. 예를 들어 진실을 말하고 빚을 갚는 것이 재앙을 부르는 상황에서는 이 개념이 좋은 안내자일 것 같지 않다. 소크라테스는 미친 사람이 다가와 빌려간 칼을 돌려달라고 요구하는 상황을 예로 든다. 미친 사람은 그 칼로 해를 끼칠 것이다. 이때는 무엇이 올바르고 정의로운 일인지 생각해볼 수밖에 없다. 이런 예들을 보면, 결과를 고려하지 않고 의무를 협소하게 정의하는 도덕성은 행동의 결과가 중요한, 그것도 아주 중요한 세계에서는 우리를 안내하기에 불충분할 수 있음을 알 수 있다. 또한 우리의 도덕적 의무 자체도 늘 단순하지 않으며, 방금 상상한 사례처럼 정직하게 행동하는 동시에 다른 사람들에게 해를 끼치지 않고자 하는 의도가 선한 사람에게도 갈등을 일으키는 요구를 할 수 있음을 알 수 있다. 도덕성은 그런 갈등의 존재를 인정하고 그 점을 잘 생각하라고 요구할 것이다. 나아가 우리는 규칙과 원칙에 기초한 도덕성이라는 질문 전체에 관해 열심히 생각해볼 것을 요구받는다. 그런 도덕성으로 삶의 복잡하고 우연한 가능성들에 적절히 대처할 수 있을까? 아니면 우리는 원칙을 존중하면서도, 기존의 규칙으로 완전히 처리할 수 없을 것 같은 까다로운 상황에 처했을 때도 도움이 될 신중하고 분별력 있는 도덕적 능력을 갖추어야 하는 것일까?

이런 식으로 소크라테스의 질문은 정의에 헌신하는 문화에 긴요한, 아니, 이미 그전부터 긴요했던 문제들을 펼쳐놓는다. 이런 문제들은 여전히 우리와 함께 있다. 예를 들어 의사가 환자의 권리와 환자의 이해관계 사이에서 어떻게 균형을 맞춰야 할지 저울질하며 정의가 어떤 행동을 요구하는지 물을 때, 판사가 형사사건의 선고나 헌법 또는 법률 해석을 두고 언제 자신의 재량을 사용하는 것이 적당한지 판단하고자 사건의 복잡성을 가늠하며, 과연 어느 시점에 성문화된 원칙을 보완 내지 확장하거나 심지어 수정해야 할지 물을 때, 이런 문제들은 여전히 우리와 함께 있다. 의사인 나는 병세가 악화될 대로 악화된 환자에게 진실을 이야기해야 할까? 그런 소식을 전하면 희망을 빼앗아 환자가 살아야 할 남은 시간이 황폐해질 수 있는데도? 나는 판사로서 이 범법자의 특정한 이력과 행위를 공정하게 다루기 위해 관용을 베푸는 방향으로 재량을 행사해야 할까? 케팔로스—원칙과 가능한 한계에 관해 생각해보지 않은 사람, 정의롭고 올바른 것에 관한 자신의 직관을 체계화하려고 해보지 않은 사람—의 처지에 놓인 판사나 의사는 그런 상황에서 적절한 결정을 내릴 준비를 못 해둔 셈이다. 물론 어떤 결정을 내리기는 할 것이다. 그러나 그것이 해당 직종의 업무를 숙고한 끝에 나온 방침을 반영하는 일관되고 공정한 결정일 가능성은 높지 않다. 그래서 의대나 법대에서 기술교육과 더불어, 학생들에게 바로 그런 문제를 제시하고 그것이 얼마나 까다롭고 절박한 문제인지 보여주는 윤리 강좌를 점점 더 많이 개설하는 것이다. 그런 강의는 소크라테스와 마찬가지로 외부로부터 어떤 것을 강요하지 않는다. 그런 의미에서 이런 강의는 전통적으로 내려오는 윤리적 믿음의 내용을 매우 존중하는 셈이다. 다만 문제를 반성적으로 처리하고 일관성을 유지하라고 요구하며 그 과정에서 실용적인 이익을 얻을 수 있다고 강조한다.

소크라테스와 폴레마르코스의 대화, 나아가 그에 대응하는 오늘날의 대화는 우리에게 다른 것도 보여준다. 바로 공공선을 구하는 사유를 통해 진보를 이룰 수 있다는 것이다. 이런 쟁점들을 정리하면 의학이나 법의 딜레마를 더 정확하고 충실하게 분석할 수 있게 된다. 또 이런 분석은 권력이 없는 사람들이 권력이 있는 사람들에게 맞서 자신의 권리를 지키도록 도울 수 있다. 진보를 위해서는 명확성이, 개념과 논리가 필요하다. 가령 소크라테스의 예를 사유해 다음과 같은 도움을 얻을 수 있다. 환자의 권리와 환자의 이해관계를 구분하는 일은 전문적인 의료 엘리트의 과도한 통제에 민중이 조직적으로 맞서고 민중의 자율성을 지키는 데 결정적인 역할을 할 수 있다.

소크라테스는 장군에게는 용기에 관해, 친구에게는 우정에 관해, 정치가에게는 자제에 관해, 종교인에게는 신앙에 관해 질문을 던진다.[11] 그는 번번이 상대에게 본인이 하는 일에 타당하고 일관된 근거를 댈 수 있는지 묻지만, 다들 생각이 충분하지 못했다는 사실이 드러나고 만다. 소크라테스는 이유를 요구하는 것이 그들이 실제로 무엇을 선택하느냐는 문제와 관계있음을 보여준다. 만일 정치적 숙고가 위엄과 일관성을 갖추어, 경쟁하는 이해관계들이 모이는 장을 넘어 공공선을 찾는 진정한 탐색이 되고자 한다면, 이제 이런 요구는 권력투쟁 한가운데서 한가하게 여유를 부리는 것이 아니라 실천적으로 긴급하게 필요한 것으로 보인다. 소크라테스 자신이 한 말을 빌리자면, "우리가 논의하는 것은 우연한 문제가 아니라 어떻게 살아야 하는지에 관한 문제임을 잊지 말라."[12]

이 모든 것이 비민주적인 일은 아닐까? 사실 소크라테스는 지식인 엘리트가 지배해야 한다고, 보통 사람은 스스로 결정할 권리가 없다고 말하고 있는 것이 아닐까? 이런 질문은 두 가지 구별되는 문제, 즉 역사적인 문제와 철학적인 문제를 제기한다. 역사적으로 보자면, 소크라테스 자신이 논의하는 방식과 플라톤의 철학적 관점을 구별하는 일이 매우 중요하다. 플라톤은 이성에 관한 한 분명 엘리트주의적이었으며, 민주주의에 적대적인 입장을 공공연히 밝혔기 때문이다. 이런 구별이 쉽지는 않지만 할 수는 있다. 플라톤은 어떤 글에서는 소크라테스를 있는 그대로 보여주고, 어떤 글에서는 소크라테스를 등장인물로 이용해 자신의 생각을 전개한다. 실존했던 소크라테스의 생각을 보여주는 다른 자료도 이런 구별을 돕는다. 역사 속 소크라테스는 모든 사람이 자기성찰에 나서도록 일깨우는 일에 헌신한다. 그는 자신이 만나는 시민들의 믿음 외에는 아무런 지식 자료에 의존하지 않으며, 무비판적이지는 않지만 그래도 민주주의가 이용 가능한 최선의 정부 형태라고 본다.[13] 이와는 대조적으로 플라톤은 소크라테스식 질문법을 소수의 엘리트 시민집단, 시간을 초월한 형이상학적 지식 자료에 언젠가는 다가갈 수 있을 집단에 한정하자고 주장한다. 이 소수가 다수를 통치해야 한다는 것이다. 플라톤의 본보기를 따라 대부분의 사람들이 자신을 다스릴 수 없다고 결론을 내리는 것은 오류일 것이다. 그러나 역사상 실재했던 소크라테스의 본보기를 따르면 민주적 자치 능력을 발휘하는 데 도움을 얻게 될 것이다.

하지만 역사 속 소크라테스를 따르면, 마지막에 가서 플라톤 철학의 추종자가 되는 일을 정말로 피할 수 있을까? 시민에게 이성적 논증을 통해 전통적 권위를 자세히 검토하라고 요구하면, 불가피하게 민중에 대한 경멸과 지식인 엘리트의 통치에 이르게 되지 않을까? 역사 속 소크라테스는 자신이 만나는 시민들을 굉장히 비판하고 때로는 노골적으로 경멸하기도 한다. 그는 시민들이 자신의 까다로운 지적 요구를 충족하기 전에는, 그들 앞에 놓인 커다란 정치적 문제들을 판단하지 못할 것이라고 생각한다. 그의 시험에서 떨어지는 사람들은 어떻게 될까? 소크라테스는 이들이 시험에 통과한 사람들의 통치를 받아야 한다고 말할까? 현대의 대학교육에 대한 불안의 밑바닥에는 소크라테스식 대학교육이 반민주적인 정치적 엘리트주의를 낳을 것이라는 공포가 다분히 깔려 있다. 보수파 입장에서든 좌파 입장에서든 소크라테스의 반대자들은 이런 공포를 안고 있다. 보수적인 사람들은 자신들이 대변하는 전통이 권위를 잃을 수 있기 때문이고, 좌파에 속하는 사람들은 자신들이 대변하는 소수자가 목소리를 잃을 수 있기 때문이다. 따라서 소크라테스적 가치에 충성한다 해서 필연적으로 플라톤식 엘리트주의에 이르는 것은 아니며 나아가 그럴 가능성이 매우 적다는 점을 강조하는 것이 중요하다.

소크라테스는 플라톤과 달리 모든 시민에게, 보통의 추론 능력이 지나치게 결여되어 있는 사람이 아니라면, 생각하는 훌륭한 시민이 되는 데 필요한 능력이 있다고 생각한다. 미래의 재판관과 입법자에게는 높은 수준의 수학적·과학적 전문지식이 필요하다고 생각한 플라톤과 달리, 소크라테스는 훗날의 스토아학파와 마찬가지로 보통 사람들이 일상생활에서 사용하는 도덕적 능력만을 요구한다. 그가 요청하는 것은 이런 능력을 더 충실하게 발휘할 수 있도록 갈고닦는 일이다. 또 소크라테스는 사람들이 자신의 요구에 저항하는 기색을 드러내도, 민주주의를 귀족정치나 참주정치로 대체해야 한다고 주장하지도 않았다. 실제로, 생을 마감하기 직전 감옥에서도—어떻게 보면 민주주의의 비합리적 작용에 의해 생을 마감하게 된 것인데—민주주의가 최선의 통치 형태라는 생각을 고수했다. 소크라테스는 훌륭하지만 게으른 말이 스스로의 잠재력을 완전히 실현하려면, 자신의 요구가 충족되어야 한다고 믿었던 듯하다. 설사 이 말이 반쯤 잠든 상태라 해도 더 억압적인 통치 형태들보다는 나았다. 아마 민주주의가 다른 어떤 통치 형태보다 더욱 시민 저마다의 추론과 도덕적 판단의 힘을 존중했기 때문일 것이다. 세상에서 가장 좋은 교육체계라 해도 모든 시민을 소크라테스적 관점에서 이성적으로 키울 수 없다는 것은 너무도 분명하다. 인간 삶에 비합리성이 나타나는 원인은 다양하고 뿌리도 깊다. 그래서 민주주의에는 사법부처럼 다수결에 의존하지 않는 제도가 존재할 여지를 남기는 것이다. 미국의 민주주의가 다른 많은 경우와 달리 기본권과 자유만큼은 다수결로 제약할 수 없다는 것도 좋아 보인다. 기본권은 모두가 누리는 것이며, 이는 곧 모두가 이성을 계발할 수 있다는 의미다. 미국의 사례를 포함한 민주주의의 성공적이고 안정적인 자기실현은 소크라테스적 방식으로 전통을 성찰하는 시민을 부단히 배출하려는 노력에 달려 있다. 이전에는 배제되었던 집단을 똑같이 존중받는 시민으로 성공적으로 통합할 수 있느냐 하는 것은 그들의 이성적 자율 능력과 소크라테스적 자기성찰 능력의 발휘에 달려 있다. 우리의 고등교육기관은 이 과제에서 주요한 역할을 담당한다.

민주적 선택을 그저 대립하는 이해관계의 충돌로만 생각하면 다른 통치 형태보다 민주주의를 선호해야 한다는 주장은 힘을 잃는다. 반대로 한층 더 소크라테스적인 방식으로, 민주적 선택을 전체의 선에 관한, 숙고에서 나온 판단의 표현이라고 생각하면 주장이 훨씬 탄탄해진다.[14] 소크라테스가 민주주의를 선호한 것은 민주주의가 훌륭하기 때문이며, 민주주의가 훌륭하다고 생각한 것은 민주주의가 모든 시민이 함께하는 숙의와 선택의 힘을 인정하고 존중하기 때문이다. 민주주의를 옹호하는 그의 주장은 민주적 선택에 관한 그의 생각, 그리고 이런 선택과 관련된 도덕적 능력에 대한 그의 존중과—당시의 그 능력의 발전 수준에 대한 존중은 아니겠지만—쉽게 분리될 수 없다. 그래서 소크라테스는 민주주의에서 교육이 그렇게 긴급하게 필요하다고 본 것이다. 더없이 중요한 일을 맡겨놓기만 하고 그들을 교육하지는 못하는 것을 매우 불합리하다고 본 것이다. 소크라테스는 어느 저명한 시민에게 이렇게 말한다. 만일 자식이 망아지나 송아지라면 그야말로 훌륭한 조련사를 반드시 찾아내려 하지 않겠는가. 그런데 왜 자녀 교육은 등한시하며, 그냥 말만 번지르르한 사기꾼에게 되는대로 넘겨버리는가?[15] 귀족정치에서는 이런 질문들이 그다지 중요하지 않을 것이다. 엘리트가 아니라면 말이다. 또 민주적 선택이 정말 그저 지식에 기초하지 않은 이해관계의 충돌에 불과했고 앞으로도 그럴 것이라고 생각한다면, 민주정치에서도 이런 질문들은 중요하지 않을 것이다. 소크라테스의 요구를 마음에 새겨야 하는 이유는 우리가 민주적 숙고라는 더 풍부한 개념—미국의 헌법 제정자들이 스스로 고대 그리스 자료를 읽어서 끌어낸 개념—을 소크라테스와 공유하기 때문이다.

소크라테스주의와 자유교육: 스토아학파

소크라테스는 '성찰하는 삶'을 민주주의를 위한 교육의 중심 목표로 설정했다. 그러나 공식 교육 프로그램으로 이런 추상적인 이상을 실현하는 방식에 관해서는 아무런 지시가 없다. 그리스 스토아학파와 특히 로마 스토아학파의 글에 이르러서야 비로소 소크라테스의 모범이 교육과정에서 가지는 의미를 찾을 수 있다. 스토아철학은 기원전 3세기에 아테네에서 시작되었으며, 적어도 서기 2세기에 이르기까지 그리스와 로마 양쪽에서 엄청난 영향력을 지속적으로 행사했다.[16] 이 학파의 주요 인물 중에는 정치권력이 굉장했던 사람도 있었다. 세네카는 어린 황제 네로의 섭정이자 교사였으며, 따라서 사실상 그 시기 로마제국의 통치자였다. 마르쿠스 아우렐리우스 황제는 어디에서나 철학을 하는 일이 가능하므로 궁에서도 틀림없이 철학을 할 수 있을 것이라는 날카로운 추론을 펼쳤다. 소크라테스와 달리 이 사상가들은 글을 많이 남겼고 교육을 비롯한 다른 제도의 설계에 적극적으로 관여했기 때문에, 우리는 이들로부터 소크라테스적 목표의 현실적 실현에 관해 많은 것을 배울 수 있다. 미국의 현대 자유교육 개념—정확하게 말하자면 스토아학파는 면밀하게 구분했지만 우리는 때때로 뭉뚱그려 사용하는 자유교육의 두 가지 개념—도 이들의 글에서 끌어온 것이다.

소크라테스를 따르는 스토아학파 철학자들은 학생의 수동성에 맞서, 학생의 정신이 그 자신의 사고를 책임지도록 요구하는 것이 교육의 중심 과제라고 주장한다. 사람들의 선택이나 진술은 그들 자신의 것이 아닌 경우가 너무 많다. 말이 그 입에서 나오고, 행동이 그 몸으로 이루어져도, 말과 행동으로 표현된 바가 전통이나 관습의 목소리, 부모, 친구, 유행의 목소리일 수 있다. 이 사람들은 한 번도 멈추어서 자신이 진정으로 누구를 대변하는지,

자기 자신으로서 또 자신의 것으로서 무엇을 지키고자 하는지 자문해본 적이 없기 때문에 이런 일이 벌어진다. 이들은 유행이나 습관이 제 선율을 연주하는 데 쓰는 악기 같은 존재며, 배우의 목소리가 흘러나오는 무대용 가면 같은 존재다. 스토아학파 철학자들은 소크라테스와 마찬가지로 이런 삶이 그들 안의 인간성, 그들 모두가 소유한 사고 능력과 도덕적 선택 능력에 어울리지 않는다고 생각한다.

스토아학파 철학자들에 따르면, 비판적 논리는 지적인 힘과 자유로 이어지며—만일 그전까지 자아가 게으르고 나태했다면 이 자체가 자아의 주목할 만한 변화다—또한 학생의 동기와 욕망을 바꾸기에 이른다. 처음 들으면 놀랄지 모르지만, 이 주장은 설득력도 있고 정치적으로도 중요하다. 스토아학파 철학자들은 공적 생활이 분노, 공포, 질투 같은 감정들의 힘에 휘둘려 비합리적으로 변하는 일이 잦다고 말한다. 그러나 그런 감정들은 단순히 생물적 충동이 아니다. 그것은 생각과 밀접한 관계가 있다. 누군가에게 화를 내는 사람은 상대가 일부러 또는 실수로 심각한 잘못을 저질렀다고 믿는다. 분노는 그런 믿음에 의지한다. 만일 잘못을 저질렀다고 간주된 사람이 알고 보니 무고하다거나 그 죄라는 것이 사실은 사고였다고 여기게 되면, 화난 감정은 결국 바뀔 것이라고 예상할 수 있다. 화난 사람이 잘못된 일의 중요성에 대해 생각을 바꾸어 그것이 하찮다고 여기게 되면 분노 또한 바뀔 것이다. 합리적 논리는 다른 사람들이 우리에게 하는 일을 어쩌지는 못한다. 소크라테스식 질문이 내가 모욕이나 비판을 받는 일을 막을 수는 없다. 하지만 내가 그런 모욕에 할당하는 중요도에 관해서나 내가 비난하는 근거에 관해 스스로 열심히 생각하게끔 할 수는 있다. 그리고 이 자체가 감정에 영향을 준다.

스토아학파 철학자들은 공포와 분노 같은 감정과 관련된 생각들이 대개 주변 사회의 습관이나 관습에서 온다고 말한다. 가령 보통의 로마 남자는 남의 집에 갔을 때 주인이 자신을 식탁 말석에 앉히면 크게 화낼 가능성이 높다.[17] 이러한 지위의 외적 표시에 집착하는 문화에 문제를 제기하라. 그러면 실질적으로는 그 사람이 화를 내는 근거에 문제를 제기한 셈이다. 만일 그 사람이 식탁에서 배정받은 자리가 관심을 가질 가치가 별로 없는 것이라고 진정으로 믿게 되면, 사회 전체가 감당해야 할 분노도 약간은 줄어들 것이다. 스토아학파 철학자들은 어떤 것이 중요하다고 여기는 그 믿음을 비판적으로 검토한 사람이—생각만이 아니라 감정 면에서도—더 나은 시민이 된다고 주장한다.

간단히 말해 이성은 아주 심오한 방식으로 인격을 구축하며 논리뿐만 아니라 동기까지 형성한다. 논증은 학생들에게 이렇게 저렇게 행동하는 이유들만 제공하는 것이 아니다. 특정한 동기에 기초해 특정한 방식으로 행동할 가능성을 높이는 데 도움을 주기도 한다. 논증은 이렇게 매우 심오한 방식으로 자신을 책임지는 사람들, 추론과 감정을 스스로 통제하는 사람들을 배출한다.

전통적인 문화에서는 이성의 자유를 장려하는 교육을 고안하기가 어렵다. 세네카는 자유교육에 대한 유명한 편지에서 이 문제를 다룬다. 이 편지는 세네카와 편지를 주고받던 친구 루킬리우스에게 쓴 것이다. 이 중년의 정치인은 철학과 인생의 여러 측면에서 질문을 던졌고, 세네카는 이를 계기로 생각을 주고받으면서 특정한 사례를 자세하게 다루는 방식으로 자신의 견해를 전개할 수 있었다. 루킬리우스는 세네카에게 전통적인 '자유로운 공부studia liberalia'에 관한 의견을 물었다. 이것은 로마 상층계급들의 유서 깊은 가치와 관행에 동화된 교육이었다. 문법, 음악, 시, 수학과 과학 약간, 공적 생활에서의 수사법을 아우른 이 교육은 모두 전통을 무비판적으로 받아들일 것을 강조하는 식으로 가르쳤다. 전통적으로 '리베랄리스liberalis'라는 말은 '자유민으로 태어난 신사에게 적합하다'는 뜻이었다. 세네카는 편지 서두에 이런 용어 이해에 이의를 제기한다고 쓴다. '리베랄리스'라는 명칭, 즉 문자 그대로 옮긴다고 할 경우 '자유롭다'라는 이 명칭을 진정으로 얻을 자격이 있는 유일한 교육은 학생들이 자유로이 생각하되 자신의 생각에 책임을 지고 사회의 규범과 전통을 비판적으로 검토할 수 있는 능력을 길러주는 교육이기 때문이다. 세네카는 이 개념을 계속 검토해나간다. 세네카의 논의와 스토아철학에 속하는 다른 글에서 골라낸 자료를 합치면, 소크라테스식 교육은 다섯 가지 주장으로 추릴 수 있다.

1. 소크라테스식 교육은 모든 인간을 위한 것이다. 스토아학파는 성찰하지 않는 삶은 인간으로서 살 가치가 없다는 소크라테스의 생각으로부터, 또한 소크라테스식의 성찰하는 삶을 위해서는 비판적이면서 철학적인 특정한 종류의 교육이 필요하고 (이 교육이 잘 이루어질 경우) 그것으로 충분하다는 자신들의 믿음으로부터, 이런 교육이 모든 인간에게 본질적으로 중요하다는 결론을 끌어낸다. 이들은 또 여기에는 읽고 쓰는 능력, 기본적인 논리적·수학적 능력, 세상에 관한 상당한 지식 등이 필수라고 보았기에, 이런 육성을 일종의 고등교육으로 여기고 고등교육이 모든 인간의 자기실현에 핵심적인 부분이라는 견해를 옹호하는 경향이 있다. 이렇게 상급 내지 '고등'학습에 초점을 맞추기 때문에, 우리는 그들의 통찰에 의지해 미국 사회의 고등교육이라는 그림에 살을 채워나갈 수도 있다. 물론 그들의 시대는 우리 시대와 상당한 차이가 있다는 사실을 간과해서는 안 된다.

사실 미국 사회는 다른 어떤 나라보다 철저하게 소크라테스/스토아철학 노선을 따랐으며, 분화된 예과豫科 과정 교육을 학생 모두가 공유하는 자유교육과 결합한 고등교육을 구축하고자 했다. 유럽에 있는 나라들은 이렇게 하지 않는다. 유럽 학생들은 대학에 들어가면 법학이든 의학이든 철학이든 역사학이든 화학이든 고전학이든 한 가지 주제를 공부한다. 이런 교육과정에는 모든 사람의 좋은 삶에 필수적인 공통의 공부로 이루어진 핵심이라는 개념이 없다.

그리스인과 로마인은 고상한 이상을 지녔지만, 실제로 이런 이상을 매번 완전히 실현하지는 못했다. 소크라테스는 만나는 사람 모두에게 질문을 하겠다고 선언한다. 그러나 여성에게 질문하는 것은 그가 상상한 지하세계의 삶에서만 가능하다. 훗날의 철학자들은 '모든 사람'의 범위를 넓혀 여성을 교육했으며, 로마 스토아학파는 여성도 동등하게 교육을 받아야 한다고 주장했다. 여성과 노예와 가난한 자 모두에게 교육을 확대하자는 생각은 소크라테스적인 의미에서 교육이 모든 인간에게 중요하다는 생각으로부터 (여기에 이들 또한 인간으로서 존중과 관심을 받을 가치가 있다는 간단한 사실을 인정하는 태도가 결합되면) 바로 끌어올 수 있다.[18]

미국 사회에서도 만인을 위한 소크라테스식 교육이라는 고상한 이상은 실제로 완전히 실현되지 못했다. 아주 최근까지만 해도 얼마나 많은 사람이 대학교육의 혜택으로부터 배제되었는지 우리는 기억해야 한다. 그러나 오늘날 미국 대학은 원래의 소크라테스적 사명을 이행하고자 한다. 정말 모든 사람에게 질문을 던지고, 모든 사람의 인간성을 인정한다. 미국은 다른 어느 나라보다 대학에 등록한 국민의 비율이 높다.(자격을 갖춘 학생들에게 대학교육 비용을 미국보다 더 지원하는 나라는 많이 있지만.) 이런 간단한 생각이 큰 변화를 일으켰고 더 많은 변화를 요구하게 되었다는 것은 놀랄 일이 아니다.

자유교육의 내용에 관한 생각과 자유교육이 모든 시민에게 똑같이 확대되어야 한다는 결론 사이에는 밀접한 관련이 있다. 만일 고등교육이 선택된 소수를 이론적 명상의 삶으로 이끄는 것이라고 생각한다면—예를 들면 플라톤은 가끔 이런 생각을 했다—

플라톤이 주장한 대로 그런 교육을 널리 확대하는 것은 불가능할 것이다. 우리는 특별한 정신 능력을 갖춘 엘리트를 찾아내야 하고, 오직 이들만 고등교육과정에 진입하게 될 것이다. 실제로 모든 사람이 이런 형태의 공부를 하게 된다면 커다란 사회적 문제가 생길 것이다. 플라톤이 상상하듯이, 이런 명상적 삶은 일상에서 정치적·가족적 의무를 적극적으로 추구하는 것과 양립할 수 없기 때문이다. 그럼 누가 남아서 삶의 실제적 기능을 수행하겠는가? 이처럼 플라톤의 명상 개념에는 여러 면에서 정치적 엘리트주의가 포함되어 있다. 반면 소크라테스/스토아학파의 개념은 민주주의를 뒷받침하고 민주주의에 의해 뒷받침된다. 우리가 고등교육을 보편화할 수 있는 것은 교육이 모든 시민이 갖고 있을 실천적 추론의 힘을 발전시키기 때문이다. 또 고등교육의 보편화가 민주적 정치 공동체를 위협하는 것이 아니라 강화시킬 것이라고 기대하는 것은 교육이 시민성이나 가족과 밀접하게 연관되어 있기 때문이다.[19]

2. 소크라테스식 교육은 학생의 상황과 맥락에 어울려야 한다. 만일 교육을 소크라테스식으로 이해해 영혼의 움직임을 이끌어내는 것으로 생각한다면, 소크라테스와 마찬가지로 교육은 철저히 개인의 조건에 맞추어져야 한다는 결론에 이르는 것이 당연하다. 교육은 학생의 실제 상황, 학생의 지식과 믿음의 현재 상태, 학생이 자기성찰과 지적 자유에 이르기까지 넘어야 할 장벽들을 고려해야 한다. 따라서 소크라테스는 한 사람 한 사람에게 질문을 던진다. 그러나 널리 만인에게 교육을 시행하는 데 관심을 가진 스토아학파는 늘 그렇게 할 수 없다. 그럼에도 원칙적으로는 늘 개별화된 가르침이 목표라고 주장한다. 그들은 의술이 신체에 하는 역할을 교육이 영혼에 한다고 말한다. 의사는 환자의 실제 조건과 증상에 민감하게 관심을 가질 때만 제 역할을 잘할 수 있는데,

선생도 마찬가지다. 스토아학파는 실제로 여러 방식으로 이 점을 보여주는데, 보편적 교육과정을 권장하지 않는 것, 학생의 특정한 상황에 대한 소크라테스식 배려를 증명하는 철학적 글을 쓰는 것 등이 그 예다.

고등교육을 둘러싼 최근의 논란을 보면 일반적으로 '명저' 교육과정이 좋은지, 특정 유형의 중핵과목이나 교양필수과목의 설계가 좋은지 탐문하는 추세다. 그러나 그런 필수과목 설계 대상인 학생들의 환경과 배경에 관해 묻는 일은 거의 없다. 우리가 공유하는 일반적인 목표를 염두에 두면서도 스토아학파처럼 학생들이 서로 다른 여러 지점에서 출발하여 그 목표에 접근한다는 사실을 인정한다면, 우리는 당연히 여러 다양한 방식으로 교육과정을 다루어야 한다고 결론을 내리게 될 것이다.

3. 소크라테스식 교육은 다원적이어야 한다. 즉 상이하고 다양한 규범과 전통에 관심을 가져야 한다. 학생들을 깨우는 데는 그들이 이전까지 자신의 방식이 중립적이고 필수적이고 자연스럽다고 생각했던 영역에서 다른 것과 대면하게 하는 것보다 효과적인 방법이 없다. 다른 사회에서 인간 복지, 젠더, 섹슈얼리티, 민족성, 종교 문제를 다루어온 방식을 탐사하다보면 학생은 여러 생명력 있는 사회에서 살아가는 다른 사람들이 아주 다른 방식으로 일을 꾸려왔다는 것을 알게 될 것이다. 우리의 복잡한 세계에서 소크라테스식 질문은 다원주의를 요구한다.

자신의 전통에 대한 비판적인 성찰은 자동적으로 어떤 생활방식이든 인간에게는 똑같이 좋다는 식의 문화상대주의를 수반하며 그렇게 되면 자신의 생활방식에 대한 충성심은 약화된다는 공포가 널리 퍼져 있다. 예를 들어 앨런 블룸의 책 『미국 정신의 종말』에도 이런 공포가 반영되어 있다. 아테네 사람들 또한 이런 공포가 강해 소크라테스가 젊은이들을 타락시킨다고 공격했고,

아리스토파네스는 소크라테스를 아버지 구타와 연결시켰다. 물론 소크라테스식 성찰의 함의는 이런 것이 아니다. 그 함의는 오히려 우리가 이성적으로 옹호할 수 있는 것은 고수해야 하며, 그것은 우리가 처음 질문을 시작했을 때의 견해와 동일할 수도 있고 그렇지 않을 수도 있다는 점을 기꺼이 받아들여야 한다는 뜻이다. 스토아학파는 시대와 장소를 막론하고 번창하는 인간 삶이라는 단일한 그림을 모든 인간을 위해 이성으로 옹호할 수 있다고 생각했다. 오늘날 국제 정의에 관해 생각하는 많은 사람도 이와 비슷하게, 인간 복지의 특정 규범 및 권리에 대한 존중은 어디에서도 비판적 성찰을 견뎌낼 것이라고 믿는다. 다른 것과 대면한다고 해서, 문화를 가로지르는 도덕적 기준은 존재하지 않는다거나 각 지역의 전통이 세운 것만이 유일한 규범이라는 결론에 이르는 것은 결코 아니다. 블룸이나 다른 사람들이 정말로 미국 전통이 너무 허약해 젊은이들이 다른 삶의 방식을 아는 것만으로도 그 전통을 떠나게 된다고 생각한다면, 왜 그들은 그렇게 열심히 그런 허약한 전통을 승인하고 떠받치는 것일까? 미국의 전통 가운데 훌륭한 것은 소크라테스식 논증에 따른 성찰을 견디어낼 것이다.

4. 소크라테스식 교육에서는 책이 권위가 되지 않게 해야 한다. 많은 보수주의자가 제안한 '명저' 교육과정에서 그리스인을 툭하면 주인공으로 무대에 불러내는 것이야말로 이 시대 '문화 전쟁'의 아이러니다. 그리스 철학자들이 더 소리 높여 만장일치로 지적한 것이 바로 그런 교육과정의 한계이기 때문이다. 아리스토파네스가 묘사한 낡은 아테네 문화는 교육이 전통적 가치에 대한 순응이라는 관념을 실제로 지지했다. 이 교육은 도덕적 권위가 있는 정전 텍스트에 의존했다. "아테나, 무서운 도시의 약탈자여"를 부르며 학교로 줄지어 행진하는 젊은이들은 곧 이런 유서 깊은 말과 관념을 내면화하는 것이 자신이 받는 교육의 목표이며, 비판적

문제제기에는 곧 비난이 따른다고 배웠다. 그러나 그리스 철학 전통은 바로 이런 무비판적 내면화라는 개념에 반발하면서 능동적 추론의 가치를 내걸었다.

소크라테스 자신은 아무것도 쓰지 않았다. 플라톤의 『파이드로스』에 나오는 이야기를 믿는다면, 소크라테스가 아무것도 쓰지 않은 것은 책이 능동적이고 비판적으로 이해하려는 노력을 방해하고, 학생이 "지혜를 가졌다는 그릇된 자만심"을 품게 할 공산이 있다고 믿었기 때문이다. 책은 "살아 있지" 않다. 기껏해야 훌륭한 사유가 어떤 것인지 일깨워줄 뿐이다. 책은 당연히 생각하지 못한다. 그러나 학생들은 자칫 그 위신에 넘어가 급기야는 교육의 진정한 목표인 정신 활동을 망각하고 책에 적힌 말에 수동적으로 의존하기 쉽다. 그런 학생들은 문화적으로 권위 있는 많고 많은 자료를 내면화한 뒤 자신이 매우 지혜롭다고 믿게 될지도 모른다. 이런 오만은 진정한 탐색을 하려는 동기를 한층 더 약화시킨다. 그런 사람들은 오히려 무지한 사람들보다 더 자신을 탐색하지 않고, 어떤 일을 하는 자기 문화의 방식에 찬성하거나 반대하는 논리를 찾지 않을 가능성이 높다. 따라서 책이 교육에서 사용될 경우 이런 종류의 숭배와 수동성을 막을 방법을 강구해야 한다.

더욱이 책에는 진정한 철학적 활동 특유의 관심과 응답이 결여되어 있다.(기억하겠지만 철학 활동은 학생의 특수한 상황이나 맥락과 연관되어 있다.) 책은 유연성 없이 똑같은 상태로 어디에나 "굴러다니고" 수없이 다양한 사람들에게 언제나 똑같은 방식으로 말을 건다.[20] 또다시 결론은 책이란 논리 전개를 기억나게 해준다는 점에서는 가치가 있지만 전거로 이용할 땐 해로울 수 있다는 것이다.

스토아학파도 바로 이 점을 주장하기 위해 몇 가지 생생한 예를 활용한다. 에픽테토스는 크리시포스의 논리학 문제들에 대한 논문 내용을 마침내 완전히 '터득'했다고 자랑하는 젊은이 이야기를 한다. 에픽테토스는 그가 의기양양하게 "보라, 내 방에 새 훈련용 포환을 들여놓았다"라고 말하는 운동선수와 다를 것이 없다고 대꾸한다. 이 운동선수는 "훌륭하군, 드디어 해냈어" 하는 반응을 얻지 못할 것이다. 그가 듣는 반응은 이런 것이다. "잘됐군, 자네가 그 포환으로 뭘 할 수 있는지 보여주게." 학생도 마찬가지다. 자신이 읽은 것을 이용해 잘 생각하고 자신만의 추론을 이끌어나갈 수 있음을 보여주어야 한다.[21]

세네카는 한 편지에서 이런 생각을 한층 발전시켜, 학생에게 '명저'에 담긴 지혜를 전거로 의지하는 것에 대해 경고한다.

> "이것이 제논이 한 말이다." 하지만 너 자신은 무슨 말을 하는가? "이것이 클레안테스의 관점이다." 그런데 너의 관점은 무엇인가? 얼마나 더 다른 사람의 명령대로 행군하려는가? 주도권을 쥐고 너 자신에게서 우러나오는 중요한 말을 하라…… 기억하는 것과 아는 것은 다르다. 기억한다는 것은 기억에 맡겨진 어떤 것을 보호하는 것이다. 하지만 안다는 것은 텍스트에 의존하지도 매번 선생을 살피지도 않고, 모든 것을 하나하나 자신의 것으로 만드는 것이다. "제논이 이런 말을 했고, 클레안테스가 이런 말을 했다." 너 자신과 책 사이에 거리를 두어라.[22]

세네카도 에픽테토스도 기록된 글을 거부하지는 않는다. 책을 포환에 비유하는 것에는 긍정적인 면이 있다. 자신이 속한 문화의 과거에서 전해져온 위대한 텍스트 일부를 담은 책은 실제로 느슨해진 정신을 긴장시키며, 생각을 버리는 데 필요한 정보와 훌륭한 논증의 사례를 제공한다. 문해력은—문화적 문해력을 포함하여—힘과 독립성을 부여한다.[23] 그러나 그 자체를 목표로 할 때가 아니라 일종의 필수 훈련이자 자양분으로 삼았을 경우에만 그렇다. 위대한 책에 담긴 논리를 헤쳐나가면 정신이 더 명민해지고 엄격해지고 활발해질 수 있다. 그 과정을 거치면 정신은 중요한 문제들과 관련한 다양한 범위의 선택지들을 마주할 수 있다. 산만하고 피상적인 대중문화가 만연한 상황에서도 문제를 도전적으로 제기하는 방식으로 그런 선택지들과 마주할 수 있다. 이 모든 것을 스토아학파는 이미 알고 있었다. 그리고 우리 시대에는 이런 읽기 방식이 무엇보다 중요하다.

그러나 에픽테토스가 든 사례의 부정적인 면 또한 분명하다. 책은 너무 쉽게 숭배와 존경의 대상이 되는 경향이 있으며, 정신 안에서 힘을 생산하지 않으면서도 그 안에 들어앉는다. 물론 책이 문화적 전거로서 '서구 문명'이나 '명저'라는 명칭의 교육과정으로 소개되는 경우에 이런 일이 일어날 가능성이 특히 높다. 이런 명칭이 아니라 더 세네카적인 명칭, 예를 들어 '스스로 생각하는 것을 도울 수 있는 유용하고 영양가 있는 책 몇 권'이라든가, 에픽테토스의 생각을 따라 '정신을 위한 훈련용 포환 몇 개'라는 명칭을 쓴다면, 올바른 방향으로 나아갈 수 있을 것이다. 그렇게 되면 어떤 문제를 끝까지 생각하는 것을 대체할 수단은 없다는 사실을 모두가 알게 될 것이며, 복잡한 문제들을 미봉책으로 해결하고자 하는 마음은 사라질 것이다. 우리는 비로소 세네카의 자유교육에 대한 편지 말미에 담긴 진실을 보게 될 것이다. 우리가 지저분하고 혼란스럽고 복잡한 세계에 살고 있으며, 여기에는 각자 나름의 적극적인 탐색을 대체할 수단이 전혀 없다는 진실을.

소크라테스적 이성과 그 적들

스스로 추론하여 논리를 잘 세울 수 있고 논리적으로 타당한 주장과 타당하지 않은 주장의 차이를 이해하고 주장의 논리적 형식과 그 전제의 참을 구별할 수 있는 사람을 배출하지 못했다면, 우리는 소크라테스적 의미에서 진정으로 자유로운 시민을 배출한 것이 아니다. 논리적 추론은 모어母語를 말하는 것처럼 자연스럽게 인간에게 찾아온다. 그것은 우리가 생존하기 위해 진화시킨 장비의 일부임이 틀림없다. 어린아이들과 작업해보면 아이들이 간단한 예를 통해 쉽게 논리학 기초를 전부 습득할 수 있다는 것을 거듭 확인하게 된다. 그러나 모어 습득과 마찬가지로 논리학 교육에도 다양한 수준에서 선생의 도움이 필요하다. 학생들은 대부분 복잡한 텍스트에서—또는 텔레비전에서 접한 정치적 주장에서—그릇된 추론 형식을 곧바로 발견하지 못한다. 사람들은 대부분 제대로 정리되지 않은 자료 더미, 논리적 일관성을 검토해보지 않은 믿음들, 타당성을 따져보지 않은 추론들을 머릿속에 이고 다닌다.

바로 이 점에서 소크라테스는 자신이 민주주의에 기여할 수 있는 중요한 방법이 있다고 보았다. 우리가 사람들이 믿는 바에서 일을 시작할 수밖에 없다면 어떤 식으로 진전을 이룰 수 있을까? 사람들이 스스로 안다고 생각하는 것을 정리하게 하고 믿음의 일관성이며 추론의 타당성을 따져보게 해야 한다. 바로 이런 식으로 폴레마르코스는 자신이 아버지와 공유하던 믿음들에 일관성이 없다는 것을 인지하여 진전을 이루었다. 『국가』를 읽는 학생들은 소크라테스가 폴레마르코스에게 모순을 깨닫게 하는 과정을 보아야 하지만, 동시에 소크라테스가 논증을 어떻게 제대로 해내는지, 그의 결론이 진짜 자신의 전제로부터 나온 것인지도 물어야 한다. 저술가로서의 플라톤이 기록된 말에 내재해 있는 수동성의 위험을 극복하는 주요한 방법이 이것, 즉 독자가 논리적으로 분석하고 비판하도록 자극하는 것이다.

논리적 분석은 민주적 정치문화의 핵심에 자리잡고 있다. 우리는 형편없는 논리를 내세우는 바람에 서로에게 정치적인 잘못을 저지르는 경우가 많다. 우리는 다음과 같은 방식으로 추론한다. "우리 동네 범죄 대부분은 흑인이 저지른다. 여기 흑인이 한 사람 있다. 따라서 그는 범죄자일 가능성이 높다." "모든 어머니는 여자다. 여기 이 사람은 여자다. 따라서 이 여자는 임신을 해 일을 그만둘 것이므로 나는 남자를 고용하는 게 낫다." 이런 추론은 당연히 그릇된 것이다. 하지만 우리는 늘 이런 식으로 '생각'한다. 논리적 분석은 이런 혼란을 일소한다. 논리적 분석은 이성으로 위장한 편견의 가면을 벗긴다. 논리적 분석 없이 산다는 것은 우리가 정치권력의 남용을 비판할 수 있는 가장 막강한 도구 하나를 포기한다는 뜻이다. 논리는 우리가 서로 사랑하게 해주지는 못하겠지만, 공감을 거부할 심산으로 합리적인 듯 논거를 꾸며대는 짓을 중단하게 해줄 수는 있다.

나아가 논리적 분석은 우리에게 시민으로서 건강하게 상호작용하는 방법을 가르쳐준다. 근거 없는 주장과 반박을 주고받는 대신, 우리는 비판적으로 관점을 교환하고, 서로의 추론을 검토할 수 있다. 빌리 터커는 그 자신은 사형에 찬성하지만 반대측의 논리를 생각하며 일주일을 보낼 수도 있음을 알고 중요한 것을 배웠다. 쟁점의 반대편에 있는 사람들에 관해 생각하는 새로운 방법을 알게 된 것이다. 그가 생각하는 사람인 것과 마찬가지로 그들 또한 생각하는 사람들이었다. 단순히 적이 아니었다. 그는 또 그들의 관점을 이해하게 되었다. 동시에 신문에 실린 많은 글의 추론이 얼마나 형편없는지 알게 되었다. 이런 통찰 덕분에 그는 새삼 신중해졌으며, 이런 신중한 태도 덕분에 쟁점의 반대편에 있는 사람들과 더 생산적인 대화를 나눌 수 있게 되었다.

오늘날의 대학에서 소크라테스식 추론이 반대에 부딪히지 않는 것은 아니다. 이 추론은 두 가지 서로 다른 유형의 적과 마주친다. 하나는 보수파 반대자로, 그들은 소크라테스식 논증에 대한 헌신이 전통적 가치를 전복한다고 생각한다. 이런 반대는 학계 내부보다 외부에서 더 거세지만, 몇몇 교육기관 내부에서 발견되기도 한다. 예를 들어 한때 벨몬트 대학에서는 심지어 철학과가 별도로 존재하는 것 자체가 논쟁거리였다. 벨몬트 대학의 철학 전공생들은 자신의 선택에 대한 반대에 직면한다. 이 대학의 다른 학생들은 '세속적 인본주의'라는 표현으로 철학적 추론에 대한 근본적인 불신을 표현하는데, 이 표현은 철학 전공생은 이미 침례교 신앙을 떠난 것이라고 암시하고 있다.

학생들이 스스로 인지했듯이 이 결론은 틀렸다. 개인의 종교가 무엇이든 우리는 모두 민주 시민이며 따라서 함께 숙의해야 한다. 철학 교육은 이런 종류의 숙의에서 중요한 역할을 한다. 자신이 고수하는 신앙에 의거해 가장 개인적인 선택을 하는 것과 소크라테스적 방법으로 동료 시민과 논의하는 법을 배우는 것 사이에는 아무런 모순이 없다. 사실, 미국의 민주주의는 개인의 종교적 선택을 세심하게 보호하는 동시에, 그런 선택을 공적 영역의 논쟁적인 토론으로부터 분리하는 것 또한 세심하게 보호한다는 점에서 다른 많은 민주주의와 다르다. 어떤 종교 전통의 구성원에게 공적 영역에서는 다른 전통에 속한 사람들도 이해할 수 있는 논거를 들어달라고 요청하는 것이나 수업에서 그런 종류의 논증을 권장하는 것이 그 전통을 존중하지 않는다는 표시는 아니다.

그러나 소크라테스의 목표는 이와 다른 유형의 저항, 즉 포스트모더니즘 문학이론과 닿아 있는 진리와 이성에 대한 문제제기 같은 저항을 더 많이 받는다. 심지어 논증 자체도 이런 공격을 면하지 못한다. 논리적 주장은 여성이나 흑인을 위한 것이 아니라는 주장도 왕왕 제기된다.(편견이 심하거나 공감하지 못하는 사람들만이 아니라 인종 및 성 평등을 옹호하는 사람들도 자주 내세우는 주장이다.) 소크라테스를 반대하는 일부 좌파는 논증이 그 자체로는 괜찮지만 공고한 권력 현실에 부딪치면 비판의 무기로서 힘을 잃는다고 생각한다. 그런 의미에서 논증에 시간을 들이거나 희망을 걸 가치가 없다는 것이다. 트라시마코스 같은 이런 냉소적인 입장은 정의를 위한 투쟁에서 이성이 무슨 일을 할 수 있고 해왔는지 보여줌으로써, 또 만약 단지 권력만이 문제라면 권력이 없는 사람은 어차피 늘 패하기 마련이라고 지적함으로써 쉽게 반박할 수 있다. 이성은 특별한 위엄이 있어서 사회 세력들 사이의 경쟁 위에 올라설 수 있으며, 어떤 사회에서 소수집단의 정당하지만 인기 없는 요구가 얼마나 존중되느냐 하는 것은 이성이 그 사회에서 존중되는 수준에 비례한다. 플라톤의 생생한 비유에서 이성은 부드러운 황금 줄이다. 이것은 가끔 (인간을 꼭두각시라고 상상할 때 그 꼭두각시를 조종하는 일에서) 탐욕과 질투와 공포라는 쇠줄에 이리저리 밀리지만, 가끔 승리를 거두고, 언제나 그 고유의 위엄으로 빛을 발한다. 편견과 이성의 구별에 의지하지 않은 채 여성 또는 민족적·종교적·인종적 소수집단의 평등에 반대하는 거짓 주장의 가면을 벗길 수 있다고는 상상하기 어렵다. 그렇게 가면을 벗기는 일은 민주주의 공동체 전체가 편견과 이성의 구별을 공유하지 않는 한 헛일이 될 것이다. 트라시마코스 같은 냉소주의는 권력 없는 자들을 계속 억압하기 위한 최고의 처방이다.

그러나 일부 소크라테스의 좌파 반대자들은 그보다 훨씬 강하게 논리를 공격한다. 논리적 주장의 중심 형태가 여성, 소수자, 비서양인의 정신에는 어울리지 않는다는 것이다. 이런 관점은 가끔 소수집단이나 여성의 완전한 정치적 평등을 인정하고 싶어하지 않는 이들에게서 발견되지만, 학계에서 이 관점이 영향력을 갖는 것은 진보적인 정신을 가진 사람들도 같은 관점을 제시하기 때문이다. 마치 논리 자체가 가부장적이라거나 식민지적 억압의 도구라는 '사실'을 인정하지 않고는 사회적 약자 집단들이 진전을 이루는 것을 도울 수 없기라도 한 것처럼 말이다. 그러나 어떤 사람이 일관성이나 타당성과 관련된 기본적인 문제와 추론의 기본적인 형태를 이해할 능력이 있다고 가정하지 않는 것은, 그 사람의 인간성을 존중하지 않는 것이다. 논리적으로 사고할 수 있는 그 사람의 잠재력을 실제 현실로 만들려고 노력하지 않는다면, 우리는 그 사람을 경시하는 것이다. 논리에 대한 이런 비판은 비서양 민족들의 논리 전통에 대한 무지와 여성이나 인종적 소수집단의 논리적 능력을 두고 거들먹거리는 태도를 전형적으로 보여준다.[24] 그런 주장을 뒷받침하는 견실한 증거는 없으며, 이른바 진보적 사상가들이 마치 그런 증거가 있는 것처럼 이야기하는 것은 역효과를 낳을 뿐이다.

그렇다면 논리적 주장의 목표는 어떨까? 소크라테스는 그저 재미삼아 논증을 펼친 것이 아니다. 그에게는 계획이 있었다. 그는 선입관과 편견으로부터 자유롭고 비판적인 검토를 견딜 수 있다는 의미에서 객관적인 설명을 찾으려 했다. 소크라테스의 포스트모더니스트 반대자들이 내세우는 또하나의 유해한 주장은 소크라테스식 논증의 일반적 목표인 진리와 객관성이 이룰 수 없는 목표라는 것이다. 이런 목표를 추구한다는 말은 권력이나 자기 이익을 내세우면서 그 위에 덧씌우는 가면에 불과하다고 그들은 주장한다.

이런 생각들 가운데 이치에 맞는 것과 순진하면서도 위험한 것을 가르는 것이 중요하다. 진리를 추구하거나 (보통 부조리한 편견으로부터 자유롭다는 의미에서) 객관적으로 추론한다고 주장하는 이들이 늘 그렇게 하는 것은 아니라는 데 우리 모두 동의할 것이다. 의식적으로든 무의식적으로든 자신의 이익을 추구하거나 관습적 통념을 내세우면서 진리 추구라는 망토를 두르는 경우가 많기 때문이다. 소크라테스가 사이비 논리의 가면을 벗기면서 자주 보여준 것처럼 말이다. 그러나 이런 결함 많은 탐구 방식은 진리 자체에 대한 탐색에 관해서는 아무 이야기도 해주지 않는다.

우리는 또 진리와 지식에 대한 현대적 분석으로 인해 한 가지 전통적 개념, 즉 사물이 우리의 정신 작용과 완전히 독립하여 우주에 존재하고 있는 방식에 우리가 다가갈 수 있다는 생각이 심각한 의심을 받게 되었다는 데 동의할 수 있다. 양자역학의 철학과 언어철학의 전문적 작업을 기반으로 삼아 많은 철학자는 칸트와 마찬가지로 인간이 알 수 있고 진실로 묘사할 수 있는 세계는 우리의 개념과 정신적 능력이 형성한 것에 불과하다고 생각하게 되었다. 심지어 관찰 자체도 우리 자신의 개념틀에서 파생된 핵심 범주들을 이용하는, 이론에 준거한 행위처럼 보일 것이다. (이런 점들이 입증되었다는 데 모든 철학자가 동의하는 것은 아니다. 일부 철학자들은 공격에 시달리면서도 여전히 '사실주의적' 입장을 옹호한다.) 여기에서 우리는 첨예한 의견 차이를 발견한다. 어떤 철학자들은 칸트 편에서 우리가 여전히 현실에 가장 적합한 단일한 개념틀을 옹호할 수 있다고 생각한다. 또 어떤 철학자들은 올바름의 엄격한 기준을 충족하는 몇 가지 적합한 틀이 있다고 주장한다. 어떤 철학자들은 훨씬 유연한 다원주의를 취한다. 힐러리 퍼트넘, 넬슨 굿맨, 도널드 데이비드슨, W. V. O. 콰인, 리처드 로티 등은 이 스펙트럼에서 다양한 위치를 점하고 있다.[25] 어쩌면 로티는 예외겠지만, 나머지는 모두 여전히 우리가 편견으로부터 자유롭고 객관적이라고 할 만한 논리로써 어떤 주장을 참으로 입증할 수 있다고 생각한다.

나아가 우리는 어떤 주장을 평가할 때, 그 주장에 포함된 개념들이 형성되는 과정에서 사회적·정치적 권력이 수행한 역할도 고려할 요인들 가운데 하나라는 데 동의할 수 있다. 앞서 거명한 철학자들은 과학 지식과 언어 지시의 분석에 초점을 맞추었지, 지식 탐구에 정치가 미치는 영향을 두고 늘 많은 생각을 한 것은 아니다. 그 결과 그들은 지배집단의 권력 유지 욕망이 윤리적·사회적 기본 범주의 표현 자체에 개입하는 방식에 주의를 늘 충분히 기울이지는 못했다. 그러나 그러한 방식에 관한 통찰은 플라톤의 등장인물들인 트라시마코스와 칼리클레스가 이미 했던 것이다. 그들은 권력집단들이 자신의 우위를 영속화하는 방식으로 도덕규범을 규정하는 일—예를 들어 지배당하는 자들을 제자리에 묶어두기 위해 '정의'의 뜻에 지배자에 대한 복종을 포함시키는 것—이 빈번하게 일어날 수 있음을 보여주었다. 미셸 푸코는 이런 개념들을 더 발전시켰다. 역사적으로 불완전한 면에서 개념의 명료성 결여에 이르기까지 푸코의 작업 중 많은 측면에 문제를 제기할 수 있지만, 그래도 그의 작업은 중요한 통찰들을 담고 있으며, '포스트모더니즘'이라는 기치하에 철학에 진입한 진정으로 중요한 성과는 여전히 이것 하나뿐이다.

우리는 이렇게 포스트모더니즘 사상가들이 최근에 강조한 몇 가지 중요한 주장에 동의할 수 있다. 진리 탐색은 인간 활동이며, 인간들이 탐욕스럽게 권력투쟁을 벌이는 세계 안에서 인간의 능력으로 수행된다. 그러나 이런 사실들이 진리와 객관성을 추구한다는 기획 자체를 훼손한다는 주장에는 동의할 수 없다. 칸트적 전통—그리고 퍼트넘, 콰인, 데이비드슨 같은 현대의 상속자들—의 통찰은 진리와 이성을 근본적으로 공격하는 것이 아니라 그 목표를 새롭게 표현한다. 언어와 인간 정신의 기여를 인정하여 순진한 유형의 경험론은 무너뜨리지만, 소크라테스는 그대로 세워둔다. 우리는 진리와 객관성에 대한 갈망을 버릴 필요가 없다. 다만 우리의 범주들이 형성하는 역할을 고려하여 이 목표를 섬세하게 가다듬을 필요가 있다. 소크라테스 자신은 인간 경험을 초월하는 진리에 호소한 적이 없지만, 그래도 윤리적 진실의 추구가 전인적 인간성의 핵심이라고 생각했다. 칸트와 미국의 실용주의자들 역시 윤리학에서 비초월적 진리 탐구의 여러 다른 그림들을 제시했다.

마찬가지로 우리는 개념을 형성하는 데 권력과 이해관계가 차지하는 역할을 인정한다고 해서 편견에서 자유롭지 못할 거라고 절망할 이유는 없다. 우리는 단지 정당한 이해관계를 정당하지 않은 이해관계와 구분할 필요가 있다는 것을 알게 되었을 뿐이다. 이는 개념적 탐구의 다른 측면들을 살피는 경우에도 마찬가지다. 이런 구분 때문에 소크라테스적인 삶이 좀더 복잡해지기는 하지만, 그 어떤 의미에서도 불가능해지지는 않는다.[26]

따라서 오늘날 학계의 진짜 치명적인 문제는 진리와 객관성 추구라는 목표가 더는 우리를 인도할 수 없다는 듯이 그 개념 전체를 무시하는 경향이다. 진리에 대한 이런 공격은 새롭지 않다. 예를 들어 트라시마코스와 고대 그리스 회의주의자들의 주장에서 그런 공격을 발견할 수 있다.[27] 그러나 궤변에 지나지 않는 이런 공격의 영향 때문에 대학에서 희망을 품고 소크라테스적 목표를 추구해나갈 기회가 훼손되고 있다. 포스트모더니스트들은 더 극단적인 그들의 결론을 정당화할 설득력 있는 논거가 없다. 심지어 이 문제에 관한 현대의 설명이라면 반드시 대면해야 하는 물리학과 언어학의 전문적인 쟁점과 씨름하지도 않는다. 이런 이유로 철학 분야에서는 그들의 영향력이 상대적으로 미미하다. 철학에는 이런 문제들에 관한 훨씬 섬세한 이야기가 넘쳐나기 때문이다. 데리다의 진리관은 콰인과 퍼트넘과 데이비드슨을 공부해온 사람에게는 전혀 공부할 가치가 없다. 그러나 인문학의 다른 분야에서는 이런 부류의 이론가들이 큰 영향력을 행사하여(그들의 작업은 쉽게 접근할 수 있는 반면 철학자들의 전문적인 작업은 그렇지 않은 경우가 많다는 것도 한 가지 이유다), 그들의 영향을 받은 학생들은 뭘 좀 아는 사람이라면 소크라테스와 그의 목표를 경멸해 마땅하다고 생각하게 된다. 철학이 학부 교육과정에서 큰 부분을 차지하도록 강조해야 하는 또 한 가지 이유가 바로 이것이다. 이 분야는 다른 곳에서 벌어지는 토론에 진짜 통찰을 비쳐주고, 유행하는 권위들의 허세를 진정한 소크라테스적 방식으로 벗겨내기 때문이다. 소크라테스의 방법과 목표에 비판적으로 문제를 제기하는 것은 그 자체로 소크라테스적이다. 우리는 계속 그렇게 해야 한다. 하지만 그러는 동안에도 정리를 해내고 비판적 성찰을 견뎌낼 설명을 찾는다는 소크라테스적 이상에 우리는 계속 헌신해야 한다.

현대 교육과정 속의 소크라테스

자유학문 교육을 받는 학부생이 소크라테스의 예를 어떻게 따를 수 있을까? 소크라테스의 교실에서 가장 중요한 요소는 분명히 선생이다. 어떤 교육과정 공식도 정신을 일깨우는 자극적이고 통찰력 있는 수업을 대신할 수 없다. 헌신적인 선생은 어떤 교육과정에서도 학생들의 사고가 활기를 띠게 할 수 있다. 선생이 해당 학생 집단의 특정한 성격에 관해 많이 알고 각 개인의 사유 능력을 계발시키려고 노력하기만 한다면, 소크라테스적 활동은 여러 다양한 종류의 읽기와 연결되어 실질적으로 모든 인문학 또는 사회과학 강의에서 이루어질 수 있다.

인문학 강의라면 원칙적으로 어떤 강의든 소크라테스식 추론을 가르칠 수 있지만, 그런 많은 강의가 비판적 논증에만 초점을 맞추지는 않는다. 그러나 이 방식은—이는 전문적인 철학자의 특기이기도 한데—학생들에게 자신이나 다른 사람들이 세우는 논리를 분석하는 방법을 가르치는 데 반드시 필요하다. 분명하게 생각하고 자신의 관점을 정당화할 줄 아는 학생을 배출하는 일이 시민성과 삶에 더없이 중요하다는 점을 고려할 때, (단일 강좌든 일련의 교과과정이든) 철학 수업은 학부의 자유학문 교육과정에서 핵심 역할을 한다. 만일 철학이 형식적 기술記述에나 인간적 관심이 거의 드러나지 않는 문제에만 관심을 기울이는 엘리트적이고 비의적인 학문으로 제시된다면, 그런 역할을 담당할 수 없을 것이다. 그러나 지난 20년간 전문적인 철학자들은 점차 존 듀이와 윌리엄 제임스 시대와 마찬가지로, 기본 관심사에 초점을 맞추는 방향으로 돌아왔다. 정의와 권리의 문제, 사랑, 공포, 슬픔의 문제, 의학이나 법이나 경영의 윤리 문제—이 모든 것이 이제 철학의 주변이 아니라 중심에 자리잡고 있다. 철학자들은 소크라테스와 마찬가지로 철학을 다시 한번 하늘에서 땅으로 끌어내리고 있다.

철학이 엘리트를 위한 학문이라고 생각하는 (빌리 터커 같은) 학생들에게는 철학이 위협적으로 느껴지는 경우가 많기 때문에, 학생들이 스스로 철학 수업을 찾아 들으리라고 기대할 수는 없다. 따라서 대부분의 경우—학생들이 선생들의 조언을 듣고 스스로 그런 강의를 선택할 것이라고 일반적으로 자신할 수 없는 교육기관에서는 반드시—철학은 단일 강좌든 일련의 과정으로든 학생 모두에게 필수교과가 되어야 한다. 이 교육은 여러 가지 방식으로 이루어질 수 있다. 가령 기존의 학과별 교육과정에 자리잡고 있든, 아니면 별도 그룹으로 묶인 입문 강의들 가운데 자리잡고 있든, 아예 직접 철학을 필수교과로 정할 수 있다. 또는 하버드 대학에서 하듯이 몇 개 학문 분야에서 공동의 사명하에 모인 선생들이 담당하는 '도덕적 추론' 강의를 필수과목으로 지정할 수도 있다. 또는 철학적 추론과 분석을 합친 기본 인문학 강의를, 예를 들어 주요 철학 텍스트들을 두루 읽는 강의를 만들 수도 있다. 이런 강의의 학문적 기반은 철학으로부터 너무 멀리 벗어나지 않아야 한다. 그러지 않으면 소크라테스적 정신의 가치에 무척 중요한 분석의 엄격성이 희석될 것이다.

철학을 필수교과로 지정하여 성공을 거둔 교육기관은 그 학교 학생 집단의 성격을 면밀히 연구한 곳들이다. 노터데임 대학의 학생 집단은 가톨릭교도가 압도적으로 많고 학문적으로 상당히 잘 준비되어 있다. 다른 많은 가톨릭계 교육기관과 마찬가지로 이 대학에서도 신학 과목과 더불어 철학 과목을 두 학기 동안 필수적으로 수강해야 한다. 이런 과목들이 필수교과가 된 것은 가톨릭

이 전통적·종교적·도덕적 믿음에 근거를 제시하는 능력을 매우 강조하기 때문이다. 그런 강의들, 예를 들어 필립 퀸이 가르치는 '과학과 인간 가치'라는 강의가 내세우는 목표는 맹목적으로 믿는 것이 아니라 자신의 믿음에 대해 생각하고 (타 종교인을 포함하여) 타인들과 그 믿음에 관하여 토론할 수 있는 가톨릭교도를 배출하는 것이다. 다양하게 개설된 강의들은 모두 부담스러울 정도로 많은 분량의 읽기 과제를 내주며 수업 시간의 토론과 분석적 쓰기에 큰 비중을 둔다. 수강생은 스무 명을 넘는 경우가 드물다. 학생들은 철학 수업이 종교를 넘어 더 일반적인 목표를 제시하는 방식에 만족스러워한다.

버지니아 주 애슐랜드의 랜돌프메이컨 칼리지는 노터데임 대학과는 성격이 상당히 다른 교육기관이지만, 이곳도 두 학기 과정의 철학 필수교과를 개설해 큰 성과를 거두었다. 이 중간 규모의 리버럴 아츠 칼리지에 다니는 학생 집단은 몇 가지 점에서 노터데임 대학의 학생들과 다르다. 종교적으로는 더 다양하고, 입학 이전의 학업성취도 평균은 약간 낮으며, 좁은 범위의 예과적 성격의 반半직업교육에 초점을 맞추는 경향이 더 강하다. 이곳 학생들은 필수교과가 아니면 전통적인 인문학과 사회과학 분야의 부담스러운 강의를 선택할 가능성이 낮다. 이들은 주로 경영학이나 컴퓨터공학 같은 과목에 관심을 갖는다. 그러나 이 학교는 이런 좁은 범위의 도구적 목표에 초점을 맞추는 대신 보편적인 방식으로 학생들의 지적 생활에 의미와 규율을 부여할 수 있는 교육을 통해 그들이 개인으로서 더 풍요로워지고 시민으로서 더 많은 지식을 갖추도록 노력하고 있다. 이 대학은 소크라테스적인 방식을 한껏 활용한 소규모의 철학 수업이 학생들의 정신을 일깨워 이들이 자신의 사고와 선택에 책임을 지게 하는 데 핵심적인 역할을 한다는 것을 경험을 통해 확인했다. 학생들은 수업에 열심히 참여한다. 예를 들어 그들은 『국가』에서 플라톤이 시인들을 공격하는 대목을 놓고 열띤 토론을 벌이고, 플라톤의 주장을 텔레비전이나 영화 속 폭력과 섹스 장면 같은 쟁점과 연결시킨다. 나중에는 더 많은 학생이 참석해 좋은 삶에서 사랑의 역할을 놓고 공개 토론을 벌이면서, 문학에 나타난 사례들에 대해 이야기하고 그것을 자신의 삶과 연결시킨다. 랜돌프메이컨 칼리지에서 소크라테스주의의 가장 큰 적은 직업교육 우선주의와 무관심이다. 두 학기의 철학 필수교과와 그것을 뒷받침하는 헌신적인 수업은 이런 문제에 맞서 적어도 약간의 진전은 이룬 셈이다.

피츠버그 대학은 주립대학 체계를 갖춘 4년제 대학으로 도시에서 통학하는 학생들이 주로 지원하는 곳이다. 학생들의 준비 수준과 능력은 편차가 크다. 이 대학에는 미국에서 가장 훌륭하다고 꼽히는 철학과가 있으며, 과학사와 과학철학 과정도 훌륭하다. 두 학기짜리 철학 필수교과로 윤리와 가치문제에 초점을 맞춘 소규모 강좌들이 다양하게 개설되어 있다. 이를 통해 학생들은 공동학습을 경험하고 미국에서 손꼽히는 젊은 강사들을 만날 수 있다.(수업 대다수를 이 대학의 뛰어난 대학원생들이 가르치는데, 이들은 이 분야의 차세대 스타인 경우가 많다.) 관계자 모두는 이 필수교과가 진화해온 방식에 만족하는 듯하다. 전임강사들은 글쓰기 첨삭 분량이 많다는 것을 다소 힘겨워하기도 하지만, 소크라테스적인 목적을 실현할 만큼 학생들에게 잘 다가가고 있다.

매사추세츠 주 월섬의 벤틀리 칼리지는 비즈니스 칼리지*로 일반적인 자유학문 교육을 내세우지 않는다. 그럼에도 학교 당국은 시민성과 일반적인 정신 발달을 위해 철학을 필수교과로 지정했다. 벤틀리 칼리지의 학생들은 스스로 나서서 인문학 자유교육을 추구할 동기가 거의 없다. 그러나 그들은 장차 시민이자 유권자가 될 것이며, 따라서 이 교육기관은 학생들이 도덕, 정의, 법과

* 직업인을 양성하기 위해 이론 및 실무 기술을 가르치는 대학.

관련된 중요 쟁점에 관해 스스로 추론할 능력을 계발해야 한다고 판단한다. 이 학교의 철학 필수교과는 이런 쟁점들에 관해 추론을 적절히 이끌어내도록 설계되었다.

벤틀리 칼리지에서 철학을 필수교과로 설정한 것은 바로 빌리 터커 같은 학생을 위해서다. 그는 매우 총명하지만 자신의 지적 능력에 대한 자신감은 크지 않다. 그는 여전히 부모와 함께 살고 있으며, 그의 정치적 관점은 대체로 부모, 공동체, 대중매체에서 비롯된 것이다. 철학 필수교과가 없었다면 그는 비즈니스 강의들에 초점을 맞추고 '문화'는 다른 사람들에게 맡겨두었을 것이다. 철학 필수교과의 전형적인 예라고 할 수 있는 크리슈나 말리크의 강의에서 학생들은 플라톤의 『대화편』 일부에서 시작해 책에 나온 예들을 분석함으로써 논증에 관해 생각하게 된다. 터커는 다음과 같은 문제들—수업 시간에 소크라테스의 삶과 죽음에 관한 영화를 보자 더욱 생생하게 다가온 문제들—에 흥분하면서 강의에 빠져들었다. 소크라테스는 목숨을 구할 수 있었음에도 왜 탈옥을 거부했을까? 우리의 법 준수 의무에 관해 소크라테스는 뭐라고 말할까? 소크라테스라면 징병을 거부했을까? 그는 이런 문제들에 사로잡혔다. 이는 한편으로 크리슈나 말리크의 강의 방식이 효과적인 덕분이고, 다른 한편으로는 말리크가 그런 쟁점들을 영화를 이용해 생생하게 제시한 덕분이다. 터커는 이런 문제를 자신과 자신의 삶의 차원으로 이해하게 되었는데, 다른 필수교과에서 제기되는 문제에서는 해보지 못한 경험이다.

하버드 대학의 학생들은 '중핵교육과정' 중 개편된 철학 필수교과에 따라 '도덕적 추론'을 한 학기, '사회 분석'을 한 학기 반드시 들어야 한다. 도덕적 추론은 학생들이 윤리와 정치의 핵심 쟁점들에 관해 소크라테스적으로 생각하도록 돕기 위해 기획되었다. 이 수업은 비종교적인 형식을 취하긴 해도 목적은 노터데임 대학과 매우 비슷하다. 즉 자신의 선택에 근거를 제시할 수 있고,

까다로운 도덕적 쟁점에 관해 반성적으로 생각할 수 있는 시민을 배출하는 것이다. 하버드 대학의 학생들은 준비 수준이 매우 높으며 자신감이 지나친 편이다. 하버드 대학에 다닌다는 오만이 자신이 실은 이곳에 완전히 속한 것이 아니라는 공포와 묘하게 결합되어, 수업 시간에 자신의 진짜 생각을 드러내기를 꺼린다. 엉성한 궤변으로 그런 공포에 대처하는 경우가 많아 그들이 정말로 무엇을 믿는지 알아내기는 더 어렵다. 이런 궤변 중 일부는 문화상대주의나 포스트모더니즘의 형태를 취할 터이기 때문에, 도덕적 추론 과목을 가르치는 선생은 이것을 소크라테스적 검토의 대상으로 삼아야 할 것이다.

이 영역의 강의 상당수가 역사 텍스트에 나타난 논증에 초점을 맞추고 있는데, 역사 수업 또한 물론 필수교과의 요건을 충족시키기 위해 소크라테스식 추론 능력을 계발하는 것을 목표로 삼는다. 어떤 강의들은 역사 텍스트와 현대 텍스트를 모두 사용해 정의의 본질 같은 윤리학의 근본 쟁점들을 살펴본다. 또 몇몇 강의는 이를테면 의료윤리 같은 현대적인 논쟁에 초점을 맞춘다. 이 모두가 논리를 구축 및 분석하고 다른 사람의 논리를 비판하는 작업에 학생들을 적극적으로 끌어들이도록 기획되어 있다. 이런 강의들은 철학자 토머스 스캔런, 정치이론가 마이클 샌델, 미학자이자 정치사상가 스탠리 카벨, 철학자이자 경제학자 아마티아 센 등 저명한 교수진이 가르친다. 하버드 대학 시스템의 약점은 강의 규모가 매우 커서, 어떤 수업은 천 명에 가까운 학생들이 듣기도 한다는 것이다. 그러나 선생들은 대개 학생들과 소통하는 일에 큰 관심이 있으며 이 프로그램에 할당된 예산이 막대한 덕분에, 대학원생 조교들이 이끄는 토론 수업의 학생 수는 열다섯에서 스무 명 정도로 제한된다. 피츠버그 대학의 경우와 마찬가지로 이 대학원생 조교들 또한 매우 헌신적인 집단이며, 해당 분야의 차세대 지도자들이다.

다양한 교육기관의 이런 모든 교과과정은 소크라테스식 논증 훈련과 긴급한 도덕적 주제를 결합해, 학생들에게 논증이 무익한 도구가 아니라 그들 삶에 변화를 가져온다는 것을 보여준다. 아마티아 센은 자신의 목표를 이렇게 서술한다.

> 산스크리트어에서 철학dársana이라는 단어는 명확하게 본다는 뜻이기도 하다. 실제로 철학은 문제를 명확하게 만드는 것과 깊은 관계가 있으며, 이것은 전문적 지식이 아니라 추론을 통해 이루어진다. 물론 놀랄 만큼 명확하면서도 완전히 틀리는 것도 가능하다. 하지만 명료성은 근거 없는 믿음이나 어리석은 연역, 증거 없는 편견, 불필요한 고통의 정당화 등을 방지한다. 자, 명료한 추론이 우리의 모든 문제를 해결하지는 못하지만 그래도 이 정도면 대단하지 않은가.[28]

윤리적 합리성에 관한 다양한 (특히 아리스토텔레스, 칸트, 공리주의자들의) 설명들을 사회정의라는 긴박한 쟁점들과 결합한 센의 도덕적 추론 강의는 명료성의 실용적 가치에 대한 이런 생각들의 실례가 된다.

철학 과목 수강생들이 다른 곳에서는 진리와 논리에 대한 포스트모더니즘적 공격에 노출될 가능성이 아주 높다. 철학을 필수교과로 설정했을 때 얻을 수 있는 또하나의 유익은 학생들이 다른 인문학 교육과정에서 마주칠 법한 논리에 대한 공격에 의문을 제기할 때 쓸 재료를 제공한다는 것이다. 학생들은 철학 강의를 들으며 자신들이 해야 한다고 요구받는 것들에 관해 생각하는 법을 배우게 되는데, 이런 세련된 사고는 다른 학과에서 제공하는 강의에서 쉽게 얻을 수 있는 것이 아니다.

철학적 사유는 더 폭넓은 인문학 강좌 또는 한 묶음의 강좌들 속에 스며들 수 있지만, 그 경우 강의를 설계하고 가르치는 데 철학자들이 참여하는 것이 중요하다. 이런 종류의 희망적인 사례로 두 가지를 들 수 있는데, 하나는 네바다 주립대학 리노 캠퍼스의 개편된 서양 전통 관련 강의다. 이 강의에서 철학자 데버라 액턴버그는 (플라톤을 비롯한 고대 저자들에 기초를 둔) 철학적 토론과 문학·역사 텍스트 읽기를 통합했다. 또하나는 뉴햄프셔 대학의 비교적 새로운 인문학 강의인데, 여기에서는 철학자 샬럿 윗이 문학 및 과학사 전공 선생들과 함께 철학 저작뿐 아니라 역사나 문학 연구에도 철학적 사유를 결합해 고대 세계를 설명하는 방법을 개발하고 있다. 두 강의 모두 인문학에 대한 준비가 거의 되어 있지 않은 대규모 집단의 학생들을 위해 적절하게 계획된 것이다. 두 강의 모두 잘 설계되었고 잘 진행되고 있지만, 대형 강의라는 것이 상당히 걸림돌로 작용해서 토론 진행이 녹록하지 않고 학생들에게 글쓰기 과제를 내주기가 어렵다.

재정이 풍부한 리버럴 아츠 칼리지로 의욕적인 학생들을 많이 끌어오는 (재학생 중 70퍼센트가 장학금을 받는) 세인트로렌스 대학에는 인문학, 사회과학, 자연과학 분야 등 다양한 학부 강의에 철학을 성공적으로 결합한 '문화의 만남' 프로그램이 있다. 더욱이 이 프로그램은 바로 이런 개설 근거 덕분에 비서양 연구 분야의 필수교과로도 도입되었다. 프로그램을 운영하는 선생들은 광범한 연구와 집단 토론을 지원하는 보조금에 힘입어 문화상대주의—각 지역 집단은 그 나름의 도덕적 관행의 최종심이 되어야 하며, 보편적인 도덕 기준은 없다는 관점—를 가르치는 일관된 접근법을 만들어나갈 수 있었다. 비교문화적 쟁점을 다루는 모든 강의는 학생들이 강의실에서 풀어놓는 상대주의적 가치에 대한 소크라테스식 성찰로 풍부해진다. 학생들은 관용 없는 이들에게 어떻게 반응해야 할지 생각하는 과정에서 관용에 관한 어려운 문제들을 직면한다. 또 관용과 상대주의의 차이, 자신이 동의하지 않는 관행을 받아들이는 태도와 지역 집단을 넘어서는 도덕적 평가 기준이 없다는 관점의 차이에 관해 생각한다. 세인트로렌스 대학의 학생들은 똑똑하지만 의욕이 부족한 편이다. 따라서 소크라테스식 질문은 학생들의 타성을 극복하는 방향으로 작동할 필요가 있는데, 이는 비교문화적 비교와 평가에 대한 관심을 불러일으킴으로써 가능해졌다. 이 대학은 철학을 필수교과로 설정하지 않고도 소크라테스식 질문을 많은 강의에서 널리 철저하게 장려한 사례다. 프로그램이 성공한 것은 교수진 모두가 공동 노력을 기울이고 철학과의 그랜트 콘월, 영문학과의 이브 스토더드가 조정자 역할을 맡아 헌신적으로 지도한 덕분이다. 그러나 모든 학생이 이러한 접근 방식의 혜택을 보는 것은 아니다.

필수교과를 전혀 설정하지 않고도 교육과정 전체에 소크라테스적 가치를 불어넣을 수 있다고 생각하는 대학도 있다. 어떤 대학들은 학생 스스로가 교육과정을 선택하는 일 자체를 소크라테스적 활동을 조성하는 환경으로 권장한다. 학생들이 지도교수와 대화하면서 자신의 목표와 그 목표를 이루게 해줄 만한 강의를 검토하기 때문이다. 정도의 차이는 있지만 이런 접근법을 성공적으로 실행한 교육기관으로 아이오와 주의 그리널 칼리지, 매사추세츠 주의 애머스트 칼리지, 로드아일랜드 주 프로비던스의 브라운 대학 등 세 곳을 들 수 있다. 이들 모두 자기통제, 즉 추론을 통해 자기 삶에 책임을 진다는 스토아철학적 목표에 영향을 받았다. (브라운 대학 교육과정의 핵심 원천은 스토아철학의 이상을 숙고해 '자립'에 관한 독자적인 사상을 펼쳤던 랠프 월도 에머슨이다.) 이런 접근 방식은 훈련이 아주 잘된 학생과 수업에 헌신적인 선생들에게 가장 효과가 크다. 예로 든 세 곳은 운 좋게도 그런 조합을 갖추고 있다. 덧붙이면 이런 기획에는 탄탄한 지도교수 체계가 반드시 필요하다. 브라운 대학 학생은 전부 지도교수를 배정받는데, 교수들은 한 해 동안 학부 4학년 학생 한 명과 손잡고 신입생 열 명 정도를 정기적으로 만나 조언을 한다. 이에 따라 교수의 헌신과 지식, 그리고 기꺼이 조언을 받아들이려는 학생의 태도가 더없이 중요하다. 더욱이 이 지도가 어떤 면에서는 소크라테스적으로 이루어진다 해도, 학생들이 소크라테스식 철학과 엄격한 방식으로 철저하게 만나는 것을 보장해주지는 않는다. 이 시스템에서는 학생들에게 질문하고 탐구하는 영역에서 독립성을 아주 일찍부터 많이 부여하기에, 때로는 순진함과 학우들의 동조 압박 때문에 지적 유행의 피해자가 되어 엄격한 탐구 습관을 제대로 기르지 못한 상급생이 생기기도 한다. 소크라테스적 방식으로 관념들을 사유하도록 이끄는 작업은 신입생보다 이런 학생들의 경우가 훨씬 어렵다. 이들은 자신의 주장이 비판받으면 주장을 비판하는 행위 자체가 부당하고 약간 구식인 관행이기라도 한 것처럼 분개하는 경향이 있다. '페미니즘 철학' 같은 철학 강의에 그런 학생들이 더러 있는데, 이런 강의에는 논증을 공격하는 사조에 이미 상당히 영향받은 학생들이 찾아오곤 한다. 물론 이런 학생들이 많지는 않다. 브라운 대학의 학생들 대부분은 인문학과 사회과학 분야의 광범한 강의를 들으며, 상당수가 철학에 어느 정도는 노출된다. 철학 수업을 듣지 않는 학생들도 대부분 엄격한 논리를 가르치고 존중하는 다른 영역(정치학, 종교학, 경제학, 역사학, 인문학의 기타 학문 분야)의 강의를 듣는다. 그러나 브라운 대학이 학생들의 교육과정 선택에 있어 합리적인 자율성을 선호하는 것이, 어떤 학생들의 경우에는 교육의 마지막 단계에 가서 합리적 자율성의 부재를 낳을 수도 있다는 우려에 근거가 전혀 없는 것도 아니다.

우리는 소크라테스식 논증에 관해 훌륭한 글을 쓸 수 있는 학생들의 나라를 만드는 것을—일부 교육기관에서는 이것이 합당한 목표일 수 있지만—바랄 수도 없고 바라서도 안 된다. 그러나 우리는 벤틀리 칼리지의 빌리 터커와 같은 학생과 비슷한 리노 캠퍼스, 세인트로렌스 대학, 하버드 대학, 노터데임 대학의 많은 학생들—소크라테스식으로 자신의 믿음을 어느 정도 성찰하고 그런 탐구를 더 밀고 나갈 수 있는 기법 몇 가지를 습득한 학생들, 라디오 전화토론이나 또래 집단의 동조 압박에만 의존하지 않고 도덕적·정치적 신념을 갖추어가는 학생들, 자신의 정신으로 시민성의 가장 어려운 문제들에 대면할 수 있다는 자신감을 얻은 학생들—이 가득한 나라를 만들기를 바랄 수 있다. 이런 독립성을 만들어내기 위해 우리는 철학에 의지해야 한다.

우리는 소크라테스의 시대와 마찬가지로 때때로 지식인들에게 분노의 화살을 쏘아대는 난폭한 사회에 살고 있다. 우리는 미국인의 삶에 반지성주의가 다시금 출현한 시대, 아리스토파네스 아버지의 분노가 너무나도 현실적인 힘으로 등장하는 시대에 들어서 있는지도 모른다. 그에 대한 대응으로 우리는 소크라테스적 시민성의 민주적 가치를 옹호해야 하고, 우리 학생들에게 소크라테스의 방식으로 비판적 추론을 가르치는 강의들의 민주적 가치를 옹호해야 한다. 우리는 소크라테스나 스토아학파 철학자들을 계승해, 그들처럼 해야 우리 대학이 민주주의에 핵심적인 기여를 할 수 있다고 주장해야 한다. 고대 아테네에서 그랬듯이 네바다 주 리노, 인디애나 주 사우스벤드, 매사추세츠 주 월섬에서도 성찰하지 않는 삶은 민주주의적 자유의 건강을 위협하고, 성찰하는 삶은 나라에 활력을 불어넣고 정신에 자유를 주기 때문이다.

제2장

세계시민들

누가 그에게 어디 출신이냐고 물으면 그는 이렇게 대답했다. "나는 세계시민이오."

디오게네스 라에르티오스의『키니코스학파 디오게네스의 생애』

애나는 미국 중서부에 있는 큰 주립대학에서 정치학을 전공했다. 졸업과 동시에 사회로 나간 그녀는 큰 회사에서 장래가 유망한 자리를 얻었다. 12년 뒤에는 중간관리직에 올랐다. 어느 날 회사는 그를 새로 개설한 베이징 지사로 발령했다.[1] 그는 무엇을 알고 있어야 할까? 그간의 교육으로 새로운 역할을 성공적으로 해낼 준비가 되었을까? 중간관리자가 된 애나는 중국인 직원과 미국인 직원, 남성 직원과 여성 직원과 일하고 있다. 그는 중국인들이 업무를 어떻게 생각하는지 알아야 한다.(또 딱 한 가지 방식만 있다고 가정하지 말아야 한다.) 그는 협업 네트워크가 어떻게 형성되는지, 중국인 직원과 미국인 직원의 상호작용에서 어떤 오해가 생길 수 있는지 알아야 한다. 문화혁명의 혼란이 여전히 직원들의 태도에 큰 영향을 미치고 있기에 중국 근현대사를 아는 것이 중요하다. 애나는 또 여성들로 하여금 가정으로 되돌아가도록 다그치는 최근의 정책, 그리고 그와 관련해 여성을 우선 해고하는 관행에 대한 대응도 생각해야 한다. 이것은 그가 유교 전통과 최근의 분위기를 염두에 두고 중국의 젠더 관계에 관해 어느 정도 알아야 한다는 뜻이다. 그는 어쩌면 미국 여성학계에 관해 뭔가 알아야 할지도 모른다. 이것이 중국 대학의 여성학 운동에 영향을 주었기 때문이다. 물론 인권 문제와 다른 나라 시민의 삶의 방식을 어느 정도까지 비판하는 것이 정당하고 현명한가 하는 문제에 관해서도 전반적인 견해를 가질 필요가 있다. 앞으로는 아프리카인에 대한 인종차별 문제라든가 최근 중국 정부가 인체면역결핍바이러스HIV 양성 판정을 받은 이민자를 배제하려는 시도에 대해 어떤 태도를 취해야 할지 고민하게 될지도 모른다. 이 검토를 잘 해내려면 인종과 섹슈얼리티에 관한 중국인의 태도가 역사적으로 어떻게 변해왔는지 어느 정도 알아야 할 것이다. 나아가 자기 주변의 사회가 자신의 관점을 받아들이지 않는다는 것을 알면서도 도덕적 태도를 견지할 수 있어야 할 것이다.

현실의 애나는 이런 준비를 별로 하지 못했다. 대학에서 세계사 강의를 몇 과목 들었지만, 어떤 수업에서도 문화 다양성이라는 일반적인 문제나 다양성의 맥락에서 도덕적 판단을 정당화하는 방법을 다루지 않았다. 성 역할이나 가족 구조를 이해하는 다양한 관점도 다루지 않았고, 성 다양성이며 그 다양한 정체성과 인권의 연관성에 대해서도 다루지 않았다. 더 심각한 것은, 자신이 이상하게 생각하는 것을 다른 지역에서는 당연하게 여기고 자신이 당연하게 생각하는 것을 다른 지역에서는 이상하게 여긴다는 사실을 맞닥뜨렸을 때 받게 될 충격에 대비할 만한 강의를 들은 적이 없다는 것이다. 다른 나라 사람들의 삶과 관계를 맺는, 상상력에 기초한 능력은 훈련 부족으로 활용하기 힘든 상태였다. 현실의 애나는 중국에 정착하는 데 어려움을 겪었으며, 새로운 환경에서의 회사 생활도 늘 성공적인 것은 아니었다. 그러나 끈기 있고 호기심 많은 사람인 애나는 계속 버티면서 결국 문화적 차이를 탁월하게 해석하는 사람이 되었다. 그는 이제 베이징에서 계속 살아갈 계획이며, 자신이 회사에 귀중한 기여를 하고 있다고 느낀다.

이태 전, 중국에서 몇 년을 보내고 당시 나이로 30대 후반에 접어든 애나는 입양을 결정했다. 중국 관료사회를 웬만큼 폭넓게 알고 있던 그는 수많은 난관을 헤치고 곧 베이징의 보육원에서 갓 태어난 여자아이를 만났다. 이때부터 그는 전혀 다른 종류의 문제에 직면하게 되었다. 가장 보편적인 일상생활 중에도 문화적 차이가 그의 하루하루에 영향을 준다. 중국인 보모는 아기를 포대기로 꼭 싸안아 팔다리를 움직이지 못하게 하는 중국의 관습을 따른다. 표정으로든 목소리로든 아기와 거의 소통하지 않으며, 아기가 뭔가를 원하는 것 같으면 스스로 노력하게 하지 않고 즉시 가져다준다. 애나의 본능은 완전히 다르다. 그는 아기에게 웃음을 지어 보이면서 두 손을 흔들어보게 하고, 끊임없이 말을 걸고, 아기 스스로 행동하기를 원한다. 보모는 애나의 지나치게 적극적인 미국식 육아가 아이의 신경 긴장을 유발한다고 생각한다. 반면 애나는 보모가 아이의 인지 발달을 막고 있다고 생각한다. 딸을 만나러 온 애나의 어머니는 보모의 양육 방식을 보고 깜짝 놀라 집에 들어와 함께 살려 하지만, 이제 섬세한 비교문화 해석자가 된 애나는 어머니와 보모를 중재하여 모두가 만족할 만한 육아 계획을 세운다. 그러기 위해서 그는 아기와 놀아주는 것 같은 사소한 일도 보편적이지 않고 당연하지 않다는 점을 열심히 되새겼다. 그러나 동시에 자신과 보모를 연결하고, 보모와 자신의 어머니를 연결하는 공동의 요구와 목적에 대해서도 생각해야 했다. 대학교육은 그가 이런 까다로운 문제에 대비하는 데 전혀 도움이 되지 않았다.

만일 애나가 오늘날의 세인트로렌스 대학 내지 미국의 다른 수많은 대학 중 하나를 다녔다면, 그는 자신의 국제적 역할—이 새로운 시대에 미국 시민이 사업에서, 또는 인권과 의료 및 농업 문제, 인종과 젠더 사안 등에 관한 국제적 토론에서 성과를 거두려면 (국내에서든 외국에서든) 점점 더 많이 할 수밖에 없는 역할—을 위한 더 나은 기반을 확보할 수 있었을 것이다. 1996년 7월

4일, 일리노이 주 시커모어의 '메리언스 레스토랑'에서 종업원으로 일하는 마흔세 살 코니 엘리스는 그 점을 이렇게 표현했다. "이것을 더는 미국만의 일로 국한해서 생각할 수 없습니다. 이건 지구 전체의 문제니까요."[2] 우리는 사람들이 감수성과 이해력을 갖춰 세계시민으로 활동할 수 있도록 교육해야 한다.

고대 그리스의 키니코스학파 철학자 디오게네스는 어디 출신이냐는 질문을 받자 이렇게 대답했다. "나는 세계시민이오." 이 말은 인습적인 그리스 남성이 자기 이미지를 구성하는 데 핵심으로 삼는 출신 지역과 소속 집단으로 단순하게 규정되기를 거부한다는 뜻이었다. 그는 더 보편적인 갈망과 관심의 맥락에서 자신을 규정하고자 했다.[3] 그의 선례를 따른 스토아학파는 그의 '세계시민kosmopolitēs'이라는 이미지를 한층 완전하게 발전시켜, 우리 모두가 사실상 두 공동체—우리가 태어난 지역 공동체와 "진정으로 위대하고 진정으로 일반적인" 인간적 논리와 갈망의 공동체—안에 살고 있다고 주장했다. 가장 근본적인 수준에서 우리의 도덕적·사회적 의무를 규정하는 원천은 바로 이 두번째 공동체다. 정의처럼 근본적인 도덕적 가치와 관련하여 "우리는 모든 인간을 우리의 동료 시민이자 같은 지역 거주자로 간주해야 한다."[4] 이런 태도는 이후의 철학적·정치적 전통에 깊은 영향을 주었는데, 자신의 지역이나 집단에 대한 충성을 특별한 수준까지 허용하도록 재정리한 키케로의 저작들이 특히 중요한 매개가 되었다. 스토아학파의 생각은 토머스 페인의 글을 통해, 또 헌법 제정자들에게 영향을 주었던 애덤 스미스와 임마누엘 칸트를 통해 미국 공화국에 영향을 주었다.[5] 스토아학파의 사상은 이후 에머슨과 소로가 사상을 형성하던 시기에도 큰 영향을 주었다.

이런 형태의 세계시민주의는 서양 전통 고유의 것이 아니다. 이를테면 이 사상은 영향력이 큰 인도의 철학자이자 시인이자 교육 지도자인 라빈드라나트 타고르의 작업에 영감을 주었다. 타고르는 세계시민적 관점을 더 오래된 벵골 전통에서 끌어왔지만, 그것을 의식적으로 서양의 세계시민주의와 결합했다.[6] 이는 또 가나의 철학자 콰메 앤서니 애피아가 권하는 관점이기도 하다. 그는 아프리카의 정체성에 관하여 이렇게 말한다. "우리는 우리 문제를 특별한 상황에서 발생하는 인간 문제로 바라봐야 해결할 수 있으며, 우리가 어떤 식으로든 남들과 다르기 때문에 생겨난 아프리카의 문제로 보면 해결할 수 없을 것이다."[7] 하지만 서양 전통에서 성장한 사람들에게는 이런 세계시민주의의 뿌리를 고대 그리스·로마 사상에서 이해하는 것이 유용하다. 이 사상들은 민주적 시민성의 핵심 원천이다. 소크라테스식 비판적 질문이라는 이상과 함께 이 사상들 또한 오늘날 대학교육의 핵심에 자리잡아야 한다.

고대 그리스·로마의 세계시민성이라는 개념

교육과정을 둘러싼 지금의 논쟁에서는 '다문화' 교육이 새로운 유행이며, 이는 유서 깊은 교육 전통에서 유례가 없다고 전제하는 경우가 많다. 그러나 기원전 5세기 소크라테스가 성장하던 아테네는 이미 그런 사상들의 영향을 받았다. 역사가 헤로도토스 같은 민족지학 저술가들은 먼 나라들의 관습을 검토했는데, 그 목적은 그들의 생활방식을 이해하는 동시에 자신의 사회에 대한 비판적 관점을 얻으려는 것이었다. 헤로도토스는 진지하게 이집트와 페르시아로부터 사회적 가치에 관하여 뭔가 배울 것이 있을 거라고 생각했다. 그는 비교문화적 탐구 과정을 통해 우리가 당연하고 정상적이라고 받아들이는 것이 지역적이고 관습적인 것에 불과한 것일 수도 있음을 깨달았다. 어떤 문화집단은 시신을 매장해야 한다고 생각하고, 어떤 집단은 태워야 한다고 생각하고, 어떤 집단은 새가 쪼아 먹어 없앨 수 있도록 야외에 놓아두어야 한다고 생각한다. 각 집단은 다른 집단의 관행에 충격을 받으며, 그 과정에서 자신의 관습적인 방식이 모든 시대와 사람을 위한 자연의 설계가 아닐 수도 있음을 깨닫기 시작한다.

문화의 차이를 의식하게 되자 우리의 도덕적·정치적 중심 가치들이 사물의 본질phusis에 속한 것이냐 관습nomos에 따른 것이냐를 두고 다채롭고도 복잡한 토론이 벌어졌다.[8] 그리스의 논쟁은 문화상대주의와 도덕규범의 원천에 관한 오늘날의 토론에서 우리가 익히 들어온 입장 대부분을 보여준다. 여기에는 또 핵심적 통찰이 담겨 있다. 만일 우리의 규범이 영원불변하는 것이 아니라 인간적이고 역사적인 것이라고 결론을 내린다면, 도덕규범을 합리적으로 정당화하는 일이 무익하지 않다는 것이다.

기원전 5세기 아테네의 전통적인 문화 한가운데 살면서 얻은, 아테네의 관습이 보편적이지 않다는 인식은 소크라테스의 탐구에 핵심 전제 조건이 되었다. 젊은이들이 아리스토파네스의 '옛 교육', 즉 전통적 가치의 무비판적 흡수를 강조하는 교육을 받는 한, 그들이 줄지어 학교에 가고 대안에 대한 토론 없이 옛 노래를 부르는 한, 윤리적 탐구는 시작될 수 없었다. 윤리적 탐구를 위해서는 젊은 사람들이 자신의 습관과 관습을 비판하게끔 북돋는 분위기가 필요하다. 또 그런 비판적 질문은 인생에 다른 가능성들이 담겨 있다는 인식을 필요로 한다.

5세기 아테네인들은 비교 상대를 찾다가, 아테네 제1의 경쟁국이자 시민교육의 목표를 매우 비아테네적인 방식으로 이해하는, 위계적이고 비민주적인 문화의 소유자 스파르타 사례에 특히 매혹되었다. 역사가 투키디데스가 묘사하듯이, 스파르타의 교육자들은 아리스토파네스의 노스탤지어에 젖은 묘사에 나오는, 아테네의 옛 교육의 특징인 동질성과 규칙 준수에 대한 선호를 극단까지 밀고 나갔다. 그들은 전통을 고분고분 따르는 사람이 좋은 시민이라고 생각했고 아테네식의 공적 논쟁과 토론보다 무비판적 추종을 택했다. 그들은 자유로운 발언과 사상의 중요성을 부정하고 민주주의 정치보다 권위주의 정치를 좋아했다.

아테네 사람들은 이 사례를 통해 그 무렵 자신들의 정치생활에서 융성하던 탐구와 토론의 자유를 찬양할 새로운 이유들을 찾았다. 그들은 스파르타 시민들이 자신의 도시에 봉사하겠다고 스스로 선택하지 않았고, 따라서 자신이 하는 일에 관해 진정으로 생각해본 적이 한 번도 없기 때문에, 그들의 충성심을 속내까지 믿을 만하지는 못하다고 보았다. 그들은 스파르타 사람들이 스스로 선택하는 법을 배운 적이 없기에, 외국으로 나가 법과 규칙의 좁은 틀에서 자유로워지면 왕왕 나쁜 행동을 저지른다는 데 주목했다. 아테네 사람들은 시민이 자기 삶의 방식을 진짜 선택할 수 있게 준비시키는 것이 최선의 교육이라고 생각했다. 이런 종류의 교육은 적극적 탐구와 더불어 대안들을 비교하는 능력을 요구한다. 아테네 사람들은 자신들이 비판적 탐구와 자유로운 표현에 몰두한 탓에 타락할 것이라는 스파르타의 비난을 부정했다. 그들은 당당하게 선언했다. "우리는 무절제함을 배제하고 기예를 계발하며, 연약해지지 않고 탐구에 헌신한다." 그들은 거꾸로 스파르타인은 용감하다는 평판의 실제 근거가 부실하다고 보았다. 시민들이 대안들 가운데 선택을 한 것이 아니라면 진짜 용감할 수 없기 때문이다. 아테네 사람들 생각에 진정한 용기에는 자유가 필요하며, 자유는 비판적 사고를 일깨우는 교육으로 가장 잘 계발될 수 있는 것이다. 이와 같이 아테네 사람들에게 비교문화적 탐구는 계몽적일 뿐 아니라 자신을 강화해주는 것이기도 했다. 이를 통해 아테네 사람들은 그런 탐구를 하지 않는 체제에 대해, 또 그런 체제가 얻을 수 없는 것들에 대해 알게 됨으로써 자신들이 왜 계속 문화를 비판하고 비교해야 하는지 깨우쳤던 것이다.

기원전 4세기 초부터 중반까지 집필 활동을 했던 플라톤은 다른 문화, 특히 스파르타, 크레타, 이집트 문화에 관한 연구를 자주 언급했다. 『국가』에서는 스파르타의 관행을 자주 언급하는데, 이 책에 쓴 이상적 도시에 대한 계획은 다른 지역의 관습들에 대한 사유에서 영향을 받은 것이 분명하다. 역사와 타 문화에 관한 사유가 비판적 사유를 일깨우는 방식을 보여주는 특히 매력적인 한 가지 사례는 『국가』 제5권에서 찾아볼 수 있다. 소크라테스가 등장해 여성에게도 교육 기회가 동등하게 주어져야 한다고 진지하게 주장하는 장면인데, 이는 서양 전통에서 그러한 주장의 첫번째 예로 알려져 있다. 소크라테스는 우선 여자가 남자와 똑같이 신체적·지적 교육을 받는다는 것이 아테네 사람들 대부분에게 매우 기괴하고 우스꽝스럽게 여겨지리라는 점을 인정한다. (그러나 문화 비교에 관심이 있는 아테네 사람들은, 여성이 아테네에서처럼 속박당하지 않고 다방면의 체육 훈련을 받는 스파르타에서는 그런 생각이 별스러운 것이 아님을 알았을 것이다.)[9] 소크라테스는 이어 대화 상대인 글라우콘에게 여러 좋은 것들도 한때는 이와 마찬가지로 괴상해 보였다는 사실을 지적한다. 예를 들어 아테네 사람들이 이제 와서는 남자다움의 규범으로 상찬하는 공적인 나체 운동도 한때는 낯설게 여겨졌으며, 옷을 여러 겹 입는 관습도 지금은 야만적이라고 생각하지만 한때는 자연스러워 보였다는 것이다. 그러나 운동 경기에서 옷을 벗는 관행이 한동안 시행되자 그 장점들이 분명히 드러났으며 마침내 "부조리하게 보이던 것이 최선에 대한 이성적 판단의 영향으로 쓸려나갔다"는 것이다. 소크라테스는 여성 교육도 마찬가지라고 주장한다. 지금 당장은 부조리해 보이지만, 관습 그 자체에서 우리가 고수해야 할 마땅한 이유를 찾을 수 없음을 깨닫게 되면, 우리는 지적·신체적 능력을 계발할 기회를 여성에게 주지 말아야 할 그럴듯한 이유가 정말 있는지 자문할 수밖에 없을 것이다. 소크라테스는 우리에게 여성 교육을 막아야 할 그럴듯한 근거가 없으며, 오히려 그런 능력이 계발되어야 할 이유가 많다고 주장한다. 따라서 비교문화 연구는 우리 관행이 당연하고 불가피하다고 여기는 그릇된 분위기를 쓸어내 우리 사회를 진정으로 합리적인 사회로 만드는 일에 박차를 가할 수 있다.

이 시기까지 이루어진 비교문화적 탐구는 상대적으로 체계가 안 잡혀 있어서, 우리가 거론한 철학자나 역사가가 개인적으로 여행하면서 알게 됐거나 잘 알고 있는 지역에서 우연히 접한 사례를 이용하는 정도였다. 그러나 4세기 후반에 오면 이 관행은 체계를 갖추고 교육과정의 주요 부분으로 자리잡는데, 이 무렵 아리스토텔레스는 제자들에게 여태까지 알려진 세계 전체를 포괄하는 153개 형태의 정치조직에 관한 정보를 수집하고 이 체제들을 역사적·구조적으로 서술하라는 지침을 내린 것으로 보인다. 아리스토텔레스 또는 그의 제자가 쓴 『아테네의 정치체제』가 현재 우리 손에 남아 있는 이 프로젝트의 유일한 결과물이다. 이 저작은 아테네의 정치체제와 그 적합성에 관한 비판적 사유와 관련해 모든 것을 기록하겠다는 포부를 드러낸다. 아리스토텔레스 자신도 정치철학 저술을 통해 광범한 문화비교를 기획한다. 『정치학』에서는 최선의 정부 형태에 관한 견해를 기술하기에 앞서, 크레타와 스파르타를 비롯해 세상에 알려진 많은 역사적 사례, 나아가 플라톤의 제안을 비롯한 많은 이론적 제안을 하나하나 검토하고 비판한다. 탐구 결과 아리스토텔레스는 특정한 한 가지 모델을 따르지는 않지만, 많은 면에서 아테네 전통에 비판적인 좋은 정부 모델을 만들어낸다.

말하자면 그리스 철학에서 이른바 헬레니즘 문화가 시작될 즈음 비교문화적 탐구는 아테네의 공적 담론이나 철학적 저작에서 시민성과 정치 질서에 관한 의미 있는 숙의의 불가결한 부분으로 확고하게 자리를 잡았다.[10]

그러나 '세계시민'이라는 용어를 만든 사람은 플라톤도 아리스토텔레스도 아니다. 그 사람은 키니코스학파의 디오게네스다. 디오게네스(기원전 404~323)는 관습과 지위를 이용하면 쉽게 받을 수 있는 보호를 박탈당한 삶을 살았다. 그는 고향 도시에서 망명을 택했고, 자유를 잃을까 염려하여 부자와 권력자들의 보호를 대담하게 거부한 채 빈곤하게 살았으며, 관습과 안락에 대한 경멸을 보여주기 위해 시장에 있는 통을 '집'으로 삼았던 것으로 유명하다. 그는 빈곤을 정신과 말의 독립과 연결시켰으며, 말할 자유가 "인간 삶에서 가장 훌륭한 것"이라고 이야기했다.[11] 소문에 따르면 한번은 플라톤이 그가 상추를 씻는 모습을 보고 이렇게 말했다고 한다. "자네가 디오니소스의 비위를 맞췄다면 상추나 씻고 있진 않을 텐데."[12] 그러자 디오게네스는 대답했다. "당신이 상추를 씻었다면 디오니소스의 비위를 맞추지 않아도 됐을 텐데." 그는 종속으로부터의 자유가 철학적 삶의 핵심이라고 생각했다. "누가 그를 망명자라고 비난하면 그는 바로 그것 덕분에 자신이 철학자가 될 수 있었다고 대꾸했다."

디오게네스는 기록을 전혀 남기지 않았기 때문에 그를 어떤 특정한 파로 분류하는 것은 어렵다. 플라톤은 그를 "미쳐버린 소크라테스"라고 묘사했다고 전해지는데, 과연 그럴듯한 묘사다. 디오게네스는 소크라테스를 본받아 외적으로 지위를 드러내는 것을 경멸하고 덕과 사고에 중심을 둔 내적인 삶에 초점을 맞춘 것이 분명하기 때문이다. 진정으로 정직하고 덕망 있는 사람을 찾고 철학적 논리로 그런 탐색을 장려한 것은 누가 봐도 소크라테스적이다. 그의 '미친' 면은 그런 탐구에 수반된, 관습에 대한 공개적인 성토에 있었다. 소크라테스는 오직 질문으로만 사람들을 도발했지, 그의 삶 자체는 관습적이었다. 그러나 디오게네스는 부자의 얼굴에 침을 뱉고, 심지어 사람들이 보는 데서 자위를 하는 등 행동으로도 사람들을 도발했다. 이런 충격적인 행동의 의미는 무엇이었을까?

그의 꼴사나운 행동의 목적은 그 자체로 소크라테스적이었던 것으로 보인다. 사람들로 하여금 자신이 진지하게 여기는 갖가지 느낌에 정당한 이유를 제시하기가 얼마나 어려운지 생각하게 함으로써 자신의 편견에 의문을 갖게 하자는 것이다. 그의 행동은 지위와 신분에 따른 존중이나 성적 관습과 연결된 수치심을 공격했다. 마치 헤로도토스가 매장에 대해 품고 있던 느낌이 페르시아와 이집트의 관습을 접하면서 공격당했던 것처럼 말이다. 문제는 사람들이 그런 다음에도 자신의 관습을 고수하고 디오게네스의 행동에 반대하는 타당한 논리를 찾아낼 수 있느냐 하는 것이다.

『키니코스학파 디오게네스의 생애』(이하 『생애』)를 읽다보면 우리 자신도 사람들이 충격적이라고 여기는 것들의 문화적 상대성을 금세 깨닫게 된다. 당시 아테네인들이 디오게네스의 기행 중 최고로 꼽았던 것 중 하나가 장터에서 먹는 습관이었다. 이 습관 때문에 디오게네스는 '개kuōn'라는 별명을 얻었고, 여기에서 견유, 즉 키니코스라는 이름이 나왔다. 아테네 문화에서는 오직 개만이 모두가 지켜보는 데서 먹이를 뜯어먹었기 때문에, 이곳 사람들은 이런 행위를 사람들 앞에서 자위를 하는 것만큼 무도한 짓으로 생각했던 것이 분명하다. 실제로 그의 전기 작가는 이 두 가지 불쾌한 행위를 뭉뚱그려 "그는 사람들 앞에서 온갖 짓거리를 하곤 했는데, 데메테르의 행위도 하고 아프로디테의 행위도 했다"라고 썼다. 그가 아침식사로 비트를 베어 먹고 있으면—현대 독자들에게는 특별할 것 없는 행동이지만—사람들이 모여들어 조롱했다고 한다. 반면 『생애』에는 그가 사람들 앞에서 소변, 심지어 대변을 본 것 때문에 난리가 났다는 언급은 없다. 아마도 아테네 사람들이 오늘날 세계의 많은 지역 사람들과는 달리 사람들 앞에서 배설하는 모습에는 충격을 받지 않았기 때문이라고 추측해볼 수 있다. 우리는 그런 관행은 허용하면서도 사람들 앞에서 음식을 먹는 것은 비난하는 문화에 놀라게 된다. 디오게네스는 우리에게 이런 판단들의 관습적 기원을 똑바로 보고, 그중 어떤 것들이 견실한 논리를 통해 중요한 도덕적 목표와 연결될 수 있는지 질문하라고 요구한다. (우리가 아는 한 키니코스학파는 이 질문에 아무런 대답을 내놓지 않았다.)

이런 맥락에서 보면 우리 자신을 세계시민으로 생각하라는 권유는, 우리 자신이 꾸려온 삶의 방식에서 어느 정도 벗어나 철학적 망명자가 되어 기존 삶의 방식을 외부자의 시점에서 보면서 그 의미와 기능에 관해 외부자가 물어볼 법한 질문을 던지라는 권유와 같다. 디오게네스의 주장에 따르면 이런 비판적 거리만이 사람을 철학자로 만든다. 다시 말해 자신의 방식에 대한 무비판적 충성으로부터 거리를 두는 자세에서 진정으로 이성에 기초한 가치 평가가 나올 수 있다. 디오게네스는 사람들이 자신의 삶을 조직하는 여러 다양한 방식들을 이해하게 될 때 비로소 자신의 방식에서 무엇이 깊고 무엇이 얕은지를 인식하여 "전 세계를 끌어안는 공동체만이 진정한 공동체"임을 깨닫게 된다고 생각한 듯하다. 즉 인간이 맺는 관계의 진정한 기초는 자의적이거나 단순히 습관적인 것이 아니다. 그것은 우리가 인간을 위해 좋다고 옹호할 수 있는 것이어야 한다. 그리고 디오게네스는 이런 평가에는 국경이 문제가 되지 않는다고 믿는다.

디오게네스가 선택한 대립 전술은 안정을 흔들고 잠을 깨운다. 그러나 여기에는 훌륭한 논증이 포함되어 있지 않으며, 심지어 생각을 방해하기도 한다. 관습을 검토하는 더 수수하고 학술적인 방법, 예를 들어 문학과 역사 연구에 대한 디오게네스의 경멸은 매우 어리석어 보인다. 소크라테스식 질문법보다 거리 연극 비슷한 것을 선호했다는 것을 고려한다면, 그에게 '철학자'라는 칭호를 주는 것이 옳은지 잘 모르겠다. 그러나 비록 결함이 있다 해도 그의 사례는 그리스의 철학 전통에 중요했다. 그의 연극 뒤에는 중요한 사상이 깔려 있었다. 즉 이성에 기초한 삶을 살려면 더 일반적인 인간적 요구와 갈망을 기준으로 지역의 관습과 가설을 열심히 살펴보아야 한다는 것이다.

이후 수백 년에 걸쳐 스토아학파 철학자들은 디오게네스의 통찰을 품위 있고 문화적으로 생산적인 것으로 만들었다.[13] 그들은 비교문화적 연구와 세계시민성이라는 구상을 나름의 방식으로 도덕적·철학적으로 엄격하게 더 밀고 나아갔으며, '세계시민kosmou politēs'이라는 개념을 교육 프로그램의 중심에 놓았다.[14] 세네카가 그 이전의 그리스 스토아철학의 관점을 요약하면서 말하듯이, 우리는 교육을 통해 우리 모두가 "두 공동체"의 구성원임을 깨닫게 된다. "하나는 진정으로 위대하고 진정으로 공통적인 것으로, 그 안에서는 이 끝도 저 끝도 보이지 않으며, 나라의 경계는 태양을 기준으로만 잴 수 있다. 또하나는 우리가 태어나면서 배정받은 공동체다." 우리가 우연히 어디에 태어나는 것은 그야말로 우연이다. 인간은 어떤 나라에서도 태어날 수 있다. 이 점을 인식한다면 우리는 국적이나 계급이나 인종이나 나아가 젠더 차이가 우리와 다른 인간들 사이에 장벽이 되는 것을 용납해서는 안 된다. 우리는 인간이 사는 곳이라면 어디에서든 인간성, 그리고 그 근본적 구성요소인 이성과 도덕적 능력을 인정해야 하며, 바로 그 인류의 공동체에 일차적으로 충성해야 한다.

그렇다고 해서 스토아학파 철학자들이 지역적·민족적 정치조직 형태를 철폐하고 세계국가를 만들자고 제안했다는 뜻은 아니다. 물론 그리스의 스토아학파 철학자들은 실제로 이상적 도시를 제안했고, 로마의 스토아학파 철학자들은 제국을 통치하는 데 세계시민성이라는 개념을 어느 정도 실행에 옮겼다. 그러나 스토아학파 철학자들의 근본 주장은 그보다 더 급진적이다. 우리가 일차적으로 충성해야 하는 것은 단순히 정부 형태나 일시적 권력이 아니라, 모든 인간의 인간성으로 구성된 도덕 공동체라는 것이다. 세계시민이라는 개념은 이런 면에서 칸트의 '목적의 왕국'*이

* Reich der Zweck. 서로 다른 이성적 존재자들이 정언명법에 따라 체계적으로 결합하는 이념적 존재의 세계. 목적 자체로서 절대적인 가치를 가지는 인격이 자율적인 도덕적 의지를 통해 결합하는 상태를 가리킨다.

라는 개념의 조상이자 원천이며, 어떤 정치적·개인적 행동 양식을 고무하고 규제하는 데서 비슷한 기능을 한다. 인간은 자신이 어디에서 태어났건 신분이나 젠더나 지위가 무엇이건, 모든 인간에게 존재하는 이성과 도덕적 선택의 위엄을 존중하는 방향으로 행동해야 한다. 이것은 정치사상이라기보다 정치생활을 제약하고 규제하는 도덕사상이다.

정치생활에서 이 사상이 차지하는 의미는 키케로가 기원전 44년에 쓴 『의무론』에 특히 분명하게 나타나는데, 이 글은 그보다 약간 이른 시기에 활동한 그리스 스토아학파 사상가 파나이티오스의 글들에 일부 기초를 두고 있다. 키케로는 우리가 인간을 존중해야 한다는 의무에 따라 우리 영토에 있는 이방인도 존경하고 환대해야 한다고 주장한다. 우리는 절대 침략 전쟁을 하지 말아야 하며, 집단 증오에 기초한 전쟁이나 절멸을 노리는 전쟁을 특히 유해한 것으로 간주해야 한다. 따라서 전투중에도 명예롭게 행동해야 하며, 적이라도 상대를 기만하는 일은 피해야 한다. 더 일반적인 견지에서 우리는 정치적 편의보다 정의를 높이 사야 하고, 자신이 정의와 인간 복지라는 도덕적 목적이 지배하는 보편적인 인류 공동체의 한 부분이라는 사실을 이해해야 한다. 키케로의 책은 서양철학 전통 전체에서 가장 큰 영향력을 행사해왔다고 할 수 있다. 특히 흐로티위스의 정당한 전쟁 학설과 칸트의 정치사상에 영향을 주었다. 이들의 세계관, 그리고 지구적 차원에서 침략을 억제하는 문제에 대한 이들의 관점은 근대의 국제법 형성에 중대한 역할을 했다.

이렇게 스토아학파 철학자들은 훌륭한 시민이란 '세계시민'이라고 생각한다. 그들은 세계 전체에서 현재 실현되고 있는 인간성에 관해 생각하는 일이 자신을 아는 데 귀중하다고 생각한다. 우리는 자신의 방식을 다른 합리적인 사람들의 방식과 연결해 바라볼 때 우리 자신이나 우리의 관습을 더 분명하게 이해할 수 있다. 나아가 스토아학파 철학자들은, 우리가 이렇게 한층 넓은 맥락에서 문제를 대면하면 좁은 당파성에 제한받지 않기 때문에 실제로 문제를 더 잘 해결할 수 있다고 주장한다. 분파적·지역적 충성이 한 집단의 정치생활에 끼치는 피해는 스토아철학이 가장 깊이 파고드는 주제다. 스토아철학의 기록들은 이기적인 개인이 이익을 위해 지역이나 국가 정체성 및 이와 관련된 증오를 조작하는 것이 얼마나 쉬운지 되풀이해 보여준다. (반면 이성은 위조가 어렵고 이성의 언어는 모든 사람의 비판적 성찰에 열려 있다.) 세네카 시대 로마인의 정치생활은 계급과 신분과 인종에 따른 분열에서 공개 시합과 검투사 쇼에 등장하는 당파 사이의 분열에 이르기까지 온갖 종류의 분열에 지배당했다. 스토아학파 철학자인 로마 황제 마르쿠스 아우렐리우스가 『명상록』에서 독자들에게 말한 자기 교육은 "경주에서 녹색파나 청색파 한쪽만 편들지 않고, 원형경기장에서 경무장한 검투사나 중무장한 검투사 한 사람만 응원하지 않는 것"이었다.[15] 정치는 이런 당파적 충성, 그리고 그에 수반되는 명예와 명성의 추구에 의해 거듭 파괴된다. 스토아학파 철학자들은 도덕적/합리적 공동체를 중요하게 인식하는 시민성이 더 합리적인 정치적 숙고와 문제 해결 방식을 약속한다고 주장한다.

그러나 스토아학파 철학자들이 단지 편의 때문에 세계시민성을 권유하는 것은 아니다. 그들은 세계시민이라는 태도 자체가 본질적으로 가치 있다고 주장한다. 그것이 사람들 안에 있는 특히 근본적인 것, 숭배하고 인정할 가치가 가장 큰 것, 즉 정의와 선을 향한 갈망과 이런 맥락에서 추론하는 능력을 높이 평가하기 때문이다. 이런 본질적인 면은 지역 전통이나 지역 정체성보다 다채롭지 않을지는 모르나, 스토아철학 사상가들은 그것이 지속적이고 심오하다고 주장한다.

스토아학파 철학자들은 세계시민이 되기 위해 지역 차원의 소속을 포기할 필요는 없다고 강조한다. 그것은 삶에서 풍요의 원천이 되는 경우가 많기 때문이다. 그 대신 우리가 일련의 동심원으로 둘러싸여 있다고 생각하라고 말한다.[16] 첫번째 원은 자아 둘레에 그려져 있다. 다음은 가장 가까운 가족을 포함한다. 그다음에는 대가족이 따른다. 그리고 차례로 이웃이나 지역 집단, 같은 도시 주민, 동포의 원이 그려진다. 이 목록에 인종, 종교, 언어, 역사, 직업, 젠더 정체성을 기초로 형성되는 집단들을 예사롭게 더할 수 있다. 이 모든 원 너머에 가장 큰 원인 인류 전체의 원이 있다. 세계시민으로서, 사람들이 세계시민이 될 수 있도록 준비시키는 교육자로서 우리의 과제는 “어떻게든 원들을 중심 쪽으로 끌어당겨” 모든 인간을 같은 도시의 거주자처럼 만드는 것이다. 다시 말해 우리는 민족적·인종적·종교적 차원에서 자신의 특별한 애정과 동일시를 포기할 필요가 없다. 그러나 모든 인간이 대화와 관심에 기초한 우리 공동체의 일부가 되도록 노력하며, 어디에서든 인간다운 것을 존중하고, 우리의 민족적·지역적 정치도 그런 존중의 테두리를 벗어나지 말아야 한다.

이렇게 스토아철학적 태도는 우리에게 지역적 애정과 충성의 중요성이나 교육에서 이것이 차지하는 중요한 위상을 무시하라고 요구하지 않는다. 애덤 스미스가 그런 이유를 들어 스토아철학에 이의를 제기한 것은 심각한 오류이며, 현대 비평가들이 그와 관련된 칸트와 계몽주의의 구상을 집단 사이의 차이를 무시했다는 이유로 비판하는 것도 비슷한 오류다. 사실 스토아학파 철학자들은 지역적 차이를 잘 알 수밖에 없다. 그런 차이에 대한 지식이야말로 모든 사람에게 존재하는 인간성의 존엄을 인지하고 존중하는 능력과 긴밀하게 연결되어 있기 때문이다. 스토아학파 철학자들은 가까이 있는 것에 대한 사랑이 근본적인 인간적 자질이며, 시민으로서 매우 합리적인 행동 방식이라고 인정한다. 만일 부모가 자기 자식을 특별히 사랑한다면 모든 부모가 모든 자식을 동등하게 사랑하려고 하는 경우보다 사회는 더 잘 돌아갈 것이다. 소도시나 대도시나 나라의 시민성에 대해서도 같은 이야기를 할 수 있다. 우리 각자는 삶이 우리를 데려다놓은 곳에 자리를 잡고 우리를 가장 가까이 둘러싼 것에 특별한 애정과 관심을 쏟아야 한다. 따라서 스토아학파 철학자들은 우리가 남성과 여성의 차이나 아프리카인과 로마인의 차이가 도덕적으로 무의미하다는 듯 행동하기를 바라지 않는다. 이런 차이는 우리 모두에게 특별한 의무를 요구할 수 있고 실제로 요구한다. 우리는 자신을 터전이나 기억이 없는 존재로 상상할 게 아니라 우연히 내 것이 된 삶에서 맡은 바 의무를 이행해야 하는 것이다.

이런 특별한 의무를 어디까지 용인하느냐는 문제를 두고는 스토아학파 안에서도 철학자마다 생각이 다르다. 예를 들어 키케로는 로마 시민에게 많은 경우 가깝고 소중한 사람들의 편을 들되 늘 인간의 존엄에 존중을 표하라고 권하는 현명한 방법을 택한다. 이런 특별한 지역적 의무는 교육에 영향을 미친다. 즉 세계시민이 세계 속에서 자신이 사는 지역의 역사와 문제를 배우는 데 더 많은 시간을 들이는 것은 정당하다. 그러나 동시에 우리에게는 우리가 우연히 살아가게 된 곳보다 근본적인 무언가가 있다는 것, 이러한 시민성의 근본적인 토대는 모든 경계를 가로질러 공유되는 것임을 인식한다.

우리 각자가 모어母語와 맺는 관계를 생각해보면 이런 보편적인 특징이 선명하게 드러난다. 우리 각자에게는 집안에서 사용하고 보통 아기 때부터 알고 있는 (어떤 경우에는 하나 이상인) 언어가 있다. 우리는 자연스럽게 이 언어에 각별한 애정을 느낀다. 모어는 우리의 소통과 표현 가능성을 규정한다. 우리에게 가장 깊은 감동을 주는 문학작품은 그 언어의 자원을 잘 활용한 것들이다. 그렇다고 이를테면 영어가 자신의 언어라고 해서 영어가 언어 중 최고라거나 영어로 쓴 문학작품이 다른 언어로 쓴 작품보다 우월하다는 식으로 생각해서는 안 되며, 실제로 대부분 그렇게 생각하지 않는다. 미국인이 중국어나 독일어나 벵골어 사용자가 아니라 영어 사용자가 된 것은 대체로 우연임을 알고 있기 때문이다. 우리는 모든 인간이 근본적인 언어 학습 능력을 공유하기 때문에 유아라면 어떤 언어라도 배울 수 있다는 사실을 안다. 어떤 사람이 노르웨이어가 아니라 힌두어를 사용하게 되는 것은 결코 타고난 능력 때문이 아니다.

따라서 학교에서 모어와 모어로 쓴 문학을 배우는 데 훨씬 더 많은 시간을 들이는 것은 온당한 일이다. 세계의 모든 언어를 배우려고 하는 사람은 하나도 습득하지 못할 것이다. 아이들은 어릴 때 한 가지 언어, 또는 경우에 따라 두 가지 언어에 집중하는 것이 합리적일 터다. 한편 학생 시절 다른 언어의 관점을 통해 세계를 보는 것이 어떤 느낌인지 이해하는 것 또한 매우 중요하다. 우리는 그런 경험을 통해 인간의 복잡성과 합리성은 어떤 단일한 언어 공동체의 독점물이 아님을 쉽게 알 수 있다.

대학교육이 다루어야 하는 문화의 다른 측면들에 관해서도 같은 지적을 할 수 있다. 윤리학, 역사 지식, 정치 지식, 문학·미술·음악 학습에서 우리 모두 지역주의적인 태도에 사로잡혀 우리 자신의 습관이 인간성을 규정한다고 생각하는 경향이 강하다. 언어의 경우와 마찬가지로 이런 영역에서도 어릴 때는 한 가지 전통에 몰두하는 것이 합리적이다. 그러나 그런 시기에도 문화 다양성을 보여주는 사실들을 접해나가는 것이 좋다. 가령 자신과는 다른 삶의 형식을 가진 사람들과 동일시하는 데 도움이 되는 신화나 이야기를 통해 쉬이 접할 수 있다. 교육이 심화되면서 학생들은 인간 다양성을 더 세련되게 이해하고, 단지 익숙하다는 이유로 자신의 것이 다른 것보다 낫다고 생각할 수 없음을 배운다.

따라서 세계시민 교육은 소크라테스적인 질문, 나아가서 성찰하는 삶이라는 목표와 밀접하게 연결되어 있다. 세계 공동체의 시민권을 얻으려면 기꺼이 자신의 방식이 좋은지 의심하고, 윤리적·정치적 선택에 관해 비판적으로 논증을 주고받는 일에 적극 나서야 하기 때문이다. 그런 논증의 참여자들은 경험과 논증 모두를 점점 높은 수준에서 교환함으로써, 자신의 전통 속에서 편협한 지역주의적인 것과 다른 사람들에게도 추천할 만한 규범을 구별하는 능력, 자의적이고 정당화할 수 없는 것과 이성적 논증으로 정당화할 수 있는 것을 구별하는 능력을 차츰 갖추어나가야 한다.

모든 살아 있는 전통은 이미 그 안에 다원성이 존재하고 저항, 비판, 논쟁의 면면을 갖고 있기에, 이성에 호소한다고 해서 늘 우리 자신이 출발한 문화 바깥에 설 필요는 없다. 전 세계의 모든 인간에게서 비판적 탐색 능력과 진리를 사랑할 능력을 발견한 스토아학파 철학자들은 옳았다. "어떤 영혼에게서건 진리를 빼앗는 것은 그 영혼의 의지에 반하는 일이다." 마르쿠스 아우렐리우스가 플라톤을 인용해 했던 말이다. 이런 의미에서 모든 인간 전통은 이성의 전통이며, 비판적 논증을 지극히 범상하게 자기 문화 안에서 펼치는 수준에서 갑작스럽게 세계적인 차원에서 펼치는 수준으로 이행할 필요가 없다. 사실 오늘날의 세계에서는 다른 전통에서 훌륭하고 정당하다고 확인된 것을 환기하는 형식으로 내부 비판을 하는 일이 아주 흔하다.

출신 배경이 다른 사람들은 때로 서로가 같은 이성 공동체에 속한 동료 시민임을 알아보는 데 어려움을 겪는다. 그러려면 행동과 동기를 끈기 있게 해석하려고 애써야 하지만 늘 노력할 수 있는 건 아니기 때문이다. 세계시민성이라는 과제를 수행하는 미래의 세계시민은 감수성과 공감 능력을 갖춘 해석자가 되어야 한다. 각 연령대에서 이루어지는 교육은 저마다 그런 해석 능력을 계발해주어야 한다. 스토아철학의 이런 측면을 가장 완전하게 발전시킨 사람은 마르쿠스 아우렐리우스인데, 그는 황제의 역할을 수행하면서 여러 다양한 문화를 접했다. 그는 『명상록』에서 훌륭한 세계시민이 되고자 스스로 노력했던 일과 관련해 가슴에 와닿는 내밀한 이야기를 들려준다. "다른 사람이 하는 말에 주의를 놓치지 않는 습관을 들여야 하고, 최대한 그 사람의 마음속으로 들어가야 한다."(6.53) 또 이런 말도 한다. "누가 무슨 말을 할 때는 말 한마디 한마디를 끝까지 따라가보아야 하며, 누가 무슨 일을 할 때는 그 모든 충동을 끝까지 따라가보아야 한다. 후자의 경우에는 그 충동이 어떤 대상을 향하는지 똑바로 보고, 전자의 경우에는 말이 어떤 의미를 표현하는지 귀기울여야 한다."(7.4) 로마제국 각지에서 온 사람들과 일상적으로 교제했다는 사실을 고려하면 마르쿠스가 자신의 생각을 실행에 옮기려 했을 때 엄청난 학습과 이해의 과제를 떠안았을 것이다. 마르쿠스는 역사와 문학을 많이 읽고, 문학작품의 서술자처럼 주위 사람들의 개별적인 성격을 꼼꼼히 살피는 방식으로 그 과제를 감당했다. 그는 이렇게 맺는다. "일반적으로 먼저 많은 것을 배운 뒤에야 다른 사람의 행동을 이해하고 판단할 수 있다."(11.18)

마르쿠스는 무엇보다 자신의 (그 자신이 계속 지적하듯이 진정한 사고의 걸림돌인) 특권적 지위로 인해 다른 사람들과 생각이 단절되지 않도록 노력해야 한다고 생각한다. 그는 자신에게 말한다. "카이사르처럼 되거나 그렇게 물들지 않도록 조심하자."(6.30) 그런 우연적인 지위를 그 무게에 걸맞게 유지하기 위해 그가 선호했던 사고 훈련은 모든 인간이 한 몸의 팔다리로 공동의 목적을 위해 협력한다고 상상하는 것이다. 그는 그리스어에서 '팔다리melos'라는 단어가 문자 하나만 바꾸면 '(분리된) 부위meros'가 된다는 사실을 언급하면서 이렇게 결론짓는다. "만일 단어를 바꾸어 너 자신을 팔다리가 아니라 단지 (분리된) 부위라고 칭한다면, 너는 아직 다른 인간을 마음으로 사랑하는 것이 아니고 선한 일을 하는 데서 완전한 즐거움을 맛보는 것도 아니다. 너는 너 자신에게 선한 일을 하는 것이 아니라 그저 의무만 이행하는 것이다."(7.13) 이런 유기체적 심상은 협력에 관한 스토아철학의 이상을 강조한다.

파벌주의와 정치적 갈등으로 가득한 삶에서 과연 누가 세계시민처럼 생각할 수 있을까? 마르쿠스는 스스로 다음과 같은 삼단논법을 제시한다. "어떤 곳에서든 삶을 사는 것이 가능하다면 덕이 있는 삶을 사는 것도 가능하다. 궁에서 사는 것은 가능하다. 따라서 궁에서 덕이 있는 삶을 사는 것도 가능하다."(5.16) 그는 자신이 가끔 인내심 부족과 혼자 있고 싶은 욕망 때문에 시민성을 획득하는 데 실패했다고 인정하면서 "이제 너 자신을 포함한 누구도 네가 궁 생활을 탓하는 소리를 듣지 못하게 하라"(8.9)라고 말한다. 사실 그가 로마 정치의 소용돌이 속에서 세계시민 되기의 어려움을 이야기하는 대목은 이런 높은 이상을 정치 참여라는 현실과 조화시키려는 모든 사람에게 중요한 조언으로 다가온다.

> 아침에 너 자신에게 말하라. 나는 일을 훼방놓고 무례하고 뻔뻔스럽고 교활하고 기만적이고 반사회적인 사람들과 만날 것이다. 그들은 모두 선악을 이해하지 못해서 그렇게 되었다. 하지만 선의 본질적 아름다움과 악의 본질적 추악함을 생각하는 나, 잘못을 범하는 자의 본질이 나의 본질과 동류라는 것—같은 피나 씨는 아니지만 똑같은 종류, 똑같은 양의 신성한 면을 공유하고 있다는 것—을 아는 나는 누구로부터도 해를 입지 않으며, 누구도 나를 수치로 이끌지 못한다. 나는 나의 동류인 자에게 화를 낼 수 없고 그를 미워할 수 없다. 우리는 두 발, 두 손, 두 눈, 윗니와 아랫니처럼 함께 일하려고 태어났다. 따라서 반목하는 것은 자연에 모순되는 것이며, 어떤 사람에게 화를 내거나 등을 돌리는 것은 자연을 거스르는 일이다. (2.1)

우리 시대의 정치 참여자라면 이 구절에서 위안을 받을지도 모르겠다. 이 구절은 세계시민성에 입각한 태도가 시대와 장소를 막론하고 가장 심각한 정치적 문제 가운데 하나인 분노라는 문제의 핵심에 이르는 방식을 보여준다. 마르쿠스는 정적에게 분노를 강하게 드러내는 편이다. 이 분노는 때로는 개인을 향하고 때로는 집단을 향한다. 그러나 그는 세계시민이라는 이상이 북돋는 감정이입의 태도가 그런 식의 분노를 줄이기도 하고 심지어 없애기도 한다고 주장한다. 만일 자신의 적을 덮어놓고 이질적인 타자로 보는 것이 아니라 일반적인 인간적 목표와 목적을 공유하는 존재로 보게 되면, 그들이 괴물이 아니라 우리와 일반적인 목표와 목적을 공유하는 사람들임을 이해하면, 분노는 잦아들고 합리적인 대화가 시작될 것이다.

세계시민성은 우리에게 타자 및 문화 비판을 중단하라고 요구하지도 않고 요구해서도 안 된다. 마르쿠스는 계속해서 자신의 적들을 "기만적이고 반사회적"이라고 표현하며 그들의 행동을 강하게 비판한다. 세계시민은 부당한 행위나 정책, 그리고 그런 것을 부추기는 사람의 성격에 대해 매우 비판적일 수 있다. 그러나 마르쿠스는 적을 단지 이질적인 존재로, 열등한 다른 종의 구성원으로 생각하는 것 또한 거부한다. 그는 존중하고 이해하기 전에는 비판하지 않는다. 그는 그들을 자신에게 가깝고 자신과 비슷한 인간으로 보려는 욕망을 반영한 이미지를 신중하게 고른다. 이렇게 자신과 다른 사람들에 관해 말할 때 심상을 세심하게 살피는 것은 스토아철학이 정치적 증오를 해소하기 위해 중점적으로 권유하는 사항이기도 하다.

스토아학파 철학자들은 분노와 증오의 본질을 낱낱이 파고든다. 이들이 근거를 갖춰 밝힌 견해로는, 파괴적 감정은 타고나는 것이 아니라 어린 시절 사회로부터 배우는 것이라고 한다. 그들의 생각에 사람은 한편으로 자신의 문화로부터 개인과 집단에 대한 부정적인 평가를 직접 흡수하고, 다른 한편으로 자신의 명예와 지위에 대한 지나치게 높은 평가를 흡수한다. 다른 사람이나 집단이 자신의 명예나 지위를 위협하는 것처럼 보이면 이런 높은 평가가 적대감을 촉발한다. 분노와 증오는 이성이 개재되지 않은 본능이 아니다. 그런 감정은 우리가 생각하고 상상하는 방식, 우리가 사용하는 이미지, 우리가 무심코 습관적으로 사용하는 언어와 관련이 있다. 따라서 분노와 증오에 맞서려면 우리 전통에서 우리와 동등하지 않다고 말하는 사람들과 마주할 때 우리가 사용하는 심상과 표현을 끈질기게 비판적으로 검토해야 한다.

요즘은 '정치적 공정성'—우리가 소수자나 외국인이나 여성에 관해 말할 때 언어 사용에 주의를 기울인다는 의미로 비평가들이 주로 사용하는 표현—에 회의적인 태도를 보이는 것이 유행이다. 그런 철저한 검토는 형태에 따라서는 자유로운 언어 표현에 위험이 될 수도 있으며, 당연히 이런 자유는 섬세하게 옹호되어야 한다. 그러나 표현이나 심상의 철저한 검토가 반드시 전체주의적 동기에서 시작되는 것은 아니며, 반민주적인 '사상 경찰'을 만들어내는 것도 아니다. 철저한 검토를 요구하는 스토아철학의 밑바탕에는 개인과 집단에 대한 증오는 개인적·정치적으로 유해하고, 교육자들은 여기에 저항해야 하며, 생각과 말이라는 내적 세계는 궁극적으로 증오에 저항해야 하는 장소라는 타당한 견해가 자리잡고 있다. 내적 세계를 철저하게 검토하자는 발상은 기독교인에게도 친숙한데, 그도 그럴 것이 마음으로 죄를 짓지 말라는 성경의 명령은 스토아철학과 역사적으로 긴밀하게 연결되어 있다. 어떤 이야기를 선택해 들려주는지, 가정에서 다른 사람들에 관해 어떻게 말하는지에 따라 다른 인종과 민족을 바라보는 아이의 태도가 달라질 수 있다는 사실은 모든 부모가 알고 있다. 이런 방법으로 아이의 관점에 영향을 주려고 하지 않는 부모는 거의 없다. 그러나 스토아학파 철학자들은 모든 사람에게 존재하는 인간성을 인식하게 되는 과정은 평생에 걸쳐 모든 단계의 교육을 망라하여 이루어져야 한다고 주장한다. 무엇보다 집단 증오가 넘쳐나는 문화에서는 부모에게만 이런 과제를 맡겨둘 수 없기 때문이다.

대학교육에서 이것은 강의실 자체와 강의 자료에서부터 상호 존중의 태도가 함양되어야 한다는 뜻이다. 우리는 읽기 자료에 대한 노골적인 검열에 결코 공감하지 않지만, 교육자로서 자료를 선정하고 학생들에게 제시하는 등 각각의 측면에서 여러 선택을 한다. 예를 들어 대학 강의실에서 반유대주의 선전물을 제시하며 거기에 표현된 관점에 공감을 내보일 사람은 거의 없을 것이다. 스토아철학은 우리가 존중과 상호 연대를 육성하고, 때로 증오의 핵심이 되기도 하는 무지를 교정하는 교육과정을 찾아야 한다고 제안한다. 이런 노력은 표현의 자유를 지키면서 진정으로 비판적이고 숙고하는 문화의 개방성을 지키는 것과 완벽하게 양립 가능하다.

우리 시대에 남아프리카공화국보다 집단 증오로 심하게 분열되고 부식된 나라는 찾아보기 어렵다. 아프리카민족회의ANC는 새로운 헌법 초안에 자신들의 사회적 목표를 천명하면서 교육으로 증오에 대처할 필요를 인정하고, 사회적 차이의 극복을 교육의 목표로 명시했다.

> 교육은 인간의 개성을 계발하고 개인의 존엄을 느끼게 하는 방향으로 나아가며, 인권과 근본적 자유에 대한 존중을 강화하고 남아공 사람들 사이에 또 민족들 사이에 이해와 관용과 우애를 장려하는 것을 목표로 삼는다.[17]

마르쿠스 아우렐리우스 입장에서 이 표현 가운데 어떤 것들은 새삼스러울 것이다. 부연하자면, 사실 로마의 스토아학파 철학자들은 자신들이 귀중하게 여긴 인간 존엄과 번번이 무시한 정치적 권리의 관련을 더 진지하게 생각했다면 좋았을 것이다. 그러나 마르쿠스라면 존엄, 인간성, 자유, 이해, 관용, 우애 같은 표현은 낯설게 여기지 않았을 것이다. (그는 자신의 목표가 "평등과 자유로운 발언의 기초 위에서 통치되고 만민에게 똑같은 법이 적용되는 국가라는 관념"을 실현하는 것이며, 이는 "선행, 진지한 관용, 낙관주의"로 달성된다고 말한다.) ANC의 초안은 세계시민성이라는 스토아철학의 규범과 마찬가지로, 다양한 민족과 집단을 이해하는 일이 소수집단의 정체성을 지지하고 싶어하는 사람들만이 아니라 모든 시민의 목표라고 강조한다. 또 교육의 목표는 집단 간의 분리가 아니라 (한 민족 안에서 또 민족들 사이에서의) 존중, 관용, 우애이며, 이 목표는 각 사람과 시민에게서 인간의 존엄을 존중하는 방식으로 추구되어야 한다고 강조한다.

세계시민성 교육은 무엇보다 학생과 교육자 모두 지역 집단 단위의 충성이나 정체성을 앞세워 자신을 규정하는 경향을 넘어설 것을 요구한다. 따라서 세계시민은 소수집단 구성원들이 그 정체성을 긍정할 수 있는 방식이라는 이유를 내세워 비교문화적 연구를 교육과정에 포함시키는 방식은 옹호하지 않을 것이다. 이런 접근법은 흔하기는 하지만 분열적이며 세계 공동체라는 목표를 파괴한다. 바로 이 문제 때문에 교육과정을 다루는 많은 토론이 곤란에 부딪힌다. 자신의 집단을 인정하라고 압박하는 집단은 자신들의 투쟁이 인간 존중과 사회정의라는 목표와 연결되어 있다고 생각하는 경우가 많다. 그러나 이처럼 자신의 요구에 초점을 맞추는 방식은 공통성을 무시하며, 사람들을 일차적으로 정체성 집단의 구성원으로 제시하기 때문에, 동등한 존중과 사랑에 대한 요구, 심지어 다양성 자체에 관심을 가지라는 요구까지 무시하는 경향이 있다. 캘리포니아 주립대학 리버사이드 캠퍼스 교수 데이비드 글리든이 표현했듯이, 지역 집단 정체성 개념을 바탕으로 포용을 요구하게 되면 "인간의 다양성을 찬미하고 사랑하는 능력은 사라져버린다.” 이런 관점에 따라 우리는 다음과 같은 의문에 대답할 수 있다. 아일랜드계 미국인으로 난 사람이 왜 히스패닉을 같은 시민으로 사랑하고 그들에게 관심을 가져야 하는지, 자신이 일차적으로 미국인이라고 규정하는 이가 왜 인도에 관심을 가져야 하는지. 분열을 초월하는 인간의 정체성만이 왜 우리가 그런 분열을 넘어 서로를 존중하며 바라보아야 하는지 알려준다.

현대 교육과 세계시민성

오늘날 대학 교과과정에서 세계시민성을 위한 교육은 어떻게 이루어지고 있을까? 훗날 베이징에서 직장 생활을 하게 될 애나가 자신의 역할에 대비하려면 학부에서 무엇을 배워야 할까? 학생이라면 모두가 배워야 하는 것은 무엇일까? 우리 모두는 시민으로서 아주 다양한 전통에서 비롯한 쟁점들은 물론 사람들과 상호작용을 해야 할 텐데 말이다.

우리의 대학교육은 다문화적인 교육이 되어야 한다. 이 말은 학생들에게 여러 다양한 집단의 역사와 문화의 기초를 가르쳐야 한다는 뜻이다. 여기에는 세계 각 지역의 주요 종교 및 문화 집단은 물론이고 각 나라 안의 민족적·종교적·사회적·성적 소수집단들이 포함되어야 한다. 이런 이상을 실현하는 과정에는 언어 학습, 역사, 종교 연구, 철학이 모두 각자의 역할을 한다. 문화적 차이를 아는 것은 대화의 핵심 토대인 다른 사람에 대한 존중을 장려하기 위해서 필수적이다. 경멸의 가장 확실한 원천은 무지와 더불어 자신의 방식이 불가피하고 자연스럽다는 의식이다. 어떤 자유교육도 학생들에게 그들이 세상에 관해 알아야 할 모든 것을 충분히 이해시킬 수는 없지만, 익숙하지 않은 어느 한 전통에 대한 상세한 이해와 여타 문화들에 대한 기초적인 이해는 학생들이 자신의 한계를 소크라테스적으로 알게 하는 데 충분할 것이다. 그렇게 했다면 애나는 중국에 관해 많은 것을 배웠을 것이다. 설령 애나가 인도 문화를 공부했다 해도 중국 문화를 공부한 것 못지않게 가치 있었을 것이다. 그런 공부가 그에게 질문하는 방법과 자기 경험의 한계를 알려주었을 것이기 때문이다.

세계시민들이 자신의 지역과 역사에 관심과 시간을 더 쏟는 것은 정당하다. 그들은 일차적으로 바로 그 영역에서 활동해야 하기 때문이다. 지역적 지식에 대한 이런 요구는 중요한 교육적 결과를 낳는다. 만일 학생들에게 세상 모든 역사와 문화에 관하여 동등한 지식을 주는 것을 목표로 삼는다면 그것은 터무니없이 잘못 생각하고 있는 것이다. 세상 모든 언어를 조금씩 가르치려고 하는 것도 마찬가지다. 이런 시도는 우스꽝스러울 정도로 피상적인 결과를 낳을뿐더러, 학생들에게 앞으로 그들이 주로 활동할 지역적 영역에 대해 자세히 가르쳐야 하는 과제에서도 실패할 것이다. 따라서 대학교육을 포함한 모든 단계의 미국 교육은 미국 헌법 전통의 역사와 그 배경을 이루는 서양의 정치철학 전통을 중점적으로 가르쳐야 한다. 마찬가지로 문학교육은 영미 전통문학에 훨씬 더 초점을 맞추어야 한다. 물론 이 전통 자체는 매우 복잡하며 여러 다양한 집단의 기여들을 망라한다.

한편으로는 이런 내용을 서양 전통이 속한 더 넓은 세계를 학생들에게 환기하는 방식으로 제시하는 것도 극히 중요하다. 이렇게 하면 서양 전통을 가르치는 강의 자체에도 긍정적인 교육적 결과가 있을 것인데, 이런 강의에서는 다른 곳에서 이루어진 발전을 신중하고도 선명하게 대비시킴으로써 서양 전통의 독특한 면을 강조할 수 있다. 그러나 이런 기획에는 무엇보다 교육과정 전체의 설계가 뒷받침되어야 한다. 이 교육과정은 학생들에게 세계의 주요한 사상적·예술적 전통들과 그 전통들을 둘러싼 역사에 관한 기초 지식을 제공해야 하며, 더욱 중요하게는 학생들이 스스로 자신이 모르는 중요한 내용이 얼마나 많은지 깨닫게 해야 한다.

세계시민 교육은 일찍 시작되어야 한다. 아이들은 스스로 이야기를 하게 되자마자 다른 나라와 다른 민족에 관해 이야기할 수 있다. 세계시민 교육과정은 초등학교 1학년 때, 유대교와 기독교 외에 다른 종교도 존재하고, 사람들에게 많은 전통과 생각 방식이 존재한다는 것을 아이들이 즐거운 마음으로 어려움 없이 배울 수 있을 때 시작하는 것이 좋다. (E. D. 허시 주니어가 개발한 그런 교육과정을 현재 미국 전역의 많은 초등학교 학구에서 사용하고 있다. 이 교육과정에서는 1학년생들이 부처의 보리수 일화를 나누고, 힌두교 신화, 아프리카 전설, 공자의 생애에 관해 생각한다.)[18] 이 학생들은 대학에 진학할 즈음이면 지배적인 서양 전통 외부에 존재하는 인간 다양성의 영역에 관한 만만치 않은 강의를 들을 준비를 잘 갖추고 있을 것이다.

이렇게 이국 문화와 소수집단 문화를 접하게 하는 것의 중요한 기능 한 가지는 외국에서 온 학생이나 소수집단 학생이 자신의 개인적 존엄성을 확인할 수 있도록 돕는 것이지만, 이것은 그 유일한 기능도 아니고 일차적 기능도 아니다. 이런 접촉은 모든 학생을 위한 교육으로, 무엇보다도 그들이 재판관으로서, 입법자로서, 또 어떤 역할을 맡든 한 시민으로서 서로를 존중과 이해 속에서 상대하도록 가르치고자 한다. 그리고 이런 이해와 존중에는 차이만이 아니라 공통성을, 고유한 역사만이 아니라 공동의 권리와 갈망과 문제를 인정하는 것도 포함된다.

세계시민은 먼 문화나 자기 문화 속 민족적·인종적·종교적 소수집단의 입장을 공감하며 이해하는 능력을 키워야 한다. 젠더와 섹슈얼리티에 관한 인간 관념의 역사와 다양성에 대한 이해도 높여야 한다. 사람들은 자주 성과 젠더 관련 논쟁을 둘러싸고 시민으로서의 판단을 요구받는다. 수백만의 민권에 영향을 주는 사건에 판결을 내리는 재판관으로서 그럴 수도 있고, 가령 게이·레즈비언 민권 보호 법안을 통과시키는 지역 공동체의 권한을 제한하는—1996년 미국 대법원에서 위헌으로 결정된—콜로라도 주

수정헌법 제2조*를 둘러싼 국민투표에서 표를 던져 결정해야 하는 민주주의 사회의 유권자로서 그럴 수도 있다. 오늘날 시민으로서 제대로 기능하려면 양쪽 주장을 평가할 수 있어야 하고, 그것을 평가하려면 이런 쟁점들을 연구한 교육을 받아야 한다. 비교문화 연구와 젠더·섹슈얼리티 연구 사이에는 복잡한 관련이 있다. 비교문화 연구가 젠더와 섹슈얼리티의 개념을 조직하는 많은 방법을 알려준다면, 젠더와 성에 관해 생각하는 것은 문화를 비판적으로 사유하는 핵심적인 축이라고 할 수 있다. 좋은 학부 교육이라면 학생들이 충분한 정보와 감수성을 갖추고 이런 문제를 해석할 수 있도록 준비시켜야 한다.

세계시민성을 위한 교과과정을 편성하기 위해서는 다양한 측면을 살펴야 한다. 이를테면 '다문화적' 성격의 기초필수교과 구축, 교육과정 전체에 걸친 다양한 관점의 도입, 인간 다양성과 관련된 영역에서 한층 전문화된 선택과목의 개발 지원, 마지막으로 (다문화 이야기 가운데 지나치게 간과되어 온 부분인) 외국어교육에 대한 관심 등이 있다.

기초적인 '다양성' 필수교과에는 두 종류가 있다. 먼저 학생들이 다양하게 제시된 과목 가운데 한두 과목을 선택하게 하는 선택형 필수교과다. 예를 들어 네바다 주립대학 리노 캠퍼스에 그런 필수교과가 개설되어 있는데, 학생들은 중핵교과 '세계 문명'을 이수하는 것과 더불어 자기 사회를 지배하는 문화 외부에 존재하는 인간 다양성의 영역들 가운데 적어도 한 영역은 다루는 과목을 선택해야 한다. 이 선택 영역에는 비서양 민족들의 역사와 문화, 미국 내 소수집단의 역사와 문화, 여성학, 인간 섹슈얼리티의 다양성 연구 등이 있다. 리노 캠퍼스는 다른 많은 교육기관과 마찬가지로 신임 교원을 채용하거나 기존 교원의 다른 업무 부담을

* 주정부가 동성애자 차별금지법을 만들 수 없다는 내용을 골자로 한 주헌법조항.

크게 덜어주면서 새로운 통합형 교과를 만들 경제적 여유가 없다. 이런 교육기관이 교육과정을 다양화하고자 할 때 선택할 수 있는 유일한 길은 당장 제공할 수 있는 것들로 차림표를 만들고 학생들이 선택하게끔 하는 것이다.

이런 필수교과는 학생들에게 자신의 관점이 편협하고 제한적일 수 있음을 보여주고 비판적 사유에 참여하도록 권유함으로써 기본적인 소크라테스적 기능을 이행할 수 있다. 또 어떤 필수교과는 때때로 다른 다양성 영역에 접근할 때 요긴하게 사용할 수 있는 방법론적 도구도 제공한다. 그러나 늘 이런 성과를 거두는 것은 아니다. 19세기 미국 여성 작가에 관한 강의를 들은 학생은 중국이나 중동에서 온 사람들과 대화할 때 문화 다양성 면에서 서툴게 처신할 가능성이 높다. 심지어 비서양 문학 강의를 수강한 학생도 비서양 역사와 종교에 관해서는 까맣게 모를 수 있다. 중국 역사와 문학을 공부한 학생이 자기 나라 내부에 존재하는 소수집단의 종류와 다양성은 알지 못할 수도 있다. 전체 영역을 어느 정도 파악해야만 얻을 수 있는 학습의 폭을 마치 어느 한 주제의 어느 한 부분만 파악하면 거저 얻을 수 있다는 듯이, '다양성'이라는 영역 안에 이 모든 다양한 주제를 한데 모으는 것은 이상하고 터무니없는 일이다. 리노 캠퍼스처럼 선생들이 '다양성' 필수교과를 개설하기 위해 숙의를 시작한 다음 방법론에 관한 어떤 공동의 논의를 더는 이어가지 않아 필수교과에 나열해놓은 과목들이 서로 아무런 관계를 맺지 못한다면 이 문제는 특히 심각해질 것이다. 그런 교과과정은 심지어 새로운 맥락에서 다양성에 관해 질문하는 방법을 아는 학생을 배출하지 못할 수도 있다.

이런 비조직적인 선택형 필수교과에 대해서는 훨씬 더 강하게 비판할 수도 있다. 다양성의 모든 영역과 마주하지 못하는 바람에 그 하나하나와 만나는 것마저 약화되었기 때문이다. 중국사를 공부한다 해도 여성과 가족의 역사, 성 역할을 이해하는 다양한 방식을 웬만큼 알지 못한다면 정치를 통해서든 사업을 통해서든 오늘날의 중국과 관계를 맺으려는 사람 입장에서 긴급하고 중요한 많은 것을 놓칠 가능성이 높다. 만일 애나가 오늘날 중국에서 여성은 일터를 떠나 가정으로 복귀하는 것이 '자연스럽고' 적절하다는 정치적 수사를 듣는다면, 그는 그런 말과 정책을 평가해야 할 것이다. 이때는 단지 유교 전통만이 아니라 성 역할과 그 다양성에 대한 비판적 인식에 비추어 평가하는 것이 최선일 것이다. 중국과 성공적이고 공정한 사업을 하기 위해서는 그런 인식이 필요한데, 이것은 중국사 강의만으로는 얻을 수 없다.

이런 많은 이유 때문에 다양성을 다루는 비조직적인 선택형 필수교과는 학생들이 앞으로 직면하게 될 복잡한 세상에 충분히 대비하게 해줄 수 없다. 그래도 다양성 프로그램이 전혀 없는 것보다는 나으며, 아마도 이 정도가 많은 교육기관이 할 수 있는 최선일 것이다. 하지만 이런 교육은 세계시민성이라는 목표를 완전히 달성하도록 충분히 이끌어주지 못한다.

이런 약점에도 불구하고 리노 캠퍼스에서 설계한 것과 같은 다양성 선택형 필수교과에는 몇 가지 장점이 있다. 특히 높이 살 만한 것은 이 필수교과를 교수진과 학생, 지역사회에 공개적으로 제시하면서 정당화했던 논리다. 교수위원회가 제시한 이 논리는 정체성 정치보다는 세계시민성이라는 목표에 초점을 맞추고 있다. 아리스토텔레스 윤리학 전문가이며 '다양성위원회'의 위원장인 철학 교수 데버라 액턴버그는 교육과정 정치에 대한 자신의 접근이 "여성, 유대인, 1960년대 활동가 출신, 세인트존스 칼리지 졸업생, 철학자"라는 자신의 특정한 이력에 영향을 받았다고 생각한다. 그는 세인트존스 칼리지 재학 시절 위대한 텍스트의 내재적 가치를 존중하게 되었는데, 리노 캠퍼스의 다양성 필수교과는 바로 이 가치를 힘주어 강조한다. 그는 민권운동으로부터 "집단들을 배제하면 지배 문화는 이들의 관점과 기여라는 덕을 볼 수 없다"는 것을 배웠는데, 이런 경험 덕분에 교육과정에 그런 관점들을 포함시키려고 노력하려는 강한 동기를 갖게 되었다. 여성으로서 그는 토론 방식을 다른 누군가가 지정한 것이 아닌지 의문스러울 때 발언하는 것이 얼마나 어려운지 알고 있으며, 이 때문에 그가 관여하는 강의들은 목소리와 방법론이라는 쟁점에 초점을 맞춘다. 유대인으로서 그는 배제된 집단이 자신을 비하하는 고정관념을 내면화하는 것이 얼마나 쉬운지 알기에 정체성 정치가 길러내는 고정관념을 포함해 모든 고정관념에 의문을 던지는 것을 장려한다. 마지막으로 철학자로서 그는 "이 모든 특수성을 초월해 공통성으로 나아가고자" 부단히 노력하고, 자신이 인식하는 것을 관점과 경험이 다른 사람들에게 전달하는 데 헌신하고 있다. 그가 설계에 참여한 교과과정은 그리스의 세계시민성이라는 관념과 성경에 나오는 공평한 관심과 사랑에 대한 요구 양쪽에서 영감을 끌어온다.

선택형 접근법에 회의적이고 그보다 야심찬 사업을 지원할 수 있는 대학이라면 더 고되긴 하지만 한층 만족스러울 수 있는 접근법, 즉 모든 학생에게 기본적인 개념과 방법을 가르치는 하나 내지 소수의 '다문화' 기초과목을 개설하는 방법을 택할 수 있다. 남녀공학 비엘리트 교육기관에서 그런 과목이 매우 큰 성공을 거둔 예로는 1992년 뉴욕 주립대학 버펄로 캠퍼스에서 개발한 '미국의 다원주의와 평등의 탐색'을 들 수 있다. 이 과목은 비서양 종교와 문화에 대한 기초 교육인 두 학기짜리 세계 문명 연속강좌와 더불어 필수과목으로 지정되어 있다. 이 다원주의 강좌는 자신의 나라를 구성하는 많은 집단, 또 존중과 평등을 쟁취하기 위한 각 집단의 투쟁에 대한 인식을 강화함으로써 역사 중심의 세계 문명 강좌를 보완한다. 이런 도덕적 쟁점들은 국제적인 맥락에서도 발생하기 때문에, 문제를 역사적으로 고찰하는 것은 역으로 다원주의 강좌를 보강한다.

다원주의 강좌의 눈에 띄는 특징은 세심한 설계에 있다. 우리가 번번이 확인하듯이 다양성 문제에는 되는대로 접근하는 경우가 많은데, 이 강의를 설계한 선생들은 그와는 매우 대조적으로 몇 달 동안 일관된 목표와 방법론을 함께 궁리했다. 그들은 이 계획의 정당성을 대학 공동체만이 아니라 일반 대중도 얼마든지 볼 수 있는 문서로 제시했다. 목표와 결의를 알리는 이 글은 강의와 시민성이라는 목표의 관계를 보여준다.

> 이 강의는 미국인의 삶에 나타나는 인종, 민족, 젠더, 사회계급, 종교 분파라는 현대적인 동시에 역사적인 쟁점들에 초점을 맞춤으로써, 점점 다양해지는 미국 사회에 진입하는 학생들이 지식을 바탕으로 시민성을 적극적으로 발전시키는 것을 목표로 한다. 이 강의는 학생들이 미국 사회의 구조적 불평등과 편견에 의한 배제의 원인과 결과를 지적으로 인식하는 것을 목표로 한다. 이 강의는 학생들이 우리 문화에서 각자의 젠더, 인종, 계급, 민족, 종교를 가진 사람이 된다는 것이 어떤 의미인지 파악해 자기 인식을 높이는 동시에, 이런 범주들이 자신과 다른 사람들에게 어떻게 영향을 주는지 이해하는 것을 목표로 한다…… 이 강의는 학생들이 젠더, 인종, 계급, 민족, 종교의 차이에서 발생하는 오늘날 미국 사회의 숱한 논쟁적인 사안에 관해 비판적으로, 또 열린 마음으로 생각하는 능력을 확대하는 것을 목표로 한다.

이 강의의 설계자 가운데 한 사람인 심리학 교수 존 미첨은 버펄로 캠퍼스 강의의 성공에 기여한, 또한 비슷한 다른 강좌의 개발에 지침이 될 만하다고 여기는 몇 가지 원칙을 발표했다.

1. "폭넓은 내용을 갖춘 다문화 강좌를 설계하라." 버펄로 캠퍼스의 다원주의 강좌는 학생들에게 인종, 젠더, 민족, 사회계급, 종교 분파 등 다양성의 다섯 범주를 가르치는 방향으로 설계되었다. 강좌의 각 섹션은 학기 동안 이 다섯 가지를 모두 다루어야 하고 그중 세 가지를 심화해서 다루어야 한다. 이런 접근법은 폭이 넓어지는 이점이 있는 동시에 학생들이 하나의 범주를 다른 범주와 연결하여 이해하게 해준다. 미첨은 이런 유의 강의가 단일 주제에 좁게 초점을 맞추는 강의보다 각 주제를 더 깊이 이해하는 데 도움이 된다고 설득력 있게 주장한다.

2. "교수 각각의 전공 분야에 기초해 다문화 강의를 설계하라." 강의를 담당하는 교수는 서로 다른 열 개의 학과에서 모았다. 미첨은 이렇게 말한다. "예를 들어 적극적 차별 시정 조치를 지적으로 토론하려면 적어도 역사학, 생물학, 법학, 경제학, 정치학, 심리학, 사회학의 기초가 갖추어져야 한다." 전문적으로 가르칠 교수가 없다면 그 분야에서는 어떤 주제도 강의에 포함하지 않았다. 해마다 다른 교수진이 자신들의 준비와 훈련 수준에 맞게 다양한 방식으로 기본적인 강의 계획을 세웠다. 이런 유연성을 확보하는 것은 매우 중요하다. 통합 학문적 강의는 강력한 전공 학과에 기반을 두지 않으면 주춤거리는 경우가 많으며, 또한 교수는 자신의 전공에서 너무 벗어나는 요청을 받으면 제대로 가르치지 못한다.

적절한 전문성을 갖춘 교수를 확보하기 어렵다는 점이 이런 다문화 강의를 반대하는 이유로 흔히 거론된다. 물론 이런 관점에서 보면 이 점은 특히 문제가 될 수밖에 없다. 그러나 '명저' 강의들, 예를 들어 고대 그리스와 로마에 초점을 맞춘 셀 수 없이 많은 강의들 또한 이와 비슷한 문제에서 자유롭지 못하다. 어느 대학이나 고전학과는 규모가 작고, 그중에서도 소수의 교수들이 그런 강의를 맡기 마련이다. 학기마다 에우리피데스와 소포클레스와 플라톤을 가르치는 이들 가운데 대다수는 고전에 대한 학문적 전문성이 결여되어 있으며 그리스어나 라틴어를 전혀 배우지 않는다. 이들은 이런 한계 내에서도 주목할 만한 성과를 거두는 경우가 많고, 가끔은 전문가들이 하지 못했을 방식으로 텍스트에 새로운 생기를 불어넣기도 한다. 그럼에도 이들에게는 한계가 있으며, 전문가들이 내놓는 이차문헌의 안내에 의존하게 될 수밖에 없다. 그러니 일반적인 서구 문명 강의에는 이의를 제기하지 않으면서 새로운 다문화 강의를 비판할 때만 이런 문제를 언급하는 것은 전적으로 불공평한 일이다.

물론 적절한 학술문헌이 적고 여전히 진화중인 모든 영역에는 가르치는 일과 관련된 특별한 문제들이 있다. 플라톤을 가르치는 비전문가는 아주 다양한 『대화편』의 번역본과 주석판 가운데 선택할 수 있고, 유익하면서도 정교한 많은 저서들과 논문들을 쉽게 구해 이를 이용해 수업을 준비할 수 있다. 고대 여성사나 노예제의 역사를 가르치고자 하는 비전문가는 만일 20년 전이었다면 지금보다 훨씬 어려움을 겪었을 것이다. 그리스어와 라틴어를 아는 전문가들만이 그런 연구에 필요한 자료를 이용할 수 있었기 때문이다. 사실 이들에게도 쉽진 않았다. 문헌들 대다수가 아직 편집되지 않은 상태였기 때문이다. 그러나 이제 이런 것은 인간 다양성의 모든 영역에서 훨씬 사소한 문제가 되었다. 대부분의 영역에서 뛰어난 책들이 출간되어 비전문 학자들에게 신뢰할 만한 전문적인 연구 성과를 제공하고 있기 때문이다. 미첨의 강의가 다루는 영역을 놓고 볼 때 아무 문제도 없다. 언어 장벽이 없고 강의 주제들과 관련해 쉽게 구할 수 있는 훌륭한 문헌이 엄청나게 축적되어 있기 때문이다.

3. "교원 발전을 위한 프로그램을 설계하라." 선생에게 원래의 전문 분야와 어느 정도 거리가 있는 내용을 가르치라고 요구하려면

재훈련에 소비하는 시간에 대해 재정 지원을 해주어야 한다. 기존 담당 영역의 강의를 준비하는 시간과 적극적인 학자 생활의 핵심 영역인 연구 시간을 쪼개 재교육에 시간을 들여야 하기 때문이다. 일류 교원은 이런 희생에 대해 보상받지 못하면 강의 신설에 참여하려고 하지 않을 것이다. 신설 강의 개발 프로젝트를 맡은 교원에게는 수당을 지급하는 것이 보통의 관행이다. 강의가 재교육만이 아니라 다양한 분야의 교원들의 광범한 협동을 요구하는 경우에는 그런 보상이 특히 중요하다. 뉴욕 주립대학 버펄로 캠퍼스는 두 해 여름 연속해서 4주간 교원 발전 세미나 비용을 지원할 수 있었다. 이 세미나는 프로그램의 성공에 절대적으로 중요했다. 전공 지식을 바탕으로 강의에 참여하는 선생들도 함께 준비하며 읽고 대화하지 않으면 복잡한 통합 학문적 교류에 제대로 대비할 수 없기 때문이다. 세미나에서 선생들은 서로의 접근법과 방법론을 배우고, 함께 읽은 것을 토론하고, 학생들에게 제공할 적절한 읽기 자료와 학습 방법을 설계했다.

4. "방법론적·교수법적 쟁점에 관해 생각할 시간을 가져라." 문학, 경제학, 정치학, 철학 분야에서 온 선생들은 투표권이나 적극적 차별 시정 조치 같은 문제에 접근할 때 똑같은 질문을 염두에 두지도 않고 똑같은 논증 및 탐구 기준을 제시하지도 않는다. 이런 불균질성이야말로 이들이 서로 보완할 수 있기 때문에 기본적으로 좋은 것이다. 그러나 강의를 설계할 때 고려해야 하는 방법론과 관심 수준에 대해서는 특별한 주의가 필요하다. 가령 강의는 권리의 본질이나 상대주의와 보편주의의 차이 같은 일반적인 철학 문제에 얼마나 초점을 맞춰야 하는가? 관련된 쟁점들의 역사에 관한 경험적 정보를 학생이 어느 정도까지 습득할 것으로 기대해야 하는가? 경제학에 나오는 계량적 분석을 제시한다면 어떤 방식으로 해야 하는가? 이런 문제들을 미리 결정하지 않으면 강

의는 지적인 결속력 없이 쟁점들을 되는대로 모아놓은 수준에 머물고 말 것이다.

선생들은 이 사회의 구성원들이 저마다 강력한 의견을 내세우며 대립하는 쟁점에 접근할 때 발생하는 문제들을 특별히 고려해야 한다. 강의의 대부분을 구성하는 이런 쟁점들은 수업의 방법론을 설계하는 데 특정한 문제를 일으킨다. 이런 점에서 학생들의 배경과 성격을 인식하는 것, 또 가장 훌륭한 방식의 적극적이고 비판적인 참여를 끌어내는 수업 방법을 설계하는 것이 특히 중요하다. 미첨은 버펄로 캠퍼스 학생들이 순종적이고 공손한 경향이 있다고 본다. 시민교육으로 학생들에게 도움을 주고자 한다면 선생은 학생이 무조건 권위를 따르는 것을 말릴 필요가 있다. 따라서 이 강의에서 선생은 다른 강의 때보다 더 자신의 개인적 견해를 조심스럽게 자제하면서 수업중 토론을 공정하게 이끌고 성급하게 결론을 끌어내지 않는 전략을 설계한다. 강의를 맡은 한 선생이 말했듯이 "학생들이 혼란에 빠지도록 허용하는 것"이 중요하다.

버펄로 캠퍼스의 교육과정이 성공한 것은 신중한 설계와 교원 발전 지원금 덕분이다. 또 자기비판적인 교수진이 강의의 발전을 신중하게 감독하면서 전문지식과 교수법 양 측면에서 높은 기준을 고수한 결의도 인정받아야 한다. 현재 뉴욕 주립대학 버펄로 캠퍼스 교수진은 다문화 강의 개발의 정당성을 밝히라는 상당한 공적 압력을 받고 있다. 지역 유권자들이 이 교과과정을 둘러싼 많은 비판을 잘 알고 있기 때문이다. 대학과 지역사회 양쪽에 어떻게 홍보할지 많이 고민한 것도 이들의 성공에 큰 공헌을 했다. 이들은 교과과정을 홍보하고 다양한 대중매체에서 논의하면서, 이런 강의들이 '이념적'이라는 비판에 답하는 데 특별히 집중했다. 이 강의들과 민주적 시민성이라는 목표의 관계를 설득력 있게 표현하면서, 이런 노력이 단순히 다양한 집단의 정체성을 지지하는 것만이 아니라 공적인 이성적 논의에 기여한다고 대중을 납득시킨 것이다. 이 부분은 마땅히 공적인 관심을 기울여야 할 영역이며, 버펄로 캠퍼스는 유사한 여러 다른 교육기관들보다 이 문제를 검토하는 데 많은 노력을 기울였다.

이와 다르긴 하지만 마찬가지로 희망적인 기초핵심과정으로, 캘리포니아 주 퍼모나에 있는 스크립스 칼리지에서 새로 설계한 인문학 중핵교육과정이 있다. 약 700명의 여학생이 재학중인 이 대학은 다른 클레어몬트 칼리지들*과 강의를 공유하지만 1학년 핵심과정은 스크립스 칼리지 신입생만을 대상으로 설계되었다. 이 과정은 지나치게 무정형적이고 산만하다고 여겨진 기존의 서구문명 연속강의를 대체한다. '문화, 지식, 재현'이라는 제목의 이 과정은 유럽 계몽주의의 중심 사상들을 다루며, 그 영역은 정치학, 역사, 철학, 문학, 종교, 그 밖에도 약간의 미술과 음악까지 아우른다. 인문학 모든 학과의 선생 열여섯 명이 번갈아 강의를 하며, 각각 소규모 토론 수업을 지도한다. 계몽주의 다음에는 계몽주의에 대한 비판적 대응을 다룬다. 비판의 주체는 식민지 출신 민족들, 페미니즘, 비서양철학, 서양 포스트모더니즘 진영이다. 이 과정은 비판에 대한 계몽주의의 대응을 검토하는 것으로 마무리된다. (나는 페미니즘 이론가가 다른 페미니즘 이론가들의 비판에 맞서 자유주의를 옹호할 수 있는 방법, 보편적 범주에 대한 포스트식민주의적 비판을 바라보는 국제 인권운동의 시각에 관해 학생들에게 강의해달라고 초대받았다.)

학생들은 이 핵심과정에서 자극을 받아 활발하게 토론을 벌이고 있다. 이 과정은 초점이 분명했고, 단순한 사실들의 집합보

* 미국 캘리포니아 주 클레어몬트 시의 대학 컨소시엄. 1925년 "소규모 대학의 장점을 보존하면서 종합대학의 편의를 확보하기 위해" 꾸려졌으며, 재학생들은 컨소시엄 내의 모든 대학의 강의를 자유롭게 수강할 수 있다.

다 비교문화적 논리를 강조했으며, 큰 줄기를 이루는 쟁점들을 특화해 초점을 맞추는 방식의 일환으로 비서양권 읽기 자료를 소개했다. 이 모든 접근법이 입문 과정의 훌륭한 모범을 만들었다. 그러나 이 야심찬 통합 학문적 시도는 과정 전체로 보면 성공을 거두었지만 개별 수업을 따져보면 그만큼의 성취를 달성하지 못했다. 학생들은 특정한 선생의 수업이 다른 수업보다 철학적 텍스트와 쟁점을 다루는 데 훨씬 큰 도움을 준다고 전한다. 이런 불균등은 협업 첫해(이 과정이 개설된 1995~96학년도)에는 예상되는 일로서, 실험의 가치를 부정하는 증거로 거론되는 것은 적절하지 않다. 무엇보다 이 과정을 통해 학생들이 오늘날 세계시민으로서 물어야 하는 다급한 문제들로 바로 뛰어들게 되었다는 점을 높이 사야 한다. '권리의 언어'의 보편타당성에 관한 질문, 피억압자들의 정당한 요구에 대응하는 적절한 방법 등의 문제들 말이다. 그 덕분에 처음부터 이 대학 공동체는 이런 긴급하고 중요한 쟁점들에 초점을 맞추는 논리의 공동체가 될 수 있었다. (계몽주의적 사고를 완전히 압도했다는 식으로 포스트모더니즘에 최고의 권위를 부여하지 않은 것이 특별히 인정할 만하다. 학생들은 이 점에 관해 뜨거운 토론을 하게 되었으며, 포스트모더니즘에 동조하는 선생들은 자신의 관점에 매우 비판적인 나의 문제제기를 환영해주었다.)

교육과정에 세계시민성을 녹여내는 일은 필수과목 한두 개를 설계하는 것보다 훨씬 큰 프로젝트다. 이런 기획은 교육과정 전체에 녹여낼 수 있으며 또 마땅히 그래야 한다. 다문화, 소수집단, 젠더의 관점이 미국사에서 경제학, 미술사, 고대 그리스 문학에 이르기까지 교육과정을 이루는 수많은 기본구성 부분을 새롭게 조명할 수 있기 때문이다. 익숙한 기존 과목들이 그런 관점들을 통합해 성공적으로 변화한 사례는 헤아릴 수 없이 많다. 일부 대학은 입문 강의를 다시 설계하기도 했다. 뉴햄프셔 대학은 '국립 인문학 지원기금의'의 지원을 받아 서구 문명 강좌를 새로 꾸렸다. 수업들은 주로 이 과정을 위해 채용된 철학, 과학사, 미술사, 비교문학 분야의 젊은 교원들이 한 팀이 되어 통합 학문적인 방식으로 이끌어나간다. 교원 네 명이 공동 작업에 필요한 시간과 여타 지원을 받아 고대 그리스와 로마에 초점을 맞추면서 모든 학문 분야별 관점을 통합하는 동시에, 미술, 문학, 과학, 정치학에서 그리스가 이룬 성취를 같은 시기 중국의 성취와 연결해 비교하는 과정을 아우른 강좌를 설계하기도 했다. (과학사 전공자가 중국 과학을 전문적으로 다루었으며, 다른 교원들은 자기 전공 분야에서 비교 가능한 관점을 연구하도록 지원받았다.) 이렇게 하여 학생들은 처음부터 한층 넓은 세계의 맥락에서 서양 전통의 익숙한 사건들을 어떻게 바라봐야 하는지 배웠고, 그리스 과학의 독특한 점을 부분적으로 중국과 비교하면서 이해하게 되었다. 프로그램 지원과 자극의 결과 최초의 교원 네 사람 가운데 한 명이었던 샬럿 윗은 그 후 아리스토텔레스의 형이상학에 관한 뛰어난 학문적 성과를 내놓았을 뿐 아니라 페미니즘 비평에서 합리적 논증의 역할을 논의하는 데 뛰어난 면모를 보여주기도 했다.[19]

학과의 일반 과목을 다시 설계한 사례도 있다. 일반 도덕 문제를 다루는 브라운 대학 강의에서는 최근 들어 포르노그래피에 대한 페미니즘 비평 및 이와 관련된 표현의 자유라는 쟁점에 초점을 맞추고 있다. 이런 방식으로 학생들은 분열을 일으키는 쟁점과 대면해 기본 사실들을 배우는 동시에 철학적 분석과 토론 기술을 익힌다. 벤틀리 칼리지에서 크리슈나 말리크는 비폭력 저항의 철학에 초점을 맞추는 비서양철학을 강의한다. 하버드 대학에서 아마티아 센은 '기아와 기근'이라는 제목의 강의를 한다. 학생들이 기아와 젠더의 관계, 나아가 아프리카에서 중국과 인도에 이르는 세계 여러 지역의 민주주의 정치제도와 기아의 관계를 생각하게 되면서, 개발경제학에서 다루는 주제 일반에도 약간의 변화가 생겼다. 시카고 대학의 역사학자 데이비드 코언은 보스니아와 르완다의 최근 사건들*을 여러 문화의 역사적 사례와 함께 가르치는, 전쟁범죄에 대한 비교 강의를 개설했다. 환경 연구와 기후학, 세계 인구, 종교·민족 간 무력 충돌 등 지구적 관점을 요구하는 다른 주제들도 점차 사회과학에서 중심무대를 차지하면서 이에 대한 학생들의 관심도 집중되고 있다.

그런 통합형 강의들은 우리가 실로 모든 면에서 다양한 세계의 시민임을 인정한다. 우리의 도덕적 문제들은 무엇보다 폭력을 피하고자 하는 여성의 문제를 포함하며, 우리 역사는 비폭력과 전쟁 양쪽을 포괄하는 복잡한 국제적 역사를 포함하고, 기아와 농업을 생각할 때는 여성이 겪는 불평등한 굶주림과 개발도상국의 특별한 상황을 인식해야 한다. 다양성을 통합하는 이러한 방식은 선생의 학문적 전문성에 의존한다는 장점이 있다. 센과 함께 인도의 기근을 공부하는 학생들은 아마 세계 문명에 대한 폭넓고 일반적인 입문 수업을 듣는 학생들보다 인도에 관해 중요한 것을 많이 배울 것이다. 물론 세계 문명 입문 수업을 이미 들었다면 센의 강의에서 더 많은 것을 얻겠지만. 그들은 기아를 생각하는 과정에서 종교와 경제의 다양성에 관해 배우겠지만, 엄격하고도 자세하게 분석된 구체적인 문제와 관련을 맺음으로써 더 집중적이고 생생한 학습을 하게 될 것이다. 전문적인 교원이 가르치는 그런 심화 과목은 다른 어떤 것 못지않게 적극적으로 장려되어야 한다.

그러나 입문을 넘어서는 수준에서 그런 국제적인 과목을 가르칠 교원을 충분히 확보한 교육기관은 별로 없다. 버펄로 캠퍼스의 중핵교과에서 본 것처럼 입문 수준에서도 기존의 전문성과 새

* 1992년 보스니아 내전중 세르비아계 민병대가 무슬림 거주지에 들어와 닷새 동안 남성 주민 8000명을 학살한 사건과 1994년 르완다 내전중 다수파 후투인이 100일 동안 소수파 투치인 80만 명을 학살한 사건을 가리킨다.

로운 통합 학문적 훈련을 결합해야 하기에 품이 많이 든다. 세계시민의 관점을 통합한 더 진보적인 심화 선택과목들을 만들어내는 데는 훨씬 많은 계획과 제도적 지원이 필요하다. 최근 세인트로렌스 대학에서는 교원 발전을 위해 매우 상상력이 풍부하고 성공적인 교육과정을 설계했다. '문화의 만남: 이문화異文化 일반교육'이라는 제목의 이 교육과정은 계획과 실행 양쪽에서 세계시민성의 가치를 보여주는 사례다. '문화의 만남'은 입문과 심화 수준의 과목들을 두루 포함한다. 하지만 이 교육과정은 학생들이 비서양 문화와 만나는 측면을 강조하는 방향으로 학과별 강의들을 재설계하는 작업에 집중해왔다.

세인트로렌스 대학은 규모가 작은 리버럴 아츠 칼리지다. 그러나 비교적 부유한 교육기관이라 훌륭한 젊은 교원들을 끌어올 수 있다. 이 대학은 또 높은 수준의 외국 연수 프로그램으로 잘 알려져 있으며, 실제로 재학생 중 33퍼센트가 일정 기간 동안 외국에서 공부한다. 남녀공학이다. 학자금을 지원받는 재학생 70퍼센트는 대부분 지적으로 적극적이지 않은 나머지 30퍼센트보다 학업 면에서 더 뛰어난 편이다. 이런 환경 때문에 선생들은 문화 다양성에 관해, 또 가치라는 것이 보편적이냐 문화적으로 상대적이냐 하는 더 일반적인 질문에 관해 비판적이고 독립적인 사고를 일깨우는 교육과정을 설계하는 과정에서 신중하게 접근해야 했다. 1987년 이래 이 대학은 모든 학생이 비서양 또는 제3세계 문화에 관한 수업을 하나 이상 수강해야 한다고 정해놓았다. '문화의 만남' 프로그램에는 엄격하고 근본적인 문제 제기를 장려함으로써 이런 영역의 강력한 과목들을 보완하려는 의도도 담겨 있다.

이 프로그램은 세인트로렌스 대학이 '앤드루 멜런 기금'과 '중등 이후 교육 개선을 위한 기금'으로부터 교원 및 교육과정 발전 지원금을 받으면서 시작되었다. 첫 단계에서는 여러 학과 출신의 인문학 교원 열일곱 명에게 지원금을 지급하면서, 1년 동안 일주일에 한 번 세미나를 열어 읽어온 자료 내용을 논의하고 궁극적으로 개별 학문 분야 내에 각각 새로운 과목을 만들어내도록 했다. 이 과목은 처음부터 세 가지 결정 사항을 반영해야 했다. 첫째는 철학을 핵심에 둔다는 것으로, 이는 모든 참여자가 여러 비교문화 자료를 읽으면서 문화상대주의라는 쟁점을 진지하게 자주 논의해야 한다는 의미였다. 이 프로그램의 책임자인 철학과의 그랜트 콘월과 영문학과의 이브 스토더드는 인간적 욕구나 노력의 보편적 측면을 강조하고 문화상대주의에 비판적인 내용을 선호하는 방향성을 공유했다. 그러나 그들은 프로그램 전체에 이런 관점을 강요하려고 하지는 않았고 다만 이런 쟁점을 교수진 대화의 기초로 삼기를 바랐다.

콘월과 스토더드는 또한 인도 문화와 케냐 문화라는 두 비서양 문화를 선정해 다양성을 표상하는 곳 중에서도 이 지역들에만 초점을 맞추기로 결정했다. 그들은 두 지역에서 출발해 민족·종교 다양성, 젠더, 인종, 섹슈얼리티와 관련된 쟁점을 제기하기로 결정했다. 그들은 지원금을 받는 교원 세미나를 통해 1년 동안 두 지역에 대한 공동 연구를 한다면 그곳의 역사와 전통을 어느 정도 이해한다는 것이 합리적인 목표가 되겠지만, 그물을 더 넓게 펼쳐 모든 지역을 책임 있게 다루는 일은 승산이 전혀 없다고 판단했다. 이 프로그램을 이끈 교원들의 전공은 철학, 미술사, 인류학, 영문학, 종교학, 생물학, 행정학, 지질학, 경제학, 스페인문학 등이었다.

이 집단의 세번째 결정이 가장 놀라웠다. 그것은 참여 교원 열 명 모두가 1년간 강도 높은 세미나를 진행하며 준비한 뒤 한 달 동안 자신이 연구하는 지역에서 살아본다는 것이었다. 이들 국가에서 보통 사람으로 살아간다는 것이 어떤 것인지 직접 느껴보고 그 느낌을 교육에 반영하겠다는 것이다. 이런 작업은 지원금 덕분에 가능했는데, 결국 이 프로그램의 핵심 요소가 되었다. 두 번의 방문 동안 교수진은 공개 일지를 기록해 의견을 교환하고 다듬었다. 이런 경험이 있었기에 자료만 읽어서는 쉽게 얻을 수 없는 여성 할례와 인구 조절 같은 논쟁적 사안에 관해 일정 수준의 통찰을 얻을 수 있었던 것이 분명하다. 이것은 또 추상적인 자료 읽기에 생기를 불어넣었으며, 선생들은 짧은 기간이나마 외국 문화에 실제로 참여했다고 느끼게 되었다.

선생들은 세인트로렌스 대학으로 돌아와 그들 각자의 학문적 전문지식을 반영한 과목들을 설계했다. 생물학과 데이비드 호넝과 지질학과 캐서린 슈레이디는 서양의 의학 전통과 이슬람교 및 힌두교의 의학 전통, 아프리카의 전통적 접근법을 비교하는 '치유의 비교문화적 관점들'이라는 세미나를 열었다. 경제학 교수 로버트 블루잇은 아프리카의 경제제도와 북아메리카의 경제제도를 비교하는 '아프리카 경제학'을 가르치면서 문화적 차이가 경제구조에 주는 영향에 초점을 맞춘다. 블루잇은 "학생들이 아프리카 사회의 경제 관계의 다양성과 복잡성을 배울 뿐 아니라 자기 사회의 경제에 대한 이해 수준도 높일 것"이라고 전망한다. 공동 책임자 이브 스토더드는 여성 신체의 규율과 관리에 대한 비교 강의를 진행하며, 여성 할례에서 베일 쓰기, 성형수술, 다이어트, 운동에 이르는 관행을 연구한다. 이 모든 관행이 대동소이하다는 순진한 가정은 하지 않는다—실제로 이 강의의 목표 한 가지는 학생들이 점점 더 정교한 평가를 하게 되는 것이다. 스토더드의 교육은 그가 찾아갔던 지역 여성들과의 길고 복잡한 논의를 반영한다. 그는 이런 관행에 관한 그 사회 내부의 토론을 구체적인 정보에 근거하여 이야기해줄 수 있다. 또 학생들은 문화상대주의라는 쟁점을 분석하는 글을 쓰도록 지도받는다.

'문화의 만남' "트랙"을 선택해 입문 수업과 심화 수업을 모두 듣는 학생들은 외국어 수업도 필수적으로 수강해야 한다. 학생들은 가능하다면 3학년 때 1년간 외국에서 살며 공부해야 한다.

통상 3분의 2는 유럽으로 가고, 3분의 1은 코스타리카, 케냐, 인도, 일본으로 간다. 모든 프로그램이 '문화의 만남'에서 설정한 지적 목표를 직접적으로 뒷받침하는 것은 아니다. 그러나 언뜻 아무런 관계가 없는 것처럼 보이는 유럽의 문화와 언어에 대한 노출도 프로그램의 목표에 간접적으로 도움을 준다. 외국어를 습득하고 외국 문화에 익숙해지는 능력은 세계시민의 핵심 능력이며 나아가 더 동떨어지고 외진 문화에 다가가는 데 이용할 수 있는 이해력을 형성해주기 때문이다.

'문화의 만남' 프로그램은 인간 다양성의 여러 영역을 책임 있게 가르치는 모델이다. 설계에 따르면 이것은 외국 문화와의 만남만이 아니라 젠더, 민족적·종교적 다원주의, 섹슈얼리티 등의 관련 쟁점들을 다루며, 전 지구적 문화 다양성의 쟁점과 관련하여 미국적 다원주의의 쟁점을 제시한다. 통합 학문적 성격 덕분에 학생들은 다문화 교육에서 오랫동안 주요하게 다루어진 문학 연구와 인류학의 관점뿐만 아니라, 경제학, 생물학, 철학, 외국어 교육의 관점 등 서로 맞물린 여러 관점에서 쟁점들을 보게 된다. 선생 입장에서 보면 이 프로그램은 강도 높은 훈련과 대화에 초점을 맞추고 해당 문화에 실제로 몰입한다는 면에서, 그러면서도 상대주의와 보편성이라는 근본적인 철학 문제에 초점을 맞춘다는 면에서 비슷한 종류의 다른 많은 프로그램과 구별된다. 학생 입장에서 보면 외국어 학습과 (가능한 경우) 외국 문화권 방문이 필수이기에 '만남'은 진지하고 장기적인 일이 된다. 또 강의실에서 문화와 가치에 관한 기본 쟁점들을 비판적으로 논의한 덕분에 만남은 단순한 관광객의 태도가 아니라 소크라테스적 탐색의 정신 속에서 이루어지며, 외국 문화를 탐험하는 동안에도 자기 문화의 믿음과 관행을 변증법적으로 사유하게 된다.

콘월과 스토더드는 다문화주의나 다양성이라는 표현보다 문화상호주의라는 표현을 더 좋아한다고 밝혔다. 앞의 것들은 상대주의나 정체성 정치와 연결되어, "마치 모든 문화적 관행이 도덕적으로 중립이거나 정당하기라도 한 것처럼 차이를 무비판적으로 인정하거나 칭송하는 데 국한된" 교수법을 주장하기 때문이다.[20] 반면 문화상호주의는 그들이 염두에 두고 있는 비교 탐색이라는 의미를 담고 있는데, 무엇보다 여러 문화에 공통된 인간적 요구 및 해당 문화 내부의 불화와 비판적 대화를 인정하는 것을 포함한다고 한다. 문화상호주의자는 특정 집단의 구성원만이 그 집단의 관점을 이해할 능력이 있다는 정체성 정치의 주장을 거부할 이유가 있다고 말한다. 사실 이해는 많은 다양한 방법으로 달성되며, 특정 집단의 구성원으로 태어나는 것은 이해의 충분조건도 아니고 필요조건도 아니다. 오히려 지식은 차이의 인식을 통해 향상되는 경우가 많다.

'문화의 만남' 프로그램은 세인트로렌스 대학 너머 영향을 주었다. 노던애리조나 대학, 털사 대학, 토선 주립대학, 콜게이트 대학, 마운트세인트메리 칼리지, 볼링그린 주립대학 등 다양한 각급 대학들이 성공적으로 자리매김한 이 프로그램을 따랐다. 1995년에는 전국 규모의 컨퍼런스가 열려 이 운동에 참여하는 수많은 사람들이 경험과 방법론을 논의할 연구소를 세우기로 했다. 이 프로그램은 규모가 작고 재정이 넉넉한 대학을 위해 설계된 터라 학생 수가 많고 자원이 부족한 대학에 적용하려면 따로 더 고민해야 할 것이다.

한편 1995년에 세인트로렌스 대학은 이 프로그램으로 '크리스천 존슨 노력재단'으로부터 거액의 지원금을 받아 '문화상호주의적 연구' 교육과정 개발을 한층 더 진전시키게 되었다. 교수진은 앞으로 4년에 걸쳐 경계를 가로지르는 문화 전파, 젠더와 문화, 개발에 대한 문제 제기(형평성과 환경), 다양한 문화와 건강 등 네 가지 주제의 통합 학문적 연구에 집중할 것이다. 교수진은 라틴아메리카로 관심을 확장하기 위해 1996년 여름 카리브해에서 연구 활동을 수행했다. 스토더드는 즐거운 표정으로 이 선생들을 "병적인 일 중독자"라고 소개하면서 새로운 과제에 몹시 들떠 있다는 사실을 감추지 않는다.

'문화의 만남' 프로그램을 보면서 우리는 스토아학파 철학자들이 제기한 논점들로 돌아가게 된다. 프로그램 설계자들은 '다문화주의'를 정체성 정치의 한 유형으로 생각하는 접근 방식을 단호히 거부하는데, 그런 다문화주의에서는 학생들이 모두가 문화에 대해 제 주장만 하는 장터라는 인상을 받게 되기 때문이다. 그들은 상상력이 문화적 경계를 가로지를 수 있다는 가르침, 그리고 문화를 가로지르는 이해는 우리를 분열시키는 많은 지역적 차이 속에서도 어떤 공통의 인간적 요구와 목표를 인정해야 가능해진다는 가르침의 중요성을 강조한다. 헤로도토스에서 시작된 고대 그리스 전통의 많은 부분과 마찬가지로 스토아학파 철학자들은 다른 문화와의 만남이 성찰하는 삶의 필수 요소라고 주장한다. 이 철학자들은 그리스 전통과 마찬가지로 우리가 전 세계 인류의 삶에서 선한 것을 찾아다니면서 자신의 방식이 무조건 선하다는 믿음을 의심할 수 있도록 교육받아야 한다고 믿는다.

세계의 시민이 되는 과제는 종종 외롭게 수행해야 한다. 이것은 사실상 일종의 망명이다. 보증된 진실들의 편안함으로부터, 자신의 신념과 열정을 공유하는 사람들에 둘러싸여 있다는 둥지 속 따뜻한 느낌으로부터 망명하는 것이다. 우리는 마르쿠스 아우렐리우스의 글에서 (그의 미국인 추종자 에머슨과 소로의 글에서도) 가끔 가없는 외로움을 느낀다. 습관과 관습이라는 버팀대의 제거, 그리고 도덕적 추론 외에는 어떤 권위도 믿지 않겠다는 결심은 삶에서 어떤 온기와 안정을 앗아간 듯하리라. 부모를 사랑하고 믿는 아이로서 삶을 시작한 사람은 부모와 같은 방식으로 시민성을 재구성하고, 이상화된 나라나 지도자의 이미지에서 우리 대신 생각을 해줄 대리 부모를 찾고 싶은 유혹을 느낀다. 그러나 우리 학생들에게 세계 전체를 향해 열린 삶의 아름다움과 흥미로움을 보여주는 것, 그저 갈채를 보내는 시민성보다 문제를 제기하는 시민성에 사실 더 많은 기쁨이 있고, 피상적인 고정관념을 열심히 답습하는 것보다 인간의 모든 진정한 다양성과 복잡성을 들여다보는 것이 더 매혹적이고, 권위에 굴복하는 것보다 질문하고 스스로 다스리는 삶에 더 진정한 사랑과 우정이 있음을 보여주는 것이 우리 교육자들의 책임이다. 우리는 학생들에게 이런 것을 보여주어야 한다. 그러지 않으면 이 나라와 이 세계의 민주주의의 미래는 암담해질 것이다.

제3장

서사적 상상력

> 인간의 소통에는 많은 형태의 사고와 표현이 있으며, 유권자는 이런 소통으로부터 인간의 가치에 대한 지식과 지혜와 감수성을 얻는다. 분별 있고 객관적인 판단력을 갖추는 것이다. 투표는 가능한 한 그러한 판단을 표현하는 것이어야 한다. 사람들에게는 소설과 연극과 회화와 시가 필요하다. "그들은 투표를 하라는 요구를 받을 것이기 때문이다."
>
> 알렉산더 미클존, 「수정헌법 제1조는 절대적이다」

세계시민에게는 역사 및 사회적 사실에 관한 지식이 필요하다.[1] 우리는 그런 요구를 다양한 유형의 교육과정으로 충족시키는 방식을 보기 시작했다. 그러나 자신과 다른 삶들에 관한 사실을 많이 안다고 해서 시민성을 완전히 갖춘 것은 아니다. 2500년 전 헤라클레이토스가 말했듯이 "많은 것을 배운다고 해서 이해할 수 있는 것은 아니다." 마르쿠스 아우렐리우스는 세계시민이 되려면 지식을 쌓는 것으로 그치지 않고, 자신 안에 공감의 상상력을 계발하고 다른 사람들의 동기와 선택을 파악해, 그들을 가까이 하기 싫은 이질적이고 다른 존재가 아니라 많은 문제와 가능성을 우리와 공유한 존재로 볼 수 있어야 한다고 강조했다. 종교, 젠더, 인종, 계급, 국적의 차이는 이해라는 과제를 더 어렵게 만든다. 이런 차이는 사람들의 실제 선택만이 아니라 '내면', 욕망, 생각, 세계관을 형성하기 때문이다.

여기에서 핵심적인 역할을 하는 것이 예술로, 예술은 시민성에 필수적인 상상력을 길러준다. 훌륭한 헌법학자이자 '숙의 민주주의' 이론가 알렉산더 미클존이 50년 전 예술의 정치적 관련성을 부정하던 반대자에 맞서 주장했듯이, 미국 국민은 다름아닌 투표를 하라는 요구를 받기 때문에 그들에게는 예술이 필요하다. 이것은 예술이 중요한 유일한 이유는 아니지만, 한 가지 의미 있는 이유이기는 하다. 예술은 판단력과 감수성을 계발하며, 판단력과 감수성은 시민의 선택으로 표현될 수 있고 표현되어야 한다. 이는 어느 정도 모든 예술에 해당하는 이야기다. 음악, 춤, 그림과 조각, 건축 등 모든 것이 우리 주변 사람들에 대한 이해를 형성하는 데 역할을 한다. 그러나 세계시민성을 위한 교육과정에서는 여러 다양한 사람들의 구체적인 환경과 문제를 재현할 수 있는 문학이 특히 풍부한 기여를 한다. 아리스토텔레스가 『시학』 제9장에서 말했듯이, 문학은 우리에게 "일어난 어떤 일이 아니라 일어날 수도 있는 일"을 보여준다. 가능성에 대한 이런 지식은 정치생활의 특히 귀중한 자원이다.

문학이 시민의 상상력을 계발하는 방식을 이해하기 위해, 시공간이 서로 멀리 떨어진 두 문학작품을 검토해보기로 한다. 두 작품 모두 적절한 시민적 인식을 장려하는 문학작품 고유의 독특한 능력을 보여준다.

기원전 409년, 아테네의 민주주의가 위기에 처한 시기에 집필된 소포클레스의 『필록테테스』는 중병으로 다리를 다친 채 추방된 시민을 정당하게 대접하는 문제를 조명한다. 트로이전쟁에서 싸우기 위해 전장인 트로이로 향하던 그리스군 필록테테스는 실수로 거룩한 신전에 발을 들여놓는다. 신전을 지키는 뱀에게 발을 물려 환부가 썩어 고름이 나고, 아파서 내지르는 비명 때문에 군대의 종교 축제가 혼란에 빠진다. 지휘관들은 필록테테스를 렘노스라는 무인도에 버리는데, 그에게는 활과 화살 외에는 동료 군사도 다른 자원도 없다. 10년 뒤 군대는 그가 가진 마법의 활 없이는 전쟁에서 이길 수 없음을 깨닫고 갖가지 거짓말로 그를 꾀어 전쟁에 끌어들이려고 돌아온다. 지휘관 오디세우스는 필록테테스라는 사람에게는 관심을 보이지 않으며, 그가 공적 목적의 도구에 불과하다고 말한다. 그러나 일반 병사들의 합창은 다른 이야기를 한다.(169~176행)

> 나는 그에게 동정심이 생긴다. 생각해보라,
> 벗도 없이 돌봐줄 이도 없이
> 다정한 얼굴을 보지도 못하고
> 비참하게, 늘 혼자서
> 하루하루의 욕구를 채울 방도도 없이
> 그 잔인한 병으로 기운이 쇠하다니.
> 어떻게, 도대체 어떻게, 이 가엾은 사람이 살아남겠는가?

합창하는 병사들은 지도자와 달리 공감하는 마음으로 한 번도 본 적 없는 사람의 삶을 생생하게 상상하고, 그의 외로움과 고통과 생존 투쟁을 그려본다. 이 과정에서 그들은 청중의 상상을 대신하고 암시하는데, 청중은 희곡 전체를 통해 부유한 사람이라면 좀처럼 관심을 갖지 않을 가난하고 집 없는 삶을 상상해보라고 권유받는다. 말하자면 이 희곡은 전체가 등장인물들이 이야기하는 공감의 비전을 계발하는 셈이다. 이런 생생한 극중의 상상은 필록테테스를 수단으로 사용하는 데 반대하는 정치적 결정을 추구하며, 청중은 그것이 정치적·도덕적으로 가치 있는 결과라고 믿게 된다. 이런 식으로 이 희곡은 지금 관객들에게 일깨우고 있는 바로 그 공감의 공적 유익을 보여줌으로써, 공감의 자원이 수준 높은 시민성과 충분한 지식에 기초한 공적 선택에 중요하다고 권한다. 전체의 이익을 무시해서는 안 되겠지만, 인간을 서로의 목적을 위한 도구로만 여긴다면 그런 이익에도 별 도움이 되지 않을 것이다.

랠프 엘리슨의 『보이지 않는 인간』(1952)은 우리가 지각도 인식도 하지 못하는 것에 관한 사유의 전통을 잇는 작품이다. 주인공은 그가 만나는 사람들이 자신을 인종으로 굴절된 이런저런 고정관념을 전달하는 매개체로만 보이기 때문에 자신이 "보이지 않는 인간"이라고 말한다. 그는 전기가 통하는 매트에 놓인 동전을 짐승처럼 낚아채다 수모를 당하는 가난한 흑인 소년이다. 그는 또 부유한 후원자의 신임을 얻어 운전사로 일하는 선량한 학생, 이 후원자가 털어놓는 죄책감과 불안을 들어주는 귀, 대중을 선동하며 도시의 혁명운동에 기운을 불어넣는 활동가, 인종차별적인 성적 이미지들을 보며 성장한 여자의 성적 상상에 부응하는 난폭한 강간범이다. 이렇게 늘 다른 누군가가 만든 드라마에 출연하며 자신에게 맡겨진 역을 할 때 "가장 사랑받고 인정받는다." 한편 "다른 사람들"은 모두 "꿈의 세계에 빠져" 있다. 그들은 그 안에서 자신의 정신이 창조한 것만 보며, 그들 앞에 서 있는 사람의 현실은 전혀 보지 못한다. "오랫동안 뭔가 잘못되어 있다는 것을 알고 지내다 갑자기 자신이 공기처럼 투명하다는 것을 발견한다." 보이지 않는 것은 "그들에게 내적인 눈이 만들어졌기 때문인데, 그들은 신체의 눈을 그냥 통과해 이 내적인 눈으로 현실을 본다."[2]

엘리슨의 괴상하고 초현실적인 세계는 소포클레스의 희곡에 나오는 고전적인 세계와 매우 다르다. 그러나 둘의 관심사는 밀접한 관련이 있다. 그것은 사회적 계층화와 불의, 조작과 이용, 무엇보다 보이지 않는 상태, 같은 시민들에게 또 그들을 위해서 투명해져버린 상태다. 소포클레스의 연극과 마찬가지로 이 소설도 보지 않으려는 태도를 탐사하고 혹독하게 비난한다. 소포클레스의 연극과 마찬가지로 이 작품도 독자들에게 도무지 보려 들지 않는 등장인물들보다 많이 알고 보라고 권한다. "보이지 않고 실체가 없는데, 말하자면 현실을 떠난 목소리인데, 달리 내가 무엇을 할 수 있겠는가? 나로서는 당신의 눈은 그냥 지나쳐버리지만 실제로는 그곳에서 벌어지고 있는 일을 말해주려고 할 수밖에."[3] 이렇게 이 작품은 도덕적 실패를 책망함으로써 독자 내면의 눈에 영향을 주지만, 마음에서 우러나오는 형제애의 도약 한번으로 서로가 보이는 상태에 이를 수 있다는 느슨한 생각은 거부한다.

엘리슨은 소설 예술을 민주주의의 가능성과 노골적으로 연결시켰다. 그가 머리말에서 한 말에 따르면 소설은 보이는 상태와 더불어 그 회피를, 평등과 더불어 그 거부를 동시에 재현함으로써 "희망과 통찰과 오락의 뗏목이 될 수 있는데, 이것은 미국이 민주주의 이념에 가까워지기도 하고 거기서 멀어지기도 하면서 머뭇머뭇 나아가는 길에 놓인 암초와 소용돌이를 피하려고 할 때 우리가 가라앉지 않고 떠 있도록 도와줄 수 있다." 그는 계속해서 이것이 소설의 유일한 목표는 아니지만, 적절하고도 긴급한 한 가지 목표라고 말한다. 민주주의에는 제도와 절차만 필요한 것이 아니라 특별히 뛰어난 비전이 필요하며, 그것이 "내 등장인물과 혹시라도 그의 경험에 관해 읽게 될 사람들이 공유하는 공통의 인간성을 부정하는 이 나라의 경향을 물리칠" 수 있기 때문이다.[4] 이 소설에서 고정관념을 신랄하게 풍자하고, (가령 흰색 페인트로 유명한 페인트 공장에서 펼쳐지는 기묘한 꿈같은 시퀀스에서) 이미지와 상징을 환상적으로 이용하고, 희망이 꺾이는 통절한 순간들을 보여주는 것은 모두 그런 목적에 기여한다.

엘리슨이 말하듯이 시민적 상상력을 형성하는 것이 문학의 유일한 역할은 아니지만, 두드러진 역할이기는 하다. 서사 예술은 다른 사람들의 삶을 관광객의 가벼운 관심을 넘어, 말하자면 참여와 공감 어린 이해를 바탕으로, 보이는 상태를 거부하는 우리 사회를 분노하는 마음으로 바라보게 하는 힘이 있다. 우리는 우리와 전반적인 목표와 프로젝트를 어느 정도 공유하는 사람들의 삶이 상황에 따라 어떻게 형성되는지를 보게 된다. 상황이 사람들의 행동 가능성만이 아니라, 그들의 갈망과 욕망, 희망과 공포를 규정하는 모습도 보게 된다. 이 모든 것은 우리가 시민으로서 내려야 하는 결정과 깊은 관계가 있는 것 같다. 예를 들어 인종차별적인 고정관념을 만들어온 역사가 자존, 성취, 사랑에 영향을 준 방식을 이해하면, 우리는 좀더 많은 지식을 갖추고 적극적 차별 시정 조치나 교육 관련 쟁점에 대해 판단할 수 있다.

대학교육은 여러 다양한 방법으로 문학에 대한 학생들의 인식을 계발해야 한다. 문학은 세계시민을 교육하는 데 아주 중요한 역할을 한다. 따라서 우리는 문학이 이런 기능을 최대한 잘 수행할 수 있는 방법을—타인에 대한 지식과 동정심에 바탕을 둔 비전을 키우려면 어떤 종류의 문학작품과 교수법을 선택하도록 장려해야 하는지를—물어야 한다. 이렇게 질문할 때 우리는 세계시민성이라는 목표가 문학교육을 통해, 즉 잘 알려진 서양문학 '정전'에 새로운 작품들을 보태는 동시에 권위 있는 텍스트를 숙의하고 비판하는 훈련을 통해 가장 잘 달성될 수 있다는 것을 알게 된다.

'정치적 의제'를 들고 문학에 접근하는 것은 부적절하다는 주장이 종종 제기된다. 그러나 무익하고 매력 없는 극단적인 미학적 형식주의를 옹호하지 않는 다음에야 그런 주장을 정당화하기는 어렵다. 서양의 미학 전통은 그 역사 전체에 걸쳐 인물과 공동체에 강한 관심을 보여왔다. 이 시대의 '문화 전쟁'에서 우리는 바로 그런 전통을 수호할 수 있도록 지원해야 한다.

상상과 경이

아이는 부모와 이야기를 나누기 시작하면서 핵심적인 도덕적 능력을 획득한다. 심지어 “반짝반짝 작은 별, 네가 누군지 너무나 궁금해wonder” 같은 단순한 전승 동요를 접할 때도 아이는 경이로움wonder—호기심과 경외감이 섞인 신비한 기분—을 느낀다.[5] 아이들은 작은 별이 궁금하다. 그러면서 하늘에 떠 있는 단순한 형상에도 내적인 세계가 있음을, 이것이 어떤 면에서는 신비하지만 어떤 면에서는 자신과 같다고 상상하는 법을 익힌다. 아이들은 내면이 감추어진 형상에 생명, 감정, 생각을 부여하게 된다. 이런 이입은 아이들이 동물과 인간에 관한 이야기를 듣고 들려주는 법을 익히면서, 점점 더 세련된 방식으로 이루어진다. 이런 이야기들은 세상을 설명하려는 아이들의 시도, 세상 속에서 아이들 자신의 행동과 상호작용한다. 이야기를 박탈당한 아이는 다른 사람을 보는 어떤 방법들까지 박탈당하기 마련이다. 사람들의 내면은 별의 내부와 마찬가지로 눈앞에 열려 있지 않기 때문이다. 상대방의 내면은 궁금하게 여겨야 할 대상이다. 이야기로 상상력을 다지는 훈련만이 내 앞에 있는 다른 사람의 몸에 내가 나 자신의 것으로 여기는 것과 똑같은 종류의 감정과 느낌과 생각이 깃들어 있다는 결론으로 이끌 수 있다.

실제로 이야기 놀이는 아이들이 사람을 닮은 형체를 희망과 공포와 사랑과 분노가 담긴 것으로 보도록 가르치는데, 이 모든 감정은 아이가 익히 잘 아는 것들이기도 하다. 그러나 이야기하기에 수반되는 경이는 사람들이 서로에게 다가가는 일의 한계를 분명하게 드러내는 감정이기도 한다. 노래의 가사는 “네가 누군지 너무나 궁금해” 하고 이어진다. 이 간단한 표현에는 작은 별이나 다른 생물, 인간의 공포, 사랑, 공감, 분노에 대한 자신의 이해가 완전하지 못하다는 것을 인정하는 태도가 담겨 있다. 사실 이야기하기에 능숙한 아이는 곧 이야기 속 인물들이 현실의 사람들보다 알기 쉬울 때가 많다는 것을 깨닫게 되는데, 프루스트가 『잃어버린 시간을 찾아서: 되찾은 시간』에서 표현하듯이, 현실의 사람들은 종종 "우리의 감수성으로는 제거할 수 없는 무거운 짐", 예민한 상상력으로도 뚫고 들어갈 수 없는 닫힌 외면을 우리에게 내밀기 때문이다. 아이는 부모를 궁금하게 여기다 곧 이런 장벽을 깨닫게 되며, 동시에 부모도 자신의 마음에서 벌어지는 모든 것을 알 필요가 없음을 배운다. 이야기하기를 통해 다져지는 경이롭게 여기는 습관은 이처럼 다른 사람이 넓고 깊은 존재이며, 자신과 질적으로 다른 면과 존중할 만한 구석을 감추고 있다고 가르친다.

이런 다양한 면에서 서사적 상상력은 도덕적 상호작용을 위한 필수적인 준비물이다. 감정이입과 추측하는 습관은 특정한 유형의 시민성과 공동체를 낳는다. 그것은 다른 사람의 요구에 대한 공감 어린 감응을 계발하고, 환경이 그러한 요구를 형성하는 방식을 이해하는 동시에 개별성과 프라이버시를 존중하는 공동체다. 이것이 가능한 것은 문학적 상상이 등장인물의 운명에 대한 강한 관심을 불러일으키는 동시에 등장인물을 풍부한 내적인 삶을—그 전부가 눈앞에 드러나 있지는 않지만—갖춘 존재로 규정하기 때문이다. 또 독자가 그 과정에서 등장인물의 내적 세계의 감추어진 내용을 존중하게 되고, 한 생명체를 완전한 인간이라고 규정할 때 그런 내용이 중요하다는 것을 알게 된다. 문예이론가 라이어널 트릴링이 소설 독자의 상상력을—소설 독자가 인간의 자유를 존중하면서도 행복의 물질적 조건들을 중시하게 된다는 뜻에서—"자유주의적 상상력"[6]이라고 부를 때 염두에 둔 것은 바로 의식의 내면에 대한 이 같은 존중이다.

아이가 성장하면서 이런 문학적 시나리오의 도덕적·사회적 국면은 점점 복잡해지고 특징도 다양해진다. 그래서 아이는 점차 희망과 공포, 행복과 괴로움—어디에나 존재하고 광범한 경험 없이도 이해할 수 있는 심정—만이 아니라 용기, 자제, 존엄, 인내, 공정성 같은 더 복잡한 특질을 다른 사람들에게서 찾고 또 자기 내부에서도 인정하게 된다. 아이에게 이런 관념들을 추상적으로 가르칠 수도 있을 것이다. 그러나 아이가 자기계발 및 다른 사람들과의 사회적 상호작용 속에서 이 관념들의 완전한 의미를 파악하려면 서사적 배경 속에서 그 역학을 배울 필요가 있다.

아이들은 상상을 통해 복잡한 사실들을 파악하면서 동정하는 능력을 갖게 된다. 동정은 자신과 어떤 면에서는 비슷한 다른 사람이 그 자신의 탓이라고 할 수 없는, 적어도 전적으로 그의 탓이라고는 할 수 없는 방식으로 어떤 의미 있는 고통이나 불행을 겪었음을 인식해야 가능하다. 많은 도덕 전통에서 강조하듯이—동정의 분석은 서양철학과 비서양철학 모두 하나같이 놀랄 만큼 변화가 거의 없다—동정에는 불행의 의미를 최대한 정확하게 평가하는 일이 필요하다. 대개 고통받는 사람 입장에서 평가하지만, 때로는 고통받는 사람의 판단과 거리를 두기도 한다. 애덤 스미스는 어떤 사람이 정신적 능력을 상실했다면 스스로 이를 의식하지 못하더라도 우리는 그를 동정해야 한다고 지적한다. 이때 지켜보는 사람이 상실한 사람의 삶에서 상실의 역할을 평가할 때 중요한 것은 상실의 크기다. 역으로 이런 평가에는 자신이 그 사람의 처지라면 어떨지 상상하는 (흔히 감정이입이라고 부르는) 능력, 한 걸음 물러서서 당사자가 벌어진 일을 완전히 파악한 뒤 판단한 것인지 묻는 능력을 포함하여 아주 복잡한 일군의 도덕적 능력이 필요하다.

동정에는 한 가지가 더 필요하다. 자신도 쉽게 불행에 처할 수 있다는 감각이다. 동정이라는 반응을 보이려면 고통받는 저 사람이 나일 수도 있다는 생각을 기꺼이 받아들여야 한다. 내가 보통의 운명에서 비켜나 있고 나에게는 어떤 나쁜 일도 벌어질 수 없다고 확신한다면, 동정의 반응은 일어나기 힘들다. 물론 일부 종교 전통에서 신의 동정심을 보여주는 방식을 보면 예외는 있다. 그러나 아리스토텔레스나 루소 같은 철학자들은 불완전한 인간이 다른 인간의 곤경에 동정으로 반응하려면 자신의 가능성이 고통받는 사람의 가능성과 비슷하다는 믿음이 필요하다는 타당한 주장을 펼쳤다. 그들이 본 대로, 이런 인식은 사람들이 흔히 동정에서 출발해 타인의 요구를 너그럽게 들어주게 되는 이유를 설명해준다. 사람들은 생각한다. "저 사람이 나였을 수도 있다. 그랬을 때 나는 이런 대접을 받고 싶다."

동정을 이렇게 이해하면 우리 공통의 취약성을 더 정확하게 인식할 수 있다. 사실 인간은 행복의 가능성이라는 면에서 자신이 통제할 수 없는 환경에 여러모로 의존하는 딱하고 불완전한 존재다. 루소가 『에밀』에서 썼듯이, 사람들은 직접 고통을 겪은 듯 생생하게 상상하고 그런 상상에서 아픔을 느낄 수 있어야 사실을 완전하게 이해할 수 있다. 다른 사람의 고통을 동정함으로써, 잘살거나 권력이 있다고 해서 딱한 인간의 대열에서 벗어나는 건 아님을 역시 이해하게 된다. 전통에 따르면 이를 일깨우는 것들이 있을 때 우리는 약한 자를 더욱 자비롭게 대접하는 방향으로 나아가게 될 가능성이 높다. 소포클레스의 희곡에서 필록테테스는 병사들에게 그들도 자신이 겪는 고통을 겪을 수도 있음을 일깨우며 도움을 청한다. 병사들은 그의 곤경을 상상할 수 있기 때문에 그 요청을 받아들인다.

따라서 한 사회의 구성원들로서는 자신들이 성취 능력이 비슷하다는 점뿐만 아니라 약한 면이나 요구 또한 비슷하다는 점에 의해서도 서로 묶여 있음을 이해하는 편이 이롭다. 아리스토텔레스가 『시학』 제9장에서 주장하듯이 문학은—전반적인 인간 이해에 더 도움이 된다는 뜻에서—"역사보다 철학적"인데, 그것은 바로 문학이 우리에게 "일어날 수 있는 일", 즉 가능성의 일반적 형태들과 그것이 인간들의 삶에 미치는 영향을 알려주기 때문이다.

동정에는 경계 설정이 필요하다. 나는 어떤 존재를 나와 가능성을 공유하는 비슷한 존재로 보아야 하는가? 섬세한 감정의 소유자도 자기 세계의 많은 사람을 보이지 않는 존재로 취급할 수도 있고, 그들의 전망이 자신의 전망과 관계가 없다고 생각할 수도 있다. 루소는 인간의 일반적인 흥망성쇠를 알려주는 좋은 교육은 가난하거나 병든 사람, 노예, 하층계급 구성원을 모른 체할 수 없게 만든다고 주장한다. 환경이 달랐다면 나도 사실 같은 처지일 수 있었음은 금방 알 수 있다. 이를테면 전시의 흔한 위험 하나가 나라를 잃는 것임을 인정하면, 우리는 사유 속에서 국적의 경계도 비슷하게 가로지를 수 있다. 역사적으로 인종, 젠더, 성적 지향의 경계는 더 공고했다. 남자가 여자가 되거나, 백인이 흑인이 되거나, 심지어 (예전의 정신의학에게는 미안한 이야기지만) 이성애자가 게이나 레즈비언이 될 현실적 가능성은 거의 없는 것처럼 보이기 때문일 터다. 따라서 이런 경우에는 소설적인 상상력 훈련을 통해 동정의 기초를 닦는 것이 더욱더 긴요하다. 실제로 인종을 바꿀 수 없다 해도 자신과 다른 인종으로 사는 것이 어떤 것인지 상상할 수 있고, 인종이나 성적 지향이 다른 사람과 가까워짐으로써 사랑하는 사람이 다른 삶을 산다는 것이 어떨지 상상할 수 있기 때문이다.

루소는 사람들이 환경 면에서만 다르다고 생각했다. 그 내면의 욕망, 목표, 감정은 똑같다는 것이다. 그러나 사실 상상이 우리에게 알려주는 한 가지 사실은, 우리가 한 꺼풀만 벗기면 모두 형제라고 말하는 것은 불가능하며 억압의 환경이 욕망과 감정과 갈망을 형성한다는 것이다. 어떤 등장인물은 꼭 우리처럼 느끼지만, 어떤 등장인물은 쉬운 동일시를 허용하지 않는다. 그러나 그렇게 동일시하지 못하는 것이 또 이해의 원천이 될 수 있다. 동일시와 더불어 동일시의 부재를 통해 우리는 삶이 사람들을 어떻게 빚어내는지 배운다. 모든 구성원을 정당하게 대접하는 태도를 함양하기를 바라는 사회는 사회적 경계를 가로지르(려고 노력하)는 동정 어린 상상력이 발휘되도록 육성할 강력한 이유가 있다. 이는 곧 문학에 관심을 가져야 한다는 의미다.

문학과 동정의 상상력

시민적 상상의 기초는 어린 시절에 형성되어야 한다. 아이는 이야기, 동요, 노래를 익히면서—특히 아이가 사랑하는 어른과 함께 있을 때—새삼 예민하게 다른 생물의 고통에 눈을 뜬다. 말하자면 이 시기부터 아이들은 이야기를 통해 삶의 운이 균일하게 나타나지 않음을 한층 분명하게 인식하고, 그 절박성과 중요성을 감정적으로 납득한다. "인간의 불행을 보게 하고 느끼게 하라." 루소는 가상의 제자에게 이렇게 일렀다. "인간이라면 누구나 둘러싸인 위험으로 그의 상상을 흔들고 겁먹게 하라. 제 주위의 모든 심연을 보게 하고, 심연을 묘사하는 당신의 이야기를 듣다가 심연에 빠질 것이 두려워 당신에게 매달리게 하라."[7]

아이가 자라 사춘기에 들어서면 더 복잡한 문학작품을 추가해야 한다. 고대 아테네 문화가 비극에 엄청난 중요성을 부여했던 것은 청소년의 도덕교육과 관계가 있다. 아테네에서는 비극을 보러 가는 것이 시민적·정치적 관심사와 거리가 있는 경험이라는 식의 '심미적 경험'으로 이해되지 않았다. 기원전 5세기의 비극 축제는 시민 축제로, 그 기간 동안은 시의 다른 모든 기능이 중단되었고 모든 시민이 한데 모였다. 연극은 다른 특징들과 더불어 보통 도덕적이고 정치적인 면에서도 평가를 받았다. 실제로 아리스토파네스의 「개구리」에 담긴 문학비평이 분명하게 보여주듯이 율격, 어휘, 운문 형식이라는 형식적 장치들은 그 자체로 도덕적인 내용을 전달한다는 사실이 잘 알려져 있었다. 그렇다면 비극이 장려하고자 한 시민교육은 어떤 것이었을까?

비극은 젊은 시민에게 인간 삶에 일어날 수 있는 나쁜 일들을 본인이 삶으로 직접 겪기 한참 전에 알려준다. 그 과정에서 고통의 의미와 그 고통을 일으키는 상실이 관객에게도 틀림없이 분명하게 드러나게 된다. 이것이 바로 시적이고 시각적인 연극의 자원들이 도덕적 무게를 지니게 되는 한 방식이다. 연극은 관객이 비극의 주인공과 동일시하도록 권하는 동시에, 주인공을 비교적 선한 인물로 제시하여 그가 겪는 괴로움이 의도적인 악한 행동에서 발생한 것이 아님을 보여줌으로써, 고통에 대한 동정이 상상력을 사로잡게 한다. 이런 정서는 그리스 비극의 형식에 내재되어 있다.

그 과정에서 관객의 공감은 모든 인간에게 공통된, 위험이라는 관념을 통해 확대된다. 비극은 그러한 인간 삶의 가능성과 약점에, 또 인간의 삶과 그보다 덜 제한적인 신과 반신半神의 삶을 대조하는 데 몰두한다. 이 과정에서 관객을 상상 속에서, 전쟁이라는 남성 세계에서 가정이라는 여성 세계로 옮겨놓는다. 비극은 고대 아테네의 미래의 남성 시민에게 그들이 실제로 될 수도 있는 존재—거지, 망명자, 장군, 노예—만이 아니라, 어떤 의미에서는 결코 될 수 없는 존재, 예를 들어 트로이인과 페르시아인과 아프리카인, 또 부인과 딸과 어머니와 동일시할 것을 요구한다.

연극은 동일시라는 장치를 통해 비슷한 점과 다른 점을 탐사한다. 젊은 남성 관객은 극중 여성 인물과 동일시하는 중에도 어떤 면에서는 자신이 계속 자기 자신일 수 있다는 것, 즉 도덕적인 덕목과 책무를 지닌 이성적 인간일 수 있다는 것을 깨닫게 될 것이다. 한편 이런 동일시를 통해 자신의 운명이 아닌 것도 많이 발견한다. 강간을 당해 적의 자식을 갖게 될 가능성, 자신이 젖을 먹인 자식의 죽음을 목격할 가능성, 남편에게 버림받아 결국 아무런 사회적 지원 없이 살아야 할 가능성이 그런 예다. 그는 자신과 똑같이 생각을 표현할 줄 알고 유능한 사람이 남성은 겪지 않는 방식으로 재난과 수치를 겪게 된다는 사실과 직면하게 되며, 그것을 자신과 관련된 일로 생각하도록 요구받는다. 이런 연극들은 정치적 의제가 없는 '명저'가 아니라 전시에 포로가 된 민족을 다루는 방식에 관한 민주적인 토론과 직접적인 관련이 있었다. 그들은 사회적으로 형성된 보이지 않는 상태를 극복하려고 노력하면서 토론에 적극적으로 참여했던 것이다.

문학 혼자서는 사회를 바꾸지 못한다. 우리는 또 이처럼 강력하고 어떤 의미에서는 극단적인 경험들이 당시 기준으로도 여성에게 매우 억압적인 사회에서 일어났다는 것을 안다. 사람은 다른 사람에 관한 어떤 생각을 그때그때 이해할 수는 있어도, 그런 관념을 바탕으로 행동까지 나서는 것은 어렵다. 습관의 힘 내지 특권과 관습이라는 공고한 구조가 너무 강력하기 때문이다. 그럼에도 이 예술 형식은 관객이 잠시나마 그들 세계에서 눈에 보이지 않는 사람들을 인식하게 한다. 적어도 사회정의의 출발점은 되는 것이다.

비극의 형식은 관객에게 문화적·민족적 경계를 가로지를 것을 요구한다. 그러나 한편으로 그 보편성과 추상성 때문에 시민적 일상생활의 구조—신분과 권력과 부의 구체적인 차이, 이와 연결된 생각하고 말하는 방식 따위—는 대개 누락된다. 이 때문에 시민성의 매체로서 문학의 역할에 관심을 가졌던 훗날의 민주주의 사상가들은 (근대 민주주의의 발흥과 같은 시기에 발흥하고 민주주의를 뒷받침한 장르인) 소설에 특히 관심을 가지게 되었다.[8] 독자는 적극적으로 참여하는 태도로 사실주의 소설을 읽으면서 비극의 관객이 하는 모든 일을 한다. 아니, 그 이상을 한다. 그들은 보통의 존재들을 끌어안는다. 왕과 왕의 자식들만이 아니라, 공장에서 힘겹게 일한 뒤 런던에서 캔터베리까지 먹지도 못하고 42킬로미터를 걸어가는 데이비드 코퍼필드에게 관심을 가진다. 그런 빈곤한 삶의 구체적인 현실은 비극 시가에서는 얻을 수 없는, 결을 갖춘 생생함으로 독자에게 절실하게 다가간다.

여기에서도 독자의 배움은 같음과 다름 모두와 관련된다. 계급 차이를 다룬 소설(예를 들어 디킨스의 소설)을 읽을 때 독자는 한편으로 등장인물의 삶이나 인물의 갈망, 희망, 고통과 이어진 많은 고리를 인식하게 된다. 그러나 가난한 환경 속 등장인물의 삶을 중간계급 독자의 삶과 아주 다르게 만드는 데는 여러 가지 방식이 있다. 중간계급 독자들은 그런 차이를 가늠해보면서 그것이 부유하고 충만한 삶에 대한 갈망에 어떤 영향을 미치는지 생각한다. 그들은 또 내적 세계의 차이를 인식하면서, 인간 공동의 목표와 환경이 빚은 이질성 사이의 미묘한 상호작용을 이해한다. 계급, 인종, 민족, 젠더, 출신 국가의 차이 모두가 사람들의 가능성을 규정하고, 더불어 사람들의 심리를 형성한다. 예를 들어 엘리슨의 "보이지 않는 인간"은 "우리는 모두 형제"라고 말하는 쉽고 안이한 공감을 배격한다. 사랑 많은 가정의 걱정 없던 아이가 점차 더 잔인하고 염세적인 정서를 갖게 되면서, 그의 내적 세계는 독자에게 어둡고 무시무시한 것으로 다가오기 때문이다. 이런 식으로 우리는 인종차별이 정신과 감정에 얼마나 깊은 영향을 미치는지 이해하기 시작한다. 예를 들어 서술자가 할렘 거리의 행상에게 고구마를 사는 장면을 생각해보자. 그가 느끼는 향수, 기쁨, 인정이라는 감정은 어떤 의미에서는 익숙하다. 그러나 그가 흑인의 표지로 보고 배운 어떤 것에서 느끼는 즐거움을 감추지 않기로 하면서 수치심과 벌이는 싸움은, 아마 그런 경험과 동일시할 수 없을 중간계급 독자에게 익숙하지 않을 것이다. 그러나 그런 공감의 실패는 더 깊고 적절한 종류의 공감을 끌어낸다. 처음에는 사람을 망가뜨리는 인종차별을 겪지 않고 성장했을 수도 있는 한 인간이 그런 차별 경험에 의해 돌이킬 수 없는 영향을 받는 것을 접하고, 억압의 영향을 받는 경험을 자신이나 자신이 사랑하는 사람에게 '일어날 수도 있는' 일로 보는 데까지 나아가게 되기 때문이다.

스토아학파 철학자들이 세계시민에게는 자신과 다른 사람들에 대한 감정이입적인 이해가 필요하다고 말했을 때 요구한 것은 바로 이런 복잡한 해석의 기술이다.[9] 그러나 이런 생각은 한층 더 복잡한 세계에 속하는 다원적 민주주의 사회에서 잘 생각하고 판단하며 살아가려면 반드시 필요한 부분으로, 우리는 그것을 특별히 민주적인 방식으로 발전시켜야 한다. 미국문학 계보에 드는 인물 가운데 이런 과제 수행에 특별히 도움이 되는 이가 월트 휘트먼이다. 그는 문인을 대체 불가능할 정도로 귀한 민주 시민의 교육자라고 보았다. "공동의 중재인이라는 면에서 그들의 대통령도 그들의 시인과는 비견되지 못할 것이다."[10] 그는 문학예술이 민주주의의 핵심을 이루는 통찰력과 판단력을 길러준다고 주장하면서, 주목할 만한 것으로, 이 능력에 "남자와 여자를 꿈이나 점으로," 단순한 통계나 수치로 보는 것이 아니라, "남자와 여자에게서 영원을 보고," 이들의 갈망과 내적 세계의 복잡성을 이해하는 능력을 포함시켰다. 휘트먼은 민주주의적 시라는 자신의 개념이 고대 아테네의 개념을 현대 미국 상황에 그 나름의 방식으로 옮겨놓은 것이라고 분명히 밝힌다. 그는 「박람회의 노래」에서 고대 그리스 시의 뮤즈가 신세계로 이주해, 민족들이 섞이고 기계에 대한 사랑이 넘쳐나는 미국의 상황에 "구애받지 않고" 자신의 시에 영감을 준다고 상상한다.

휘트먼은 여성, 인종적 소수집단, 동성애자, 가난하고 권력 없는 사람 등 우리 사회에서 인간성을 늘 존중해주지는 않았던 집단을 다룰 때 시인의 "영원을 보는" 능력이 특히 중요하다고 생각한다. 문인의 중요한 사회적 역할은 추방당하고 억압받는 모든 사람에게 분투하는 목소리를 부여함으로써 그들에 대한 공감 어린 이해를 북돋는 것이었다. "나는 공감을 증언하는 자"라고 시인은 말한다. (『나 자신의 노래』 22.461~24.5)

나를 통해 오랫동안 말을 찾지 못한 많은 목소리,

끝도 없이 세대에서 세대로 이어져온 죄수와 노예의 목소리,
병들고 절망한 사람과 도둑과 난쟁이의 목소리,
……
나를 통해 금지된 목소리,
섹스와 욕정의 목소리, 베일을 쓴 목소리, 그러면 나는
　베일을 벗긴다,
내가 분명히 하고 바꿔놓은 상스러운 목소리.
……
눈부시고 엄청나라, 떠오르는 아침 해가 나를 얼마나 빨리
　죽일 것인지,
만일 내가 지금 그리고 늘 떠오르는 해를 나에게서 내보낼
　수 없다면.

시인은 민주주의를 밝히는 일종의 빛으로서 자신에게서 사람들의 목소리를 내보내며, 사실상 침묵을 강요당한 사람들의 목소리가 된다. 훗날의 엘리슨과 마찬가지로 휘트먼은 우리가 함께 사는 이들의 살과 피를 보지 못하는 상황에 초점을 맞춘다. 그의 시는 엘리슨의 소설과 마찬가지로 시 자체를 인정과 포용의 장치로 제시한다. 시인이 요구하는 상상은 타자들의 목소리와 권리에 대한 존중을 장려하며, 그들 역시 행위성과 복잡성을 가진 존재임을, 단순한 대상도 아니고 혜택이나 만족의 수동적 수용체도 아님을 일깨워준다. 동시에 그들의 요구와 불리한 면을 생생하게 인식하게 하고, 그런 의미에서 정의에 대한 추상적 욕구에 실체를 부여한다.

미국도 아테네와 마찬가지다. 문학적 상상이 일으키는 공감이 즉각적인 정치적 변화를 낳지 않는다고 해서 그 도덕적 가치를 부인해서는 안 된다는 말이다. 휘트먼의 생각을 따른다면 우리는 문학 공부를 시민성을 위한 교육과정의 핵심에 놓는 것이 필수적

이라고 결론내리게 될 것이다. 문학은 시민적 참여와 인식에 필수적인 해석의 기술을 계발하기 때문이다.

마르쿠스 아우렐리우스는 서사적 상상력을 옹호하는 길에서 한 걸음 더 나아갔다. 그는 그런 상상력이 보복성 분노를 없앤다고 주장했다. 어떤 사람이 많은 사람에게 분노 반응을 자극할 만한 행동을 하게 된 이유를 상상할 수 있다면, 그 사람을 악마로 보거나 완전히 악하고 이질적인 존재로 생각하는 경향이 줄어들 것이라는 뜻이다. 설사 그 행동을 완전히 이해하지는 못하더라도, 좋은 소설가가 하듯이 질문을 던지고 그 사람의 심리를 묘사하려고 하는 행위 자체가 자기중심적인 분노의 해독제가 되어준다. 이런 심리적 메커니즘이 우리 개인의 삶에서 작동하는 방식은 쉽게 확인할 수 있다. 나를 화나게 한 부모나 연인이나 자식의 이야기를 나 자신에게 풀어낼 수 있으면 이기적인 복수심을 막을 수도 있다. 정치생활에서도 이런 능력은 중요한 역할을 한다. 우리 자신과 다른 사람들, 우리가 자신에게 습관적으로 부여하는 심리적·역사적 복잡성을 결여한 이질적인 대상으로 취급하기 너무 쉬운 사람들을 대할 때 특히 그렇다.

이런 점은 사회적 분노의 대상이 되는 인물을 다루는 문학작품에서 되풀이하여 극화되고 있다. 리처드 라이트의 『미국의 아들』은 형사재판에 대한 언론 보도에서 악마로 비쳐지는 피고 비거 토머스와 독자 자신이 알게 된 복잡한 인간 비거 토머스를 대비시킨다. E. M. 포스터의 유작 『모리스』도 마찬가지로 소설의 등장인물 대부분이 악마화한 동성애자에 대한 고정관념을 독자 자신이 알게 된 모리스의 내면세계, 동반 관계에 대한 꿈, 사랑에 대한 강한 갈망과 대비해 독자들에게 보여준다. 휘트먼이 말하듯이 문학적 이해는 상상력과 감정이 발휘된 수용의 한 형태로, 한 집단을 악마로 만들려는 사람에게는 심각한 위협으로 다가올 수 있다. 이질적이고 무서워 보이는 사람들을 마음속에 들이는 것은 자족성에 근거한 많은 문화적 고정관념을 거스르는 개방과 수용 능력을 보여주는 것이다.

배제된 자들의 목소리를 들어야 한다는 휘트먼의 주장이 제시하는 게 또 있다. 문학이 시민적 기능을 수행하려면 문학이 우리를 혼란에 빠뜨리는 것을 허용해야 하고 나아가 요구해야 한다는 것이다. 우리가 쉽게 공감할 수 있는 등장인물이 나오는 작품이라면 공감하자는 권유는 도덕적 가치가 비교적 낮을 것이다. 그런 경험만 하다보면 자신의 동정하는 성향을 자화자찬하면서 탐닉하기 십상이다. 소포클레스의 〈필록테테스〉가 관객에게 쉽지 않은 것은 고름, 신성모독의 외침, 종기로 덮인 몸 등 다른 등장인물들이 역겹거나 천하다고 여기는 것을 물러서지 않고 봐야 하기 때문이다. 처음 출간됐을 때나 지금이나 라이트의 『미국의 아들』이 쉽지 않은 것은 쥐를 죽이는 것보다 간단히 연인 베시를 죽인 난폭한 범죄자의 삶을 들여다보아야 하기 때문이다. 마찬가지로 『보이지 않는 인간』이 읽기 쉽지 않은 것은 투명해진다는 것, 또는 다양한 모욕적인 환상을 통해서만 눈에 보이게 된다는 것이 어떤 기분인지 맛보아야 하기 때문이다. 이 또한 이 소설의 예상 독자에게는 어려운 경험이다.

이 작품들은 모두 관습적인 문학 언어로 쓰였으며, 그 덕분에 제재의 급진적 성격에도 불구하고 '문학' 영역으로 비교적 수월하게 받아들여졌다. 그러나 배제된 사람들이 실제 말하는 대로 말하도록 허락할 때, 우리 감수성에 충격을 줄 수도 있는 비문학적인 일상어를 사용할 때, 문학예술은 비로소 배제된 자들을 품는 휘트먼적 사명을 가장 완전하게 수행하는 것이라고 주장할 수도 있다. 영국의 가장 저명한 문학상인 부커상의 1994년 수상작은 스코틀랜드 글래스고 노동계급의 삶을 그린 제임스 켈먼의 소설 『얼마나 늦었는가, 얼마나』였다. 주인공 시점에서 서술되는 이 작품은 시종 스코틀랜드 노동계급의 방언을 구사하며, 그런 인물이 생각이나 말을 하며 사용할 법한 단어란 단어는 모두 끌어온다. 수상 소식이 알려지고 한바탕 소동이 일어났는데, 씹할이라는 말을 4000번 이상 사용하는 작품에 그런 권위 있는 예술상을 수여한 것을 두고 많은 문학평론가가 격렬하게 이의를 제기했기 때문이다. 논란중에 이루어진 인터뷰에서 켈먼은 휘트먼식 표현으로 자신의 작업을 변호했다. 그는 여전히 매우 계급의식적인 자기 사회에서 노동계급의 목소리는 '영문학'에서 배제되어왔다고 주장했다. 적어도 디킨스 이후 여러 세대에 걸쳐 노동계급을 등장시키는 시도가 있었지만, 그들의 목소리는 먼저 문학 담론의 중간계급적 규범에 동화되어야 했다. 이 작법은 진짜 노동계급 사람들이 보이지 않게 만들었다.

예술의 핵심 역할은 관습적인 지혜와 가치에 이의를 제기하는 것이다. 예술작품이 이런 소크라테스적 기획에 참여하는 방법 한 가지는 우리더러 우리가 보통은 만나고 싶어하지 않은 사람들과 대면하라고—또 한동안 그런 사람이 되라고—요구하는 것이다. 불쾌감 그 자체로는 문학적 가치의 증거가 될 수 없다. 그러나 어떤 작품의 불쾌감은 시민적 가치의 일부가 될 수 있다. 새롭고 불온한 작품을 교육과정에 포함시키는 것은 이런 생각을 염두에 두고 검토되어야 한다. 그런 작품을 검토할 때는 비관습적인 문학작품이나 문학작품의 요소들 가운데 어떤 것이 지속적인 힘을 가지고 집단의 상황을 밝혀줄지, 그저 충격만 주는 작품은 어떤 것인지 미리 또는 빨리 알기가 어렵다는 점을 염두에 두어야 한다. 우리 대부분에게는 동료 시민 가운데 일부를 선뜻 인정하지 못하게 막는 공포나 맹점이 있으며, 그러므로 혼란이라는 우리의 반응이 별로 신뢰할 만하지 못할 수도 있고, 결국 진정한 가치가 있다고 여겨지게 될 것을 단순히 충격적이기만 한 것으로 치워버릴 수도 있음을 인정해야 한다. (한 가지만 예를 들면 라이트의 『미국의 아들』은 그 책이 나온 시대의 감수성 때문에 비거와 친구가 영화관에서 백인 여성의 이미지를 보면서 자위를 하는 중요한 장면을 삭제해야 했다. 1940년에는 너무 충격적이어서 공개할 수 없었고 1993년 판본에야 포함된 이 장면은 이제 이 작품의 서사적 전개에, 또 비거의 상상력과 욕망의 사회적 형성 과정을 탐사하는 데 핵심적인 대목으로 이해될 수 있다.) 그러나 문학작품이 우리 자신의 삶과 우리 시대의 논쟁거리를 건드릴 때는 우리 스스로 그 가치를 제대로 판단할 수 없다는 사실을 인정한다고 해서 문학적 가치평가에서 옹호할 만한 기준이 존재하지 않는 것은 아니다. 필요한 것은 광범한 예술이 새로운 영역을 탐사할 기회를 보호하는 것, 우리 자신이 지속적 가치를 확신하든 안 하든 대학 선생들이 강의실에서 논란의 여지가 있는 작품을 탐사할 권리까지 보호하는 것이다.

교육과정에서의 동정: 정치적 의제?

문학적 상상력이 동정을 길러낸다면, 또한 동정이 시민의 책무에 필수라면, 우리는 우리가 원하고 요구하는 유형의 동정 어린 이해를 북돋는 작품을 가르쳐야 마땅하다. 이것은 우리 사회에서 이해가 시급한 집단들, 예를 들어 다른 문화, 민족적·인종적 소수 집단, 여성, 레즈비언과 게이 등이 목소리를 내는 작품을 포함해야 한다는 뜻이다.

네바다 주립대학 리노 캠퍼스의 학생 에릭 차머스가 영작문 수업에서 과제로 받은 읽기 자료와 관련해 게이의 경험에 관해 생각하고 그 인물이 되었다는 가정하에 부모에게 편지를 쓰는—당사자의 입으로 목소리를 내라는—숙제를 했던 것을 기억해보자. "무슨 말을 했다고 할 수 없을 것 같아요." 그는 얼른 설명을 덧붙였다. "그냥 두서없이 늘어놓았지요." 어떤 면에서는 저돌적이고 무뚝뚝한, 자신감 넘치고 독선적이기까지 한 젊은이가 이 순간에는 혼란스럽고 불확실한 태도를 보였다. 그는 이 '엉뚱한' 과제에도 의미가 있다고 인정했다. "우리는, 알다시피, 온갖 종류의 사람들을 만나야" 하며 이 과제를 수행하는 것은 "그들의 믿음 체계를 이해하는 것과 같기" 때문이다. 우리는 이런 휘트먼적인 수용성과 목소리의 경험을 북돋아야 한다. 이런 경험은 자신의 가치에 질문을 던지는 소크라테스적인 활동과 연결되고 전체 세계 시민이 되라고 요청하는 스토아철학의 규범과 연결된다. 하지만 이는 안정을 흔들고 동요를 일으키는 작품들을 아우르는 상상력을 매우 구체적인 방식으로 자극하는 작품들 없이는 생겨날 수 없는 경험이다.

진정으로 소크라테스적인 학생들을 배출하려면 이들이 비판적으로 읽는 것을 장려해야 한다. 공감하고 경험할 뿐 아니라 그 경험에 관해 비판적으로 질문할 수 있어야 한다. 이것은 익숙한 텍스트에 대해, 예술작품 감상과 연결시키는 '거리를 두는' 태도라고 하는 것과는 다른 태도를 계발한다는 뜻이다. 더욱 비판적인 이 같은 태도는 서양에서는 비극 축제라는 고대 그리스 전통에 뿌리를 두고 있는데, 이곳에서 예술작품 감상은 근본적인 시민적 가치에 관한 논증이나 숙의와 밀접하게 관련되어 있었다. 이것은 오늘날의 수많은 비판적 저술을 통해 되살아나고 생생하게 서술되고 있다. 그 가운데 뛰어난 저작으로는 웨인 부스의 『우리의 동반자: 허구의 윤리』가 있다.[11] 부스는 자신의 고대 그리스 텍스트 독법에 기초해 독자와 문학작품의 상호작용에 대한 귀중한 은유를 제시한다. 그에 따르면 문학작품은 읽는 동안 함께 시간을 보내기로 한 친구다. 문제는 이 우정이 나의 정신에 어떤 작용을 하느냐는 것이다. 이 새 친구는 나에게 무엇에 주목하고 무엇을 바라고 무엇에 관심을 가지라고 요청하는가? 그는 동료 인간들을 어떻게 보라고 권하는가? 부스에 따르면 어떤 소설은 인간에 대한 싸구려 냉소주의를 부추겨 우리가 동료 시민들을 경멸의 눈으로 보게 한다고 한다. 또 어떤 소설은 인간의 존엄을 끌어내리는 값싸고 선정적인 형태의 쾌락과 흥분을 찾게 한다. 반면 어떤 소설은 영혼 앞의 존중이라고 부를 만한 것을 보여준다.[12] 텍스트 자체가 다양한 인간적 목표와 동기를 서술하는 차원에서, 또 어쩌면 소설에 나타난 인물들 사이의 상호작용 차원에서도 보여줄 수 있다.

부스는 이런 비판적인 태도가 작품 몰입과 완전히 양립할 수 있다고 분명히 말한다. 다른 사람들과 대화하다보면 상대의 인식으로 자신의 인식을 보완하고 그 인식에 문제제기를 하기도 하는데, 대화할 때는 비판적인 평가를 유지하는 것이 이상적이다. 몰입과 경험은 이런 평가에 선행하며 그 기초가 된다는 것이 부스의 생각이다. 그는 이 과정이 비교를 기초로 공동으로 이루어지는 면을 강조하기 위해 이 과정을 '공산共産'이라고 부른다. 이 과정을 통해 우리는 작품을 즐기는 동안 변화한 자신을 통찰하게 된다. 이 통찰은 문학적 경험의 본질과 그것이 우리 삶에서 차지하는 역할을 밝혀줄 것이다. 부스는 강의실이 그런 비판적 활동의 전형적인 현장이라고 생각한다.

부스는 서술자 내지 등장인물과 '내포 저자,' 즉 하나의 전체로서 파악한 텍스트에 구현된 삶의 의미를 구별한 것으로 유명하며, 이 점은 기억해둘 필요가 있다. 공감하거나 존중할 만한 인물이 거의 없거나 전혀 없는 작품이라도 그것이 하나의 전체로서 구축하는 상호작용을 통해 독자에게 공감과 존중을 불러일으킬 수 있다는 것이다. (역으로 등장인물과 내포 저자 모두 실제 저자와는 다르며, 실제 저자는 텍스트에 드러나지 않은 온갖 속성을 가질 수 있다.)

문학작품을 친구에 빗댄 부스의 은유를 더 들여다보면 공감 경험의 한층 더 깊은 차원이 드러난다. 소설을 주의깊게 읽다보면 종종 텍스트에 이끌려 다양한 종류의 인물들에 공감하게 된다. 그러나 또 텍스트에서 끌어내는 공감이 불균등한 경우가 왕왕 있는데, 어떤 유형의 인간에게는 독자의 주의를 유도하고 다른 유형에게는 그러지 않는 것이다. 정치생활 전반에 풍토병처럼 존재하는 편견과 맹점에서 문학작품은 자유롭지 않다. 이를테면 (버지니아 울프의 소설들처럼) 중간계급 여성의 경험은 크게 공감하며 바라보는 소설이 노동계급 사람들은 보이지 않게 만들어놓기도 한다. 노동계급 사람들의 투쟁을 (어느 정도까지는 디킨스의 소설이 그런데) 인식하는 소설이 여성의 다양한 삶과 경험에는 예민하게 반응하지 못할 수도 있다. 동등한 관심과 존중이라는 민주적 이상을 염두에 두고 그런 소설을 읽거나 가르친다면, 작품이 불완전하거나 심지어 결격사유를 지녔다고 느끼게 될 것이다. 이런 의미에서 우리는 자신의 공감이 어떻게 배분되고 초점을 맞추는지 물으면서 공감적 읽기와 비판적 읽기를 나란히 해나가야 한다. 비판적 질문을 던질 때 우리는 텍스트에 관해 뭔가 배우게 된다. 새롭게 예리한 눈으로 내적 구조를 보고 자신과 텍스트의 관계를 더욱 정교하게 설정하게 되는 것이다.

이렇게 시민으로서 가치판단을 하며 읽기에 접근하는 방식은 도덕적인 동시에 정치적이다. 이렇게 접근하면 독자와 텍스트 사이의 상호작용이 우정 그리고/또는 공동체를 어떻게 구축하는지 물을 수 있고, 텍스트가 창조한 공동체를 도덕적·사회적으로 평가함으로써 텍스트를 논의할 수 있다. 웨인 부스의 방식은 여기에서 옹호하는 방식과 마찬가지로—그리고 이전 세대의 라이어널 트릴링이 이끈 방식와 마찬가지로—자유주의적이고 민주주의적이며, 모든 시민이 존중받을 자격이 있고 어떤 근본적 자유는 우리가 충성을 다할 가치가 있다는 확신이 그 바탕에 깔려 있다.

그러나 보수적 비평가들은 최근 이런 식의 읽기 개념 전체가 부당하고 반문학적인 활동이며 인문학의 수준 높은 전통에 전혀 어울리지 않는다고 비난해왔다.[13] 상당히 전형적인 예를 하나 들면, 조지 윌은 최근 '문학의 정치'라는 제목의 칼럼에서 "문학에 대한 정치적 반응으로 심미적 반응을 밀어내는 것"에 관해 쓰면서, 이런 접근은 "서양 문명을 낳은 책과 사상을 불신하여 그 문명의 정당성을 빼앗는 것을 목표로 삼는다"고 주장했다.[14]

조지 윌이 심미적인 것과 정치적인 것을 대비시킬 때 염두에 둔 심미적인 것의 개념이 무엇인지는 분명하지 않다. 그가 동정과 공동체에 관해 제기하는 문제는 새롭거나 일시적으로 유행하는 것은 아니다. 사실 그것은 문학적 해석 자체만큼 오래된 질문이다. 고대 그리스의 사례에서만 보아도 아리스토파네스와 아리스토텔레스, 플라톤과 플루타르코스에게서 발견할 수 있다. 그들의 모든 저작은 우리에게 문학이 어떻게 젊은 시민의 인격을 형성하는지 묻는다. 문학의 형식과 구조는 어떤 도덕적 무게를 갖는가? 이것은 서양의 미학 전통에서 문학에 관해 던져진 가장 지배적인 질문이라고 해도 과언이 아니다. 또 이 질문은 (제대로 다루어진다면) 텍스트의 문학적 형식을 무시하지 않는 방식으로 제기된다. 사실 플라톤과 아리스토텔레스 두 사람이 미학에 가장 크게 기여한 부분은 문학적 형식이 그 자체로 내용—진지하게 받아들일 가치가 있는 것은 무엇이고, 세계는 어떤 곳인지에 대한 의견—을 전달하는 방식을 섬세하게 설명한 것이었다.

이런 질문들이 심미적이지 않다고 말한다면 그 말은 도대체 무슨 뜻일까? 그런 주장을 진지하게 뒷받침하려면 서양 전통에서 역사가 비교적 협소하고 짧은 미학적 입장, 즉 올바른 심미적 태도는 모든 실제적 관심으로부터 분리된 것이라는 칸트와 칸트 이후의 형식주의 전통을 옹호하는 수밖에 없다. 이 주제에 대한 칸트 자신의 생각은 복잡하고 해석의 여지도 다양하다. 그러나 아름다움은 실용적 관심과 상관없이 쾌감을 준다는 그의 주장 때문에 많은 사람이 (좋아할 만한 가치가 있는 것은 무엇인가, 무엇이 옳고 선한가 같은 아주 일반적인 질문을 포함한) 어떠한 현실적인 문제도 염두에 두지 말고 예술을 감상하라는 것이 칸트의 입장이라고 생각하게 되었음이 틀림없다. 좀더 최근에는 클라이브 벨과 로저 프라이 같은 블룸즈버리 그룹* 저자들을 비롯한 형식주의 미학자들이 그런 종류의 거리 두기야말로 진정으로 심미적인 반응의 특징이라고 옹호했다.[15] 그룹 동인인 미학자 에드워드 불러가 제시한 유명한 예에 따르면, 안개 속에 있는 사람들은 자신의 안전 문제에 사로잡히기 때문에 대개 안개를 미적으로 볼 수 없기 마련이다.[16] 그들은 안전과 행복에 대한 실제적 관심을 유예하고 자신을 둘러싼 순수한 색깔과 형태에 관심을 돌릴 수 있을 때만 심미적으로 볼 수 있다. 조지 윌이 자신의 주장을 납득시키려면 이 같은 견해를 옹호해야 한다. 좀더 일반적인 미학적 입장에서는 정치적 비판이 심미적 관심의 중심에 자리한다.

형식주의적 관점은 심미성에 대한 관점으로 적절한가? 이 관점에는 어떤 직관적인 호소력이 있다. 실제로 안개에는 그 속에서 빠져나올 방법을 찾는 데 몰두해 있는 사람이라면 관심을 기울이지 못할 색깔이나 형태 같은 특징들이 많이 있을 것이다. 마찬가지로 엘리슨의 『보이지 않는 인간』을 인종적 화합을 이끌어낼 방법에 대한 일련의 지침으로, 디킨스의 『어려운 시절』을 노동 개혁의 청사진으로 읽는다면 많은 것을 놓치게 될 것이다. 엘리슨은 자신의 소설이 "희망, 통찰, 오락의 뗏목"이라고 묘사했는데, 이 가운데 오락을 무시하는 사람은 통찰과 희망이라는 핵심적인 차원도 놓치게 되는 셈이다. 하지만 그렇다고 해서 디킨스나 엘리슨의 언어가 충분히 도덕적이지 않다거나 정치적이지 않다는 뜻은 아니다. 특정한 종류의 공동체를 창조하고 인간 세계의 특정한 부분이 우리의 관심과 사랑을 받을 만하다고 인정하는 것을 목표로 삼지 않는다는 뜻도 아니다.

* 20세기 전반 런던 블룸즈버리 근처에서 모이던 일군의 저자들을 가리킨다.

서양 전통의 위대한 미학이론가들은 대부분 결국 극단적인 형식주의적 견해를 거부했다. 이 긴 명단에는 플라톤, 아리스토텔레스, 스토아학파, 헤겔, 니체, 톨스토이, 그리고 동시대의 뛰어난 이론가들인 아서 단토, 넬슨 굿맨, 리처드 월하임 등이 포함된다. 아이러니지만 여기에는 보수적 이론가들이 옹호하는 문학 고전의 정전을 만든 르네상스 인본주의자들도 포함된다. 이 사상가들은 그리스와 로마에 초점을 맞추는 것이 중세 스콜라철학에 맞서 더 인간 중심적인 세계관을 장려하는 '정치적 기획'의 일부라고 보았기 때문이다.

벨과 불러가 권하는 방식으로 모네의 캔버스를 보는 것이 어떤 것인지 이해는 할 수 있다. 그러나 기쁨과 고요, 심지어 어떤 공동체의 이상을 표현하는 모네의 특징을 무시하는 것이 과연 가장 풍부한 보상을 얻는 감상 방식인지는 의심스럽다. 마찬가지로 말러 교향곡을 그들 식으로 듣는다는 것이 무슨 뜻인지 이해는 할 수 있다. 그러나 이 경우에도 동정, 혐오, 절망, 의기양양한 기쁨을 느껴보라는 이 음악의 권유를 거부한다면 많은 것을 잃는 것은 물론이고, 놀랄 만큼 풍요로워 보이는 말러의 자아상을 훼손하고 말 것이 분명하다. (말러는 편지에서 몇 번이고 자신의 작품이 삶의 의미 문제를 다루며 동정에 바탕을 둔 위계 없는 공동체를 창조하고자 한다고 말한다.) 일부 현대 안무가들의 춤도 그들 식으로 보는 것이 가능하기는 하다. 물론 이 경우에도, 내 생각에는, 윤리적인 동시에 정치적인 것, 예를 들어 신화, 섹슈얼리티, 윤리적 갈등에 대한 마사 그레이엄의 서사적 탐구를 상당 부분 놓치게 될 것이다.

하지만 소포클레스의 희곡을, 디킨스나 조지 엘리엇의 소설을 거리 두기 방식으로 읽는 것이 도대체 무슨 뜻인지 이해하기란 불가능에 가깝다. 텍스트가 권유하는 방식으로 인물과 그들의 행복에 관심을 가지다보면, 독자의 내면에서 매우 분명한 정치적이고 도덕적인 관심—예를 들어 노동자들에 대한 정당한 대우와 교육개혁에 대한 관심—이 필연적으로 일깨워지기 때문이다. 디킨스와 엘리엇이 독자에게 말을 걸며 암시하는 것은 그런 공통의 관심사이기 때문이다. 사회적 세계를 만드는, 또 그것에 관해 비판적으로 사유하는 숙의 공동체를 만드는 이 같은 참여가 읽기라는 모험을 그토록 매력적이게 또 그토록 절박한 일이게 하는 것이다.

최근의 문학비평사에는 그런 관심을 중지시키는 것이 실제로 가능하고 바람직하다고 여기던 짧은 순간이 있었다. 이른바 '신비평'이 번창하던 순간으로, 신비평의 골자는 (단순화하자면) 시를 읽을 때 외적인 것—역사적이고 사회적인 맥락, 삶과 삶의 방법에 관한 독자 자신의 질문 등—을 끌고 들어오지 말아야 한다는 것이었다.[17] 당연한 일이지만 이 운동은 서정시 영역에서 가장 훌륭한 성과를 냈다. 물론 서정시에서도 어느 정도의 비일관성은 피할 수 없었다. 가령 비평가들은 어떤 단어가 1786년에는 무슨 의미였을까 하고 묻는 것을 스스로 허락했고, 1925년에 어떤 다른 의미가 나타나게 되었다는 등의 외적인 지식을 스스로 허락했기 때문이다. 그렇게 하지 않았다면 그들은 알아들을 수 없는 소리만 하게 되었을 것이다. 결국 이들의 비평에는 맥락을 이루는 다른 요소들도 슬그머니 다시 들어오고, 사랑과 죽음, 의미와 공허에 관한 보통의 인간적 관심도 다시 들어왔다. 나중에는 문학적 아이러니와 복잡성의 정치적 의미에 관한 주장까지 나왔다. 그러나 한층 유연해졌을 때도 이 운동은 사회적 차원이 있는 복잡한 서사작품을 공정하게 비평하는 데 어려움을 겪었다. 이런 이유 때문에 신비평은 내내 영국의 도덕적 문학비평가 F. R. 리비스와 미국의 사회사상가 라이어널 트릴링 등 이 분야 최고 지성들의 저항에 부딪혔다. 두 사람 모두 정치적 의제를 내세우는 비평가였다. 『자유주의적 상상력』에서 트릴링은 자신의 자유주의와 민주주의에 대한 헌신을 분명히 드러냈으며, 소설이 개인성과 각 인간 정신의 프라이버시를 존중한다는 점에서 형식 자체로 자유주의에 헌신하는 장르라는 주장을 매우 탁월하게 펼쳤다. 그는 전반적인 사회 비평과 헨리 제임스 소설에 대한 비평을 아주 절묘하게 연결시켰다. 『자유주의적 상상력』에는 제임스에 대한 시론과 당대의 사회적 쟁점에 대한 에세이가 병치해 실려 있다.

웨인 부스를 비롯해 다른 많은 현대 비평가들, 그 가운데도 특히 페미니스트 비평가들이 오늘날 하는 작업은, 그런 접근법을 계속 유지하면서 동시에 작품이 욕망과 생각을 구성하는 방식에 관해 더 날카롭게 질문함으로써 세련되게 가다듬고, 상상력이 이런 저런 방식으로 활발히 움직이도록 권하는 것이다. 이런 비판적 자세로 인해 비평가들은 유명한 문학작품을 혹독하게 다루기도 한다. 예를 들어 웨인 부스는 라블레의 작품들이 여성에 대해 경멸적이고 잔인한 태도를 보이며, 그런 태도는 특정한 등장인물들뿐 아니라 작품 전체와 그 유머에도 관통해 내재한다고 주장한다. 부스는 이런 감정이입의 결여 때문에 라블레가 불쾌하게 여겨질 뿐 아니라 이런 비판적 시각에 따라 작품의 유머까지 잔인성으로 물들어 있다고 보게 되었기 때문에 더는 진심으로 즐길 수가 없다고 전한다. 따라서 자신의 책에서야 앞으로도 그 작품들을 이런 비판적 정신으로 '가르치겠지만' 아마도 그가 라블레의 작품들을 직접 가르치거나 추천할 가능성은 낮을 것이다.

반면 감정이입을 고려하게 되면서 비평가들이 침묵을 강요당한 이들의 경험을 다룬 이야기를 찾다가 전에는 간과했던 강력한 이야기를 발견하고, 이에 따라 읽어야 할 작품들을 수록한 전통적 목록의 확장이 이루어지는 경우가 잦아졌다. 이런 유형의 대표적인 비평이 젊은 페미니스트 비평가 주디스 프랭크의 「대기실에서」다. 애머스트 칼리지에서 교편을 잡고 있는 18세기 영문학 연구가 프랭크는 글 앞부분에서 여성 작가들의 생소한 작품을 가르친 경험을 서술한다. 그는 이런 작품들이, 당연하게도 같은 시기의 남성 작가들의 작품에서는 유례를 찾을 수 없는 방식으로 여성 신체의 변화에 초점을 맞춘다는 점에 주목한다. 실제로 그가 선정한 세 작품은 유방암을 다루고 있다. 하나는 패니 버니가 "18세기에 오직 와인 혼성주를 마취제로 사용해 집도된" 자신의 유방 절제술에 대해 기록한 일기였다. 그 자신의 유방암—프랭크는 유방암을 암시하는, 일반적으로 다루지 않는 작품 세 편을 가르친 다음 학기에 유방암 진단을 받았다—방사선 치료에 관한 생생하고 감상적이지 않고 강력한 이야기의 맥락에 교육과정 논쟁을 다룬 이야기를 집어넣은 프랭크의 뛰어난 아이디어를 접하면서 독자는, 역사적·윤리적으로 특정한 상황에 놓인 이 비평이 왜 문학이 인간 삶에서 중요한가 하는 유서 깊은 질문에 응답하고 있다는 사실을 생생하게 깨닫는다. 그는 묻는다. "사실 그러한 응답이야말로 많은 사람이 훌륭한 문학의 역할이라고 생각하는 바가 아닐까? 우리가 약할 때 우리를 받쳐주고, 역사에 대한 이해를 심화해주고, 생각하고 느낄 수 있는 대상을 확장해주는 것 말이다." 그는 우리에게 '정치적 의제'가 실린 비표준적인 세 작품을 읽게 하는 선생을 왜 미심쩍어 하느냐고 묻게 만든다. 여성의 신체와 여성이 걸리기 쉬운 병을 인정하면 정치적이고, 그런 인정을 거부하면 비정치적인 것인가? 우리에게 예전 같으면 인정하지 않았을 법한 것을 인정하며 똑똑히 보라고 요구할 때만 비평은 정치적이고, 그런 인정을 권하지 않으면 비정치적인가?

정전 바깥의 작품을 포함시키고 그런 작품들이 욕망과 인정을 구성하는 방식을 정밀하게 조사하자는 움직임이 반드시 조지 윌이 걱정하는 대로 "서양 문명의 정당성을 빼앗는" 길로 나아가는 것은 아니다. 프랭크는 말한다.

> 오늘날 학자의 삶에 대한 윌의 묘사와 달리 나는 셰익스피어와 밀턴이 유방암에 관해 말하지 않는다고 동료들에

> 게 징징거리지 않는다. 또 그들이 유방암을 시적으로 다루지 않았다는 이유로 나쁜 작가라고 판단해 우리 전공과목인 셰익스피어와 밀턴 강의를 마리아 에지워스와 오드르 로드 강의로 바꿔달라고 요구하지도 않는다. 나는 오히려 여러 동료들과 마찬가지로 정전 바깥의 작품들을 정전들과 함께 가르쳤다. 디포, 리처드슨, 필딩, 스몰렛, 스턴과 함께 에지워스와 버니를 가르치는 식으로. 내가 보기에 윌이 서양 문명의 전반적 파괴에 불안을 느끼는 이유는, 정전이 수정되면 그것이 인간의 관심이라는 때에 더럽혀지지 않는 그 자체로 숭고한 존재가 아니라 하나의 사회적 제도에 불과하다는 것이 드러나기 때문인 듯하다.

만일 문학이 인간 가능성의 표현이라면, 우리가 선택한 문학작품은 필연적으로 우리가 어떤 사람이며 어떤 사람일 수 있다는 우리의 감각에 응답하는 한편 그런 감각을 더 발전시킬 것이다.

문학을 이런 식으로 생각하기 시작하면 다른 것도 눈에 들어오게 된다. 문학작품의 사회적·역사적 차원들에 관심을 보이지 않겠다는 신비평가들의 결정이 그 자체로 정치적 행동, 특히 정적靜寂주의적 유형의 행동이었다는 것이다. 프랭크는 표준적 텍스트의 윤리적 해석으로 방향을 틀어 디포의 『로빈슨 크루소』를 그 자체의 역사적 맥락, 즉 식민주의 및 노예제와 관련된 도덕적 쟁점들이 뜨겁게 논란이 되었던 맥락과 밀접하게 연결하는 해석을 옹호한다. 프랭크는 이렇게 말한다. "『로빈슨 크루소』가 아무리 신화적으로 표현되었다 해도 그 역사적 맥락을 무시하려면 부단히 노력해야 한다." 그런 쟁점을 계속 무시하겠다는, 그 작품을 머나먼 신화로 취급하겠다는 고집스러운 선택은 어떤 하나의 입장, 구체적인 인간의 문제들에 거리를 두는 태도인 셈이다. 블룸즈버리 형식주의자들의 거리 두기는 언뜻 드러나는 것과는 달리 정치적으로 순진하지 않았다. 사실 벨, 프라이 등 블룸즈버리 그룹 구성원들의 글을 살펴보면 그들의 입장이 블룸즈버리 그룹 자체의 복잡한 정치적 입장, 즉 성 문제에는 급진적이면서 취향과 교육 문제에는 귀족적인 입장과 밀접하게 관련되어 있음이 분명하게 드러난다. 이들은 거리를 두고 섬세하게 조율한 심미적 반응 덕분에 일상적 도덕판단에 초연할 수 있었지만(그래서 비관습적인 형태의 성생활을 견지할 수 있었지만), 동시에 대중 교육에 초점을 맞추었던 당대의 개혁주의적 제안들을 무시하고 그 대신 소수의 엘리트 친구들의 공동체 육성에 집중했다는 것이다. (블룸즈버리 그룹의 이상은 노동계급에 대한 경멸만이 아니라 종종 반유대주의를 비롯한 다른 형태의 민족적·인종적 편견과 밀접하게 얽혀 있었다. 이런 편견은 또 신비평의 많은 부분을 감염시켰다.) 물론 블룸즈버리 그룹의 정치적 태도나 그와 관련된 신비평의 사유들이 문학 강의실에서 발견되지 말아야 할 이유는 없다. 우리는 모두 이견과 차이, 대립하는 견해들의 상호작용을 아우른 교육과정에서 가장 많은 것을 배운다. 심지어 한 수업에서 한 작품을 붙들고 씨름하는 과정에서도 대립하는 판단들의 다원성을 추구해야 한다. 수업이 여럿이면 저마다 다 다르게 진행되는 것이 당연하다. 수업마다 서로 다른 유형의 정치적 차원이 포함된 접근법을 육성하기 때문이다. 인정해야 할 핵심은 이런 것이다. 우리는 정치적 차원이 존재하지 않는다는 식으로 기만하며 회피하지 않는다는 것이다. 그렇게 한다면 작품, 특히 서사작품에서는 의미와 시의성을 상당 부분 내버리는 꼴이 될 것이다. 예술의 도덕적 내용에 관한 이런 종류의 솔직한 토론은 철학과 문학 양쪽에서 서양 전통의 핵심 요소였다. 그것이 우리의 문학수업을 진정으로 소크라테스적인 방향으로 계속해서 더 나아가게 하지 않을 이유는 없다. 새로운 작품의 추가는 역사와 인간 양쪽에 대한 우리의 이해를 높일 것이다. 더 표준적인 작품에 대한 비판적 검토는 새로운 통찰을 낳을 것이다. 그것은 때로 (『로빈슨 크루소』의 사례처럼) 텍스트에 도덕적으로 거리를 두는 양식의 비평이 놓쳤을 수도 있는 불안이나 비판의 차원을 드러낼 것이기 때문이다.

세계시민, 상대주의, 정체성 정치

현재의 정치적 비평에서 우리가 고민해야 할 부분이 있다면 어떤 것일까? 일부 정치적인 평론가들이 웨인 부스나 라이어널 트릴링보다 급진적인 것은, 일부 평론가들이 그들보다 보수적인 것만큼이나 걱정할 게 못 된다. 모든 학자가 자유주의자라면 재미없을 것이다. 비평 또한 도덕철학이나 정치철학과 마찬가지로 격렬한 토론을 통해 향상된다. 학생들이 역사적·윤리적 맥락을 배제한, 시의 아이러니에 관한 세련된 이야기만 듣는 것보다는 대립되는 견해들 사이의 토론을 듣는 편이 훨씬 더 유익하다.

많은 현대 비평가들이 가치판단의 객관성을 부정하고, 프랑스 포스트모더니즘 철학자들에게서 시작된 형태의 도덕적 상대주의를 지지한다는 것 역시 본질적으로는 걱정할 게 못 된다. 물론 우리는 이런 비평가들의 결론을 문제삼을 수 있고, 그들의 논리에서 결함을 찾을 수도 있다. 전반적으로 볼 때 진리와 객관성에 관해 생각하는 철학자들은 다른 근거에 기초한 상대주의를 옹호할 때조차 포스트모더니즘 비평가들의 논리를 신통치 않게 여겨왔다. 이런 쟁점들을 온전히 평가하려면 물리학의 철학, 수학의 철학, 언어의 철학에서 파생된, 대개는 전문적인 성격의 논의에 끈기 있게 참여해야 한다. 이런 쟁점에 대한 철학적 토론과 이와 관련된 문학이론상의 토론을 다 경험한 학자라면 논의의 세련됨과 복잡성에서 차이를 느낄 수밖에 없다. (개념의 명료성 문제로 실책을 저지르는 분야는 문학만이 아니다. 경제학자들 또한 가치문제를 논할 때 철학의 정밀한 검토를 견뎌낼 수 없는 순진한 형태의 상대주의를 지지할 가능성이 높다.) 우리는 상대주의에 대한 문학적 토론이 피상적이고 사소한 이야기로 끝나버리지 않도록 철학적인 엄격함을 더 요구해야 한다.

그러나 더 엄격해지기를 요구한다고 해서 상대주의자의 입장을 무시하라거나 내치라는 것은 아니다. 인문학 강의실에서는 보수주의자와 자유주의자의 토론 못지않게 여러 종류의 상대주의자와 반상대주의자의 토론도 뜨겁게 벌어져야 한다. 가치판단의 객관성에 관한 그런 토론이 높은 수준에서 이루어지면 대안들에 대한 이해도 유익한 방향으로 강화된다.

문학수업의 철학적 결핍에 관한 이 같은 반성은, 문학교육이 더욱 소크라테스적이 될수록, 자기비판적 논리와 철학의 기여에 더욱 관심을 가질수록 세계시민의 양성도 더 잘 이루어질 수 있음을 보여준다. 세인트로렌스 대학 철학과의 그랜트 콘웰과 영문학과의 이브 스토더드가 함께 작업했던 방식의 통합 학문적 수업은 교수 연구와 학부생 교육 양쪽에서 이런 엄격함을 장려하는 탁월한 방법이다. 해체주의 비평가들의 견해를 논하거나 사례로 삼는 모든 문학수업에는 다양한 형태의 문화상대주의를 지지하거나 반대하는 논리들에 관한 기본적인 분석이 포함되어야 한다. 통합 학문적 대화와 토론이 이루어지는 분위기에서는 이런 작업이 매우 수월하게 이루어질 수 있다. 그런 분위기에서 문학 교수는 윤리학부터 과학철학에 이르기까지 여러 분야의 쟁점을 다루는 강의에서 철학자가 이런 쟁점을 다루는 방식을 관찰할 수 있고, 철학자는 문학 해석의 논의와 관련된 미묘한 쟁점들을 배울 수 있기 때문이다. 사실 새롭게 이론을 의식하게 된 문학 전공 학과들은 이런 쟁점들에 관해 연구와 교육 양쪽에서 나쁜 철학을 쏟아낼 위험이 있다. 통합 학문적 대화는 이런 일이 이미 벌어진 것 이상으로 번져나가는 것을 막는 최선의 방법이다.

오늘날의 캠퍼스에서 문학에 관한 통합 학문적 대화는 다양한 형태를 띤다. '세계 문명'이나 '서구 문명'에 관한 많은 입문 수업의 경우 중심이 되는 문학 텍스트를 논의하기 위해 문학자들과 철학자들이 참여한다. 이런 수업은 (교수진이 대화를 나누고 각자의 전공 자료를 함께 읽을 수 있도록) 강의 개발 시간을 보장할 때 큰 성과를 거둘 수 있다. 더 높은 수준에서는 팀티칭 강의에 자주 참여해 다양한 학문의 관점을 통합한다. 또한 교수진은 강의실 바깥에서 통합 학문적 대화에 참여하고 이를 강의실에서 적용해 볼 수 있다. 세인트로렌스 대학에서는 상대주의의 이론적 쟁점에 광범하게 초점을 맞추는 통합 학문적 세미나가 각 교수의 학과 강의의 설계와 방법에 영향을 주었다. 이런 접근법에는 강력한 지원이 필요하다. 이런 접근법 없이는 많은 학부생이 강의실로 가져오는 안이한 상대주의가 검토되지 않는 채로 남고, 그렇게 되면 세계시민이라는 목표는 그만큼 멀어지기 때문이다.

현재의 문학교육에서 진짜 심각한 근심거리는 결함 있는 논리 자체가 아니다. 사실 그런 논리는 쉽게 비판할 수 있다. 진짜 근심거리는 어떤 사람을 그가 속한 집단 바깥으로 끌어내는 공감의 가능성 자체, 그리고 그런 공감의 기초가 되는 공통의 인간적 요구와 관심의 가능성 자체에 의문을 제기하는 문학 접근법이 널리 퍼져 있다는 점이다. 세계시민을 배출한다는 목표는 정체성 정치의 정신과 심각하게 대립하는데, 이런 정치는 사람의 일차적 소속 대상이 지역 집단—종교 집단이든 민족 집단이든 섹슈얼리티 기반의 집단이든 젠더 기반의 집단이든 어쨌든 집단—이라고 주장한다. 현재의 대학에서 문학수업은 많은 부분 정체성 정치의 정신에 영향을 받고 있다. '다문화주의'—인간 다양성과 문화적 복잡성을 합당하게 인정하는 것을 가리킬 수 있는 기조—라는 표지 아래 짐짓 새로운 반인간주의적 관점이 나타났는데, 이것은 차이를 무비판적 방식으로 찬양하고, 사람을 그 자신의 집단 바깥으로 끌어내는 공동의 이익과 이해의 가능성, 심지어 대화와 토론의 가능성 자체를 부정한다. 세계시민적인 다문화주의에서 『보이지 않는 인간』 같은 작품을 교육과정에 추가하는 것을 윤리적으로 지지하는 논리는 엘리슨 본인의 논리와 같을 것이다. 즉 미국은 인종적으로 둔감한 태도를 보여준 역사가 있으며, 이 작품은 모든 시민이 인종이라는 쟁점을 더 명료하게 인식하는 데 도움을 준다는 것이다. 반대로 정체성 정치에 근거한 다문화주의에서 『보이지 않는 인간』을 지지하는 논리는 그 작품이 아프리카계 미국인 학생들의 경험을 긍정해준다는 것이 될 것이다. 이런 관점은 엘리슨이 자신에게 설정한 과제, 즉 "흑인인 동시에 미국인인 사람의 곤경 안에 감추어진 인간적 보편성을 드러내는" 과제의 가능성을 부정한다.

문학에 대한 이런 서로 다른 옹호는 민주주의에 대한 서로 다른 관념과 연결되어 있다. 세계시민의 관점은 모든 시민이 받아들이며 살아가야 할 차이들을 이해해야 한다고 강조한다. 이 관점에 따르면 시민은 이런 분열을 가로질러 토론하고 이해하기 위해 노력해야 한다. 이것은 공동선에 관한 숙의라는 민주적 토론 개념과 연결된다. 반면 정체성 정치의 관점은 시민 전체를 정체성에 기초한 이익 집단들이 권력을 얻고자 책략을 부리는 시장으로 묘사하며, 차이를 이해하기보다 긍정할 것으로 여긴다. 사실 문학자들은 더 강력한 다른 원천들에서 나오는 문화적 관점을 단순히 반영하고 있는 상황이기 때문에 현재 학계에 정체성 정치가 널리 퍼진 것을 문학 전문가들 탓으로 돌리기는 좀 힘들다. 정치문화에서 합리성에 대한 경제학의 지배적인 관점은 오래전부터 민주주의가 합리적으로 숙의할 수 있는 공동의 목표와 목적 같은 것 없이 이익집단들의 경쟁 시장에 불과하다는 관념을 강력하게 구축해왔다. 경제학의 영향력은 프랑스 문학이론보다 우리 삶에 훨씬 넓고 크게 퍼져 있는데, 놀랍게도 '현대언어협회'를 공격하는 보수적 비평가들은 시장경제학자들이 제시하는 반세계주의적 관념들의 훨씬 강력한 원천을 비판하는 데 매우 굼뜨다. 가치문제에 관해 "사람은 궁극적으로 할 수 있는 건 그저 싸우는 일뿐"이라고 말한 사람은 포스트모더니스트가 아니라 경제학자 밀턴 프리드먼이었다.[18] 이 진술은 거짓이며 유해하다. 세계시민은 이런 관념이 들먹여질 때마다 거세게 비판하고, 이것 때문에 민주주의에 대한 관점이 궁핍해진다고 주장해야 한다.

문학계에서 나타난 정체성 정치의 특히 해로운 결과는 학생이나 학자 모두가 마주치게 되는 믿음, 즉 특정한 피억압 집단의 구성원만이 그 집단의 경험에 관해 잘 쓸 수 있고, 심지어 어쩌면 더 잘 읽을 수 있으리라는 믿음이다. '여성 작가만이 여성의 경험을 이해한다. 아프리카계 미국인 작가만이 흑인의 경험을 이해한다.' 이런 강변은 피상적으로는 그럴듯해 보인다. 피억압 집단의 구성원들이 실제로 다른 사람들은 알지 못하는 삶에 관해 아는 경우가 많기 때문이다. 그러나 어떤 개인이나 집단도 자기 인식에서 완벽하지 않으며, 때로는 통찰력 있는 외부자가 경험 안에 묻혀 있는 사람이 보지 못하는 것을 볼 수도 있다. 물론 일반적으로 어떤 집단의 상황을 이해하고 싶다면 그 집단의 구성원이 쓴 가장 훌륭한 작품에서 시작하는 것이 좋다. 그러나 그렇게 하면서도 우리 자신의 이해를 확장하는 것이 가능하다고 주장해야 한다. 이것이 교육과정에 그런 작품을 포함해야 하는 가장 강력한 이유다. 만일 상상 속에서 집단의 경계를 가로지르는 것이 불가능하다면 그런 작품에서 아무것도 배우지 못할 것이다.

문학 해석이 우리 모두 한 꺼풀만 벗기면 다 똑같은 존재라는 식의 극단적으로 단순화한 메시지를 설교하는 작업이라면 그야말로 피상적일 것이다. 사유와 독서를 통해 쉽게 알 수 있듯이, 경험과 문화는 "한 꺼풀 아래" 있다는 것의 많은 측면을 형성한다. 이런 이유 때문에 실제 삶은 충분히 계발해주지 못하는 공감을 확장해주는 문학이 시민에게 매우 긴급하고 중요하다. 문학은 우리가 계속 우리 자신인 채로 타인의 삶에 들어가 비슷한 점을 드러내는 동시에, 타인과 나 자신의 삶과 생각의 깊은 차이 역시 드러내 그것을 이해할 수 있게, 또는 적어도 이해에 더 다가갈 수 있게 하겠다는 정치적인 약속을 해준다. 비평을 바라보는 입장 가운데 그런 가능성을 부정하는 입장은 인간의 사회적 선으로서 문학적 경험의 가능성 자체를 부정하는 듯하다. 우리는 이런 견해가 발견될 때마다 거세게 반대하고, 정체성 정치 형태보다는 세계시민 형태의 다문화주의가 교육과정 개편을 위한 노력의 기초가 되어야 한다고 주장해야 한다.

문학은 인간의 삶에 많은 기여를 하며, 학부 교육과정은 당연히 이런 다채로운 면을 반영해야 한다. 그러나 문학이 시민의 삶에 가장 중요하게 기여하는 바는, 보통은 둔감해지고 무뎌진 우리의 상상력을 움직여 구체적인 환경, 나아가 생각과 감정 속에서 우리 자신과 다른 사람들을 인정하게 하는 능력을 기른다는 것이다. 엘리슨이 말하듯이 허구로 이루어진 작품은 "내 등장인물과 혹시라도 그의 경험에 관해 읽게 될 사람들이 공유하는 공통의 인간성을 부정하는 이 나라의 경향을 물리치"는 데 기여할 수 있다.[19] 이런 기여 덕분에 이 작품은 대학교육의 핵심적 요소가 된다.

우리는 지금 이전 시대의 인문학 학과들을 훼손했던 비전과 수용성의 결함을 극복할 학교, 엘리슨의 의미에서 어떤 집단도 보이지 않게 되는 일이 없는 학교를 건설하려고 노력하고 있다. 이것은 그 자체로 급진적인 정치적 의제다. 모든 인간의 동등한 가치를 주장하는 일은 어느 사회에서나 늘 급진적이며, 사람들은 한껏 입에 발린 소리를 할지는 몰라도 그런 이상의 요구를 피할 온갖 방법을 찾아낸다. 지금의 의제는 스토아철학의 세계시민성이 위계와 서열 위에 구축된 로마에서 급진적이었던 것과 마찬가지로 급진적이다. 또 목적의 왕국이나 하늘의 왕국에 우리 모두 들어갈 수 있다는 것을 부정하려고 안달인 세계에서 기독교의 이웃사랑 관념이 급진적이었고 지금도 급진적인 것과 마찬가지로 급진적이다. 우리는 그런 급진적 의제를 우리의 민주주의 관념에 걸맞은 것으로, 또한 민주주의의 미래를 이끌 자격이 있는 유일한 것으로 옹호해야 한다.

제4장

비서양 문화 연구

> 오, 동은 동이고 서는 서이며 이 둘은 결코 만나지 않으리……
> 그러나 비록 땅끝에서 왔다 해도 두 강자가 얼굴을 맞대고
> 설 때는
> 동양도 서양도 없으며, 경계도 종족도 출생도 없으리!
>
> 러디어드 키플링, 「동서의 발라드」

내슈빌의 벨몬트 대학에서 로니 리틀존이 강의하는 '고급 도덕론'의 수강생들은 강의의 핵심이 일본의 도덕론과 실천임을 알게 된다. 학생들은 서양의 정의, 사랑, 돌봄이라는 관념과 관련된 일본의 개념들을 분석하는 법을 배운 뒤, 다음과 같은 주장의 타당성을 평가하는 에세이를 쓰게 된다. "일본의 도덕적 실천에서는 관계의 유지를 일차적 지표로 생각하는 반면, 서양 문명에서는 이런 목적을 위해 추상적 규칙을 지키고 의무를 이행하는 것에 특권을 부여한다."[1]

브린마 칼리지의 아리스토텔레스 연구자 스티븐 솔케버와 중국 사상사 연구자 마이클 닐런은 소크라테스와 공자를 연구하여 '비교정치철학'을 가르친다. 그들은 두 사상가가 덕에 관한 새로운 질문을 던져 전통문화에 도전하고 유서 깊은 관념의 적합성에 의

심을 불러일으켰던 두 가지 서로 다른 방식을 살펴본다. 그들은 학생들에게 각 교육자가 각자의 철학 프로그램—소크라테스의 무지 고백, 공자의 전통을 따르라는 주장—의 혁신적 성격을 감춘 전략을 파악할 것을 요구한다. "혁신하면서도 보존하고, 모든 것을 말하면서도 너무 많이 말하지 않는 것이 두 교육자의 근본적인 목표다." 이것이 그들의 결론이다. 학생들은 명예와 남자다움이라는 전통적 관념에 대한 두 사상가의 비판이 갖는 가치에 관해 토론한다.

시카고 대학의 강좌 '서양철학 전통에서의 동정과 자비' 수강생들은 특강에서 동정에 대한 인도불교의 관점을 이야기해준 신학대학의 폴 그리피스와 이야기를 나눈다. 그리피스는 보통 '동정compassion'이라고 번역되는 여러 표현들에 관해 논한 뒤 불교의 관점은 기존 강의에서 중심으로 다뤄왔던 루소며 애덤 스미스 같은 학자들의 동정이나 공감이라는 관점과 비교하기가 쉽지 않다고 설명한다. 불교의 관점은 서양의 관점과 달리 개인의 자아 개념에 대한 근본적인 공격을 토대로 하며, 각 개인의 개별적인 삶의 경로가 따로 있다는 것을 부정하는 방식으로 고난에 대응할 것을 요구한다. 학생들은 그리피스에게 이런 도덕적 관점이 어느 정도나 정치적 평등에 대한 요구를 뒷받침할 수 있는지 묻는다.(학생들에게 루소의 관점은 이런 요구를 뒷받침할 수 있는 것으로 보였을 터다.)

미국 각급 대학의 학생들은 과거보다 비서양 문화에 관해 많이 배우고 있다. 한때 오로지 '서양 전통'에만 초점을 맞추었던 교육과정이 최근 들어서는 역사, 철학, 정치이론, 경제학, 종교, 음악학, 문학 등 넓은 범위의 다양한 학문에서 비교 강의나 '동양' 문화에 집중하는 강의를 끌어들이려고 노력해왔다. 강의가 '서양'에 초점을 맞출 때도 비교의 시각을 끌어들이는 경우가 많다. 그런데 오늘날 많은 사람이 이런 변화를 꾀할 만한 이유가 있는지 묻고 있다. 그들은 이렇게 무게중심이 확산되다보면 자신의 전통도 파악하지 못하는 학생들을 배출하게 될 것이라고 걱정한다. 이런 우려는 정당하다. 새로운 지식이 무지를 낳는 일은 없어야 한다. 그러나 복잡한 상호의존을 특징으로 하는 오늘날의 세계에 어울리는 시민성에는 참신하고 한층 넓은 지식의 초점이 필요하다. 우리를 에워싼 경제적·정치적·인간적 문제들을 잘 파악하려면 세계 절반의 전통에 무지해서는 안 된다.

러디어드 키플링은 '동'과 '서' 사이에는 도저히 넘을 수 없는 간극이 있으며 이 간극을 가로지르는 이해는 있을 수 없다고 선언했다—다만 그는 군사적 또 준군사적 대결이라는 제한적인 경우는 예외라고 생각했고, 이때는 (남성적인) 인간성을 이루는 어떤 공통의 요소들이 불가피하게 분명해지며, 결국 출신과 상관없이 사람은 사람일 뿐이라고 (약간 순진하게) 믿었다. 키플링과 달리 우리는 '동'과 '서'가 늘 만나고 만나야 하는, 또한 전쟁에 의지하지 않고 서로 이해하려고 노력해야 하는 세계에 살고 있다. 다국적 기업, 전지구적 농업 발전, 멸종위기종의 보호, 종교적 관용, 여성 복지 등에 대해 논의하든, 아니면 단순히 회사를 효율적으로 운영하는 방법을 논의하든, 우리가 떠안는 문제에 답하려면 많은 문화에 대한 비교 지식이 필요하다는 것을 점점 절실하게 깨닫고 있다. 더욱이 이제 우리는 사업을 할 때든 정치적·사회적 프로젝트를 추진할 때든 다른 문화에서 온 사람들과 함께 일하는 경우가 점점 늘고 있다. 우리는 키플링이 건널 수 없다고 생각했던 간극을 건널 방법을 찾아야 한다. 이제 '양육'과 '출생'을 상관없는 것으로 만들었던 강한 남자다움이라는 보편적 언어가 존재한다고 가정할 수 없기 때문에 우리의 과제는 더욱더 어려워진다. 우리는 문화마다 평화와 전쟁에 대한 관념, 남자다움과 공격성을 관장하는 적절한 규범에 대한 관념이 매우 다르며, 문화적·종교적 전통에 따라 다양한 방식으로 형성된다는 것을 알고 있다.

사실 이런 외국 문화 가운데 상당수는 이미 미국에 들어와 있다. 한때 요원했던 종교적 관행들과 믿음들이 사업 활동, 법, 종교에 대한 우리의 이해를 규정하고 있다. 이슬람교와 불교와 힌두교, 중국과 일본 등의 전통적이고 종교적인 관행에 대해 무지하다는 건 국제적 기획과 정치적 토론에서 핵심적인 전제조건이 결여되어 있다는 것만을 뜻하는 게 아니다. 그것은 또 이웃과 이야기를 나눌 때, 이민이나 다양성 관련 조치에 대한 이해를 바탕으로 투표해야 할 때, 불교도 재소자의 경전 내지 불공 요청과 관련된 법적 쟁점에 관해 생각해야 할 때,[2] 중국 출신 입양아 양육에 관해 의논할 때, 작가 살만 루슈디가 종교적 사형선고에 직면한 배경을 이해하고자 할 때 필요한 도구가 없다는 뜻이기도 하다.

우리는 비서양 문화들을 더 많이 배워야 한다. 무엇보다 서로 얽힌 세계에서 훌륭한 시민성을 갖추고 숙의를 하기 위해서 그래야 한다. 그러나 이런 학습은 다른 이유 때문에도 소중하다. 이는 미국인으로서의 자기 인식을 확고히 다져줄 것이다. 미국인은 서양이든 비서양이든 미국 내에 섞여 있는 다양한 전통을 인식하게 됨으로써 자신이 사는 나라의 다양성을 더 잘 보게 될 것이다. 다른 방식이나 관행과 비교해봄으로써 미국의 기원 가운데 서양적인 측면, 더 정확하게 말하자면 '서양 전통'을 구체적으로 이해하게 될 것이다. 철학자 존 설이 주장했듯이, "자유교육의 가장 해방적인 효과 하나는 자신의 문화를 삶과 감수성의 여러 가능한 형태 가운데 하나로 보게 된다는 데 있다."[3]

우리는 또 자신의 역사가 타자를 이해하는 과정에서 어떤 방식으로 오류를 범했는지 이해하게 된다. 비서양 사회와 서양인의 관계는 식민지배 계획으로 매개되는 일이 흔했으며, 보통 종교적 우월성이라는 자족적인 태도가 수반되었다. 신비한 동양의 '타자'에 대한 낭만적인 동경, 그리고 이와 밀접하게 연결된, '동양'을 비이성적이고 미신적이고 비도덕적이라고 폄하하는 경향은 모두 서양의 가치가 도덕성과 문화의 규범이라고 가정하는 태도에서 나온다. 어떤 사상가가 영적인 풍요와 성적인 화려함 때문에 관습을 거슬러 '동양'을 찬양하든, 더 관습적으로 신비주의와 비도덕성을 거론하며 동양을 폄하하든, 서양의 중간계급 기독교를 (그 기독교가 무엇인지 스스로 명확하게 인식하지도 못하면서) 기준으로 삼는 경향은 자신과 타자 양쪽에 대한 진정한 사고를 흐리터분하게 만든다. 이런 과도한 단순화는 물론 서양 식민지 당국이 인도와 여타 비서양 지역을 정치적으로 지배하면서 자신이 그곳에 존재하는 상황을 애써 정당화했던 역사적 사실과 무관하지 않다. 이전 시대 사람들이 저질렀던 지적·도덕적 잘못을 파악하기 위해서라도 우리는 비서양 문화를 더 충분히 이해해야 한다. 역사에 대해 이런 식의 자기비판적인 관점을 취한다고 해서 그것이 비서양 문화의 관행이나 믿음에 대한 비판을 중단하는 것으로, 또는 이들이 마치 지배나 그릇된 재현에서 자유로운 것처럼 묘사하는 것으로 이어지는 것은 아니다. 이런 관점을 확보한다는 것은 우리가 다른 문화와 관계를 맺는 과정에서 단순화, 회피, 자기 회피라는 우리 자신의 기획을 인식하게 된다는 뜻이다.

지금까지 미국은 먼 문화권들과 훌륭하게 교류할 수 있는 시민을 그리 잘 배출해내지 못했다. 미국인은 제 나라의 영토가 크고 다른 나라들과 멀리 떨어져 있다는 사실 때문에 미국 역시 복잡한 세계의 일부라는 사실을 잘 잊는다. 경제적·정치적 힘 때문에 다른 나라에 관해 알 필요가 없다고 느낄 가능성도 높다. 경제, 과학, 세계 상업 분야 내 제1언어라는 영어의 우위적 위치 때문에 다른 언어는 배워도 얻는 것이 거의 없다고 믿기도 쉽다. 그 결과 미국인은 고립되고 무지해졌는데, 이는 서양 문화의 다원성이 일상생활의 조건인 유럽에서는 유례를 찾을 수 없는 것이다. 그러나 세계 수백만 명의 일상적 삶을 관장하는 이슬람교, 힌두교, 불교 같은 종교에 관해 아는 게 거의 없다는 건 미국인이나 유럽인이나 똑같다. 우리는 다른 나라의 직업 관념, 상거래 관념, 가족 관념, 도덕성 관념에 대해 아는 것이 너무 적다. 이런 무지는 도덕적·정치적 오류로 이어졌고, 인간적 감수성과 단순한 상식을 키우는 차원에서는 실패로 이어졌다. 사업 영역에서는 미국의 교육체계가 좀더 제 역할을 했다면 피할 수도 있었을 큰 실책으로 이어졌다. (자신이 베이징 지사를 운영할 준비가 제대로 되어 있지 않다는 것을 알게 된 회사원 애나를 떠올려보라.) 미래를 위험에 빠뜨리는 이런 상황을 바로잡으려면 각급 대학에 의지해야 한다. 대학은 교육과정의 확대 개편을 밀고 나아가야 한다. 그러나 동시에 이 작업은 반드시 오늘날 시민들의 요구에 적절하게 부응하는 방식으로 이루어져야 한다.

비서양 문화 연구는 극히 까다롭다. 문화란 한 덩어리로 이루어진 것도 아니고 멈춰 있는 것도 아니다. 문화는 다단한 요소로 이루어져 있다. 갈등과 반역도 있다. 문화는 시간이 지나면서 진화하고, 다른 문화권에서 유입된 새로운 사상을 통합하기도 한다. 따라서 다른 문화 연구를 교육과정에 보탤 때 까다로운 문제가 왕왕 발생하는 것도 놀랄 일이 아니다. 어떤 교수가 비교철학 강의 때 '중국의 가치관'을 가르치겠다고 한다면 무엇을 공부해야 할까? 유교 전통? 그 전통에 대한 마르크스주의의 비판? 유교와 마르크스주의 양쪽을 비판한 현대 중국 페미니즘의 의의? (20세기 초에 『여성의 예속』이 중국어로 번역되면서, 존 스튜어트 밀에 의지해 비판하는 이들이 많았다.) 그것은 주로 해당 강의의 목표에 달려 있다. 하지만 이런 쟁점들은 반드시 다루어져야 한다. 심지어 '유교 전통' 자체도 단일하지 않기 때문에 상황은 더욱 복잡해진다.

솔케버와 닐런은 수업에서 현재 우리가 고대 중국의 '전통'이라고 생각하는 많은 것이 (고대 아테네의 전통과 마찬가지로) 사실은 주변 사회들과 논쟁을 벌였던 전복적이고 반전통적인 지식인들의 작업이라는 점을 일깨운다. 그리피스 역시 사람들이 자아에 관해 생각하고 말하는 일상적인 방식에 불교가 근본적인 문제를 제기했음을 염두에 두어야 한다고 학생들에게 당부했다. 이것을 인식하지 못한 채 불교가 인도인의 일상적인 사고와 행동 방식을 그대로 반영한 사상이라고 간주하면 학생들은 인도인과 미국인의 방법적 차이를 지나치게 과장하게 될 것이다.[4] 비서양 문화들은 본래 이질적이었던 요소들을 그때그때 통합해낸 복잡한 혼합체다. 이는 미국 전통에도 해당하는 이야기로, 미국이 비서양 문화들로부터 얼마나 많은 것을 끌어왔는지 이해하는 것도 그런 문화 연구의 한 측면이 될 것이다.[5] 문화적 영향은 한 방향으로만 흐르지 않으며, 한 방향이 주된 흐름을 이루지도 않는다.

이런 복잡성을 고려한다면, 또 우리가 늘 상호작용하는 문화들을 더 잘 이해해야 한다는 절박함을 고려한다면, 우리에게는 방향을 잡아줄 학문적 훈련이 필요하다. 지식과 감수성을 갖춘 시민이 되기 위해 알아야 할 모든 것을 전하려면 개인 경험에만 신뢰해서는 안 되는 것이다. 그러나 이런 훈련은 비교문화적 서술이라는 난제를 잘 타개하는 경우에만 유용할 것이다. 이런 어려움들을 더욱 섬세하게 서술함으로써 우리가 충분한 훈련 없이 외국 문화에 다가갈 때 생기는 문제를 좀더 분명하게 이해하면, 대개 좋은 결과로 이어질 훈련방법을 찾아내 계몽이 절박하게 필요한 곳에서 계몽된 시민성을 장려할 수 있을 것이다.[6] 또 미국의 각급 대학의 시작은 충분히 훌륭했지만 그 지점에서 더 나아가는 것이 왜 중요하고 그들의 노력이 왜 지지를 얻을 만한지 이해하게 될 것이다.

서술의 악습: 쇼비니즘과 낭만주의

다른 문화나 다른 시대를 공부하다보면 더러 이상하게 보이는 관습들과 마주친다. (이웃을 방문하거나 사랑하는 사람의 생각을 이해하려 애쓸 때도 이럴 수 있다.) 문제를 더 파고든다면 눈에 보이는 그것을 해석해보려고 애쓸 것이다. 이 지점에서 모순되는 두 악습이 한 번씩 모습을 드러내는데, 지구적 이해를 위한 훌륭한 교육이라면 이런 악습들과 맞서 싸워야 한다.[7] 첫번째 악습은 서술의 쇼비니즘이라고 부를 수 있다. 자신의 타자를 이미지로 재창조하고, 낯선 것을 익숙한 것과 동일하게 읽어내는 것으로, 철학사 교육에서 매우 흔히 볼 수 있는 특징이다. 고대 그리스 사상사를 연구하는 역사가, 특히 자기 시대의 철학 문제에 몰두하다 고대 그리스인에게 이끌린 학자는, 자신이 이질적이라고 여기는 특징은 한쪽으로 치워놓고, 그리스인을 19세기 영국인 내지 오늘날로 치면 20세기 미국인과 아주 흡사한 존재로 재현한다. 그런 동화同化가 늘 나쁜 것은 아니다. 고대 텍스트에서 오늘날 여전히 우리를 괴롭히는 문제에 대한 섬세한 분석을 발견하는 것은 철학사 공부에서 얻을 수 있는 한 가지 기쁨이다. 그러나 자기 시대에 대한 관심에서 동기를 얻은 역사가는 그리스 자료에서 중요한 것을 놓치는 일이 너무 흔하다. 예를 들어 19세기에 고대 그리스 종교를 서술한 글은 그 종교를 실제보다 더 기독교처럼 보이게 만드는 경향이 있다. 신들의 왕인 제우스의 역할을 미묘하게 왜곡해 유일신교 같은 그림을 만들어내며, 제의와 기도문 낭송 대목에서는 신앙과 자비의 개념을 마음대로 이입해 의미를 잘못 전한다.

윤리에 대한 아리스토텔레스의 생각을 가르칠 때도 19~20세기 영국 사상의 지배적인 윤리 전통에 이질적으로 보이는 개념들은 익숙하게 다가올 때까지 교묘하게 왜곡한다. 더 나아지거나 더 완전해져야 할 것이 전혀 없는, 그 자체로 완전하고 번창한 인간 삶을 뜻하는 '에우다이모니아eudaimonia'라는 아리스토텔레스의 개념은 일반적으로 '행복'으로 이해되는데(심지어 번역되는데), 근대 영어 사용에서 이 말은 기쁘거나 만족한 상태를 나타낸다. 이 때문에 아리스토텔레스의 윤리이론은 공리주의의 한 가지 형태에 가깝게 여겨지며, 이 때문에 아리스토텔레스의 이론이 윤리이론의 모든 것을 포괄한다고 간주되었던 두 범주('목적론적인 것'과 '의무론적인 것') 어디에도 완벽히 동화될 수 없다는 사실이 오랫동안 감추어졌다.

이런 기획의 문제는 무엇이었을까? 아리스토텔레스가 동시대에도 높이 평가되었다는 사실을 생각하면 우리는 우리가 아는 한에서, 그의 사상이 그 자체의 역사적 맥락에서도 강력한 힘을 얻을 수 있는 해석을 찾아야 한다. 또 더 중요하게는, 인간의 삶이 한 세기에서 다음 세기로 바뀐다고 해서 완전히 변하지는 않는다—아리스토텔레스가 씨름한 많은 기본 문제들(죽음 공포, 식욕 조절, 분배의 정의, 우정과 자족 사이의 균형)은 여전히 어떤 형태로든 우리에게 주어진 문제이기도 하다—는 믿음을 바탕으로, 우리는 최소한 일반적으로 우리 입장에서도 타당한 해석을 찾아야 한다. 공간의 간극이든 시간의 간극이든, 간극을 가로지르는 인간의 해석은 일반적으로 그리고 마땅히 타자의 합리성이라는 가정을 배경에 깔고 있다. 당연하게도 우리는 저 사람이 말도 안 되는 소리를 한다는 식보다 일관되고 의미 있는 말을 한다는 식으로 해석하기를 선호한다. 물리학 같은 분야에서는 다른 시대의 이론이 그 자체의 맥락에서 어떻게 말이 되는지 보려고 노력하면서도 그것이 우리 시대에는 타당성을 잃었음을 확인하게 될 수 있음을 예상해야 한다. 그러나 삶의 문제들이 한꺼번에 사라지지 않는 윤리학에서는 자체의 맥락에서 설득력을 가지는 동시에 오늘날에도 적어도 어느 정도 타당할 수 있는 사실이 발견되리라는 것도 예상해야 한다.

19세기와 20세기 초 아리스토텔레스 해석자 상당수가 가졌던 문제는 자신들의 철학적 문화에서 당시 논의되던 것과 다르지만 타당한 견해들이 존재할 수 있다는 생각을 거부했다는 것이다. 그들은 자신들이 가장 훌륭한 철학적 문화를 누리고 있고, 윤리적 문제에서 의의가 있는 것은 이미 자기들 안에 모두 표현되어 있다고 가정했다. 이런 쇼비니즘적인 가정에 의문을 제기한다면 이전 시대의 저자들에게서 다른 타당한 견해들을 발견할 수 있었을 것이다. 예를 들어 아리스토텔레스는 사람들이 만족 상태를 극대화하려고 노력한다고도, 일군의 의무를 이행하려고 노력한다고도 보지 않았다. 그에게 인간은 사유를 통해 내재적 가치를 부여하기로 한 모든 활동을 담아내는 삶을 얻으려고 노력하는 존재였다. 그는 인생 설계의 핵심이 매우 다양하게 존재하는 다소 일반적인 목적들에 관한 숙의에 있으며, 이때 숙의하는 사람은 어떤 구체적인 형태의 '절제'나 '용기'가 자신의 삶에서 가장 합당한지 묻는다고 생각했다. 이런 맥락에서 보면 아리스토텔레스의 윤리적 기획은 도달할 수 없을 정도로 '다르지도' 않고 대책 없을 정도로 이질적이지도 않다. 사실 이것이 공리주의적 도덕론의 추상적인 이야기들보다 현실의 사람들이 삶에 관해 생각할 때 하는 일에—심지어 오늘날의 미국에서도—더 잘 들어맞는다고 주장할 수도 있다.[8] 말하자면 아리스토텔레스의 윤리학을 지배적인 윤리이론에 너무 밀접하게 동화시켜 철학적 맥락에서 쇼비니즘적으로 서술하는 바람에, 독자들은 실제로 자신의 삶을 더 잘 이해하는 데 도움을 줄 수도 있는 독특한 철학적 선택을 할 수 없게 된 것이다.

고대 그리스 문화처럼 상대적으로 익숙한 문화에 관해 생각할 때도 서술의 쇼비니즘이 문제가 된다면, 익숙하지 않은 문화에 다가갈 때는 훨씬 큰 문제가 될 것이라고 예상할 수 있다. 자신이 만난 사회에 관해 아는 것이 거의 없을 경우 적어도 매우 중요한 몇 가지 면은 똑같을 것이라고 생각하고 싶은 유혹을 느낄 것이다. 예를 들어 인도음악의 소리가 서양음악과 매우 다르다는 것을 아는 많은 사람도 해석자의 창조적 역할을 강조하는 인도 전통에는 '음악 예술작품' 개념이 서양음악과 동일한 형태로 존재하지 않음을 인식하지 못할 가능성이 높다. 콘서트에 가는 관행의 전제가 되는 음악 예술작품이라는 개념은 알고 보면 심지어 서양에서도 비교적 최근에 생겨났다. 그러나 이런 사실은 전혀 널리 인식되지 못하고 있다.[9] 그런 개념을 라비 샹카르*의 연주에 갖다붙이는 청자는 오랜 연주 전통이 있는 고전적 형식의 테두리 내에서 즉흥성을 발휘하는 그의 창조적 기여의 많은 측면을 놓칠 공산이 크다. 그런 청자는 또 더 적절한 문화 간 유사성—예를 들어 샹카르의 활동과 현대 재즈 음악가의 활동 사이의 유사성—을 생각하지 못할 것이다. 특정한 차이를 인식할 때 더 흥미로운 유사성도 시야에 잡히는 법이다.

또한 미국인 대부분이 종교의 차이 자체는 인식하면서도, 예배 자체와 예배의식에 대한 시각에도 차이가 있다는 사실은 인식하지 못하기도 한다. 미국의 일상생활에서도 이런 문제가 드러난다. 정통파 또는 보수파 유대교도가 예배를 드리는 모습을 본 많은 기독교인은 예배와 예배의식 관행의 관계가 기독교와 매우 다르게 조직되어 있으며, 예배중 적절하다고 여겨지는 행동 규범도 크게 다르다는 것을 알게 된다. 예배 시간에 들락거리거나 예배 도중 말을 하고 심지어 웃음을 터뜨리는 식의 모든 것을 기독교인은 아주 나쁜 행동이라고 생각할 것이다. 그러나 이것은 보수파 유대교 예배에서는 문제없는 행동이며, 오히려 이것이 규범이다.

게다가 이런 수수께끼는 완전히 낯선 종교와 만났을 때 발생할 가능성이 훨씬 더 높다. 유교가 기독교와 여러 면에서 아주 다르다는 점을 인식하는 많은 사람도, 여전히 유교에 기독교에 대

* Ravi Shankar(1920~2012). 인도의 작곡가 겸 시타르 연주 명인. 재즈 가수인 노라 존스의 아버지이기도 하다.

응할 만한 신, 신앙, 기도의 개념이 있을 것이라고 추측한다. 좀더 조사를 했을 때야 유교라는 종교의 핵심이 신에 대한 믿음보다는 의식儀式의 관행과 관련된 관념들이라는 것을 알게 된다. 마찬가지로 매우 일신교적인 종교를 믿으며 성장하며 형성된 생각으로 힌두교에 접근하는 기독교인은, 라마가 중심이 되는 신이라고 간주하면서 힌두교 전통이 이 신과 그의 성소를 중심으로 성립되었다고 여기기 쉽다. 그러나 이렇게 가정한다면 다신교적이고 더없이 다양한 과거의 힌두 전통을 왜곡하게 될 것이다. 그래서 예를 들어 유력한 힌두 근본주의 정당인 인도인민당(바라티야 자나타당)이 최근 라마신과 그의 출생지를 강조하는 것이 얼마나 전통을 왜곡하는 것인지 놓칠 것이다. 충실한 학문적 훈련을 받았다면 그런 정치적 오류는 막을 수 있었을 것이다.

서술의 쇼비니즘 오류는 우리가 일반적으로 다양성을 인정하는 영역에서 흔히 일어나는데, 우리가 문화적으로 불변이라고 여기는 삶의 영역에서는 훨씬 더 자주 곤혹스럽게 드러난다. 인도에 간 미국인은 차이에 아무리 잘 대비했다고 해도 공간적 여유의 완전한 부재, 고독과 프라이버시에 대한 배려가 완전히 결여되어 있는 상황에 압도당할 가능성이 크다. 미국인 대다수에게 너무 귀중한 개인이나 가족의 프라이버시라는 개념이 인도에는 똑같은 형태로 전혀 존재하지 않는다. 아무런 예고 없이 손님이 찾아오기 일쑤이며, 일상적으로 겪는 소란스러움과 방해는 미국인의 기준에서 보자면 고통스러울 정도다. 인도 대도시, 심지어 소도시에서도 거리 생활은, 예컨대 시카고에서라면 아무리 붐비더라도 혼자 호숫가를 따라 걸으며 누릴 수 있는 사색 시간을 전혀 용납하지 않는다. 사람의 물리적 공간을 미국인처럼 신성불가침으로 여기지 않기 때문이며, 안내 여행을 제안하거나 짐을 들어주겠다고 하는 등 다른 많은 면에서도 (이 현상에 대한 매우 서양적인 묘사인데) 공간을 침해하는 상황이 발생하기 때문이다.

폴 에를릭의 『인구 폭탄』에는 서술의 쇼비니즘에서 나올 수 있는 나쁜 정치적 판단의 예가 등장한다. 에를릭은 "델리에서 악취나는 후끈한 밤"에 택시를 타고 가다 교통 체증에 시달리면서 세계적인 인구 위기가 존재한다는 생각이 떠올랐다고 말한다. 그는 자신을 둘러싼 사람의 바다를 둘러보았다. "먹는 사람들, 씻는 사람들, 자는 사람들. 방문하고 논쟁하고 소리지르는 사람들…… 사람들, 사람들, 사람들, 사람들…… 먼지, 소음, 열기, 조리용 불 때문에 마치 지옥의 한 장면 같았다." 그 순간 에를릭은 갑자기 공황에 빠졌고 이를 매우 서양적인 사고로 표현했다. "우리가 무사히 호텔까지 갈 수 있을까?"[10] 에를릭의 지구적 인구 위기 분석이 정확한가 아닌가 하는 것은 물론 다른 이야기다. (정확하다고 생각할 많은 이유가 있다.)[11] 쇼비니즘적인 서술이 돋보이는 대목은 델리의 일상생활이 미국의 주요 도시, 즉 아무런 사고 없이 호텔까지 순조롭게 갈 수 있는 곳의 일상생활과 비슷하리라는 가정이었다. 그렇지 않으면 어떤 세계적인 위기가 진행중인 것이다. 물론 다른 진단도 가능하다. 델리는 완벽하게 보통인 날에도 시카고와는 좀 달라서, 예를 들어 교통 패턴도 경적을 울리는 규범도 달라서, 호텔까지의 예상 도착 시간도 달라야 한다는 것이다.

우리 모두에게는 생물학적 부모가 있으며, 우리 가운데 다수는 생물학적 부모건 양부모건 한 부모나 두 부모와 함께 성장했다. 우리 모두 부모가 무엇이고 자식이 무엇인지를 두고 어떤 가정을 한다. 그러나 이런 가정이 얼마나 독특하게 서양적인 전통에 의해 형성된 것인지는 거의 인식하지 못하는데, 서양 전통에서는 자기 소유의 집에서 살아가는 두 부모를 중심으로 하는 핵가족이라는 관념이 아마 세계 어디와도 견줄 수 없을 만큼 중요할 것이다.[12] 그런 데 살던 사람이 인도의 도시에 와서, 아이들 주변으로 친척들이 북적이고, 아주머니와 아저씨와 친구 들이 숱하게 찾아와 아이들에게 영향을 주는 모습을 보고 있자면 이상하게 온당치 못하다는 느낌을 받을 수도 있다. 이 아이의 부모는 어디 있고, 왜 그들은 이렇게 많은 일을 다른 사람들에게 맡기는가? 이 호기심 많은 친척들은 어째서 예고도 없이 계속 문간에 나타나는가? 이 미국인은 자신의 규범과 비교하며 혼란스러워지지만, 아이의 행복을 누가 궁극적으로 책임지느냐는 문제를 인도 문화가 다르게 이해한다는 것을 미리 인식했다면 그러지 않았을 것이다. 교육이 바로 그런 혼란을 예방할 수 있었을 것이다.

또는 베이징에서 일하며 아기를 입양한 미국인 회사원 애나를 생각해보라. 그는 중국에서 미국과 다른 점들을 많이 만나리라고 각오했으나, 아기를 안는 법과 아기와 말하는 법은 세상 어디를 가나 똑같을 거라고 가정했다. 초기의 교감이나 인지와 운동 자극을 강조하는, 미국에는 흔한 적극적인 육아 방식이 인간의 보편적 규범을 반영한다고 가정했던 것이다. 그래서 그는 중국인 보모가 아기의 팔다리를 꽁꽁 싸 움직이지 못하게 하고 아이와의 교감을 거부하자 처음에는 보모가 아이를 제대로 돌볼 줄 모른다고 생각했다. 그러다 나중에야 자신이 문화 차이와 직면하고 있음을 인식했다.

애나는 학부 시절 중국 문화를 더 섬세한 방식으로 대면할 수 있도록 교육받지 못한 것이 아쉬웠다. 사실 훌륭한 강의를 들은 학생은 그런 문제에 잘 대처할 수 있다. 폴 그리피스는 시카고 대학 학생들에게 우리가 보편적이거나 불변한다고 생각하기 쉬운 우리 자신의 측면들—가령 타인의 고난을 보고 느끼는 공감이나 고통이라는 정서적 반응—조차, 알고 보면 우리의 문화나 종교가 개인의 정체성과 시공간에서의 연속성을 바라보는 방식에 따라 복잡하게 형성된다고 말했다. 불교의 동정심과 서양의 동정심을 지적으로 비교하면 우리는 결국 더 큰 서술상의 차이를 인식하게 된다. 로니 리틀존은 벨몬트 대학 재학생들에게 일본 문화가 윤리적 규범이나 의무감 면에서 우리와 같은 관념을 공유한다고 가정해서는 안 된다고 강조한다. 그는 학생들에게 일본의 도덕적 관행에서 공동체와 관계가 차지하는 중요성에 대해 깊이 생각하라고 독려했다. 이런 생각은 그 나라와 사업을 하거나 그 나라의 성공 비결을 이해하려고 하는 모든 학생에게 중요했을 것이다. 우리에게는 다국적 세계에 대비해 학생들을 준비시킬 그런 수업이 절박하게 필요하다.

미국의 대학들은 서술의 쇼비니즘 오류를 피하고 있을까? 이런 오류는 (고대 그리스와 로마를 포함한) 모든 외국 문화 교육에서 비교적 흔하게 나타난다. 특히 우리가 '종교'가 무엇이고, '예술 활동'이 무엇이고, 철학적 문제가 무엇인지 안다고 가정하는 것 등의 훨씬 미묘한 수준에서 많이 나타난다. 그러나 내가 찾아간 대부분의 학교에서 비서양 문화들을 가르치는 선생들은 이 악습을 피하려고 진지하게 노력하고 있다. 세인트로렌스 대학의 프로그램처럼 다른 문화에 장기적으로 몰입하는 것, 또 브린마 칼리지의 솔케버/닐런 강좌처럼 협동 수업을 진행하는 것이 이런 악습을 피하는 아주 좋은 방법이다. 사실 나는 비서양 문화를 가르치는 경우보다 고대 그리스를 가르치는 데서 서술의 쇼비니즘을 더 많이 본다. 고대 그리스는 '우리의' 명저와 '우리의' 사고방식을 갖춘 '우리의' 문화라고 가정하기 십상이기 때문이다.

서술의 쇼비니즘에는 서술의 낭만주의라고도 부를 수 있는 짝이 있는데, 이것은 익숙한 삶은 선사해주지 못하는 것처럼 느껴지는 이국적 경험에 대한 낭만적인 갈망을 가리키는 표현이다. 이 악습은 다른 문화를 지나치게 이질적이고 자신의 문화와는 비교할 수 없는 것으로 보면서, 비슷한 요소는 무시하고 신비하고 이상해 보이는 요소를 강조하는 것이다. 이런 형태의 왜곡은 우리 일상에서 적어도 서술의 쇼비니즘만큼 흔하다. 사람들은 신비와 낯섦을 향한 욕망 또는 익숙한 사고방식의 대안에 대한 욕망으로 인해 외국 문화에 이끌리는 경우가 많기 때문이다.

가령 1960년대와 1970년대에 인도 문화에 끌렸던 젊은이들은 익숙해 보이는 면—수학과 경제학의 오랜 전통, 무신론과 쾌락주의의 전통, 합리적 분류를 향한 열정, 벵골 인텔리겐치아의 정교한 수사를 갖춘 지성주의 등—은 대개 무시했다. 그들은 힌두교의 신비한 변형들을 찾았다. 이것이 미국에는 결핍되어 있는 듯한 면—경제적 요구 및 군사적 호전성과 분리된 영성—을 제공해준다고 느꼈기 때문이다. 그러면서 그들은 그들 이전의 많은 사람과 마찬가지로 인도를 신비한 타자로 그렸지만, 이 묘사는 인도 전통의 진정한 다양성을 왜곡하는 것이다. 한 종류의 습관 속에서 성장한 사람들은 외국에 나갔을 때 달라 보이는 것에만 주목하기 마련이다. 이들은 비슷한 것들은 국제적인 서구화가 이루어진 증거로 보며(물론 일부는 그렇다), 서양과 관련 있어 보이는 것은 뭐든 진짜가 아니라고 생각한다. 자신의 전통을 식민지 억압자의 전통에서 떼어내려고 노력하는 인도 학자들 스스로도 비슷한 왜곡을 자주 범한다. 예를 들어 인도의 페미니스트 비나 다스는 인도 여성은 자신의 행복이 나머지 가족 구성원의 행복과 구별된다고 생각할 능력이 없다고 주장한다. 다른 가족 구성원들에게 먹을 것이 있을 때도 굶주려야 하는 여성이 이 점을 인지하고 있으며, 집 밖에서 일하는 것을 금지당한 여성이 이 금지를 자신이나 아이들을 먹여 살릴 자신의 능력을 제약하는 것으로 여긴다는 충분한 경험적 증거가 있는데도 말이다.[13]

서술의 낭만주의는 다른 사람들과 만날 때 비참한 오류를 낳을 수 있다. 푸치니의 <나비 부인> 플롯을 보라. 주인공 핑커턴은 일본 문화가 이국적이고 자신의 문화와 완전히 다르다고 보았기 때문에 일본 여자는 자신의 서양인 아내와는 달리 도덕적으로 존중할 필요가 없다고 본다. 일본 여자는 즐겁게 가지고 노는 장난감이며, 그는 의리나 약속을 지킬 필요가 전혀 없다. 물론 성적 표현이나 성적 파트너에 대한 존중을 둘러싼 도덕규범이 전혀 없는 자유로운 관능의 문화는 동서양을 불문하고 어디에도 없다. 핑커턴은 일본의 도덕적 질서에 무지했다. 나아가 어떤 문화에도 자신이 어떤 취급을 당하든 관심 없고 그저 남자들이 소비해주기를 기다리는 하찮은 존재로만 살아가는 여성이 있을 가능성은 거의 없다. 이 오페라의 비극은 서술의 낭만주의의 비극이다. 핑커턴은 자신이 욕망하는 여자가 아내와 별로 다를 것 없이 사랑의 감정이 있고 도덕적 존중을 요구하는 인간이라는 점을 전혀 인지하지 못한다.

나아가 서술의 낭만주의는 '동양'을 왜곡하는 것만큼 분명하게 '서양'도 왜곡한다. 비서양적 영성과 시의 원천을 찾아 인도로 향하는 학생은 (또는 학자는) 그 과정에서 서양에 존재하는 시와 영성의 전통을 경시할 가능성이 높다. 인도가 영성의 독점을 누리고 있다고 생각하는 사람은 서양 종교는 물론 서양의 음악과 시와 예술을 하찮게 여길 가능성이 높다. 동시에 많은 서양권 문화, 예를 들어 러시아와 핀란드의 문화도 무시할 가능성이 높다. 우리와 타자를 단순히 대비하는 관점에서는 우리 자신을 잘못 이해하기 십상이다.

쇼비니즘을 피해 비서양 문화를 사유하고 다루는 시민을 배출하는 일이 절실하게 중요한 것은 분명하다. 그러나 좋은 학문적 훈련을 받지 못하면 쇼비니즘을 피하지 못할 가능성이 높다는 것 또한 분명하다.

비서양 문화에 관한 학문적 훈련 가운데는 그 자체가 지나치게 낭만적이고 단순화되어 도움이 되지 않는 것들도 있다. 인류학자 프레데리크 마르글랭(스미스 칼리지)과 경제학자 스티븐 마르글랭(하버드 대학)은 자신들의 수업과 밀접하게 관련이 있는 책을 통해 인도 문화에는 "이원적 대립", 예를 들어 삶과 죽음 사이의 양극적 대립이 없다고 주장했다. 그들은 또 서양은 일터를 지배하는 가치와 가정을 지배하는 가치의 구별이 강하지만, 인도 문화는 그런 구분을 하지 않고 그들이 "내재된 생활방식"이라고 부르는 것을 (대체로 신비한 영성을 통해) 계발한다고 주장한다.[14] 우리는 인도 문화처럼 복잡한 문화에 대한 그런 단순화된 주장이 다양한 면면을 지닌 현실에는 부적절하다는 것을 쉽게 알 수 있다.[15] 널리 사용되는 교과서들도 이와 비슷한 문제를 안고 있다. "인도철학 전반의 주요한 특징은 영적인 것에 집중하는 것"이라는 구절을 읽은 학생은 엉뚱한 길에 들어서게 될 가능성이 높다.[16] 이 학생은 그런 구절에 자극을 받아 인도의 풍부한 논리적 전통, (지식의 기초에 관한 서양의 논의와 매우 유사한) 통찰력과 지식에 관한 복잡한 논쟁,[17] 또 종교성과 영성을 공격하는 무신론과 유물론 전통의 존재(무엇보다 '순세파')를 무시하게 될 것이다. 몇 년 전 불시에 세상을 뜨기 전까지 옥스퍼드 대학에서 인도 사상을 가르친 인도철학사 최고의 권위자 비말 마틸랄은 이렇게 결론내린다. "인도철학이라는 용어는 신비하고 비논증적으로 제시되는 주제, 기껴해야 시적이고 최악의 경우 교조적인 주제와 동일시되는 일이 너무 많다. 이런 관점을 시정해야 할 때가 이미 한참 지났다."[18]

그러나 이제 균형잡힌 정확한 그림을 제시하는 책과 교수를 찾기가 어렵지 않다. 대니얼 보네바츠, 윌리엄 분, 스티븐 필립스 등의 철학자들이 편집한 교재 『서양 전통을 넘어서: 도덕철학·정치철학 독본』은 학부생을 위한 훌륭한 기초 입문서다.[19] 일차 문헌들도 지금은 훌륭하게 번역된 다양한 판본으로 구할 수 있으며, 인도 사상에 관한 가장 훌륭한 몇몇 강좌는 교재를 전혀 사용하지 않는다. 브라운 대학에서 제임스 밴클리브가 하는 "동과 서의 철학" 강의가 그 탁월한 예다. 서양철학사 전문가지만 인도에서 살면서 가르쳤던 밴클리브는 인도의 주요한 논리학과 인식론 전통을 자세히 이해하고 있으며, 이것을 더욱 친숙한 인도 종교 전통의 맥락에서 제시할 능력을 갖추고 있다. 어려운 논리적 사고는 불필요하다는 생각이나, 그런 사고 없이도 영성의 내면세계를 계발해 살았던 어떤 위대하고 고상한 문화가 있다는 생각에는 뭔가 유혹적인 데가 있다. 하지만 그런 고정관념은 그릇된 것이며, 훌륭한 강좌는 시작부터 그런 관념에 저항한다.

서술의 낭만주의는 다른 비서양 문화를 학문적으로 설명하는 곳에서도 흔하다. 캘리포니아 주립대학 리버사이드 캠퍼스의 비교문학 교수 장 룽시는 '지식, 회의주의, 비교문화적 이해'라는 교수 대상 강연에서 이런 오류들을 설명했다.[20] 중국 문화혁명 시기에 시골 농장에서 노동을 하느라 오랫동안 학계 경력이 단절되었던 룽시는, "로고스중심적"인 서양 문화는 구두로 표현된 논증에 초점을 맞추는 반면, 비음성적인 중국 문자는 "모든 로고스중심주의의 외부에서 발전하는 문명의 강력한 움직임에 대한 증언"을 보존하고 있다는 자크 데리다의 견해가 미치는 유해한 영향력에 대해 말한다. 중국 문화에 대한 데리다의 논의는 진지한 연구의 결과라는 증거를 제시하지 못한다는 것이다. 그런 연구를 했다면 둘의 완연한 차이가 드러나는 대신, 여러모로 서양 전통과 아주 유사한, 언어와 사고와 글쓰기에 관한 사상의 복잡한 전통이 드러났을 것이다. 중국 문화에는 개인이라는 관념이나 주체와 세계, 사실과 가치 사이의 구별이 없다는 주장 또한 마찬가지로 지나치게 단순화한 것이다.

이 두 가지 서술의 악습 모두 단순화—자신과 타자 양쪽의 단순화—에 의지하는 경우가 많다. 수업에서든 삶에서든 서술의 적절성에 가장 방해가 되는 것은 아마 간결한 방식으로 한 문화의 본질을 요약하고자 하는 욕망일 것이다. 이런 욕망은 거의 매번 복잡성과 내부의 논쟁을 무시하고, 대조를 위해 자신의 문화를 과도하게 단순화하는 결과로 이어지기 때문이다. 솔케버와 닐런이 주목하듯이, 중국철학과 '서양'철학의 대조는 많은 경우 "다음과 같은 선언"을 포함한다. "우리는 이성에 대한 중국의 태도를 이렇게 요약할 수 있을지 모른다. 이성은 수단을 둘러싼 질문을 위한 것이니, 인생의 목적을 위해서는 경구, 사례, 우화, 시에 귀를 기울여라." 이어 이런 과도한 단순화는 '서양철학'에 대한 근거 없는 약점(또는 장점)을 분석하는 데 사용된다. 학생들에게 양쪽의 복잡성에 대해 적절히 설명하기도 전에 말이다.

비서양 문화를 가르치는 훌륭한 수업은 점점 늘어나고 있다. 솔케버와 닐런 같은 훌륭한 교수들은 각급 대학에서 강의해나가면서 '문화' 개념과 관련해 다음과 같은 점들을 계속해서 강조하고 있다.

1. 현실 문화는 단수가 아니라 복수다. 모든 현실 문화에는 다양한 종교, 계급, 민족 및 종교 집단이 포함되어 있으며, 집단마다 개성이 각기 다른 남녀가 있다. 우리는 '미국적 가치관'이라는 획일적인 그림에서 쉽게 결함을 찾아낼 수 있으며, 중국이나 인도에 대한 그런 서술에도 마찬가지로 비판적이어야 한다.

2. 현실 문화에는 규범들의 주장, 저항, 논쟁이 있다. '인도의 가치'가 무엇인지 서술할 때는 지배적 규범만이 아니라 그 규범에 저항하는 목소리도 포함해야 한다. 도시와 농촌, 여성과 남성, 부자와 빈자의 구분은 어느 문화에나 있으며, 우리는 가장 영향력이 큰 텍스트도 이런 논쟁을 늘 다 드러내지는 않는다는 사실을 인식해야 한다. 그런 것들을 발견하려면 상위문화 문헌들 너머의 역사 연구로 계속해서 옮겨가야 한다.

3. 현실 문화에서는 대부분의 사람들이 생각하는 것과 가장 유명한 예술가나 지식인이 생각하는 것이 다를 가능성이 높다. 카를 마르크스가 '독일 가치관'의 대표자라거나 제임스 조이스가 '아일랜드 가치관'의 대표자라고 생각하는 것이 이상하듯이, (주변의 민주주의 문화를 경멸하는 귀족이었던) 플라톤이 '고대 그리

스 가치관'의 대표자라고 생각하는 것도 이상할 것이다. 그렇지만 이런 오류는 시공간이 먼 문화를 연구할 때 흔히 생긴다. 이것은 폭넓게 읽고 대중적 사고의 넓은 스펙트럼을 발견하려고 애써야 피할 수 있다.

4. 현실 문화에는 다양한 사고 및 활동 영역이 있다. '비서양 문화'의 서술은 비교적 가르치기 쉽다는 이유로 철학, 종교, 문학에 초점을 맞추고, 음악, 조각, 건축, 과학, 농업은 무시하기 일쑤다. 그런 서술은 또 도시 엘리트에 집중하고 일상이나 시골 사람의 삶은 무시하는 경향이 있다.

5. 현실 문화에는 과거뿐만 아니라 현재도 있다. 인도와 중국에 대한 현대의 서술 가운데 가장 이상한 특징 하나는 해석자들이 그 문화를 가장 오래되고 가장 전통적인 부분과 동일시할 때가 많다는 것이다. 우리는 미국의 가치관을 플라톤의 가치관이나 17세기 청교도들의 가치관, 심지어 메디슨이나 제퍼슨의 가치관과 동일시하는 서술을 받아들이려 하지 않을 것이다. 그런데 왜 마누의 법에 초점을 맞추는 인도 전통의 서술이나 공자에게 초점을 맞추는 중국 전통의 서술은 받아들여야 하는가? 미국이 한편으로는 다른 곳으로부터 훌륭한 생각들을 빌려 진화했듯이, 인도와 중국도 그렇게 진화해왔다. 공자는 중국의 가치관 가운데 일부다. 그러나 지금은 현대 중국의 유교 비판자들의 생각도 그 가치관의 일부를 이루고, 밀, 스펜서, 마르크스, 현대 경제학 등에서 빌려온 생각들도 일부를 이룬다. 인도의 가치관은 전통적인 힌두 사상에 의해 형성되었다. 그러나 또 라빈드라나트 타고르의 국제주의적 세계시민주의, 람 모한 로이의 인본주의적 종교 절충주의, 아마티아 센의 철학/경제 사상, 영화 제작자 사티아지트 라이의 할리우드 영화와 인도의 문화적 전통에 대한 사랑, 세속주의와 이슬람

교와 기독교에 의해서도 형성되었다. 힌두교 근본주의자들은 '진정 인도적'이며 세속주의자는 '서양적'이라는 판단, 유교적 권위주의가 진정 중국적이고 인권운동은 그렇지 않다는 서양인의 판단은 오만하고 틀린 것이다. 사람들이 어떤 사상을 위해 목숨을 바친다는 것은 대개 그 사상이 그들의 것이라는 충분한 지표다.[21]

강좌에 비서양 문화에 관한 내용을 집어넣는 교수들은 이 모든 경고에 귀를 기울여야 한다. 이것은 전문적인 학자들에게도 꽤 어려운 일이지만, 비전문가에게는 또다른 어려움도 있다. 언어를 모르기도 하고 어떤 전문가를 신뢰해야 할지 모르는 경우가 많기 때문이다. 너절하고 인상주의적인 가르침을 장려하면 안 되는 것은 분명하다. 이것은 현실적인 장벽이다. 어떤 사람들은 이 때문에 비서양 문화 연구를 학부 교육과정에 포함하지 말아야 한다고 생각한다. 하지만 이 영역에서 더 나은 이해를 장려해야 한다고 절실하게 판단한다면, (마땅히 그렇게 판단해야 하지만) 우리는 이런 이의 제기에 답하려고 노력해야 한다.

우리는 이의를 제기하는 이들에게 먼저 현재 '서양 문화'를 어떻게 가르치고 있는지 생각해보라고 요구해야 한다. 고대 그리스도 외국 문화이므로, 잘 가르치려고 하면 방금 열거한 모든 문제가 발생한다. 해당 문화의 언어를 모르고 연구 자료와 번역에 대해 전문적으로 판단할 수 없는 사람은 그 문화를 학부생에게 가르치지 말아야 한다는 입장을 정말 고수하려면, 현재 미국 각급 대학에 개설된 고전 문명이나 서구 문명 강좌의 약 90퍼센트가 폐기되어야 한다. 소포클레스나 플라톤을 가르치는 교원 대부분이 그리스어를 모른다. 중세 역사, 철학, 문학을 가르치는 많은 교원이 라틴어를 모른다. 설령 그 언어를 알더라도 다양한 번역을 비평할 만한 전문가는 거의 없다.

우리가 이런 문제와 부딪히는 것은 이런 책들을 통해 광범하고 다양한 배경을 가진 학부생들에게 자유교육을 하려고 하기 때문이다. 반면 유럽에서는 오직 좁은 범위의 전문가 집단만이 그리스어와 라틴어 고전을 연구한다. 유럽인은 일반적인 학부 과정에서 소포클레스와 플라톤을 가르치는 미국인의 방식에 충격을 받곤 한다. 물론 미국인의 방식대로 하면 수업의 전문성은 떨어질 수밖에 없다. 하지만 이것은 미국의 민주주의적 이상—학생의 준비 수준에 관계없이 올바르게 생각하고 살아가는 데 가장 도움을 줄 만한 작품들을 소개하는 자유학문 교육을 받을 기회를 모든 학생이 누려야 한다는 이상—과 일치한다. 우리는 학생들이 이런 작품들을 읽어볼 수 있어야 한다고 확신하기에, 학자들은 학생들을 위한 적절한 수준의 번역본을 만들고자 노력해왔다. 이 체계는 완벽하지 않다. 그러나 그리스어를 아는 소수의 엘리트만 소포클레스를 공부할 수 있었던 낡은 귀족적 체계보다는 훨씬 낫다.

비서양 문화를 가르칠 때 우리의 상황은 그 정도가 다를 뿐이지 문제의 종류가 다른 것은 아니다. 비서양 문화 관련 주제를 가르치는 많은 교수는 관련 언어를 알지 못할 것이다. 그러나 규모가 큰 각급 대학에서는 일부 교수가 동료들에게 참고 자료와 번역의 선택에 대해 안내해줄 수 있을 것이고 그렇게 해줄 것이다. (또한 인도에 인도의 공식어 열 개를 모두 아는 시민은 드물고, 고대 언어인 산스크리트어를 아는 사람 역시 소수라는 사실을 기억해야 한다. 이런 상황에서 영어는 오랫동안 이 나라의 주요한 지적·정치적 언어였다.) 전문 조직들은 많은 연구 도구와 참고 문헌을 이용 가능하게 만들고 있으며, 인터넷을 통한 빠른 소통이 가능한 시대이므로 학자들은 다른 교육기관의 동료에게 자문을 구할 수 있다. 구할 수 있는 번역본의 양과 질은 빠르게 확장되고 있으며, 새로운 강좌들이 만들어낸 시장으로 인해 더욱 확장될 것이다. 로니 리틀존이 지적하듯이 번역 연구는 종종 학생에게 언어를 공부하고자 하는 동기를 부여한다. 학생은 “다른 언어 세계가” 자신에게 익숙하지 않은 “도덕적 현실을 포착할 수도 있음을 발견하는데,” 이것은 그들에게 이런 학습에 참여할 절실한 이유가 될 수 있다는 것이다.

서술의 두 가지 악습을 극복하는 핵심 전략은 협동 수업이다. 뉴햄프셔 대학에서는 인문학 입문 강좌를 이끄는 교수 네 명 중 고대 그리스 철학 전문가와 중국 과학사 전문가가 있어서 고대 그리스 과학과 고대 중국 과학의 비교라는 굉장한 성과를 낳았다. 브린마 대학에서는 솔케버가 닐런과 팀을 이루어 비교정치철학을 가르친다. 시카고 대학에서는 인도학자 웬디 도니거가 고전학자 데이비드 그린과 팀을 이루어 연극과 신화를 가르친다. 내가 진행하는 ‘서양철학 전통에서의 동정과 자비’ 강의에서는 인도 연구자 그리피스가 객원으로 참여해 불교적 관점에 관해 특강했다. 비교 문헌의 선택은 조언을 교환하고 함께 가르칠 수 있는 동료를 구할 수 있느냐 하는 문제와 연결되어야 한다.

솔케버와 닐런은 자신들의 경험에 기초해, 각 문화에서 서로 대조되는 텍스트를 여러 편 고르면 서술의 악습을 피하는 일이 늘 수월해진다고 주장한다. 그렇게 되면 ‘중국의 가치’나 ‘인도의 가치’에 대해 단순화하는 방식으로 이야기하기가 어려워지기 때문이다. 그들은 또 각 텍스트의 역사적·사회적 맥락을 면밀하게 검토해, 그 텍스트를 ‘하나의 문화’가 내는 목소리가 아닌, 복잡한 다수의 목소리들 중 적극적이고 개별적인 목소리로 이해할 수 있게 하는 것이 중요하다고 강조한다. 그들은 소크라테스와 공자를 가르칠 때 이런 종류의 배경 설정에 많은 시간을 들이는데, 이때 적절한 수준의 전문지식을 보장하려면 협업이 필요하다. 텍스트는 문화적 대화 속의 요소들로 파악되어야 한다. 물론 그렇다고 텍스트를 단지 문화적 힘들의 산물로만 다뤄야 한다는 뜻은 결코 아니다.

규범의 악습: 쇼비니즘, 전원주의, 회의주의

서술이 가치판단과 완전히 분리되는 경우는 드물다. 우리는 우리 눈에 보이는 것을 서술할 때 그것을 이해하려고 노력하며, 따라서 우리의 서술은 우리 경험이며 우리가 습관적으로 말이 된다고 생각하는 것에 제한받기 쉽다. 우리는 또 흥미롭거나 매혹적이라고 생각하는 것에 영향받으며, 서술은 그렇게 우리를 사로잡은 것에 유리한 쪽으로 기울어지기 쉽다. 서술에서 두 가지 가치판단 경향은 때때로 양방향으로 잡아끄는데, 중간에서 멋지게 서술의 균형을 잡아주는 경향이 반드시 존재하는 것은 아니다. 가령 인도에 대한 서술은, 서술자가 예배나 가족에 대한 태도 차이는 평가절하하고 낯선 것과 다채로운 것은 지나치게 강조함으로써 습관의 나쁜 영향들을 동시에 보여줄 때가 많다.

우리는 일단 어떤 문화를 서술한 다음에는 어느 정도 자유롭게 여러 방식으로 가치판단을 하곤 한다. 인도가 신비한 영성의 땅이며 논리와 '서양적' 합리성에 무관심하다고 믿는 사람은 그 점 때문에 인도를 경멸할 수도 있고, 모든 '로고스중심주의'를 혐오한다면 가장 좋은 나라로 여길 수도 있다. 하나의 문화에 대한 이치에 맞는 정확한 서술은 복수의 관점과 전망을 제시할 가능성이 높으며, 따라서 정확성만 있어도 단순한 찬양이나 비난은 어려워질 것이다. 그럼에도 서술에서 가치판단으로 넘어갈 때는 새로운 일군의 악습을 경계해야 한다. 이 또한 우리가 학문적 훈련으로 대비하고 있지 않으면 일상생활에서 피하기가 매우 어렵다. 이것은 학문적 훈련 자체에 대해 날카로운 이의를 제기하기도 한다.

먼저 가장 분명하게 눈에 띄는 것은 규범의 쇼비니즘이다. 평가자는 자신의 문화를 최고로, 자신의 문화와 닮지 않은 다른 문화를 열등한 것으로 판단한다. 규범의 쇼비니즘은 서술의 쇼비니즘과 복잡한 관계를 맺는다. 물론 두 가지가 동시에 존재할 수도 있다. 서술자는 외국 문화를 실제보다 더 자국 문화처럼 보이게 만든 다음, 여전히 남아 있는 차이를 거론하며 그 문화를 비판할 수도 있다. 하지만 규범의 쇼비니즘은 대개 서술의 낭만주의에 근거한다. 평가자는 외국 문화를 이질적이고 낯설게 만든 다음 바로 그 낯섦을 이유로 들며 비난한다.

이렇게 결합된 오류는 문화 간의 만남에서 아주 흔하게 나타나고, 오래전부터 그래왔다. 고대 그리스와 로마에서 먼 나라를 묘사하는 일은 보통 존재할 수 없을 만큼 괴상한 '타자'를 상상한 다음 그 타자에게 그리스나 로마의 문명화된 특징들이 없다는 이유로 비판하는 형태를 띤다. 예를 들어 타키투스의 『게르마니아』는 우선 로마의 가치와 거리가 멀다는 점을 부정확하고 과도하게 강조하는 방식으로 게르만의 관습을 서술하고, 그런 다음 바로 그 서술에 기초해 게르만인의 야만성을 비판한다. 오랜 세월이 흐른 뒤 존 로크도 이와 비슷한 규범의 오류를 범했다. 인도철학의 특징은 지구가 코끼리 위에 올라가 있고 코끼리는 거북이 등에 올라가 있다는 신비한 관점을 유지하는 것에 있다고 규정하고 나서, "불쌍한 인도철학자"를 우스꽝스러울 정도로 부정확하게 서술한 뒤 서양철학이 얼마나 더 잘할 수 있는지 "보여준" 것이다.[22] 비말 마틸랄이 주목하듯이, 그런 이미지는 오래된 종교적 신화에서 가져온 것이지만, "인도고전철학 텍스트에서 지구를 떠받치는 것에 대한 철학적 설명으로 코끼리-거북이 장치가 제시된 구절을 찾는 것은 불가능할 것이다."[23] 현대 분석철학자들도 가끔 똑같은 오류를 범했는데, 그들은 우선 인도철학을 전적으로 신비하고 반논리적인 것으로 뭉뚱그려 규정한 다음, 바로 그 진위가 의심스럽다는 사실을 근거로 인도철학을 비난한다.

'다문화' 교육에 대한 우리 시대의 많은 공격은 이와 비슷하게 서술과 규범의 오류를 결합하는 바람에 엇나가고 있다. 예를 들어 앨런 블룸은 "선을 자신의 방식과 동일시하는 것을 의심하는 태도는 오직 서양 국가들, 즉 그리스 철학의 영향을 받은 국가들에만 존재한다"고 주장한다.[24] 이런 부정확한 서술은 많은 비서양철학 문화의 풍부한 비판적 전통을 무시하고, 시간과 공간을 막론하고 인간 대부분이 당연히 지니고 있는 일상적인 비판적 합리성을 무시하고 있다. 이런 박약한 기초 위에서 블룸은 서양이 우월하고 비서양은 공부할 가치가 없다고 판단한 것이다.

그러나 부정확한 서술이 기초로 자리잡아야 규범의 쇼비니즘이 생겨나는 것은 아니다. 학생에게 어떤 문화를 다채롭게, 또 서술 면에서 정확하게 제시한다 해도, 외국인으로부터는 배울 것이 전혀 없고 자신의 문화가 인간의 모든 문제에 대한 최선의 답이라고 생각하도록 부추긴다면, 학생은 가치판단 단계에서 여전히 오류를 범할 수 있다. 앞에서 들었던 예로 돌아가보자. '음악예술작품'이라는 개념을 중심으로 한 최근의 서양 고전음악 전통에 매혹된 음악 애호가라면, 인도 고전음악에 대한 매우 정확한 개념을 배우고도 여전히 그 음악에는 자신이 생각하는 특유의 핵심 개념이 결여되어 있다고 비난할 수 있다. 그런 식의 포괄적인 비난은 오류로 판가름나기 십상이다. 또 솔 벨로의 수사의문문—"줄루인 톨스토이, 파푸아인 프루스트"를 어디에서 찾겠는가—은 이런 사회들의 문화적 성취를 비판하는 규범적 진술로 널리 되풀이되어왔다.[25] 이 같은 취지에서 이 진술을 되풀이하는 이들은 어느 정도는 정확하게 이야기하는 셈이다. 실제로 다수의 비서양 문화에 소설에 비견할 만한 형식이 없기 때문이다. (물론 일본에는 비서양적인 소설 쓰기 문화의 두드러진 예가 있으며, 지금은 당연히 세계 거의 모든 문화에서 일급 소설을 찾을 수 있다. 나기브 마푸즈, 치누아 아체베, 비크람 세스 같은 작가들이 서양 전통의 영향을 받긴 했지만, 그들의 소설은 여전히 그들 자신의 문화에 깊이 뿌리를 내리고 있는 듯하다.) 그러나 서술상의 어려움을 따로 떼어놓고 봤을 때, 벨로의 발언을 이용하는 사람들은 소설 쓰기를 문화적 가치의 증거로 요구하는 놀라운 수를 두는 것이다. 교과과정이 문화에 관심을 가지는 유일한 이유가 미적 탁월함이라는—정치적·역사적·경제적 요인들은 관련 없는 것으로 간주하면서—묘한 가정을 인정한다 해도, 그런 미적 가치라는 개념은 지나치게 협소하다. 그것은 인도와 아프리카와 중국에 서사시와 서정시, 연극이 있고, 음악, 춤, 조각, 건축의 복잡한 전통이 있음을 무시한다. 이것은 물론 가장 직접적인 의미에서 규범의 쇼비니즘으로, 벨로를 찬양하는 사람들은 그의 글솜씨를 사상 세계의 중심으로 보고 있는 것이다.

'동양'과의 관계에서 규범의 쇼비니즘은 대개 선교사들의 목표와 연결되었다. 기독교가 하나뿐인 진정한 종교이고 이교도는 개종하지 않으면 구원을 얻을 수 없다는 진지한 확신 때문에 많은 사람이 외국 문화의 거주자들을 개종시키려고 열심히 노력했고 때때로 성공했다. 기독교의 가치가 우월하다는 그들의 확신에는 보통 형이상학적 관념은 물론 도덕적 관념도 포함되어 있었다. 그들은 '이교도'가 신에 대한 올바른 믿음을 결여하고 있을 뿐 아니라, 기독교의 모든 윤리적 관점을 공유하지 않는다는 이유만으로 그들이 비도덕적이라고 믿는 경향이 있었다. 이런 도덕적 비판이 일리 있는 경우도 있었지만 그렇지 않은 경우도 있었다. 자신의 방식과 다른 모든 것을 그 자체로 비도덕의 증거라고 가정하는 것이야말로 쇼비니즘적이다. 오늘날에도 선교 활동을 목표로 비서양 문화 연구를 조직하는 경향이 있는 브리검영 대학에서 그와 아주 비슷한 일군의 가정들이 영향력을 행사하는 모습이 눈에 띈다. 우리는 그런 기획이 정당하지 않다고 굳이 생각하지 않고도, 그것이 멀리 떨어진 곳의 관행과 사상의 가치에 관한 탐구를 너무 성급하게 배제하기 때문에 교육으로서는 불완전하다고 느낄 수밖에 없다.

규범의 쇼비니즘은 사업에서든 정치에서든, 그저 무엇을 읽을 때나 생각할 때도, 시민과 외국 문화의 만남을 쉽게 오염시킬 수 있다. 학부 시절에 전혀 낯선 생활방식을 생각하는 법을 훈련받지 않은 사람들은 이런 오류를 피하기가 어렵다. 학생들이 장차 만날지도 모르는 모든 문화에 대한 강좌를 들을 수는 없다. 그러나 한 가지 문화에 관한 훌륭한 강의는 학생들에게 자신의 문화와 다른 문화에 대해 탐구하는 방법을 알려줄 것이다.

규범의 쇼비니즘에 가장 좋은 해독제는 호기심이다. 이것은 대부분의 사람들에게 있는 특질이지만, 좋은 수업으로 자극을 주고 방향을 제시할 필요가 있다. 좋은 비교 수업은 무엇보다 학생들의 마음이 늘 열려 있고 살아 있도록, 또 장차 만날 수도 있는 새로운 문명에서 뭔가 흥미롭고 가치 있는 것을 발견할 준비를 갖추도록 장려한다. 고대 그리스·로마 세계에서 타키투스는 게르만인을 적대적으로 단순화해 제시했다. 하지만 이 세계에는 탐구하는 정신으로, 외국의 관습이 자신이 태어난 도시의 사상보다 나은 중요한 과학적·도덕적·정치적 사상을 제공할 수도 있다는 사실을 확인할 마음의 준비를 하고 이집트와 페르시아로 갔던 헤로도토스의 『역사』도 있었다. 우리는 타키투스보다 헤로도토스를 닮은 시민을 배출해야 한다. 실제로 전반적으로 볼 때 미국의 각급 대학은 비서양 문화 강좌에서 그런 학생들을 배출하고 있다는 것이 내 생각이다. 그런 강좌에는 새로운 발견과 모험의 흥분이 넘쳐나는 경우가 많다. 그런 강좌를 이끄는 교수들은 권태나 탈진을 좀체 겪지 않는 것처럼 보인다. 솔케버, 닐런, 그리피스를 비롯한 많은 교수가 문화 간 만남을 통해 자신들이 느낀 흥분을 학생들에게 전달하고 있다.

규범의 쇼비니즘과 반대항을 이루는 악습은 타자가 서술자가 속한 문화의 악습에 물들지 않았다고 상상하는 것이다. 대개 서양은 물질주의적이고 타락하고 침략적이라고 상상하고, 비서양은 이와 대조적으로 평화롭고 순수한 낙원이라고 상상하는 형태를 띠기 때문에 규범의 전원주의라고 불러도 좋을 악습이다. 전원주의자들이 보는 비서양에는 전원시에 종종 나오는 그리스 아르카디아의 이미지와 밀접한 특징이 많다. 녹색의 비경쟁적인 이곳에는 영적이고 환경 친화적이고 에로틱한 가치들이 존재하고, 시와 음악이 풍부하고, 서양 생활의 성급하고 광적인 면이 없다. '동양'이라는 규범적 이미지는 아르카디아라는 고전적 이미지처럼 대개 서양인 자신의 문화에서 궁핍과 제약으로 여기는 모든 것과 반대되는 이미지다. 가령 인도 종교에 열광하는 젊은이들 대다수는 인도를 자신들이 싫어하는 서양의 특징인 경쟁이 없는, 영적 조화의 나라로 생각한다. 또 서양의학이 비인간적이고 관료적이라고 생각하는 프레데리크 마르글랭은 아르카디아에 대한 노스탤지어에 사로잡혀, 다채롭고 시적인 의례로 천연두를 예방하는 나라를 상상한다.[26] 그는 천연두의 고통을 썩 제대로 짐작하지 못하며, 오늘날의 인도 국민 가운데 천연두와 그것을 관장하는 여신 시탈라 데비의 시대로 돌아가는 것을 선호할 사람의 비율이 얼마나 되는지는 묻지도 않는다. 같은 책에서 스티븐 마르글랭은 가정과 일터 모두에 종교적 가치가 스며 있는 인도 시골 지역의 아르카디아적 생활방식을 묘사한다. 그는 생리중인 여자들을 일터 가까이 오지 못하게 하는 종교적 금제를 매우 우호적으로 서술한다. (그의 주장에 따르면) 여기에서 우리는 (생리중인 여자는 부엌에 들어갈 수 없으므로) 일터와 가정 양쪽에 모두 똑같은 가치가 존재하는 예를 보기 때문이다.[27] 그러니까 이것은 서양의 소외와 대조되는 '내재된 생활방식'인 셈이다. 비슷한 방식으로 자크 데리다는 언어와 이성에 매혹된 서양 문화에는 위계와 종속이 있지만 중국은 그런 악덕으로부터 자유로운 땅이라고 상상한다. (그런 식의 서양 비판은 대개 계몽주의에 대한 구체적인 철학적 비판—예를 들어 니체나 하이데거—에서 영감을 얻은 것으로, 동양에 관

한 그 어떤 현실적인 것보다도 서양사상사 내부의 논쟁과 더 많은 관련이 있다.)[28]

다시 한번 말하지만 규범의 전원주의는 학부 교육을 통해 문화 간 만남에 단단히 대비하지 못한 사람들에게는 피하기 어려운 오류다. 미국 젊은이들은 다른 것을 비판하기를 머뭇거리는 경향이 있다. 다른 사람의 가치와 믿음을 비판하는 것이 많은 경우 불공정하거나 압제적인 태도라고 느끼는 것이다. 또 때때로 자신이 자란 문화에 반항심을 느껴 대안을 부지런히 찾는다. 그러나 훌륭한 시민에게 필요한 감수성과 단호함을 결합해 계발하려면 비교문화적 가치판단을 단단한 기초로 삼는 것이 몹시 중요하다.

물론 규범의 전원주의를 타당하고 흥미로운 긍정적 가치판단과 구별하는 것은 쉬운 일이 아니다. 앞에서 나는 '서양'이라면 무조건 물리치고 '동양'이라면 찬미하는 것이 전적으로 올바르기는 어렵다는 것을 쉽게 이해할 수 있도록 다소 극단적인 예를 몇 가지 들었다. 이런 예들을 발견하기 쉬운 것은 이것들이 투박하고 불충분한 서술, 그러니까 낭만주의적인 과도한 단순화라는 것이 진작 드러난 서술에 의존하기 때문이기도 하다. (스티븐 마르글랭은 인도 오디샤 주에서 한나절 보내는 것으로 인도인 모두가 종교적 금기를 사랑하고 여자들이 서양에서보다 잘 산다고 확신하게 되었다. 데리다는 중국의 복잡한 해석학적 전통들을 연구하지 않았다.) 그러나 서술이 적절하게 이루어진 사례에서는 규범의 전원주의 오류를 확인하기가 훨씬 어려워진다. 이렇게 되려면 먼저 가치판단과 관련된 질문들 자체에 대한 답이 있어야 한다. 또 우리에게 모든 답이 있다고 너무 확신하지도 말아야 한다. 좋은 수업에는 이런 문제에 대한 토론이 넘쳐날 것이다. 세인트로렌스대학에서 진행되는 이브 스토더드의 수업에는 베일을 쓰는 관습에 관한 다양한 견해가 수도 없이 나온다. 스토더드와 마찬가지로 나 또한 그 가운데 일부는 지나치게 전원적이고 무비판적이라고 생각한다. 그러나 스토더드의 수업에서 좋았던 것은 비평의 적합성을 중심 주제로 놓고 그 쟁점에 관한 토론이 활발하게 전개되었다는 것이다. 폴 그리피스는 불교의 윤리관이 어떤 면에서 매력적이라고 생각한 반면, 시카고 대학의 많은 학생들은 그렇게 생각하지 않았다. 그랬기에 그들의 대화는 이해에 도움이 되었다. 아마티아 센이 가르치는 학생들은 처음에는 센이 동의할 수 없는 방식으로 인도의 종교 전통이 매력적이라고 생각할 수도 있다. 섬세한 가치판단을 향해 나아가는 가장 좋은 방법은 활발한 토론이다. 교실 바깥에서 그런 토론을 발견하는 것이 어렵기는 해도 가능하기는 하다. 그러나 이런 중요한 일을 우연에 맡겨서는 안 된다. 우리는 내가 묘사한 예들과 같은 훌륭한 강좌들을 열어 학생들에게 잘 생각하고 잘 토론하는 법을 반드시 가르쳐야 한다. 다행히도 내가 접한 강의들은 대부분, 선생 자신이 특정한 관점을 갖고 있을 때도 이런 식으로 토론하려고 노력하고 있다. 예를 들어 스미스 대학의 프레데리크 마르글랭의 학생들은 그의 수업이 다양한 입장에 활짝 열려 있으며, 내가 그의 학문적 작업을 보고 예상한 것보다 훨씬 덜 교조적이라고 전한다.

이렇듯 균형을 잘 잡는 것이 어렵기 때문에 규범의 회의주의라는 세번째 악습이 나타나기도 한다. 탐구하는 사람이 좋고 나쁨에 관한 모든 규범적 판단을 유예하고 그저 그 상황만을 이야기하는 것이다. 이런 입장은 관용과는 매우 다르다. 관용적인 사람은 무엇이 적절하고 그렇지 않은지, 무엇이 옳고 그른지 분명한 견해를 가질 수 있고, 실제로 갖고 있다. 그러나 그런 사람도 삶의 어떤 영역에서는—서양 전통에서는 종교가 가장 두드러진다—다른 사람들이 자기 길을 가는 것을 막지도 않고 어쩌면 심지어 비판하지도 않고 그대로 허용하기로 한다. 물론 관용적인 사람들이 모든 사안에 관대한 것은 아니다. 다른 사람들에게 진짜 해가 가는 일일 때는 자유의 보호에 대한 관심 때문에 딱 자를 수밖에 없다.

종교적 관용에 대한 우리의 생각 또한 다른 사람들이 종교의 자유를 누리는 것을 방해하는 편협하거나 폭력적인 행동에는 관대한 태도를 보이지 말라고 요구한다. 그런 행동 자체가 종교 신앙에서 동기를 얻은 경우도 마찬가지다. 한편으로 관용적인 사람들은 다양한 맥락에서 다른 사람들의 관행과 믿음에 간섭은 물론 비판도 삼갈 수 있다. 그렇다고 해서 그들이 규범적 판단을 중단한다는 뜻은 아니다. 그들이 자유에 관심을 가진다고 해서 모든 선택이 똑같이 좋다고 판단한다고 간주할 필요는 없다. 예를 들어 성적 행동에 대해 관대한 사람이 동시에 어떤 행동이 선한지 악한지를 두고 나름의 분명한 도덕적 관점을 가질 수 있는 것이다. 이들은 아마 그런 관점을 자신의 자녀에게 가르칠 것이다. 그러나 다른 사람들에게 피해가 가지 않는 한 이웃의 사적인 행동에는 참견하지 않을 준비가 되어 있다.

미국은 종교 문제, 그리고 어느 정도는 그와 관련된 도덕 문제에서 관용을 보이는 탁월하고 오래된 전통을 갖고 있다. 관용적인 미국인은 다른 문화의 혼란스러울 정도로 낯선 관행과 마주치거나 규범의 쇼비니즘의 위험을 인식할 경우 모든 가치판단을 중단하는 식으로 반응하기 쉽다. 관용과 가치판단 거부의 차이를 혼동해, 다른 사람들에 대한 관용은 그들이 하는 일에 대해 가치판단을 하지 않을 것을 요구한다고 생각할 수도 있다. 많은 학부생이 이런 잘못을 범해 친구들에게 관용을 베푸는 유일한 방법은 모든 비판을 포기하는 태도를 취하는 것이라고 생각한다. 또는 단순히 다른 문화의 가치를 판단하는 일 전체가 너무 어렵다는 이유로 미리 단념하고 시도조차 하지 않을 수도 있다.

도덕적 차이를 접한 많은 학생이 처음 취하는 태도가 바로 회의주의다. 다른 문화에 관한 좋은 수업을 경험하지 못하면 그런 태도가 그대로 남을 가능성이 높다. 그런 태도를 유지한다면 세계의 다른 곳에서 악과 마주쳤을 때 겁 많은 시민이 될 가능성이 높다. 여성에 대한 폭력, 민주주의에 대한 공격, 종교적·민족적 소수집단의 구성원에 대한 차별과 마주쳐도, "글쎄, 이건 저들 문화인데 우리가 뭐라고 말을 해?"라고 말할 가능성이 높다. 미국인은 이런 식으로 다른 곳의 악에 관한 확신을 결여한 경우가 너무 많다. 좋은 수업은 학생이 심사숙고한 끝에 진지하게 회의주의라는 입장을 택했을 때, 그것을 버리라고 강요하지 않는다. 다만 회의주의가 자유를 보호하겠다는 결심과 어떻게 공존할 수 있는가 하는 어려운 문제에 맞서도록 학생들을 강하게 밀어붙인다. 세인트로렌스 대학 이브 스토더드의 수업에서 여성의 생식기 절단에 관해 글을 쓰는 학생들은 처음에는 규범의 회의주의로 흐르는 경향이 강했다. 한 뛰어난 학생은 미국의 문화가 수많은 잘못을 저질렀기 때문에 다른 문화를 존중하는 유일한 방법은 그들이 무엇을 하든 비판하지 않고 그대로 받아들이는 것이라고 주장했다. 비판을 포기하는 태도는 오늘날의 학생들에게 아주 깊숙이 뿌리 박혀 있어서, 학생들은 악의 전형적인 예라고 직관적으로 여겨지는 행동조차 그런 태도로 대하려고 할 때가 가끔 있다. 이 수업에서 스토더드는 그런 태도가 관용적인 사람이 받아들일 법한 유일한 사고방식은 아니며, 실제로 자유의 제한과 관련된 관행을 옹호하기 시작하는 관용적인 사람에게는 몇 가지 심각한 문제가 일어난다는 것을 반복해서 보여준다.

학생들은 회의주의가 다른 사람을 존중하는 방법이라고 생각하는 경향이 있다. 하지만 좋은 수업은 외국인이나 외국 문화에 도덕적 기준을 적용하기를 완전히 거부한다는 건 사실 그 사람을 존중하는 방법이 아님을 보여준다. 우리가 주변의 동료 시민들에게는 자유롭게 내리는 판단을 외국 문화에 내리기를 거부하는 것은, 그런 삶의 형식은 너무 이질적이고 괴상해서 똑같은 기준으로 측정할 수 있다는 기대조차 할 수 없다고 말하는 셈이 된다. 이것은 선심 쓰는 척하는 또다른 방법일 뿐이다. 인류학자 댄 스퍼버는 다음과 같이 말한다. "상대주의 이전의 인류학에서 서양인은 자신이 다른 모든 민족보다 우월하다고 생각했다. 상대주의는 일종의 인지적 아파르트헤이트로 이런 비열한 위계적 간극을 대체했다. 우리가 같은 세상에서 우월할 수 없다면 각 민족이 그 자신의 세계에 살게 하라."[29] 이런 인정과 소통의 거부는 인간적 존중을 보여주는 이상적인 방식이 아니다. 솔케버와 닐런은 이렇게 말한다. "문화의 차이를 우리의 비판적 기능으로부터 안전한 어떤 신성불가침 영역에 할당하는 문화상대주의는 우리에게 다른 문화를 존중하라고 촉구하는 데서 시작하지만 다른 문화와 다른 인간을 진지하게 고려하지 않는 것으로—그렇게 고려할 가치가 있음에도—끝난다."[30] 내가 접한 많은 비교문화 수업은 학생들이 이런 어려움을 인식하게 한다.

교육에서 이런 함정들을 피하는 가장 좋은 방법은 공통의 인간 문제라는 맥락에서, 즉 어디에 살든 인간이라면 선택할 수밖에 없는 삶의 영역들과 관련해 생각하는 것이다. 모든 인간은 자신의 도덕성과 대면하고 죽음의 공포에 대처해야 한다. 모든 인간은 신체적 욕구를 규제해야 하고, 음식, 술, 섹스의 영역에서 판단해야 한다. 모두가 재산과 부족한 자원의 분배에 관해 어떤 입장을 택해야 한다. 모두가 자기 삶의 계획에 대해 어떤 입장이 있어야 한다. 이런 공통의 문제에서 문화 간 비교를 시작하면 모두가 공유하는 인간성을 인정하는 동시에 다양한 문화들과 개인들이 이런 문제에 직면하는 방법에는 아주 큰 차이가 있음을 발견하게 될 것이다. 물론 문제 자체가 늘 공통된 방식으로 이해된다고 가정하면 안 된다. 죽음을 생각하는 방식은 전통마다 아주 다를 것이다. 감정, 심지어 식욕도 문화에 따라 상당한 차이를 드러낸다. 그러나 이런 기본적인 문제 영역에는 유사한 부분과 겹치는 부분이 충분히 있어 그것을 중심으로 수업을 조직할 수 있으며, 그럼으로써 인간 삶에서 피할 수 없는 심각한 한계 속에서도 인간에게 실행

가능한 생존 방식을 찾아내려는 지적인 시도로서 다양한 전통 들을 제시할 수 있다.[31] 스티븐 솔케버와 마이클 닐런은 비교정치사상 수업에서 다음과 같은 시도를 해왔다.

> 강의마다 서로 아주 다른 두 장소에 닥친 인간의 항구적인 문제 한 가지에 집중했다. 바로 중국과 그리스에서, 폭넓게 이해해서, 철학이 발생한 순간인데, 이때 쟁점은 이미 규정된 사회적 역할의 한계 밖에서 우리 자신의 길을 모색하는 방식이었다. 우리가 다루는 문제는 죽음을 상상하고 그에 대응하는 방법의 문제, 또 전통적 권위가 흔들리는 사회에서 혁신과 연속성을 결합하는 방법의 문제다. 우리가 사용하는 텍스트는 16세기부터 19세기까지 서유럽과 중국에서 쓰인 것이다.[32]

이런 종류의 수업은—여성의 몸에 관한 이브 스토더드의 수업도 마찬가지인데—비교문화적 연구에 내재한 위험들을 극복할 수 있다는 희망을 가장 크게 보여주며, 보람 있는 탐구를 더 이어가기 위한 이해와 잠재력 모두를 만들어낸다.

자유와 개성

서양과 비서양에 관한 현재의 사고는 두 가지 고정관념이 지배한다. '동양'은 질서를 중시하는 반면 '서양'은 자유를 중시한다는 관념, '동양'은 공동체를 중시하는 반면 '서양'은 개인을 중시한다는 관념이다. 최근 다양한 규범적 방면에서 이런 주장이 제기되었다. 아서 슐레진저는 인권이라는 고귀한 관념은 순수하게 서양에서 기원한 것이라고 주장하며, 이런 주장을 이용해 비서양 문화의 가치, 나아가 대학 교육과정에서 비서양 문화가 하는 역할에 의문을 제기한다.[33] 싱가포르 전임 총리 리콴유는 자신에 대한 비판을 차단하기 위해 비슷한 주장을 내세우면서, 동양 민족에게는 권위주의라는 전통을 따르는 것이 허용되어야 하며 국제 인권운동 진영의 비난을 받지 않아야 한다고 강조했다.[34] 서양의 전원주의자들은 인도에는 '개인주의'가 존재하지 않는다고 주장하며 이것이 장점이라고 말한다. 인도와 중국의 페미니스트들은 게리 베커가 가족을 설명하면서 개인주의의 비중을 너무 낮게 가정했다고 비판한다.[35] 이런 주장과 반박의 뒤얽힘을 정리하는 일이 비서양의 가치를 가르치는 많은 강의에서 풀어야 할 중요한 과제일 것이다.

그런 강의는 무엇보다도 문화에는 현재가 있다는 사실을 염두에 둘 필요가 있다. 인도나 중국에 관해 이야기할 때 우리는 이들의 가치를 전통의 가장 오래된 가닥과 동일시하지 말아야 한다. 현 시점에서 인권이라는 관념은 중국 전통의 아주 깊은 한 부분이며, 이는 또 모든 비서양 전통에서 거의 마찬가지임을 의심할 사람은 없다. 아마티아 센은 이렇게 썼다. "가난한 아시아인은 시민권이나 정치적 권리에 관심이 없다는 명제를 실제로 검증할 때마다 나오는 증거는 완전히 반대되는 주장을 가리키고 있다."[36] (그는 인도, 남한, 태국, 방글라데시, 파키스탄, 중국, 버마 등지에서 전개된 이런 권리 투쟁을 지적한다.)

그런데도 슐레진저는 한 문화의 가치란 고대사를 기준으로 측정하는 것이며, 윤리적 관점의 핵심 구성요소를 다른 문화에서 끌어왔다면 그 문화를 비난해야 한다고 주장하는 것 같다. 어떤 문화가 다른 문화의 훌륭한 구상들을 전유하는 것이 어째서 열등함의 표지가 되어야 하는지는 분명치 않다. 하지만 일단 슐레진저의 주장을 계속 따라가보자. 그가 제시하는 듯한 기준을 따르자면 미국에는 많은 문화가 남지 않을 것이며 남는 것은 미국 토착민의 문화일 것이다. 심지어 '서양 문화' 전체에서도 인도인과 아랍인이 발견해 핵심을 다진 수학적 성취의 대부분과 우리가 좀처럼 기억하지 못하지만 사실은 서아시아 셈족 문화에서 파생한 서양의 지배적인 종교 기독교의 대부분을 포함해 상당 부분을 제해야 할 것이다. 정말로 '바깥'에서 주어진 모든 것을 거부하고 싶다면 우리는 그리스 수학이 부딪힌 막다른 골목으로 돌아가야 할지도 모른다. 수를 기하학적으로 해석한 그리스인은 많은 수학적 문제를 풀 수 없었고 어떤 문제들은 다루기를 버거워했다. 종교의 영역에서 우리는 별로 이상적이지 않은 올림포스의 신들을 섬기는 다신교를 받아들여야 할지도 모른다. 이렇게 되면 계몽주의적 인권 개념이 제대로 자리잡지 못할 수도 있다. 수학과 기독교 모두가 그 개념을 만들어내는 데 어느 정도 역할을 했기 때문이다. 그리스 사회에도 로마 사회에도 기본적인 인권이나 종교적 관용에 대한 발전된 개념은 없었다.

어쩌면 훨씬 엄격하게 나아가, 유럽의 모든 언어를 없애야 할 것이다. 우리는 가장 흔한 두 비非인도유럽어인 헝가리어, 핀란드어와 마찬가지로 인도유럽어가 아시아에서 유래했음을 알고 있기 때문이다. 만일 미국 전통에서 아시아적 요소를 모두 무자비하게 숙청한다면, 인도유럽인이 도래하기 전 유럽 토착 민족과 그 문화에 대한 빈약한 정보 몇 조각만 남게 될 것이다. 여기에서는 인권에 관한 아주 건강한 개념이 나오지 못할 것이다.

그러나 잠시 '서양' 문화의 문제는 한쪽으로 밀어두고, 비서양에 관해 슐레진저가 제기한 문제를 어떻게 다뤄야 할지 생각해보자. 비서양 문화의 더 오래된 전통에 인권 사상이 어느 정도나 포함되어 있는지 우리가 어떻게 알아낼 것인가?

이런 논의가 처음 해야 할 일은 관련된 개념들을 더 정확하게 다듬는 것이다. 인권이라는 개념은 전혀 명확하지 않으며(예를 들어 아리스토텔레스에게 그런 개념의 요소가 있느냐 없느냐를 둘러싼 열띤 논쟁에서 분명하게 나타나듯이),[37] 권리 이론과 그 가치에 관해서는 합의된 형태가 단 하나도 없다. 어떤 이론가들은 권리에 대한 주장의 근거를 신학에서 찾으며, 어떤 이론가들은 인간 본성과 그 능력에 대한 관점에서 찾는다. 존 로크 같은 사람들은 두 가지를 다 끌어왔는데, 그 방법은 정리가 어렵다. 이 가운데 많은 요소들은 비서양 문화에서 비교할 만한 요소를 찾을 수 있다. 권리는 하나의 존재가 자신의 어떤 특질 덕분에 가지게 되는 요구라는 개념이다. 보통 이 요구는 특별한 힘이 있거나, 다른 요구들 때문에 파기될 수 없다고 생각한다. 누가 권리를 가지는 자이며, 그들에게 권리를 부여하는 것은 무엇이며, 그 요구가 얼마나 강한가 하는 문제에 관해서는 많은 설명이 있다. 일단 이런 생각들을 간단히 설명하고, 인간에게 권리가 있다고 말하는 것이 무슨 뜻이며 어떤 근거에서 그들이 이런 권리를 갖는 것으로 여기는가 하고 물으면, 우리가 계몽주의로부터 물려받은, 권리에 관한 다양한 관점들과 관련된 요소들이 많은 문화에 적어도 일부는 들어 있다는 사실을 발견하게 될 것이다—또 그 가운데 어떤 특징을 중요하게 취급할 것이냐 하는 문제에 관해 서양 사상가들이 전혀 합의를 보지 못한다는 사실도. 모든 인간 존재의 동등한 가치라는 개념 때문에 인권 전통에서 아주 중요한 자리를 차지하는 그리스 스토아학파 철학자들은 인간이 처한 외적인 조건이 별로 중요하지 않다고 생각했기 때문에 노예제에 관대했다. 그들은 인간에게 동등한 가치가 있다고 해서 노예로 묶여 있지 않을 권리가 생기는 것은 아니라고 생각했던 것이다. 이렇게 철학적인 수준의 이유는 아니었지만, 그것이 근대의 많은 권리 사상가의 관점이기도 했다. 이 모든 것을 보게 되면 이제 서양의 다양한 권리 전통과 예를 들어 중국 전통의 맹자, 또는 카우틸랴와 아소카 황제 같은 인도 사상가들이 인간 가치를 바라보는 관점 사이의 관계를 탐사하기 시작할 수도 있을 것이다.

"서양의 개인주의"라는 진부한 개념을 보아도 비슷한 상황을 발견하게 될 것이다. 개인주의란 각 사람에게 살 수 있는 삶이 한 번밖에 없으며 한 사람의 죽음은 논리적으로 다른 어떤 사람의 죽음을 수반하지 않는다는 관점이라고 규정한다면, 시대와 장소를 가리지 않고 인간은 대부분 개인주의자였으며 개인주의는 인간 조건을 보여주는 분명한 진리이다. 만일 개인주의가 사람은 자신의 개인적 이익의 만족을 극대화해야 한다는 관점이라고 규정한다면 서양인과 동양인 가운데 일부가 이런 견해를 가졌다고 말할 수 있다. 인도의 순세파는 서양의 고전적 공리주의와 아주 비슷한 방식으로 개인의 쾌락과 만족을 추구하는 것을 옹호했다. 그러나 많은 서양인과 동양인이 이런 관점을 갖지 않았다는 말 또한 사실이다. 동서양 양쪽을 지배해온 도덕적·종교적 전통은 대부분 이타주의와 타인에 대한 의무에 높은 자리를 부여한다. 만일 개인주의가 자신의 행복을 타인의 필요와 요구에 지나치게 종속시키지 말아야 하며, 자신의 행복을 촉진하는 것 또한 의무라는 관점이라고 규정한다면, 그럴 경우 서양과 동양 대부분의 위대한 도덕적 전통은 이번에도 개인주의적인 것이 된다. 각 전통의 어느 부분이냐에 따라 적절한 자기희생 규범이 다르게 통용된다. 용감한 자기희생의 규범이 없는 전통은 없지만, 어떤 전통도 인간 삶의 핵심이 언제나 다른 사람들의 요구를 앞세우는 것이라고 가르치지는 않는다. 우리가 지금 하고 있는 이야기를 더 정밀하게 탐구할 때, 적어도 보람 있는 비교—예를 들어 여성 기독교도와 여성 힌두교도의 적절한 자기희생 규범의 비교—를 시작해볼 수 있는 입장에는 이르게 될 것이다.

인간 자유의 문제도 마찬가지로 복잡하다. '동양'은 질서를 중시하고 '서양'은 자유를 중시한다고 주장하면 몇 가지 서로 다른 관념들이 쟁점이 된다. (1) 개인적으로 삶의 방향을 사유하고 선택하는 일의 가치. (2) 종교의 자유, 언론의 자유, 출판의 자유처럼 제도상 구체적으로 보장된 자유의 가치. (3) 이런 자유를 동등하게 분배하는 것의 가치—이런 자유가 그냥 중요한 게 아니라 모두에게 중요하다는 생각. 이 경우에도 이런 관념들을 분석하면 보람 있는 비교를 시작하게 될 것이다. 개인적 사유와 선택의 가치에 초점을 맞추면 이런 가치는 서양 전통의 아리스토텔레스만이 아니라 인도 전통의 (아리스토텔레스와 동시대 사람인) 카우틸랴와 (두 세대 뒤) 아소카 황제도 강조했다는 것을 알게 될 것이다. 카우틸랴와 아리스토텔레스는 개인적 선택이 여성이나 노예나 하층계급이 아니라, 좋은 위치에 있는 남성에게 중요하다고 생각했다.[38] 아소카 황제는 농업화 이전의 "숲의 사람들"을 포함해 왕국의 모든 남성 거주자에게 개인적 자유가 중요하다고 주장했다. 즉 노역을 시키거나 포로로 잡아서는 안 된다는 뜻이었다. 그는 자신의 통치 목표를 "모든 피조물"을 "해치지 않고, 신중하게 대하고, 불편부당하게 대하고, 온화한 행동을 보여주는 것"이라고 서술했다.[39]

종교의 자유와 관용에 관해 탐구해보면 인도에 이 문제에 관해 오래되고 강력한 전통이 있다는 것을 발견하게 된다. 기원전 3세기, 계몽된 아소카 황제는 불교로 개종했다. 그는 동과 서 양쪽으로 선교사를 보내 불교를 세계 종교로 만드는 데 기여했을 뿐 아니라, 선한 공적 생활의 핵심을 설명한 수많은 석비를 세워 사람들에게 알렸다. 이런 비문은 무엇보다도 공적인 정책과 시민의 개인적인 행동 양쪽에서 종교적 다원성과 관용의 가치를 강조하고 있다. 그의 칙령 12조는 이 문제를 이렇게 표현한다.

> ……(다르마[종교적 행동을 비롯한 행위]의) 본질적 요소의 성장은 여러 가지 방법으로 가능하다. 하지만 그 뿌리는 말과 관련된 신중함에 (있는데, 그 뜻은) 자신의 종파를 찬양하거나 부적절하게 다른 종파를 비난해서는 안

> 되고 적절한 경우에도 신중해야 한다는 것이다. 다른 종파들을 (모든 경우에) 모든 방법으로 합당하게 존중해야 한다. (어떤 사람이) 이런 식으로 행동하면 자신의 종파를 키울 뿐 아니라 다른 종파들에게도 이익을 주게 된다. 그러나 만일 (어떤 사람이) 이와 다르게 행동하면 자신의 종파에 상처를 줄 뿐 아니라 다른 종파들에게도 피해를 주게 된다. 실제로 (어떤 사람이) 단지 자신의 애착 때문에 자신의 종파의 명예를 높이려는 목적으로 자신의 종파를 찬양하고 다른 종파들을 비난한다면 (그는) 그런 식으로 행동함으로써 자신의 종파에게도 매우 심각한 피해를 주게 된다.[40]

이렇게 서양 사상가들이 꿈꾸기 전에, 우리가 계몽주의의 핵심적 측면이라고 부를 수 있는 생각이 인도에 나타난다. 종교적 다원성이라는 현실에 대한 인도주의적인 대응으로.

이제 시간을 훌쩍 뛰어넘어 흐로티위스를 비롯한 서양 계몽주의의 인문주의적 선구자들이 살던 시기로 가게 되면, 1556년부터 1605년까지 무굴을 통치했던 위대한 황제 아크바르와 만나게 된다. 아크바르는 민주주의자가 아니었다. 그럼에도 당시 유럽에서는 찾아볼 수 없는 방식으로 예배와 종교적 실천의 자유를 포함하는 다양한 인권을 자신의 프로그램의 핵심에 집어넣었다. 이슬람교도인 아크바르는 힌두 철학과 문화만이 아니라 기독교, 자이나교, 조로아스터교에도 깊은 관심을 가졌다. 불교로 개종한 아소카 황제와는 달리 아크바르는 국가에서 자신의 종교에 어떤 특권적 지위를 부여하려 하지 않았으며, 인도의 다양한 종교들에 의지하여 인도를 위한 종합적인 국교 딘 일라히를 만들려고 했다. 그는 모든 종교의 성직자, 조언자, 궁정 화가, 지식인을 불러들이려 했다. 나중에 매우 편협했던 무굴 황제 아우랑제브는 힌두인의 기본권을 침해해 심각한 비판에 마주쳤으며, 심지어 힌두인의 행동과 예배의 자유를 옹호한 자기 집안사람들의 무장 항거에 직면했다.

더욱이 이 전통에서는 관용과 외국인 혐오에 관한 의식적인 이론화가 발견된다. 11세기에 이슬람교도 침략군과 함께 인도에 온 이란 작가 알베루리는 인도 사회, 문화, 수학을 연구했다. (그의 인도 수학 논문 번역은 아랍 세계에 영향을 주었으며, 또 이것이 서양 수학 발전에 영향을 주었다.) 낯선 것에 대한 편협성은 그의 중심 주제 가운데 하나였다. 그는 힌두인이 새로 도착한 이슬람교도를 받아들이며 적대감과 의심을 드러낸다는 점을 지적하고, 그들이 자신과 자신의 동료들을 대할 때 보여준 규범의 쇼비니즘을 서술하면서 이렇게 결론을 내린다. "그런데 공정하게 말하려면, 외국인에 대한 이와 비슷한 멸시가 우리와 힌두인만 지배하는 것이 아니라 모든 나라가 서로를 대할 때 일반적으로 나타나는 것임을 인정해야 한다."[41]

간단히 말해 흔히 받아들여지는 극단적 대조는 서술이라는 면에서도 조잡하며, 따라서 규범적 가치판단에서 초점이 맞지 않을 수밖에 없다. 우리가 소중하게 여기는(또는 어떤 경우에는 경멸하는) 가치들을 몇 가지 구성요소로 해부해보면, 세계사에는 유익한 유사물이 많다는 것을 알게 된다. 설사 이런 구성요소들 가운데 다수가 독특하고 매우 영향력이 큰 방식으로 유럽의 계몽주의에서 통합되었다 해도, 계몽주의에 비서양적 기원이 없다거나 그 구성 부분들에 비서양적 유사물이 없다는 결론이 나오지는 않는다.

이렇게 인권의 역사는 비서양 문화에 대한 경멸적인 태도가 적어도 어느 정도는 빈약한 정보에서 나온 규범적 쇼비니즘에 기초를 두고 있다는 것을 보여준다. 설사 비서양 문화에 어떤 핵심적인 도덕 개념들이 부족하다 해도, 이것이 우리가 그 문화에 관해 우리가 배울 수 있는 모든 것을 배우지 말아야 할 정당한 이유는 되지 못한다. 내가 여태 주장했듯이 좋은 수업은 무비판적이어서는 안 되며, 우리는 우리가 사는 세계에 관해 알아야 하기 때문이다. 사실 서양의 우월성이라는 가정은 비판적 검토가 필요하며, 그런 검토의 필요는 '우리 자신'의 것이 아닌 다른 문화를 연구해야 하는 추가의 이유를 제공한다.

비교문화 수업의 목표와 한계

비서양 문화 수업의 일차적 목표는 호기심을 일깨우고 대화를 시작하는 것이다. 아무리 잘 짜인 강의도 학생들에게 비서양 세계의 주요 문화들에 관해 알아야 할 모든 것을 말해줄 수는 없다. 또 우리는 교육이 어느 한 문화에도 단단히 근거를 두지 않고 다양한 문화를 집적거리기만 하는 스뫼르고스보르드*라고 생각해서도 안 된다. 미국의 각급 대학은 미국에 있기 때문에 학생들이 자기 삶의 영역, 자기가 행동해야 하는 영역에서 시작하고 거기에 초점을 맞추는 것이 타당하다. 이 말은 미국사와 미국인이 물려받은 복잡한 문화의 주요한 원천들을 연구하는 것이 첫번째 자리를 차지해야 한다는 뜻이다. 물론 이 원천 모두가 서양에서 온 것은 아니며, 훌륭한 서양 문화 교육은 그런 관련을 분명하게 보여줄 것이다. 또 매우 다양한 문화와 비교하고 대조하는 방법을 현명하게 이용하여 종종 서양의 관념을 해명해주기도 할 것이다. 서양의 자유주의적 개인주의를 진정으로 파악하려면 그 대안이 될 수도 있는 것들에 대한 감각이 필요하다. 우리는 예를 들어 불교 윤리에 대한 신중한 연구를 통해 이것을 얻을 수 있다. 서구 문명에 대한

* 여러 음식을 늘어놓고 덜어서 먹는 스칸디나비아식 요리.

대부분의 일반 강의에도 비교가 가능한 요소들이 들어가면 이해가 더 쉬울 것인데, 그 범위와 성격은 교수진의 훈련에 의해 결정될 것이다. 이것은 더 고급 수준의 많은 강의에도 해당되며, 여기에서는 종종 한 번의 비교 세션으로 광범한 쟁점들이 쉽게 설명되기도 한다. 그러나 명시적으로 비서양 문화들을 전담하는 강의들을 교육과정에서 어디까지 또 어떤 방향으로 육성할 것이냐 하는 문제가 남아 있다.

이런 질문에는 단일한 답변이 나올 수 없다. 고등학생들의 준비 상태는 극히 유동적이다. 대학의 선생들은 학생의 준비 상태를 계속 살피면서 이런 맥락에서 학생들의 교육과정에 대한 요구를 조정할 필요가 있다. 1996년 기준으로, 시카고 대학은 학부생 한 그룹 가운데 약 절반이 고등학교 교육에서 비서양 문화에 대한 훈련을 받지 않았지만, 나머지 절반은 고등학교에서 서양 문화보다 비서양 문화에 대한 준비를 더 잘했다고 보고했다. 이처럼 준비 상태가 다양한 그룹에게 교과과정으로 엄격하게 필수과목을 정해놓는 것은 도움이 되지 않을 것이다. 현재 우리는 학생들에게 많은 조언을 해주면서도, 무엇을 배울 필요가 있는지 그들 스스로 어느 정도는 판단하도록 허용하는 유연한 체계를 택해야 한다. 시카고 대학의 체계는 아주 다양한 핵심적인 문명 강좌를 제공하여 이것을 이루어내는데, 그 가운데 일부는 서양에 초점을 맞추고, 일부는 비교에, 일부는 일차적으로 비서양에 초점을 맞춘다. 그러나 전체적인 계획에서 필수과목들을 통해서건 조언을 통해서건 학생들이 달성할 몇 가지 분명한 목표를 확립해야 한다.

모든 학생은 세계의 주요한 종교를 어느 정도는 이해해야 한다. 이것은 세계의 다양한 문화와 정치적이고 경제적으로 상호작용하는 모든 과정에서 근본적으로 중요한 영역이기 때문에 절대 이슬람교, 힌두교, 불교, 유교 전통에 무지한 시민을 배출해서는 안 된다. 이것은 세계 문명 강좌나 다른 어떤 방법으로 성취할 수도 있지만, 어떤 형태로든 학부 교육과정에서 타협의 여지가 없이 필수적인 부분이 되어야 한다.

모든 학생은 또 신문이나 간단한 문학 텍스트를 읽고 라디오와 텔레비전 방송을 이해할 수 있는 수준으로 외국어를 습득해야 한다. 고등학교에서 받은 시험 성적으로 이 요구를 충족시켰다고 말하기는 어려울 것이다. 중고등학교 교육은 대학교육만큼 문화적으로 풍부하지 않기 때문이다. 비서양 문화의 언어가 아니라 스페인어나 프랑스어라 하더라도 언어 연구는 학생들 앞에 다른 어떤 것도 제시하지 못하는 방식으로 비교문화적 이해의 문제를 제시한다. 외국어로 자신의 생각을 표현하는 것은 같음과 다름의 관계를 이해하는 가장 좋은 방법으로 꼽을 만하다. 이것이 모든 비교문화 연구의 틀이 되어야 한다.

이것을 넘어 학생들에게 하나의 비서양 문화를 어느 정도 깊이 있게 공부하라고 요구하는 것이 현명해 보인다. 이것은 대부분의 경우는 필수과목을 통해, 또 문화적 경계를 넘는 대화와 사유를 일깨우기 위해 고안된 일군의 강의에서 이루어진다. 그런 강의 각각은 역사적이고 문화적인 구성요소를 갖추어야 한다. 이 수준 이상의 지침을 만드는 것은 지혜롭지 않을 것이다. 교수진은 그동안 이런 종류의 비교 수업을 하는 훌륭한 방법을 아주 많이 발견했기 때문이다. 이런 방법은 종종 비교의 관점으로 단일한 일군의 쟁점들에 초점을 맞추는 것이다. 로니 리틀존의 도덕철학 수강생들은 일본어 강의와 다른 철학 강의를 나란히 들으면서 일본 문화의 한 가지 중심 영역에 대한 풍부하고 복잡한 이야기에 이르렀다. (리틀존은 이런 강의가 한 문화의 한 영역에 국한되지만 "[학생들이] 언어와 문화를 더 공부하고 인간이 되는 다른 방법들을 이해하고자 하는 동기를 부여한다.") 솔케버와 닐런의 학생들은 정치철학에 초점을 맞추어 '성찰하는 삶'에 관한 문제들을 탐구하는 두 문화의 방식에 대한 통찰을 얻었다. 이브 스토더드의 학생들은 아프리카, 중동의 관점들과 더불어 여성의 몸에 관한 미국의 관점에 대해 생각해보게 되었다. 노터데임 대학의 '일의 인류학' 강의는 서양과 비서양 양쪽의 산업화 이전 사회와 이후 사회 양쪽에서 생산적 활동의 개념과 관습에 관해 토론한다. 브라운 대학의 비교문학부에서 중국문학 전문가 도어 레비는 '이야기와 이야기를 만드는 사람들'이라는 강의를 하는데, 여기에서는 바빌론, 중국, 고전 아랍 문화를 포함한 몇 가지 비서양 문화의 작품들의 서사 관행을 비교한다. 한편 그의 동료 미라 비스 바나탄은 매우 인기 있는 일본문학사 강의를 한다. 하버드 대학에서는 제2장에서 보았듯이 아마티아 센의 학생들이 서양과 비서양 양쪽의 여러 나라를 참고하여 현대 세계의 기아와 기근에 관해 생각하게 된다. 다른 유형의 많은 통합 학문적 비교문화 수업은 미술이나 음악의 한 장르, 또는 일군의 경제 문제에 초점을 맞춘다. 학생들이 비서양 문화에 확실하게 몰입하게 하는 가장 좋은 방법은 교원의 다양한 영역에 대한 전문지식을 바탕으로 교육과정 전체에 이런 연구들을 불어넣는 것이다. 비서양 필수과목이 있는 경우에는 어떤 문화 안에서 논쟁중인 더 큰 쟁점들에 대한 통찰을 주지 못하는 극히 좁은 범위의 강의들에 만족해서는 안 된다. 물론 잘 선택한 일군의 중심인물이나 쟁점이 방대한 조사보다 탐구의 초점을 잘 잡아주는 경우도 많다. 교수진은 텍스트 가운데 일부가 생경하다 해도 자신들이 아는 쟁점을 가르치는 데 최선을 다한다. 브라운 대학에서는 핵심 필수과목 대신 교수의 지도를 받아 과목을 선택하는 제도를 채택했음에도, 음악에서 종교학, 비교문학, 인류학, 역사, 정치학에 이르기까지 다양한 학과에서 학생들 다수가 비서양 문화의 강의를 선택하고 있다. 그런 강의들이 선택의 폭도 넓고 훌륭하기 때문이다.

우리의 일차적 목표는 자신의 무지—다른 세계 문화들, 또 많은 경우 우리 자신의 문화에 대한 무지—에 대해 소크라테스적 지식을 갖춘 학생들을 배출하는 것이다. 이런 학생들은 문화적 차이에 관하여 단순화된 진부한 이야기를 들을 때 그것을 액면 그대로 받아들이려 하지 않을 것이다. 그 대신 묻고, 탐사하고, 탐구할 것이다. 문화와 방법론의 쟁점에 관한 기본적인 인식이 있기 때문에 이들에게는 자신의 문제를 더 파고들 나름의 방법이 있을 것이다. 그들은 다른 것에 다가갈 때 적절하게 겸손하면서도, 동시에 더 깊이 이해하는 데 좋은 지적 장비를 갖추고 있을 것이다. 이런 자질은 오늘날의 상호의존적 세계시민에게 아주 중요하기 때문에 개인적 경험으로만 계발될 가능성이 거의 없다. 현재 우리는 이해라는 과제를 충분히 잘 이행하지 못하며, 이런 실패는 나라에 피해를 주고 있다—사업에서, 정치에서, 환경과 농업과 인권에 관한 긴급한 토의에서. 우리는 자유교육을 통하여 이해를 계발해야 하고 또 할 수 있다. 이런 도전을 감당하지 못한다면 교육은 진정으로 '자유롭지'(진정으로 자유롭고 자율적인 시민을 배출하지) 못할 것이다.

제5장 아프리카계 미국학

> 따라서 흑인의 갈망은 존중받아야 한다. 그들이 쌓은 경험의 풍성하고 쓰디쓴 깊이, 그들의 내면생활에 깃든 미지의 보물들, 그들이 보아온 이상한 자연 파괴는 세상에 새로운 관점을 주어, 모든 인간의 마음이 흑인들이 사랑하고 살고 행동하는 것을 귀하게 여기게 해줄 것이다.
>
> W. E. B. 듀보이스, 「흑인의 훈련에 관하여」, 『흑인의 영혼』

애틀랜타 모어하우스 칼리지 영문학과 4학년 앨저넌 캠벨은 활기가 넘치고 말이 빠른 학생이다. 그는 인종을 주제로 한 토론이 전혀 이루어지지 않는, 백인 학생이 압도적으로 많은 고등학교 출신이다. 학교에서 그런 주제를 이해하는 학생은 한 명도 없었고, 자신도 마찬가지여서 그저 학교 분위기에 적응하는 데 급급했다고 회고했다. 그가 모어하우스 칼리지에 입학한 뒤 접하게 된 공개 토론회는 인종차별을 걱정하거나 분위기에 맞추려고 애쓸 필요 없이 관련 쟁점들을 탐사할 수 있는 자리였다. 그는 미국 내 인종 정체성의 역할을 학문적·역사적으로 이해하기 위한 탐색을 해나갈 수 있으며, 이런 과정은 그가 자신을 알아가는 데 도움이 될 것이다. 캠벨은 모어하우스 칼리지를 매우 자랑스럽게 여기며 현재의 대학 생활에 만족한다.

1992년 봄 브라운 대학에서 만난 앨빈 제임슨은 철학 공부가 갑자기 지지부진해졌다고 이야기한다. (처음 만났을 때 필립스 아카데미의 세칭인 '앤도버' 로고가 찍힌 운동복을 입었던) 중간계급 중에서도 상층에 속하는 앨빈은 철학과 소설을 다루는 내 학부 수업 때 재능을 십분 발휘해 사뮈엘 베케트에 관한 놀라운 리포트를 마감일에 맞춰 써온 아프리카계 미국인 학생이다. 나는 그가 같은 주제를 다루는 대학원 세미나 참석을 허락해주었다. 하지만 이번 학기에는 수업 시간에 거의 나타나지 않았으며 와서도 반은 조는 것 같았다. 그는 요사이 자신의 흑인 정체성 때문에 점점 더 불안해진다고 말한다. 그는 흑인 남학생으로만 구성된 동아리에 가입했다. 그곳 형제들은 철학과 문학에 관심을 가지지 말라고 압박하는데다 밤잠도 못 자고 해야 할 만큼의 입회 과제를 내준다. 그는 대학원에 진학해 철학을 전공하겠다던 계획을 포기했다.

아프리카계 미국인 앤드루 영 전임 애틀랜타 시장이 버밍엄 앨라배마 대학을 찾은 1994년 3월, 마침 대학에서 아프리카계 미국학 프로그램을 정규 학과로 설치하라는 요구 운동이 벌어지고 있다. 영은 아프리카계 미국학 수업 시간에 연설을 하면서 그런 변화에 반대한다고 주장했다. "저는 딸아이가 흑인 연구를 전공한다고 했을 때 끝까지 말렸습니다. 돈을 들여 교육을 받는다면 혼자 배울 수 없는 것을 공부해야 합니다. 수학, 재정, 회계, 과학에 시간을 쏟으십시오."

1994년 12월, 지도학생으로 배정된 신입생 앤젤라 카우프만과 면담을 나눈다. 앤젤라가 브라운 대학을 선택한 이유에는 교육과정의 다양성도 한몫했다. 앤젤라는 첫 학기에 아프리카계 미국학 전공 수업을 수강했다. 자료 읽기 같은 건 재미있지만 유일한 백인 수강생으로서 토론하는 상황이 갈수록 불편하다. 지난주에는 아프리카계 미국인 여성 강사가 인종적 기억에 관한 이론에 공감하는 태도로 논의를 펼치면서, 특정 인종 집단 혈통이 아닌 사람은 당사자의 고난을 이해할 수 없다고 암시했다. 앤젤라는 홀로코스트에서 죽은 친척이 있어야 인종차별의 고통을 이해할 수 있는 것은 아니지 않느냐고 물었다. 이 질문은 돌 같은 침묵에 부딪혔다.

하버드 대학에서 철학과 아프리카계 미국학을 강의하는 콰메 앤서니 애피아 교수가 집단 정체성과 세계시민성의 관계에 대해 논하고 있다. 런던에서 수련한 변호사로, 가나공화국 창건자 중 한 사람인 부친과 영국인 모친 사이에 태어난 애피아는 브라이언스턴 사립학교와 케임브리지 대학에서 교육받았으며, 양상논리학 전문가이자 저명한 아프리카계 미국학 연구가로 활약하고 있다. 그는 자신의 이중인종적·이중국가적 정체성에 관한 논의를 설득력 있게 전개한다. 그는 사람이 자신의 첫번째 도덕적 충성심이 '인간의 미래'를 향해 있음을 도외시하지 않고도 특정 국가나 집단에 대한 강한 충성심을 유지할 수 있다고 주장한다. 애피아의 부친은 세상을 뜨면서 자식들에게 자신들이 무엇보다도 '세계시민'임을 잊지 말라고 일깨우는 편지를 남겼다. 자식들에게 어디에 있든지 자신의 노력을 통해 세계가 어떻게 더 나아졌는지 물어야 한다고 촉구했다.

캘리포니아 주립대학 리버사이드 캠퍼스에서 흑인 학생 모임이 루이스 파라한*의 동료 활동가 할리드 무하메드를 공개강좌 연사로 초청했다. 무하메드는 유대인이 노예무역에 책임이 있다는 견해를 공공연히 피력해왔기에, 그의 연설에 반유대주의적인 내용이 포함될 것으로 예상되었다. 대학 당국은 보안을 특별히 강화해

* 미국 흑인 무슬림 단체 '이슬람국가Nation of Islam'의 종교 지도자.

달라는 무하메드의 요청을 들어주었다. 입구에 보안검색요원을 배치해 청중을 일일이 검사한 뒤 들여보내기로 한 것이다. 일부 교수들은 대학 당국이 무하메드의 학내 연설을 막았어야 한다고, 적어도 특별보안 요청은 거부했어야 한다고 생각한다. 어떤 교수들은 무하메드가 자기 소신대로 발언하는 것은 용인해야 하지만, 연설에 대한 공개적인 항의 역시 있어야 한다고 생각한다. 학생들과 지역 주민들이 차례차례 보안검색요원들을 거쳐 강당으로 들어갈 때 문 옆에서는 이 대학 '사상과 사회 연구소'의 소장이자 베르겐벨젠 강제수용소 생존자인 철학자 베른트 마그누스를 위시한 교수 집단이 무하메드의 반유대주의에 항의하는 플래카드를 들고 입을 꾹 다문 채 서 있다.[1]

인종만큼 미국 대학들을 고통스럽게 분열시키는 주제도 없다. 서로에 대해 배우는 일이 이보다 절박한 영역도, 그런 이해를 막는 장벽이 이토록 허다한 영역도 없다. 아프리카계 미국인 공동체 자체가 찢어져 있는 상황이다. 이들의 목표는 W. E. B. 듀보이스가 그린 청사진처럼 포용적이고 인도적인 문화의 비전, 모든 미국인이 흑인 문화를 포용하고 나아가 흑인 미국인이 미국 문화 모두를 포용하는 식의 비전이어야 하는 것일까? 아니면 다른 사람들과 자신을 구분하고 때로는 다른 사람이나 집단에 대한 비방으로 이어지는 정체성의 창조여야 하는 것일까? 젊은 흑인 학생들은 학부 교육에서 아프리카계 미국인 문화에 중점을 두어야 할까? 아니면 공학이나 수학처럼 경제적으로 더 쓸모 있는 것을 공부해야 할까? 백인 집단은 이런 분열에 혼란스러움과 곤혹스러움을 느낀다. 동정적인 백인 교육자들은 인종주의 진영과 인종차별반대 진영의 갈등 때문에 괴로워하고, 백인이 지배적인 학계에서 인종차별이 계속되는 현실을 인지하고 있다. 하지만 인종차별 반대에 어떤 행동이 효과적인지 확신하지 못한 탓에 리버사이드 캠퍼스 사례처럼 악의적인 거짓말에 대한 공개적 항의가 도덕적으로 적절해 보일 때도 마비된 듯 행동에 나서지 못하고 만다.

듀보이스가 그렸던 문화의 비전, 즉 모든 미국 시민이 아프리카계 미국인들의 예술과 역사를 공부하고 흑인 여성과 흑인 남성은 세계 전체를 아우르는 연구를 기꺼이 받아들이는 비전을 옹호하는 것이 그 어느 때보다 중요한 듯하다. 새롭고 포용적인 대학에서도 공학이나 회계 수업 등 직업 대비 교육은 계속할 것이다. 하지만 동시에 흑인 학생과 백인 학생을 불문하고 정신교육 역시 시행함으로써 한층 깊이 있는 시민성의 기초를 다져줄 것이다.

우리는 분열의 원인이었던 지점, 고난과 공포로 점철된 토대에서 시작해야 한다. 이런 상황에서 통합적이고 정신적으로 풍요로운 학교를 만들 수 있을까? 그렇게 해낼 수 있다는 희망을 조금이라도 가지려면, 소수집단 연구에 대한 요구를 정체성 정치에 불과한 움직임으로 보거나 단순한 하소연 내지 '피해자 연구'로 보는 현재의 경향을 넘어서야 한다. 걱정스러운 나머지 뒷걸음질치는 모양새는, 이 나라의 유물인 지독한 인종차별에 대한 백인의 불편함과 죄책감이 자연스럽게 표출된 것이기는 하지만, 별로 도움이 되지 않는다. 저마다 다른 배경에서 살아온 사람들은 서로 진실하게 관계를 맺어야 한다. (이 말은 인종적 긴장이 존재하는 다른 영역에도 적용되는 말이지만, 여기에서는 흑백 인종차별의 역사가 또다른 유사한 배제의 역사들을 대표하고 있다.) 우리는 모두 아프리카계 미국학에 대한 요구의 역사와 요구의 배경이 된 학계의 배제를 파악해야 한다. 우리는 미국 사회가 마지못해 포용했던 아프리카계 미국인들이 그렇게 인정받는 대가로 최근까지도 자신의 기원을 비난해야 했다는 것, 유럽 문명이 더 우월한 가치를 지녔다고 공언해야 했다는 것을 알아야 한다. 그러고 나서야 이런 모든 과정을 견디고 살아남은 합리적인 흑인들에게 대학의 역사가 불러일으켰을 수치, 자부심, 갈망, 증오 섞인 복잡한 반응을 납득할 수 있을 것이다. 우리는 그런 반응이 합리적이었고 지금도 합리적이라는 것, 또한 우리를 심히 곤란하고 두렵게 만드는 것이라 해도 그것이 진실되고 타당한 관심에서 자라나온 것이라면 충분히 존중받아야 한다는 주장을 받아들여야 한다. 오늘날 교육과정의 난제인 인종과 아프리카 중심주의에 관한 논쟁은 바로 이 지점에서 정리를 시작할 수 있다.

이런 대립을 일으키는 쟁점에 대해 발언하는 필자라면 누구든 쟁점과 관련해 자신이 살아온 역사를 밝혀야 한다. 1960년대 초, 펜실베이니아 주 브린마에 살던 시절에 알고 지낸 흑인은 하인들밖에 없었다. 또래 친구였던 흑인 해티는 아주 부유한 이웃집 입주 도우미의 딸이었다. 열 살 무렵이었을 텐데, 한번은 거리에서 함께 놀던 해티에게 우리 집에 가서 레모네이드를 마시자고 한 적이 있다. 조지아 주에서 성장한 아버지는 버럭 화를 내며 다시는 흑인을 집에 초대하지 말라고 했다. 학교에서도 별로 다르지 않았다. 내가 다닌 사립학교에서 흑인은 주방 직원들뿐이었고, 공부를 할 때는 그들을 머릿속에서 지우는 것이 좋다는 분위기였다. 역사 시간에는 노예제를 거의 다루지 않았다. 고등학교 재학 시절은 물론 나중에 웰슬리 칼리지와 뉴욕 대학을 다닐 때도 흑인 작가가 쓴 문학작품을 전혀 읽지 않았다. W. E. B. 듀보이스, 프레더릭 더글러스, 부커 T. 워싱턴, 리처드 라이트, 랠프 엘리슨, 조라 닐 허스턴 등 이 모든 이름을 알지 못했다. 어디에서도 이들을 공부할 수 없었다. 아무도 이들을 절대 가르치지 않았다. 마틴 루서 킹 주니어는 뉴스에 나오기 때문에 모를 수 없었지만, 아버지는 그를 공산주의 선동가라고 했고 선생들은 관련된 그 어떤 언급도 하지 않았다. 재즈는 20대가 되어서야 처음 접했다. 재즈야말로 어린 시절 연주하고 노래했던 (코플런드, 라벨, 번스타인, 풀랑크가 작곡한) 모든 현대 고전음악의 주요 원천이었음에도 피아노와 성악을 가르쳐준 그 많은 음악 선생 가운데 재즈를 언급한 사람은 하나도 없었던 것이다.

철학을 공부하면서도 흑인과 격리된 학문 생활은 계속되었다. 20년 동안 철학과와 고전학과에서 가르친 흑인 대학원생은 딱 두 명이었고 흑인 동료는 한 명도 없었다. 지금 재직 중인 로스쿨에서도 흑인 동료는 두 명뿐이다. 그중 한 명인 객원교수는 내가 가르쳤던 흑인 두 사람 중 하나다. 필수과목이 아니라면 철학 수업을 듣는 흑인 학생은 거의 없으며, 지금 로스쿨 수업에서도 흑인 학생은 보기 어렵다. 나는 주로 읽고 상상하며 상황을 파악한다.

인종, 문화, 수치: 하버드 대학의 사례

아프리카계 미국학을 둘러싼 오늘날의 갈등을 이해하려면 무엇보다 미국 대학에서 아프리카계 미국인의 역사가 어떻게 시작되었는지 알아야 한다. 다행히 하버드 대학에 남아 있는, 아프리카계 미국인의 삶이 기록된 광범위한 역사 자료에서 정밀하게 검토할 가치가 있는 사례들을 찾을 수 있다.[2] 18세기부터 하버드 대학은 이 문제에 관한 한 미국 대학들 중에서도 자유주의적인 편이었기 때문에,[3] 당시의 인종차별 상황에 대해 상대적으로 진보적인 백인의 반응이 어떠했는지 여러 가지로 보여준다. 더불어 당시의 진보적인 진영의 통찰력조차 얼마나 제한적이었는지, 인도적 갈망과 상상력 부족 사이의 긴장이 얼마나 첨예했는지 보여준다.

초기에 흑인은 (그나마 입학을 허가받을 수 있을 경우에) '유럽의 기독교 문화는 우월하고 아프리카 문화는 원시적'이라는 주장을 받아들여야 학교에 들어갈 수 있었다. 미국 대학은 대부분 설립 목적이 종교적이었으며 더러는 종파적인 가치를 내세운 곳도 있었다. (1745년에 설립된 브라운 대학은 미국에서 입학시험에서 종교 과목을 없앤 최초의 대학이었다.) 프로테스탄트 전통이 지배적인 이런 세계의 관점에서 아프리카 문화는 문화가 아니라 거주자들에게 인간의 지위를 부여할 수 있을지조차 실로 의심스러운, 원시적이고 짐승과 유사한 삶의 형태였다. 아프리카 문화에 관한 지식 자체가 거의 또는 전혀 없었다. 서양은 19세기 말에 가서야 아프리카 음악과 미술의 영향을 받기 시작했으며, 아프리카 정치제도에 관한 진지한 서술은 훨씬 나중에 나왔다. 서양인은 아프리카를 통제되지 않은 공격성과 섹슈얼리티가 넘실대는 땅으로 상상했다. 신화의 역사에서는 흔히 있는 일인데, 한 문화는 자신이 소중하게 여기는 모든 것과 정반대되는 것들을 죄다 갖추고 있는 머나먼 땅을 상상함으로써 자신의 가치관을 표현한다. 고대 그리스인은 여성이 다스리는, 또는 여성들이 분방하고 제멋대로 살아가는 가상의 이방 땅을 상상했다. 로마 작가들은 게르만 땅을 로마의 가치를 신화적으로 뒤집어놓은 공간으로 서술했다. 마찬가지로 미국인이 상상한 아프리카는 청교도의 가치가 역전된 곳이었으며, 청교도 미국은 가공의 짐승 같은 타자와 자신을 대비함으로써 자신의 가치를 규정했다. 아프리카계 미국인은 그리스도를 구주로 받아들이고 자신이 미개한 곳에서 비롯되었다고 고백함으로써 인간의 지위를 증명해야 했다. 흑인과 백인 모두, 검은 피부는 아프리카의 생활방식의 도덕적·지적 타락을 상징한다고 여겼다.

이는 흑인도 교육을 받아야 한다는 주장에 반대하는 이들뿐만 아니라 아프리카계 미국인 당사자 대다수와 가장 진보적인 백인 지지자들의 관점이기도 했다. 실제로 흑인 교육을 지지하는 가장 눈에 띄는 논거 한 가지는 그들을 태생적 야만으로부터 끌어올려야 한다는 내용이었다. 최초의 아프리카계 미국 시인으로 꼽히는 필리스 휘틀리—코튼 매더*와 청교도 성직자 팀이 조사한 뒤,

* 17세기 미국의 회중파 교회 목사이자 역사가. 휘틀리는 매더가 죽은 뒤에 태어났으므로, 저자가 사실 관계를 착오한 듯하다.

라틴어를 알기에 자신이 발표한 시를 실제로 쓸 능력이 있었다고 간주해도 무방하다고 확인받은 노예 소녀—는 1767년 하버드 학생들에게 보낸 시에서 자신을 야만적인 관능과 어둠에서 구원해준 기독교 가르침의 도덕적 힘에 관해 열정적으로 이야기한다.

> 타고난 열의가 쓰라고 자극하고
> 뮤즈들이 내 펜을 돕겠다고 약속합니다.
> 나는 내가 태어난 해안, 그 오류의 땅,
> 이집트의 어둠을 떠난 지 오래되지 않습니다.
> 자비의 아버지여, 그 어두운 거처에서
> 나를 안전한 곳으로 데려온 것은 당신의 자비로운 손입니다.[4]

휘틀리는 자신의 시적 충동을 "타고난" 것으로 묘사한다. 하지만 고전 학문의 "뮤즈들"이 돕지 않으면 또 돕기 전에는 그 충동을 시로 표현할 수 없다고 말한다. 그녀가 최근에야 "오류의 땅"을 떠났기 때문에—휘틀리의 검은 피부색은 그 땅의 도덕적·영적 "어둠"과 연결되어 있을 뿐 아니라 아마도 그런 어둠을 표상한다고 생각했을 것이다—그것은 더욱 중요하다. (다음 연에서 휘틀리는 "오류"의 내용을 밝히면서 "죄"와 그 "덧없는 달콤함"을 아프리카와 연결시킨다.) 그의 작품을 출판한 성직자들이 휘틀리에게 보여준 호의는 그가 시로 수치를 인정한 것과 무관하지 않다.

백인 진보 진영의 논리도 이와 마찬가지여서 그들은 아프리카 문화가 저열하다고 가정하고, '니그로'가 기독교도가 되지 못한 것은 타고난 악덕 때문이라기보다 무지 때문이라고 주장하면서 '니그로'의 인간성을 옹호했다. 예를 들어 1773년에 있었던 노예제의 도덕성에 관한 하버드 대학의 논쟁에서 뛰어난 노예제 반대 논리를 거듭 펼쳤던 엘리팰릿 피어슨은, 아프리카 문화란 완전히 미개한 것으로 예술도 사상도 없다는 점을 논증의 시작점으로 삼는다. “그들이 고상한 예술에 극히 무지하고 과학에 속하는 모든 것을 거의 알지 못해 학자와 철학자의 모든 즐거움을 모른다는 것은 주지의 사실이다.” 그러나 이런 모습은 하느님께서 만들어놓으신 일이라고도 덧붙인다. 만일 그들이 “과학과 순수예술,” 또 질서잡힌 정치사회의 혜택을 알았다면 노예 생활이 지금보다 훨씬 더 불행했으리라는 것이다. 그랬다면 “틀림없이 영원히 잃어버린 자유에 대한 찌를 듯 고통스러운 느낌이 내내 지배했을 것이며, 결국 쉼 없는 고통의 피로로 영혼이 망가져 생명 없는 무감각의 상태로 가라앉고 말았을 것이다.” 또 그는 그런 것이 아니더라도 우리가 그들을 대하는 방식 때문에 그들의 지성이 무뎌졌다며 말을 잇는다.

> 그렇게 해놓고 곧장 우리는 이들이 어리석음을 타고났다는 식으로 나무란다. 바로 그런 식으로 우리는 이들을 비인간적으로 대하는 것을 정당화할 근거를 만들어낸다. 이들의 어리석음이 결코 타고난 특징이 아니라는 것은 잘 알려져 있다. 이 나라에서 이들이 어떤 조건에 처해 있는지 생각해본다면, 얼마나 지독하게 낙담과 우울함과 수모를 겪는지 생각한다면, 우리는 이들의 이해력이 부족하다는 것에 주목하는 대신 그들에게 감수성 비슷한 것이 아주 조금이라도 남아 있다는 사실에 감탄해야 할 것이다.[5]

피어슨의 논리에는 내적인 혼란이 있는 것으로 보인다. 어떻게 교양의 부재가 더 큰 고통을 막기 위한 하느님의 자비로운 선물이 될 수 있겠는가, 하물며 그것이 인간의 학대가 낳은 치명적인 결과라면? (그리고 자비로운 하느님은 노예에게 교양을 박탈하여 노예제를 견딜 수 있도록 하는 대신 왜 애초에 노예제가 생기는 것을 막지 않았을까?) 그러나 더 놀라운 것은 기본적으로는 인도적인 이런 해석 전반에 노예들이 아프리카에서 가져온 문화는 문화나 예술이 전혀 아니라는 가정이 깔려 있었다는 점이다.

초기의 흑인 교육 지지자들은 어떤 문화 개념을 사용했기에 그렇게 재단한 걸까? 그것은 고전 학문, 즉 라틴어와 그리스어 지식이 기독교적 헌신이나 실천, 나아가 성경과 기독교 신학에 대한 지식과 확고하게 연결되어 있다는 기독교적 고전 학문 모델이었다. (19세기 말 옥스퍼드 대학에서 벤저민 조잇이 개혁을 추진하기 전까지 서양에서는 그리스어·라틴어 고전을 늘 기독교 신학과 연결해 가르쳤다. 두 주제는 단일한 문화의 상호의존적 요소들로 이해되었다. 이것은 사실 고대 그리스·로마의 삶과 사상의 본질을 엄청나게 왜곡하는 것이었다.) 문화와 고전 학문의 동일시가 워낙 강했던 탓인지, 1833년 두 보스턴 변호사는 명민한 심부름꾼 소년이 있는 자리에서 다음과 같은 대화를 나누기도 했다.

> 국회의사당에 있을 때 그들은 우연히 당시 사우스캐롤라이나의 상원의원인 유명인사 존 C. 칼훈과 식사를 하게 되었다. 노예제, 주의 권리, 주의 연방 법령 이행 거부 등의 문제로 혼란스러운 시기였던지라 니그로가 식탁의 화제로 올랐다. 칼훈 씨는 다음과 같은 취지의 말을 했다. "그리스어 문법을 아는 니그로를 찾을 수 있다면, 니그로도 인간이고 인간 대접을 받아야 한다는 말을 믿겠소."[6]

휘틀리의 시와 마찬가지로 이 일화에서도 인간의 가치는 지배적인 문화를 감당할 의지와 능력이라는 맥락에서 규정된다. 그리스어 문법이라는 약간 자의적인 예를 든 것은 아마 학창 시절 대부분이 여기에 안간힘을 썼던 기억, 문법을 제대로 익히지 못하는 학생들이 수모를 받았던 기억 때문일 것이다. 그리스어는 특히 부담스러운 정신적 훈련으로 여겨졌다. 여성의 연약한 몸에는 너무 부담스러운 훈련이라고까지 이야기되기도 했다.[7] 유럽과의 관계에서 늘 방어적이었던 신생 미국 문화는 완전한 인간성의 전제조건이라며 이 훈련을 유난히 힘주어 고집했다.

이 일화를 기억하고 있던 당시의 심부름꾼 소년은 바로 뉴욕 반노예제 협회 사무실에서 일하고 있던 알렉산더 크러멜로, 훗날 동세대 가장 탁월한 아프리카계 미국인 지식인으로 꼽히게 되는 인물이다. 크러멜은 생애 대부분을 아프리카 문화 옹호에 바쳤다. 우리는 이제 왜 그 기획이 완전한 시민성과 자존감을 키우는 데 매력적일 뿐 아니라 필수적이라고 여겼는지 이해한다.

자신의 습관과 생활방식이 어느 시대 누구에게나 최선이라고 생각하는 것이 사람들의 일반적인 경향이다. 오늘날 우리는 훌륭한 사람이라고 해서 다 그리스어를 아는 것은 아니라고 생각하기 때문에 그리스어 지식이 인간성의 필수 지표라는 예전의 가정에 웃음을 터뜨릴 수 있다. 우리는 모든 언어의 통사 구조가 복잡하며, 어떤 한 언어가 다른 언어보다 '우월하지' 않다는 것을 알고 있다. 아기는 어떤 언어든 자신이 듣는 언어를 배우며, 특정한 언어를 배우는 능력에 특정한 유전적 유산이 필요하지 않다. 하지만 그리스어가 신사의 지표이고, 신사가 모두 유럽 백인 혈통일 때는 그리스어를 인간의 지표로 선택하는 것이 자의적임을 알기가 어렵다. 그리스어는 우연히 그리스어를 배운 신사의 교양을 자기만족적으로 정당화하는 역할을 한 것이다. 말하자면 아프리카를 둘러싸고 구축된 이미지, 즉 그리스 문화가 없는 땅이라는 (고대 그리스에서 '그리스인'과 '이방인'을 대비시켰던 것과 비슷하게) 이미지는 미국인의 문화적 우월감을 강화해주었으며, 유럽에 비해 상대적으로 약점이라고 느끼는 부분에 대한 불안을 막아주었다.

이따금 그런 왜곡이 왜곡으로 묘사되기도 했다—그런 왜곡을 거드는 동시에 관찰할 기회를 얻었던 교육받은 아프리카계 미국인에 의해서. 1870년 하버드 칼리지를 흑인 최초로 졸업한 리처드 T. 그리너는 실패한 금광업자와 교육열이 높은 어머니 사이에서 태어나 구두 영업사원, 목판공 등으로 일하다가 오벌린 칼리지를 거쳐 하버드 칼리지에 입학했다. 그리너는 결국 사우스캐롤라이나 대학의 심리학·도덕철학 교수가 되었으며, 그곳에서 라틴어, 그리스어, 수학, 헌법사를 가르치다가 1877년 이 대학이 흑인을 추방하는 바람에 그만두었다. 추방 전에 법학을 공부해 변호사 자격을 따두었던 그는 곧 하워드 대학 로스쿨 학장이 되었고, 나중에는 변호사로 일하면서 정치에 입문했다. 그는 인도 뭄바이에서 영사로, 시베리아에서 미국 상무관으로 일했다. 1892년 중국 정부는 산시성의 기근 피해자를 구제한 공로로 그에게 쌍룡 훈장을 수여했다. 1905년 외무부 은퇴 이후에는 시카고에 살면서 하버드 클럽에서 활발하게 활동했다. 1894 년에 그리너는 「백인 문제」라는 주목할 만한 연설문을 발표했다. 그는 백인 문화가 자신의 정상성과 우월성으로 간주하는 것을 하나의 병리학으로 간주해 살펴보는 강연 전략에서 깊은 통찰을 보여준다. 그리너는 백인의 행동에는 문제가 없다고 여기는, 또한 그런 관습에서 벗어나는 것을 '문제'로 여기는 경향을 조롱한다. 그리고 이와 관련하여 재능 있는 흑인을 그런 관습적인 규범에 순종하게 하고 결과적으로 자신을 부끄럽게 여기게 만드는 굴종의 병리를 폭로한다.

> 백인 문제의 한 국면은…… 니그로를 유치한 인종의 구성원으로 취급하겠다는 결정에서 드러납니다…… 전통이란 전통은 모두 니그로에게 불리한 것 같았으며, 논증이란 논증은 모두 분명히 불리했습니다. 니그로에게는…… 스스로 자유롭게 말을 할 수 있는 진정한 기회가 좀처럼 주어지지 않았으며, 그런 기회가 주어져도 니그로는 일

> 반적으로 청중의 요구를 따르고, 배심원단에게 이야기하면서 보통은 숨을 죽였습니다. 겸손하게 사과하듯이 자기를 깎아내리며 이야기를 할 때야 똑똑하고 분별 있는 사람, 전쟁 전 "착한 검둥이"의 좀더 온건한 버전이 되었습니다.[8]

그리너는 공직 사회와 예술계에서 활동한 주목할 만한 흑인들의 업적을 나열하는 한편, 중요하게 받아들일 가치가 있는 모든 미국 음악의 기원에는 흑인 음악 전통이 자리잡고 있다는 안토닌 드보르자크의 말을 인용하면서 결론을 내린다. "이렇게 무작위로 뽑은 사실들은 미국 니그로에게도 전통이, 니그로 비방자 대다수의 전통보다 훨씬 더 풍요롭고 명예로운 전통이 있다는 것을 보여주는 것 같군요." 백인 문화의 도덕성은 우월하며 아프리카인은 타락했다는 평가의 기준으로 내세우곤 하는 기독교를 두고서는, 다름아닌 백인의 편협함이 그 종교—적어도 일반적으로 실천되고 있는 기독교—의 불완전성을 드러내는 증거라고 응수한다. "기독교가 인종적 편견을 억누르는 데 얼마나 무능한지, 종파적 이해관계에는 깊이 개입하는 반면 진정한 형제애에는 무관심한 경우가 얼마나 많은지를 니그로의 입장에서 생각해보면, 백인 문제는 해결과는 거리가 한참 멀어 보입니다."[9]

그리너는 검은 피부색과 흑인 전통이 기본적으로 뭔가 사죄해야 할 일이라는 데 동의하는 백인 전부와 흑인 대다수의 경향을 대단히 정교하게 짚어낸다. 그는 하버드 대학 총장 로런스 로웰의 유명한 말, "나는 유대인으로 태어나지 않아 다행이지만 유대인이었다면 다른 무엇보다 그 사실을 자랑스럽게 여겼을 것"이라는 말에 주목한다. 그리너는 묻는다. 오늘날 어떤 백인 지도자가 검은 피부색에 대해서도 같은—현재의 상황에서는 불행이지만 그럼에도 자부심의 표시라는—말을 할까? 그러나 흑인의 장점, 업적, 품위, 정의는 더없이 명백한 사실이며 자부심의 중요한 근거다. 이런 이유들에도 불구하고 자부심보다 수치가 규범이라면, 흑인 당사자조차 자기 전통의 풍부한 자원에 대한 자부심 대신 이런 식의 수치를 내면화하라고 배운다면, "이 나라에서 가장 진지하게 관심을 가져야 하는 문제는 흑인 문제가 아니라 백인 문제라는 것이 입증되는 것"[10] 아닌가?

그리너의 결론에 따르면, 하버드 대학의 교육이 흑인들에게 가르쳐줄 수 있는 한 가지는 어떤 전통이 진정으로 도덕성을 장려하느냐는 문제가 지닌 복잡성이다. "독서, 관찰, 사유를 하게 되면 그들은, 우주의 신의 인도에 따라, 그들의 기원이라는 바로 그 사실이 반자유주의적 편견, 오만한 인종적 자부심, 다른 인종의 권리, 감정, 특권에 대한 철저한 무시, 지적 편협성과 옹졸함으로부터 자신들을 구원해줄 수단이 될 수도 있었을 것이라고 확신하게"[11] 된다. 문화적 수치라는 흑인 문제를 해결하려면 이 수치를 그 기원으로 거슬러올라 살피는 동시에 아프리카계 미국인의 과거를 자부심을 갖고 연구할 권리를 되찾아야 한다.

이제 그리너가 이끄는 대로 19세기 말에 살았던, 재능과 포부가 있는 젊은 아프리카계 미국인을 상상해보자. (지금부터 우리는 남성에게 초점을 맞출 것이다. 비슷한 교육 기회가 여성에게는 훨씬 나중에야 허용되었기 때문이다.) 이 젊은 남자는 기독교도로 자라나며, 자신의 출신지가 신을 믿지 않는 죄 많은 곳이라고 배운다. 또 자신의 어두운 피부색과 그 장소의 어둠이 어떤 식으로든 연결되어 있다고 배운다. 백인 공동체의 시각에서 이 두 가지 모두는 그에게 수치의 낙인인 셈이다. 검다는 것은 그의 문제지만, 어떤 환경에서는 그런 문제로부터 구원받을 수 있다고도 배운다. 그가 지배적인 문화가 가르치는 것을 훌륭하게 흡수하고, 자신의 과거를 가능한 한 멀리 밀어내려고 진지하게 노력한다면 말이다. 그는 〈아름다운 하버드〉를 부를 수 있으며, W. E. B. 듀보이스처럼 조지 산타야나와 함께 칸트에 관해 말할 수 있고, 윌리엄 제임스나 조시아 로이스와 함께 인식론에 관해 이야기할 수 있다.* 듀보이스처럼 보스턴의 유색인 교회에서 고대 그리스 연극을 공연할 수도 있다.[12] (듀보이스가 선택한 연극은 의미심장하게도 아리스토파네스의 〈새〉인데, 이 작품은 두 남자가 자신들을 학대하는 도시를 떠나 구름 속에 이상적인 나라를 건립하며, 결국 이 나라가 아테네와 올림포스의 신들마저 지배하게 된다는 내용의 신랄한 정치 풍자극이다.) 그럼에도 그는 듀보이스의 유명한 표현대로 두 세계에 살면서 두 세계에 속해 있다는 '이중의식'을 지니고 있다. 만일 그가 듀보이스처럼 특별한 결의와 자존감의 소유자라면 자신에게 완전한 구성원의 자격을 주지 않는 관습에 아이러니 섞인 경멸을 품을지도 모른다. (듀보이스는 이렇게 말한다. "나는 하버드 대학 안에 있었지만 그곳 사람은 아니었다. 그래서 내가 〈아름다운 하버드〉를 부르는 것의 아이러니를 통렬하게 깨달았다. 내가 그 노래를 부른 것은 필그림들†에 대한 자부심 때문이 아니라 그 음악이 좋아서였다.")[13]

그러나 만일 그가 듀보이스보다 필리스 휘틀리와 비슷하다면—사실 듀보이스 세대의 젊은이 대다수는 여전히 필리스 휘틀리와 비슷했다—백인 공동체의 문화적 자족을 내면화하고 자신의 문화적 기원에 은밀한 수치심을 느껴, 그 기원을 정체 모를 오점의 원천으로 보게 될 것이다. 그는 〈아름다운 하버드〉를 더 크게 불러 끊임없이 아프리카를 속죄해야 할 것이다. 그렇다고 그가 아프리카계 미국인 공동체의 삶에 함께하지 않는다는 뜻은 아니

* 조지 산타야나, 윌리엄 제임스, 조시아 로이스는 모두 하버드 대학에서 교수로 재직했던 인물들이다.

† 1620년 영국의 종교적 탄압을 피해 미국 뉴잉글랜드에 처음 건너간 100여 명의 청교도를 가리킨다.

다. 사실 두 집단의 사회적 관계가 지나치게 긴장되어 있을 때는 그렇게 할 수밖에 없다. 그러나 학자이자 하버드 대학 졸업생 입장에서 그는 고전학자이자 기독교도다. 오직 그 자신만이 자기가 완전히 또는 진정으로 그런 인물이 아님을 안다.

간단히 말해 흑인 학생의 입장에서 명저들을 공부하라고 요구받는 것은 백인 학생이 그런 요구를 받는 경우와 같지 않다. 백인에게 그것은 자기 세계의 엘리트층에 입문하는 것이지만, 흑인 학생에게는 얼굴에 하얗게 분칠을 하고 사교계 입문 파티에 갔다가 초대자 명단에 자기 이름이 없다는 사실을 알게 되는 것과 마찬가지였다.

그러나 하버드 대학이 젊은 흑인 학생들에게 위선을 가르치거나 수치를 일깨우는 것에 그친 것은 아니다. 이 젊은이들은 배우는 것을 사랑했기 때문에 큰 걸림돌들을 극복하고 그곳에 남았다. 하버드 대학이 그들에게 제공한 것은 무엇보다 그 학교의 표어에 표현된 '진리'였다. 이에 따라 흑인 학생들은 대학에서 이중적이고 다소 모순적인 성격을 발견했다. 그들은 하버드 대학이 자신들을 배제하는 엘리트 남성 클럽인 동시에 이해에 헌신하는 고상한 교육기관이라는 것을 알았다. 그들은 진리를 추구하라는 그 권유를 통해 어떤 진리에도, 특히 그들 자신의 존엄이라는 진리와 인종차별이라는 악에도 다가갈 수 있다는 것을 알았다. 이들에게 진리의 가치는 당연히 그것이 보편적 선이라는 데 있었다. 그것은 그들을 억압하기보다 그들에게 힘을 주었다. 그들이 보기에 인종차별은 지성과 상상력의 실패에서 나오는 것이었는데, 하버드 대학은 인종차별을 육성하는 동시에 지성과 상상력이라는 자질을 길러내고 있었다.

이 학교가 자신의 인종주의를 폭로하고 종식하는 것을 핵심 과제로 삼고 노력했다는 것을 보여주는 주목할 만한 사례로, 1922년 로스코 콩클링 브루스 시니어가 하버드 대학 총장 로런스 로웰에게 쓴 편지를 들 수 있다. 미국 상원의원으로 임기를 마친 최초의 흑인 남성 브루스는 필립스 엑서터 아카데미와 하버드 대학을 졸업(1902년)했으며, 하버드 대학 토론회 회장, 파이베타카파 회원, 졸업 기념행사 대표 연설자, 우등 졸업생 등의 이력을 지녔다. 사건이 벌어진 것은 그가 워싱턴의 유색인 학교들을 관장하는 교육감으로 13년간 재직하다 퇴임한 직후였다. 엑서터 아카데미에 다닌 아들이 그해 가을에 하버드 대학에 입학할 예정이었기에 브루스는 아들의 1학년생 기숙사 입실을 신청하려고 대학의 사무 주임에게 편지를 썼다. (1학년생은 모두 기숙사에 살아야 했으며 입사한 흑인 학생이 그동안 적어도 두 명은 있었다.) 그리고 흑인의 기숙사 거주를 금하는 동시에 유대인 학부생의 기숙사 입주 비율도 제한하겠다고 결정한 로웰에게서 다음과 같은 편지를 받았다.

> 브루스 씨에게. 아드님 문제로 사무 주임에게 보내신 편지를 전해 받았습니다. 이런 말씀을 드리게 되어 죄송하지만, 우리는 1학년생이라면 의무적으로 거주해야 하는 기숙사 '프레시먼 홀스'에 처음부터 유색인을 들이지 말아야 할 필요가 있다고 느꼈습니다. 다른 기숙사와 식당에는 자유롭게 출입할 수 있습니다. 하지만, 브루스 씨도 틀림없이 이유를 이해하시겠지만, 애초에 '프레시먼 홀스'에서 인종이 다른 사람들이 함께 거주하도록 강제하는 것이 가능하다고 생각하지 않습니다.[14]

이에 브루스는 하버드 대학에 교육계를 이끌어가야 할 엄중한 책임이 있다는 주장을 담은 예사롭지 않은 답장을 보낸다. 미국의 민주주의는 교육에 기초하고 있으므로, 교육 분야에서 책임이 있다면 미국의 공적 생활 영역에서도 마찬가지로 책임이 있다. 로웰이 편견을 따르는 것은 브루스가 보기에 교육기관의 임무와 정신 자체를 우롱하는 것이다. 그는 편지를 다음과 같이 마무리한다.

> 나는 개인적으로 하버드 대학에 한없이 큰 빚을 졌고, 나에게 이 대학은 단순한 훈련기관도 아니고 사교클럽도 아닙니다. 이곳은 계몽과 이상주의와 봉사의 중심으로, 수백 년에 걸친 염원 속에서 거룩한 위치에 올라섰습니다.
>
> 삼가 말씀드리면 영어라는 언어에서 총장님이 적절하다고 판단해 사용하신 두 단어만큼 심각하게 오용된 것도 별로 없습니다. 첫 번째는 '인종'이고, 두 번째는 '필요'입니다. 첫번째 단어가 사회적 편의에 따른 표현에 지나지 않는 경우가 많듯이, 두번째 단어는 편견을 뒷받침하기 위한 수단인 경우가 아주 많습니다. 하지만 '진리'는 그렇게 이해하기 어려운 단어가 아닙니다.

(남부 지역 출신 졸업생들로부터 심한 압력을 받고 있던) 로웰은 물러서지 않고 "우리"에게는 "유색인"을 반드시 끌어안아야 하는 의무가 없다고 답했지만, 브루스의 편지는 하버드 대학 감독위원회가 이 문제를 고려하는 데 중요한 역할을 했다. 1923년, 위원회는 표결을 거쳐 로웰의 결정을 뒤집었다. 듀보이스가 사설에서 특별히 언급했듯이, 브루스가 이 공방에서 로웰을 능가했다는 것은 그 자체로 아프리카계 미국인 문화에 대한 공적인 존중을 얻어낸다는 목표를 향해가는 길에 거둔 승리였다. "그 논리와 영어, 그 운치와 절제 면에서 [브루스의 편지는] 로렌스 로웰의 상상할 수 있는 가장 억지스럽고 모호한 변론보다 훨씬 윗길이다…… 상상해보라, 해방 후 60년이 지난 때에 노예의 손자가 하버드 대학의 청교도 우두머리에게 민주주의의 ABC를 가르치고 있는 장면을!"[15]

일부 대학에서는 인종차별 철폐 문제에서 진전을 이루고 있었다. 비록 달팽이 기어가는 속도에 그나마도 일부 주요 대학에 한해서이기는 했지만 말이다. 아프리카계 미국인들은 점차 지배 문화의 여러 측면에서 두각을 나타내는 것이 허용되고 있었다. 여전히 인종차별적인 금지조항이 수도 없이 남아 있었지만 말이다. 그러나 이런 진보적인 운동은 교육과정상의 문제를 다루지 않았고, 인종차별과 교육과정상의 홀대와 아프리카나 아프리카계 미국 문화의 명예훼손 사이에 관련이 있다는 것을 파악하지도 못했다. '진리'의 이상을 구현하기 위해서는 더 많은 것이 필요했다. 드러나지 않는 편견의 전형적 사례들을 체계적으로 검토하고 역사를 더 깊이 이해해야 했다.

최고의 흑인 학자들 일부는 자신의 역사를 써야겠다고 결론짓고, 완전하고 편견 없는 기록을 남기고자 했다. (도서관 이용 문제에서, 주택 공급 사안에서, 대학 생활에서 겪은) 모욕적인 차별은 이런 탐구에 대한 헌신을 다져주었다. 금세기 가장 탁월하고 영향력 있는 미국 역사가로 꼽히는 존 호프 프랭클린은 남부의 역사를 쓰기 위해 남부의 문서보관소와 도서관에서 인종차별에 맞서 싸워야 했고, 자신이 일하는 대학 근방의 원하는 곳에 살기 위해 인종차별적인 주택 시장과 싸워야 했다. 그는 흑인 학자의 탐구는 진리에 대한 관심과 정치적 정의에 대한 고민을 결합해야 한다고 결론을 내렸다. "흑인 역사가로서 더 일반적인 문제를 다루는 것뿐만 아니라 특정한 유형의 행동주의와 관련된 개인적인 의제를 설정할 필요가 있었다."[16] 벤저민 퀄스, 머츠 테이트, 프랭크 스노든—고대 그리스·로마 세계에서 피부색이 검은 사람들의 존재를 학문적으로 세심하게 살핀 선구적 저술인 『고대의 흑인들』의 저자[17]—등 다른 저명한 흑인 저자들도 비슷한 역사적 작업을 수행했다. 또다른 흑인 저자들도 예술과 예술사 및 예술비평 영역에서 탁월한 업적을 쌓았다. 동시에 '할렘 르네상스'라는 아프리카계 미국인들의 탁월한 예술적 성취가 전국의 관심을 모았다.[18]

대학교육 안에서 흑인 문제에 관한 토론이 전개되면서 아프리카 기원이라는 문제가 거듭 등장했다. 아프리카계 미국인의 역사 및 현재 문화와 마주하게 된 백인 학자들과 흑인 학자들은 그토록 오랫동안 누구에게는 수치의 원천이었고 누구에게는 혐오의 원천이었던 이런 기원과 관련해 그 역사와 문화의 위치를 설정해야겠다고 느꼈다. 아프리카계 미국인의 예술을 비판하는 이들은 검고 성적이고 원시적인 아프리카인과 올림포스 신 같은 지적인 백인이라는 낡은 고정관념을 주저 없이 재발명했다. 아프리카계 미국인 문화 지지자들은 바로 이 고정관념을 곧장 채택해 대체로 아무것도 바꾸지 않고 가치판단만 역전시킨 채 전용했다. 예를 들어 백인 집단에서는 아프리카계 미국인이 조각한 작품을 두고 저 우월한 "율동적인 움직임의 조화"라느니, "원초적 요구"를 꽉 채운 자태라느니, "엄청난 감정적 자질"이나 "인간과 자연의 조화라는 이상" 등의 찬사를 쏟아냈다. 이 표현은 모두 아프리카 조각을 대대적으로 수집한 초기 인물들 가운데 한 명인 미술품 수집가 앨버트 C. 반스가 한 것으로, 아프리카 기원을 낭만화하고 백인 문화를 지나치게 지적인 것으로 비판하는 경향의 전형적인 사례다. "대중 속 백인 남자는 영적인 자질 면에서 니그로와 경쟁이 되지 않는다. 수백 년에 걸친 문명 때문에 원래의 재능은 희석되었고 영혼은 정신에 지배받게 되었다." 반대로 흑인 미국인은 "내면에서 나오는 불과 빛을 최상의 조건으로 갖추고 있는데, 이 불과 빛은 그의 세상을 뒤덮고 그의 이미지를 채색하고 그에게 표현을 강요한다."[19]

이 놀라운 찬사는 현실에 어느 정도 근거하고 있지만, 확실히 환상이 다분히 깔려 있다. 뛰어난 문화적 성취에 대한 이런 식의 인정은 18세기 이후 대체로 실질적인 연구 없이 미국 학교에서 아프리카계 미국인을 주변화하거나 배제하는 데 기여해온, 흑인의 자연스러움과 백인의 지성이라는 고정관념을 영속화하는 대가를 치렀다. 정열적인 아프리카인과 냉정한 백인이라는 대비는 개인의 삶과 예술의 복잡성에 다가가는 데는 도움이 되지 않을 공산이 크다. 이런 식의 고정관념은 일단 자리를 잡으면 개인의 발달을 억제할 수도 있다. 예를 들어 수학이나 과학을 좋아하는 아프리카계 미국인 학생 또는 형식적이고 지적인 작업을 하는 흑인 화가는 일각에서 비난을 받는 한편, 자신이 지나치게 '백인스러우며' 지배 문화로 넘어가버렸다고 자책할 수도 있다. 그런 고정관념은 자기 확증적 속성* 때문에도 제거하기가 어렵다. 이 관념에 순응하지 않는 아프리카계 미국인은 일반화를 거스르는 예가 아니라 통상 백인의 특성을 모방하는 사람으로 여겨진다. 순응하는 듯 보이는 아프리카계 미국인은 이 관념이 항상 타당하다는 증거로 받아들여진다.

음악 분야에도 비슷한 문화적 편협성과 고정관념이 존재한다. 20세기 주요한 작곡가 가운데 재즈에 상당한 빚을 지지 않은 사람은 찾기 힘들다. 거슈윈, 코플런드, 번스타인, 드보르자크, 라벨, 풀랑크, 스트라빈스키를 비롯한 수많은 인물이 아프리카인과 아프리카계 미국인 음악의 율동적인 세련미와 생명력에 환희를 느꼈다. 이들 작곡가, 지휘자, 연주자 입장에서는 아프리카계 미국인의 음악에 '원시적'이거나 '자연스러운' 것이 전혀 없었다. 이 음악은 엄청나게 세련된, 서양의 전통적인 기보법과 악기 연주법에 도전하는 작업이다. 이런 세련된 면이 초기의 학자나 음악학자에게는 그다지 분명하게 보이지 않았기 때문에, 이들은 제대로 연구하지도 않은 채 재즈와 재즈의 배경처럼 보이는 아프리카 음

* 자신의 가치관이나 기대에 부합하는 확증적인 정보만을 선택적으로 인지하는 편향된 현실 인식 방식.

악의 '원시적' 성격에 관해 줄곧 이야기했다. 그러다가 1959년 A. M. 존스의 권위 있는 저서 『아프리카 음악』이 출간되면서 그간의 서술들이 부정확했다는 사실이 드러났다. 뒤이어 출간된 건서 슐러의 분석적 역사서 『초기 재즈』도 재즈의 율동적·화성적·선율적 속성과 재즈와 연결되어 있을 가능성이 높은 아프리카 음악의 속성 사이의 관계를 광범하게 논했다.[20]

슐러는 서양의 음악학자들이 아프리카에서 현지 조사를 시작했을 무렵만 해도 아프리카 음악을 기보하는 것조차 어려워했다고 말한다. (생애 대부분을 아프리카에서 살았던 영국인인) 존스가 현지 조사를 하기 전 그곳을 방문한 학자들은 '원시적' 음악 형식을 만날 것으로 예상했다. 하지만 유럽에서 훈련받아 센박에서 모든 성부가 함께 울리는 것을 듣는 데 익숙한 귀는 아프리카 합주 음악의 복잡한 다성음악을 정확하게 채보할 수 없다는 것이 드러났다. 아프리카 음악에서는 열두 개 이상의 성부가 각각 제 선율을 만들어가면서 엮이고 얽히는 경우가 많았다. 허점투성이 채보를 통해 재구성한 음악은 아프리카인에게는 웃음이 날 정도로 조악했다. 어린아이가 복잡한 예술품을 모방한 것이 조악해 보이는 것과 마찬가지였다. 또 유럽인의 귀는 아프리카 노래를 정확하게 채보하는 데 핵심적인 짧은 리듬의 차이를 포착할 수 없었다. 아프리카 연주자들은 12분의 1초나 그보다 짧은 간격의 박자를 아무렇지 않게 구사했기 때문이다. 유럽에서는 그런 짧은 간격의 리듬을 활용해 음악을 만들지 않기 때문에, 그곳에서 훈련받은 채보자들은 이곳에서 오류를 범할 수밖에 없었다.

이렇게 콧대가 꺾이는 경험을 통해 유럽의 음악학자들은 '원시적'이라는 꼬리표는 틀렸으며, 자신들에게 익숙한 유형의 세련미는 아니지만 그들이 대단히 세련된 예술을 다루고 있음을 알게 되었다. (슐러의 신뢰할 만한 주장에 따르면, 래그타임 연주법의 센박 구조는 흑인 음악가들이 서양인의 귀를 위해 아프리카의 리든 전통을 단순화한 노력의 결과며, 아프리카 고유의 자유자재한 성부 움직임이 재즈에 성공적으로 재도입된 것은 더 세련된 재즈 청중이 생겨난 1950년대에 와서야 가능했다고 한다.)[21] 그럼에도 땅과 맞붙어 지내고 자연에서 파생된 '원시적 에너지'와 접촉하는 생기발랄한 음악적 동물이라는 '니그로' 이미지는 대중의 머릿속에서 끈질기게 이어져 번성했으며, 사실 음악적 현실과는 무관하게 오늘날까지 끈질기게 이어지고 있다.

그렇다면 아프리카계 미국인 학자나 예술가는 인간의 성취에 관한 오직 두 가지 이미지—고전적으로 훈련받은 기독교도 유럽인의 이미지와 아프리카인의 원시적 이미지—밖에 보여주지 않는 세계에서 자신의 정체성을 어떻게 이해하고 표현할 수 있을까? 수많은 주요 흑인 예술가가 선택한 대답은 앨버트 반스가 처음 마련한 것으로, 바로 아프리카의 정열과 영적인 힘의 낭만화된 이미지를 제시하여 자신들의 문화에 대한 권리를 주장하는 것이다. 흑인 시인으로 큰 명성을 누렸던 카운티 컬런이 1925년에 발표한 시 「흑인의 수의」는 이 시기의 특별히 주목할 만한 사례다.

화자는 하느님을 향해 인종차별과 그 내면화된 심리적 상관물, 즉 수치에서 오는 절망을 표현하며 입을 뗀다.

> "주여, 어두워지니," 나는 말했다, "땅이 나를 더
> 건드리는 것을, 냄새나는 공기를 견딜 수 없습니다
> ……
> 그저 인간이 되려고 이렇게까지 감당해야 하나 하는
> 생각이 들 만큼 꽉 조여드는 멍에 때문에 숨이 막힙니다."

이제 화자는 자연에서 위로를 구하지만, 평안은 결코 찾아오지 않는다. 열정적으로 땅을 끌어안지만 죽음만 더 간절히 갈망하게 될 뿐이다. 그러자 하느님은 그에게 땅의 구조, 엄청나게 다양한 식

물과 동물, 천사와 악마, 가끔 피까지 흩뿌려지는 격렬한 생존투쟁을 보여준다. 이 모든 놀라운 다양성 속에서 그는 스스로를 혐오하고 죽기 원하는 생물이 자신뿐이라는 것을 깨닫게 된다. 그런 다음 하느님은 아프리카의 "생소한 야성의 음악," 율동감 넘치는 북소리, "원시적" 밀림을 보여준다. 화자는 아프리카의 자유를 경험한 뒤, 또 노예선에서의 괴로움 같은 동족 아프리카인들의 수난을 겪은 뒤, 살기로 마음먹으며 소리친다. "주여, 나는 살겠습니다, 나 자신이 속한 것에 설득당했습니다." 그는 자신이 속한 집단의 사람들과 그 역사에 관해 "진실"을 말하는 대의에 삶을 바친다.[22]

이 시는 끔찍한 고통을 표현한다. 고통의 상당 부분은 추방당한 자, 집 없는 자, 정체성 없는 자임을 감각하는 데서 온다. 화자는 지구 전체를 돌아다니지만 여전히 자신이 모든 삶의 방식으로부터 추방당한 자라고 느낀다. 하지만 시가 제시하는 해법은 기만적이며, 이 대목은 "원시적" 아프리카가 묘사되는 시행들과 마찬가지로 설득력이 가장 약하다. 컬런은 세련되고 세속적이고 다소 퇴폐적인 시인이며, 그의 예술은 콜리지, 테니슨, 스윈번, 보들레르, 랭보와 연결된다. (그는 불문학 및 영문학 교수였다.) 보들레르의 순수하고 관능적인 낙원과 마찬가지로 컬런이 노스탤지어에 젖어 묘사하는 아프리카는 그 어떤 현실의 장소와도 관련이 없다시피 한 시적 허구다. 그러나 보들레르의 시인-화자에게는 문화가 있고, 아무리 불편하다 하더라도 엄연히 그 문화 속에서 살아가는 그는 오직 시인이라는 사실 하나 때문에 특별히 학대를 당하는 것이다. 따라서 그가 시적 허구로서 그려낸 원시적인 것이 가상의 것이라고 자백해도 시인-화자는 집 없는 존재가 되지는 않는다. 반면 컬런의 화자는 문화도 집도 없다. 시인이기 때문만이 아니라 무엇보다도 인종 때문에 그렇다. 그는 자신과 자기 인종 사람들을 위해 고향을 발명하는 일이 다급했기 때문에 거침없이 아프리카 원시 밀림의 리듬이라는 조악한 문화적 허구로 돌아가는데, 이곳은 컬런 같은 시인에게 고향일 수도 없고 그가 구하는 정체성을 선사할 수도 없는 허구의 장소다. 하지만 컬런의 화자가 아프리카(라는 고정관념)에서 고향을 찾을 수 없다면, 백인 세계는 이미 그를 거부했기에, 시의 논리에 따라 그는 아무것도 아니고 아무도 아니게 된다.

이런 잠재적으로 비극적인 딜레마가 현재 우리의 많은 논쟁 기저에 있다. 우리는 문화의 기원을 아프리카에서 찾는 것을 비난하거나, 아프리카 연구에 대한 요구를 그저 '정체성 정치' 내지 '피해자 연구'라고 판단하기 전에 그 점을 생각해야 한다. 사람들을 수치와 고향 없음의 자리에 밀어넣는 문화, 슐러와 존스 같은 외부인인 학자들이 강요하다시피 하기 전에는 그들 예술의 세련된 면을 인식하려 하지 않는 문화는 그런 행위의 유산인 문화적 불협화를 엄중하게 다루어야 한다.

그러나 컬런의 시는 자기 자신의 문제에 해답을 제시한다. 화자는 자신이 속한 사람들의 역사를 드러내는 '충성스러운 꿈'에 헌신한다. 따라서 백인의 고정관념을 반영한 아프리카의 허구적 이미지와는 다른, 말하자면 흑인들이 아프리카에서 아메리카로 온 역사의 복잡하고 진실한 이미지를 만드는 것이 가능할지도 모른다. 브루스와 컬런이 각기 다른 방식으로 제시하듯이, '진리'의 더 완전한 추구, 즉 흑인 미국인을 탐구자로 끌어안고 그들의 역사와 전통을 교육과정의 일부로 받아들이는 '진리'의 추구만이 인종차별이 이 사회와 학계에 남긴 사회적이고 지적인 유산에 대한 유일하게 명예로운 해법이다.

'충성스러운 꿈': 현대 미국 대학에서의 아프리카계 미국학

이미 1913년에 (푸에르토리코 출신) 흑인 장서가 아서 A. 숌버그—'뉴욕 공립도서관 흑인 문화 연구 숌버그 장서'의 기원이 된 장서의 소유자—는 이렇게 말했다. "미국의 니그로가 미래를 만들려면 과거를 새로 만들어야 한다…… 역사는 노예제가 앗아간 것을 복구해야 한다. 현세대가 고치고 벌충해야 하는 것은 노예제의 사회적 피해다." 숌버그의 에세이 『인종적 순수성: 우리 학교와 대학에 니그로 역사학 담당 교수직 설치 청원』은 미국 내 아프리카계 사람들의 역사만이 아니라, 아프리카 문화·예술의 진지한 연구를 청원하는 것으로 끝을 맺는다.

> 지적 편견의 주요한 뿌리인 문명의 편협성은 아주 오래전부터 시작되었으므로 그 근원으로 거슬러올라가 고쳐야 한다…… 니그로는 가치 있는 문화를 갖지 못한 사람으로 여겨졌기 때문에 역사가 없는 인간이었다. 그러나 최근 아프리카 혈통의 문화적 성취와 잠재력에 대한 새로운 개념이 나타났다. 이는 한편으로 아프리카의 제도와 초기 문화사에 대한 더 과학적인 연구 결과가 영향력을 행사하며 이전의 잘못을 수정했기 때문이다. 이미 니그로는 되찾은 배경 앞에 선 자신을 보고 있다. 니그로가 자신을 새로운 눈으로 보게 되면 자부심과 자존감이 크게 신장될 것이며, 역사는 그에게 다른 모든 민족의 귀중한 과거가 선사하는 것과 다를 바 없는 가치를 부여하게 될 것이다.[23]

그러나 미국 대학이 아프리카인과 아프리카계 미국인의 과거에 대한 중요한 연구를 지원해야 한다는 숌버그의 양식 있는 제안은 수십 년 동안 거의 열매를 맺지 못했다. 아프리카인, 심지어 아프리카계 미국인의 문화나 역사가 존재하지 않는다는 가정은 계속해서 대학 사회를 지배했다. 흑인 미국인들이 거듭 생산해낸 국제적으로 인정받는 예술과 학문의 결실이 그런 가정에 점점 더 강력한 반론을 제기해도 상황은 크게 달라지지 않았다.

1960년대와 1970년대에 정치적 상처를 입은 뒤에야 비로소 아프리카계 미국학이라는 구상이 미국의 상당수 주요 대학에서 인정받기 시작했다. 이마저도 학생 압력 집단이 공포스러운 협상을 통해 간신히 성취해낸 경우가 많았다. 예를 들어 하버드 대학에서는 정식 학과 대신 교육과정 프로그램을 만들라고 권고한 로소프스키 보고서가 결국 학과의 지위를 지지하는 교수진에 의해 거부되었는데, 여기에는 흑인 학생 집단의 요구가 한몫을 했다. 할렘 르네상스를 연구한 역사가이자 오랫동안 하버드 대학 아프리카계 미국학과의 학과장을 지낸 네이선 허긴스는 이 사건을 다음과 같이 묘사한다.

> 이것은 씁쓸한 결정으로, 다수가 위협을 느끼며 찬성표를 던졌다. 그렇게 위기와 위협이 감지되는 분위기 속에서 학과가 탄생했다. 그러나 처음 10년 동안, 아프리카계 미국학을 정당한 연구 분야라고 결코 온전히 받아들이지 않고, 이것을 하나의 '분과 학문'으로 인정하지 않고, 지지자들이 한 번씩 분리주의적 경향을 보인다고 의심하던 교원들은 계속해서 의심하고 원한을 품었다.[24]

이런 유래 때문에 한동안 아프리카계 미국학은 제대로 성장할 수 없었다. 학술 공동체의 지도자들이 그 지적 정통성을 결코 인정하지 않았기 때문이다. 하버드 대학은 새로운 학과를 만들기로

가결했지만 학교 공동체는 그 노력을 거의 지원하지 않았다. 아프리카계 미국학에 대한 의심이 남아 있었기 때문에 영문학과와 역사학과 같은 기존의 학과들은 학자들을 아프리카계 미국학을 함께 가르치는 자리에 임용하는 것을 망설였다. 이렇게 두 학문을 함께 가르치는 자리의 확대가 막히자, 전국적으로 인정받는 흑인 학자들이 하버드 대학의 임용 제안을 거절하는 일이 자주 일어났다. 아주 최근에야 헨리 루이스 게이츠 주니어의 주도에 힘입어 철학자 콰메 앤서니 애피아와 코널 웨스트, 사회학자 윌리엄 줄리어스 윌슨을 비롯한 전국적으로 손꼽히는 학자 집단이 하버드 대학으로 갔다. 그러나 다른 많은 대학은 이런 성공을 거두지 못했다. 재능 있는 흑인 학생들에게 학계 진출은 다른 선택지만큼 매력적이지 않았고, 그 결과 모여드는 인재가 상당히 줄어들었기 때문이다.

아프리카계 미국학이 직면한 많은 어려움은 존재 근거와 교육과정의 정당성에 관한 합의 부족에서 기인하기 때문에, 현재 상황에 대한 평가는 이런 문제들을 살펴보는 데서 시작해야 한다. 이 기획을 정당화하는 근거로는 크게 세 가지를 들 수 있다.[25] 첫째, 아프리카계 미국인은 자신의 '근거지'를 확보해 학계의 불균형을 시정하고자 한다. 너무 오랫동안 지배적인 문화 전통을 중심으로 조직된 학계에 들어가야 했던 아프리카계 미국인은 이제 자신들의 전통과 문화를 중심으로 조직된 학과를 적어도 하나쯤은 갖고자 한다. 이들에게 자기 문화를 배격하고 그 불충분함을 '고백'하라고 요구하던 학계는 이제 이들과 이들 문화에 관한 연구에 진지한 학문적 지위를 부여해 이 사람들과 이 문화의 위상을 인정해야 한다. 이것은 정당한 요구, 나아가 중요한 요구다. 다만 이 요구가 아프리카계 미국인은 역사나 문화의 다른 측면은 공부하지 말아야 한다거나, 백인 학생은 아프리카계 미국인에 관해 배우지 말아야 한다는 의미로 받아들여져서는 안 된다.

아프리카계 미국인의 독특한 역사에 의해 정당화되는 두번째 이론적 근거는 더 문제가 많다. 그것은 문화적 정체성의 발견, 또 어느 정도는 정체성 형성에 대한 관심이기 때문이다. 컬런의 시가 제기한 딜레마는 끈질기게 이어진다. 아프리카계 미국인은 여전히 자신들에 관한 경멸을 표현하는 지배 문화에 완전히 속하지 않았다고 느끼는 경우가 많다. 이들은 그 역사와 완전히 동일시할 수도 없고, 기억이나 의식의 준수에서 기쁨을 얻지도 못한다. (듀보이스와 마찬가지로 이들은 필그림에 대한 아무런 자부심 없이도 〈아름다운 하버드〉를 부를 수 있다고 느낀다.) 컬런의 경우처럼 아프리카를 돌아보는 일은 이런 소속감 부재에 대한 이해할 만한 반응이다. 그러나 이제 아프리카계 미국인 문화는 과거의 것이든 현재의 것이든, 우리가 아는 모든 아프리카의 문화(들)에 비추어볼 때 돌이킬 수 없을 만큼 달라졌다. 아프리카의 과거에 대한 노스탤지어는 확실히 유혹적이지만, 역사적 오류와 과도한 문화적 단순화의 위험으로 가득하다. 훨씬 더 중요한 문제는 이런 것이다. 더 넓은 세계에서의 정체성 대신 인종에 기초한 집단 정체성에서 가장 먼저 자신의 정체성을 찾아야 한다는 생각은 그 자체로 시민성과 상호 이해 차원에서 볼 때 상당히 위험하다.

듀보이스가 오래전에 주장한 것처럼, 대학에서 교수법을 고려할 때는 정체성과 역사의 문제에 태만할 수도 없고 그래서도 안 된다. 대학은 있는 그대로의 학생들에서 시작하고, 학생들의 처지와 관심을 있는 그대로 다루어야 하기 때문이다.

> 스페인에 있는 대학은 단순히 대학이 아니다. 스페인 대학이다. 스페인에 자리잡은 대학이다…… 이 대학은 스페인 역사에서 시작하며, 스페인의 조건을 가르침의 출발점으로 삼는다…… 마찬가지로 미국의 니그로대학은 니그로에서 시작한다. 니그로대학은 아프리카와 미국에

> 존재하는 니그로의 역사에 대한 지식과 이들의 현 상황에 기초해 세워졌으며 또 그래야 한다. 회칠을 하거나 소망을 사실로 바꾸지 않고 그 자리에서 시작할 일이다. 하여 니그로대학은 묻는다. 젊은이들이, 시간과 노력과 결심이 허락하는 범위 내에서, 자신이 처한 환경 내지 환경의 변화 속에서 생계를 유지하고 삶을 영위하려면 그들을 어떻게 훈련시켜야 하느냐고.[26]

흑인대학만이 아니라 백인이 함께 다니는 대학에도 적용 가능한 이 합리적인 발언은 학생의 인종 정체성이 교육의 출발점으로 자리잡는 것에 정당성이 있다는 뜻이다. 교육은 삶의 조건 속에서 시작되어야 하고, 그 조건에 대한 이해가 교육과정의 중심이 되어야 한다는 것이다. 그러나 당사자의 경험에서 시작해야 한다는 견해를 교육의 목표가 집단과 집단, 정체성과 정체성을 대립시키는 것이라는 뜻으로 받아들여서는 안 된다. (듀보이스 자신도 그런 뜻으로 말하는 것이 아니라고 강조한다.) 그는 학생들이 서로 다른 출발점에서 시작해 교육을 통해 인간으로 항해해간다고 보았다. "특수성에서 시작해 보편적 이해와 통제받지 않는 표현으로 나아간다."[27] 보편성에 접근하려면 고유의 정체성을 이해해야 한다. 그러나 특수성에 초점을 맞춘 상태로 머무는 정체성은 불완전하다고 보는 것이 적절할 것이다.

따라서 아프리카계 미국학의 가장 강력한 이론적 근거는 모든 학생이 다양한 출발점에서 세계시민성이라는 포괄적 목표에 접근함으로써 진리와 이해에 도달해야 한다는 명분이다. 이 나라의 역사를 볼 때 모든 시민은 필히 아프리카계 미국인의 성취와 수난을 이해해야 한다. 지금까지 부당하게도 아프리카의 역사와 문화가 잘못 표현되어온 것을 볼 때, 학계에서 나서서 잘못을 바로잡아 아프리카와 미국 흑인의 날조된 이미지를 문화 다양성과 인간적 특수성의 진실한 이야기로 대체하는 일은 더욱더 긴급해 보인다. 하지만 이 교육의 목표는 독립적인 정체성을 바탕으로 한 집단의 형성이 아니라, 모든 구성 집단의 기여를 인정하는, 진실로 포용적인 학교와 공적 문화의 창조여야 한다. 헨리 루이스 게이츠가 표현한 이상대로, 미국의 대학은 "인문학의 진정한 인간적인 개념에 힘입어 학생들을 교육하고 이들로 하여금 21세기 세계 문화의 시민으로서 자신의 역할을 준비하도록" 해야 한다.[28] 현재 모어하우스 칼리지 총장인 월터 매시는 비슷한 정책을 채택하여, 모어하우스 칼리지의 교육이 아프리카계 미국학을 "우수한 문화를 이루어내기 위한 우리의 노력이 세계적인 범위에서 이루어지는 것임을 강조하는" 목표와 결합시켜야 한다고 주장한다.[29] 아프리카계 미국학을 구상하는 가장 생산적인 방법은 그 프로그램에 중요한 기여를 하는 것이다.

아프리카계 미국학 연구에서 얻는 이해는 교육과정 전체로, 즉 미국사, 세계사, 문학, 음악, 미술 강의 등으로 퍼져나가야 한다. 그것을 아프리카계 미국학과 안에 가두어두는 것은 적절치 못하다. 다만 그러한 학과의 존재 자체는 아직 기록되지 못한 미국과 아프리카 문화 영역에 대한 새로운 연구의 중심지로서, 그리고 이런 관심사를 더 전문적으로 추구하는 데 흥미를 느끼는 학생들이 앞으로 나아가는 데 필요한 기법을 익힐 수 있는 장소로서 긴급하게 필요하다.

아프리카계 미국학은 학문적 완결성이 부족함에도 단지 정치적 압력 때문에 하나의 단위로 존재한다는 이야기가 자주 나온다. 하지만 아프리카계 미국학은 서양고전학, 서남아시아학, 미국학 같은 다른 통합 학문적 전공과 마찬가지로 전통적인 학문 경계를 가로지르는 귀중한 새로운 연구를 생산할 잠재력이 있다. 여기에서 음악사를 문학사나 조각사와 결합하고, 정치사와 사회사를 예술사와 결합할 수 있다. 학과 교수진 다수가 기존 학과 교수를 겸

임할 때 이런 잠재력을 한껏 끌어낼 수 있겠지만, 이런 통합 학문적 유대가 이 새로운 분야 자체의 학문적 정통성을 부정할 이유는 되지 않는다.

하지만 이 분야가 아프리카학과 미국 내 아프리카 민족들의 역사학을 섞는 이상한 선택을 할 경우에도 그런 정통성을 확보할 수 있을까? 우리는 이제 미국 내 흑인에 대한 억압에서 아프리카에 대한 오해가 차지하는 역할을 고려할 때 그런 선택이 그렇게 이상한 것이 아님을 이해한다. 사실 아프리카계 미국인의 역사는 아프리카의 유산을 이해하지 못하면 쓰기 어려울 것이다. 또 아프리카계 미국인의 음악과 미술의 발달에서 아프리카 전통이 매우 중요하다는 점을 고려할 때 그런 연결은 지리와 시간의 경계를 가로지르는 다른 많은 전통의 연구와 마찬가지로 설득력이 있다. 보통 정통성의 본보기로 생각되는 분야인 고전학도 비슷한 학문적 선택을 했다. 고전학은 전적으로 파생적이지만 그럼에도 어느 정도는 독립적인 문화(로마의 문화)를 형성하는 데 그 조상 문화(그리스 문화)가 수행한 역할을 연구하기 위한 목적으로 그리스와 로마를 합쳤다. 로마의 저술가의 업적을 알고자 할 때 그의 작업의 배경을 이루는 그리스적 전통과 더불어 그가 살던 지역의 분위기가 독자적으로 기여한 바를 둘 다 이해하지 못하면 안 되듯이, 듀크 엘링턴, 찰리 파커, 윈턴 마살리스의 예술을 더 완전하게 이해하려면 아프리카에서 파생했으면서도 독특하게 미국적이기도 한 전통 속에 그들을 놓고 볼 수 있어야 한다.

아프리카, 그리고 아프리카계 미국인의 역사와 문화를 제대로 다루려면 전통적인 강의 내용만이 아니라 방법론에서 변화가 필요하다. '명저' 목록을 중심으로 강좌를 설계하는 것은 쉽고 상대적으로 비용도 많이 들지 않는다. 가령 그리스어·라틴어 고전 같은 분야를 비전공자인 교수가 가르쳐야 할 때, 그가 비록 해당 문화의 다른 부분에 관해서는 거의 아는 것이 없다 해도 (보통 번역본으로) 책을 읽을 수 있고 적어도 가르치는 흉내를 낼 수는 있다. 그러나 이것은 고대 그리스든 현대 유럽이든 어떤 문화를 가르치기에는 불충분한 방법이다. 이런 방법은 음악, 조각, 건축, 춤 같은 비텍스트 예술의 기여를, 또 고급문화 텍스트 기록으로 남아 있지는 않지만 여전히 재구성하고 연구할 수 있는 (구비문학, 신화와 서사, 종교의식 같은) 구술 문화의 중요한 부분들을 가려버린다. 전통적인 강의에서는 오직 역사가들의 책을 읽는 것으로 역사를 연구한다. 하지만 이런 불충분한 접근법은 구비口碑가 문학적 유산의 중심을 차지하고 있고, 조각, 음악, 춤의 중요한 기여에 대한 매우 세련되고 전문화된 이해가 요구되는 아프리카의 문화에서는 특히 결함이 많다. 존스와 슐러의 세련된 음악학으로 대체되기 전에 주를 이루었던 아프리카 음악 연구는 전문성을 충분하지 않은 학자들이 생산하고 가르칠 가능성이 있는 형편없는 작업의 예다. 미국 학자 가운데 12분의 1초의 간격을 인식할 수 있는 사람이 몇 명이나 될까?

이런 간극을 메울 수 있을까? 물론 장기적인 해법은 초등교육과 중등교육 과정이 문화적으로 좀더 정교하게 이루어지도록 개혁되는 데 있다. 전반적으로 수업이 심각하게 불충분하기 마련인 음악 같은 영역이 특히 그렇다. 그러나 대학의 자유학문 교육에 한해 말하자면, 이런 간극을 채우는 데는 아프리카계 미국학과의 전문화된 연구의 지원이 필요하다. 그리고 그 결과는 교육과정 전체로 퍼져나갈 수 있다. (하버드 대학의 초기 아프리카계 미국학과의 학과장 중 한 사람은 저명한 민족음악학자 아일린 서던이었다.)[30] 아무리 전문적인 연구를 많이 한다 해도 모든 귀를 교육할 수는 없다. 하지만 적어도 강의에서 사용하는 음악작품에 대한 훌륭한 구두 묘사는 전문적인 연구를 통해 만들어낼 수 있고, 이런 묘사는 듣기의 안내자와 앞으로 듣게 될 것에 대한 역사적 맥락이 될 수 있다.

역사와 문화의 다른 영역에 대해서도 비슷한 이야기를 할 수 있다. 아프리카계 미국학과의 전문적 연구는 비전문가 교수진이 아프리카계 미국인의 역사, 아프리카계 미국인의 소설, 아프리카인의 문학, 아프리카인의 조각, 아프리카인과 아프리카계 미국인의 종교생활 등 다른 많은 인간 문화의 영역을 가르치는 데 사용할 자료를 생산해낼 수 있다. 아프리카계 미국학과는 아프리카와 아프리카계 미국인에 관한 진실을 여러 기본 강좌에 녹여내려는 노력을 뒷받침하고 보완해야 한다.

뉴욕 주립대학 버펄로 캠퍼스의 '미국의 다원주의와 정체성 탐색' 강좌에는 전문화된 교육과 일반적 교육의 그런 뜻깊은 통합이 존재한다. 아프리카계 미국학에 특별한 전문지식이 있는 교수진은 이 필수과목을 설계하는 과정에서 다른 학과 출신의 교원들과 협력해, 노예제나 인종 분리에 관한 내용을 과거에 억압받던 집단들에게 평등한 권리와 특권을 확대하려는 미국의 투쟁이라는 더 폭넓은 연구에 통합했다. 읽기 자료는 노예 서사, 듀보이스나 리처드 라이트를 비롯한 저명한 흑인 작가들의 이론적인 글, 인종 문제와 관련된 대법원 판례, 미국 시민권위원회의 보고서 등을 아우르는데, 이 모든 것이 여성을 비롯해 다양한 민족적·종교적 소수집단의 평등에 관한 논쟁의 역사에서 나온 관련 자료와 결합되어 있다. 강좌를 통해 학생들은 인종 평등을 진지하게 학문적으로 이해할 수 있고, 아프리카계 미국인 학생은 다른 집단의 전통과의 관계 속에서 자신의 전통을 역사적으로 파악할 수 있다.

앤드루 영은 소수집단 학생들에게 아프리카계 미국학을 가르치는 것을 두고 경제적 행복에 도움이 되지 않는다는 이유로 비난했다. 그는 과학, 공학, 경제학, 회계학에 집중하는 편이 훨씬 낫다고 말했다. 학생들은 장래를 생각해야 하고 어떤 집단이라도 미국에서 성공하려면 일자리에 관해 생각해야 한다는 점에서 영의 말은 물론 옳다. 그러나 그의 진술이 드러내는 교육에 대한 편협한—직업 안정성 문제로 점점 불안해지는 세계이기에 점점 자주 만나게 되는—비전은 흑인 학생뿐만 아니라 백인 학생까지 포함한 모든 학생이 교육에서 얻는 가장 중요한 혜택 몇 가지를 없애버릴 수 있다. 우리는 살아가기 위해 충분히 버는 방법만이 아니라 우리가 왜 사는지, 삶을 살아갈 가치가 있게 만드는 것이 무엇인지 생각해야 한다. 인문학은 이런 문제를 다루는 데 핵심적이다. 우리가 시민으로서 경제적 이익이라는 좁고 메마른 영토 안에서만 사는 사람들이 된다면, 우리는 우리를 온전하게 인간으로 만드는 많은 것을 잃게 될 것이다.

인종과 학교: 긴장과 갈등

아프리카계 미국인의 역사와 문화에 관한 진실 추구는 그동안 여러 가지 긴장을 불러왔다. 학교에도 미국의 다른 분야 대부분과 마찬가지로 비합리적인 인종적 감정이 존재한다. 학교는 위험한 인종적 고정관념에 기초를 두고 그런 고정관념의 영속화를 거들기 때문이다.

그런 분위기 속에서 토의가 잘 진행되지 않는다는 건 그리 놀랄 일이 아니다. 이 영역을 누가 연구하고 배워야 하는가 하는 문제조차 버거운 토론 주제가 된다. 일부는 아프리카계 미국학을 가르치고 배우는 데 인종적 자격이 있다고 강조하고, 일부는 강의실과 임용에서 포용성을 강하게 주장하기 때문이다.

아프리카계 미국인의 역사와 문화 교육은 아프리카계 미국인만이 아니라 모든 시민에게 필요하다. 바로 이 원칙이 포용성과 분리주의라는 쟁점 토론의 출발점이 되어야 한다. 아프리카계 미국인에게는 이런 교육을 추구할 이유, 교육을 뒷받침하는 연구를 장려할 특별히 시급한 이유가 있을 것이다. 진리에 대한 관심은 자존감에 대한 관심이라든지 모욕과 편견의 해소에 대한 특별한 관심과 얼마든지 양립할 수 있는 법이다. 숌버그는 1913년에 이 점을 탁월하게 정리했다.

> 인종적 동기는 당연히 늘 과학적 방법 및 목표와 정당하게 조화를 이룬다. 우리 인종 학생들이 현재 중요하다고 여기는 작업을 수행하는 이유는, 한편으로는 너무 잘 알려져 상술할 필요도 없는, 비방과 생략이라는 특정한 장벽을 극복하기 위해서다. 이것은 아주 당연하다. 그러나 이들이 이 작업을 하는 이유는 단지 과거 우리 문화의 영적 자양분을 부당하게 박탈당하지 않으려는 것만이 아니라, 그렇게 함으로써 인간적 협력과 상호의존이라는 완전한 목표를 제시하고 실현할 수 있기 때문이다.[31]

오늘날의 학교에서도 숌버그의 말은 여전히 유효하다. 흑인 학생들은 자신의 문화에 대한 그런 역사적 이해에 특별한 관심을 가질 수도 있고, 심지어 그런 이해가 반드시 필요할 수도 있다. 하지만 이런 학습은 자유학문 교육 전체와 마찬가지로 모든 학생을 위해 존재한다고 주장하는 것이 매우 중요하다. 이런 학습은 상호 존중과 협력의 분위기 속에서 모두에게 완전히 열려 있어야 한다.

내가 지도한 신입생이 그랬던 것처럼 백인 학생들은 아프리카계 미국학을 공부하는 강의실에서 불편함을 느끼기도 한다. 어울리지 않는 자리에 왔다는 느낌을 받을까봐 처음부터 그런 강좌를 피하는 백인 학생도 많다. 우리는 이런 상황이 벌어질 때마다 비판해야 한다. 미국인이라면 누구든 필히 아프리카계 미국인의 역사와 문화를 배워야 한다. 강의실은 공부하려고 하는 모든 사람에게 탐구와 상호 존중의 정신으로 열려 있어야 한다. 우리가 백인 학생들에게 흑인 학생들이 아서 밀러와 존 업다이크를 읽을 수 있다는 데 동의하라고 요구하면서 토니 모리슨이나 이슈마엘 리드의 예술을 이해하고자 하는 백인 학생들의 탐구를 막는 것은 터무니없고 도덕적으로도 옳지 않다. '피의 기억'이라는 인종주의적 관점은 학교에는 설자리가 없다. 외부인을 막고 싶어하는 많은 공동체를 한 번씩 괴롭혀온 병리학으로서 연구할 생각이 아니라면 말이다. (생물학적 타당성이 거의 없는 인종 개념에 대해서도 같은 이야기를 할 수 있다.) 그렇게 가르치고 배우는 방식은 헨리 루이스 게이츠, 앤서니 애피아, 코널 웨스트를 비롯한 아프리카계 미국인 공동체의 주요 지식인 대부분으로부터 강한 비판을 받아왔다. 이런 내부 비판은 점차 효과를 거두고 있다.

'피의 기억'을 학생의 적격성에 관한 이론으로 받아들일 수 없다면 교수의 적격성에 관한 이론으로도 받아들일 수 없다. 우리가 유전적으로 고대 그리스인과 가까웠다고 생각하는 것은 언제나 웃음거리다. 20세기 미국인이 어떤 의미 있는 차원에서 고대 그리스와 문화적 연속성을 갖고 있다는 말은 전혀 사실이 아니다. 그사이 수백 년 동안, 특히 무엇보다 기독교 역사를 겪으며 아주 많은 차이가 생겨났다. 그러나 정말로 유해한 허구는 유전적 또는 문화적 유산이 어떤 사람에게 어떤 주제를 가르치거나 연구할 특별한 권리를 부여한다는 생각이었다. 그렇지 않다. 어떤 사람에게 어떤 주제를 가르치거나 연구할 권리를 주는 것은 관심, 통찰, 상상력, 노력, 헌신이다.

우리는 때때로 이 문제를 좀 쉽게 생각한다. 우리는 독일어 선생이 독일 혈통을 가진 사람이어야 한다고 주장하지 않는다. 해당 언어를 나중에 습득한 사람보다 날 때부터 배운 사람을 선호할 때도 있지만, 날 때부터 배운 사람의 부모는 날 때부터 배운 사람이 아닐 수도 있다는 사실을 잘 알고 있다. 우리는 인도유럽어 선생이 인도유럽 혈통인 사람이어야 한다고 주장하지 않는다. (인도유럽 혈통이라는 게 무엇인지는 모르겠지만.) 사실, 인도유럽학을 인종주의 의제로 다루는 나이 지긋한 독일 인도유럽어학자들 일부의 편견에도 불구하고, 유대인 언어학자들은 인도유럽학에 큰 기여를 해왔다. 모든 주제가 마찬가지다. 아프리카계 미국학에 아프리카계 미국인이 더 많이 이끌리고 백인은 조금 덜 이끌리는 동기들이 있겠지만, 일단 이 분야에 이끌리면 그들의 학문적 작업은 다른 모든 경우와 마찬가지로 그 범위, 통찰, 우수성으로 평가받아야 한다. 만일 우리가 이와 다른 말을 한다면, 학생들에게 상상력의 한계라는 그릇되고 유해한 이미지를 제시하는, 우리가 싸우고자 하는 바로 그 인종주의에 문을 열어주는 셈이 될 것이다. 만일 오직 흑인만 아프리카계 미국학을 연구할 수 있다고 말한다면, 백인 인종주의자들이 오직 백인만 백인학을 가르칠 수 있다거나 오직 그리스 후손만이 고대 그리스학을 가르칠 수 있다고 말하는 것을 무엇으로 막을 것인가?[32]

분리주의적 채용을 거부하는 데 모든 학자가 동의하는 것은 아니다. 1982년 하버드 대학 로스쿨의 흑인 학생들은 일부 교수진의 지지에 힘입어—흑인 동료와 함께 민권법을 가르칠 예정이었던—용감한 민권 변호사 잭 그린버그의 임용에 항의했다. 이 사건은 복잡했다. 학생들은 객원 교수가 강의하는 단기 과정으로 정규 과정을 메우고 있는 것에 항의했는데, 로스쿨 당국은 이 영역에서 정규 강의 계획을 세우지 못했던 것이다.[33] 그럼에도 백인이라는 그린버그의 인종 자체가 항의의 초점이 되었다는 점에서 이 사건은 안타깝게도 인종주의적 성격을 내보였다. 그러나 오늘날 흑인 지식인 공동체의 지도자 대부분은 인종을 아프리카계 미국학 가르치는 필요조건으로 삼아서는 안 된다는 데 동의한다. 얼마 전 네이선 허긴스는 하버드 대학의 해당 학과가 "인종과 무관하게 가능한 한 최선의 임용을 하는 데 관심을 보였다"라고 주장했다.[34] 나중에 헨리 루이스 게이츠는 이렇게 썼다. "우리 주제는 배우는 이든 가르치는 이든 모두에게 열려 있다. 결국 학교의 근본적 전제는 궁극적으로 만물을 알 수 있다는 것이고, 따라서 모든 것을 가르칠 수 있다는 것이다. 앵글로색슨이 아니고 남성이 아니고 이성애자가 아니고, 시각장애인이 아니라는 이유로 밀턴을 가르칠 수 없다고 말하는 사람에게 우리는 뭐라고 말할 것인가!"[35]

수업에 관한 분리주의자들의 주장에는 일리가 있다. 미국에서 흑인으로 산다는 것은 특별한 경험이다. 그런 경험을 하지 않을 경우 그런 조건과 관련된 어떤 점들은 이해하기가 어려울 것이다. 거리를 걸어가거나 식료품을 사러 가는 백인은 위협으로 인식되지 않기에, 아무리 옷을 잘 차려입고 행동을 단정히 하며 길을 가고 있어도 눈앞의 사람들이 길 건너편으로 건너가거나 두려워서 가방을 움켜쥐는 상황이 흑인 남성에게 얼마나 많이 일어나는지 알지 못할 수도 있다. 이런 경험은 공감 능력과 상상력이 풍부한 사람들은 이해할 수 있지만, 보통은 자신의 경험을 보편화하고 다른 것은 걸러낸다. 따라서 적어도 흑인 미국인과 긴 시간 대화하며 그들의 경험을 듣지 못한 사람은 이 분야에서 가르치려고 하지 않을 것이다. 이는 여성들과 긴 시간 대화해보지 않은 남자가 여성학을 가르치고 싶어하지 않는 것과 마찬가지다. 오랜 기간 고대 그리스의 문화와 언어에 몰입해보지 않은 사람이 고대 그리스학을 가르치고 싶어하지 않는 것과도 마찬가지다. 하지만 흑인 역사나 문화에 대한 이해가 깊은 백인도 있을 수 있고, 반대로 자기 이해가 부족한 흑인도 얼마든지 볼 수 있다. 사람들은 흔히 자신을 모르며, 가끔 내부인은 보지 못하는 것을 외부인이 보기도 한다. 따라서 분리주의자들의 주장이 일리 있다고 한다면, 그것은 경험 없이 이해하는 일이 어렵다는 사실, 이 영역의 모든 교원에게 이해가 필요하다는 사실을 말해준다는 것 정도다. 이것이 임용의 인종적 기준을 고집할 이유가 될 수는 없다.

나아가 우리는 흑인 학생들이 자신의 학문적 정체성을 인종적 맥락에서 규정해야 한다는 지나친 압박감을 느끼지 않고 무엇이든 자신에게 기쁨을 주는 학문적 관심을 추구하도록 북돋아주어야 한다. 많은 흑인 학생이 집을 떠나 대학에 입학할 때는 인종에 강하게 초점을 맞추고, 어떤 학생들은 동화에 성공한 부모에 반항하여 인종 정체성 정치의 맥락에서 자신의 목표를 규정하겠다고 결심한다. 미국의 젊은 아프리카계 미국인이 마주하는 정체성 투쟁에는 공감할 수 있지만, 그렇다고 특정한 흑인 정체성을 찾는 것이 그런 학생 모두의 학교생활을 결정하는 주요한 요소가 되어야 한다고 인정할 필요는 없다. 앨빈 제임슨은 자신이 구하고자 하는 인격이 어떤 건지 스스로 고민해야 한다. 그러나 그런 고민 때문에 철학이나 문학을 공부하지 못하는 것도 아니고, 그런 영역에서 일하지 못하는 것도 물론 아니다. 브라운 대학에서 가장 영향력 있는 아프리카계 미국인 교수는 17세기 중국사를 전공한 젊은 역사학자다. 그는 자신의 인종에 속한 학생들(과 다른 학생들)에게 귀중한 암시를 주고 있다. 무엇이든 관심 있는 것을 공부하고, 그 과정에서 자신의 개인적 정체성을 잃을까 걱정하지 말라는 암시다.

많은 흑인이 전통적 학문 주제들에는 인종주의의 때가 묻어 있다고 믿는다. 심지어 그런 과목을 좋아하는 젊은 흑인을 배반자로 인식하기도 한다. 하지만 이런 믿음은 틀렸다. 철학도, 문학 연구도, 심지어 고대 그리스·로마 연구도 그 자체로는 백인의 인종주의적 기획이 아니다. 그것은 세계를 보는 방식으로, 모든 사람에게 열려 있다. 가끔 실제로 어떤 주제에 접근하는 표준적인 방식에 인종주의적 관념이 깊이 뿌리박혀 있는 것을 발견할 수도 있다. 그리스와 로마 세계에 접근하는 많은 방식은 한때 인종적 우월성이라는 관념에 의해 왜곡되었다. 고대 그리스와 로마를 연구하는 기획 자체는 그렇게 오염되어 있지 않지만, 어떤 곳에서는 오염되지 않은 방식으로 접근하기 위해 투쟁을 불사해야 했을 수도 있다. 음악 교육에 접근하는 몇 가지 영향력 있는 방식은 특정한 민족적·문화적 유산에 기반을 둔 음악적 문화와 타고난 음악적 재능에 대한 인종주의적 관점을 구현하고 있다. 이런 관점은 인종주의의 역사와 밀접하게 연결되어 있다. 예를 들어 아동 음악 교육에 관한 카를 오르프의 체계는 그의 나치 입당과 밀접하게 연결되어 있다. 만일 누군가 어느 음악 기관 전체가 오르프의 체계를 중심으로 조직되어 있다는 것을 알게 되면, 그 기관을 인종주의적이라고 공격하는 것도 타당할 터다. 그래도 음악과 음악학은 그대로 남을 것이다. 독일과 오스트리아에서 인도유럽어학 연구는 한때 아리아인과 그들의 인종적 유산에 대한 나치의 관점과 밀접하게 연결되어 있었다. 그때는 인도유럽어를 연구하는 것이 인종적으로 오염된 직업에 종사하는 것처럼 보였을지도 모른다. 그러나 지금은 훌륭한 학문적 작업 덕분에 언어의 역사와 그런 신화는 엄격하게 구분되었고, 인도유럽어는 모두에게 열린 연구 영역으로 확립되었다. 일반적으로 어떤 학문 영역이 선입관이나 편견으로 왜곡될 경우, 이런 상황은 진리를 더 엄격하게 추구하고 그것에 방해가 되는 모든 것을 제거하는 계기로 여겨야 한다.

인종과 그 교육과정에 관한 토론에서 나오는 가장 유해한 주장을 꼽자면—여성학을 주제로 한 토론에서도 비슷한 주장이 나올 수 있는데—논증의 표준적 구조와 논리 자체가 인종적으로 오염되어 아프리카계 미국인 학생들에게 맞지 않는다는 이야기다. 이런 이야기는 '미국 철학협회'의 '흑인 위원회' 내부에서도 나오곤 한다. 예를 들어 재능 있는 흑인 학부생들을 위한 여름 학기 프로그램에서 형식논리학을 제외해야 한다는 주장이 강하게 제기되었다. 흑인 학생들이 형식논리학을 편하게 느끼지 못한다며 논리학 과목을 아프리카 철학 연구로 바꾸자는 것이다. 이런 주장은 다른 흑인 철학자들로부터 폭풍 같은 반론을 샀는데, 이들은 이런 발언이야말로 자신들이 오랫동안 뒤집으려고 싸워왔던 아프리카계 미국인의 지능에 대한 인종주의적 비방을 떠올리게 한다고 생각했다. 그들의 생각은 정당했다.

물론 장래 대학원생에게 철학의 매력을 보여주려는 프로그램이라면 형식논리학을 집중적으로 내세우기가 곤란하다. 형식논리학은 철학적으로 흥미롭지도 않고 좋아하는 학생도 별로 없기 때문이다. 다만 형식논리학은 필수적인 도구이기에, 더 흥미로운 자료의 맥락 속에서 도구로서 제시되어야 한다. 그런 흥미로운 자료는—모든 학생에게—다양한 전통에서 철학이 무엇을 의미했는지를 살펴보는 비교문화적인 공부가 될 것이다. 강의에서 비교문화를 다룰 때 사용할 수 있는 훌륭한 선집이 얼마간 있다.[36] 물론 학문적인 방식으로 제시된 아프리카의 철학 전통을 알아가는 것이 아프리카계 미국인 학생들에게는 특별히 흥미로운 일일 수 있다. 하지만 철학적 논증 자체가 인종적 유산과 관련이 있다거나 흑인 학생은 논리적으로 생각할 수 없다는 주장은 피하는 것, 이것이 중요하다.

기본적으로 우리는 어떤 인간도 인종차별 때문에 심오한 문화적 소산에 접근하는 것이 차단되는 일이 없는 세계를 꿈꾸었던 W. E. B. 듀보이스의 비전을 기억해야 한다.

> 나는 셰익스피어와 함께 앉아 있고 그는 움찔하지 않는다. 나는 피부색의 장벽을 넘어 발자크며 뒤마와 팔짱을 끼고 다니며, 그곳에는 미소짓는 남자들과 환영하는 여자들이 금박을 입힌 홀 안을 미끄러져 다닌다. 사지 튼튼한 지구로부터, 그리고 별들로 장식된 창 사이로 흔들리는 저녁의 동굴로부터 나는 아리스토텔레스와 아우렐리우스, 또 누구든 내가 원하는 사람을 불러내며, 그들은 그 어떤 경멸도 생색도 않고 아주 호의적인 반응을 보이며 내게 다가온다. 나는 그렇게 진리와 결혼하여 베일 너머에 살고 있다. 이것이 네가 우리에게 주기를 아까워하는 삶인가, 오, 기사 같은 아메리카여?[37]

듀보이스에게 정신세계란 모두에게 공통된 것이었다. 진리, 논리, 백인이 쓴 문학이 아프리카계 미국인에게 어울리지 않는 연구 대상이라는 판단은 엘리트가 아니면 누구도 '진리'와 '미'에 다가갈 수 없도록 제한한 "기사 같은 아메리카"의 봉건사회에 굴복하는 것이다.

교육기관들이 아프리카계 미국인과 그들의 유산을 포용하려고 노력하면서 교육과정상의 문제들이 숱하게 대두되었다. 이런 문제들 가운데 가장 까다로운 것은 '아프리카 중심적' 교육과정에 대한 요구다. 자유주의적 세계주의자는 모든 시민을 위한 포괄적인 학습을 요구하는 반면, 인종주의의 유산에 더 급진적이고 더 보복적으로 접근하려는 진영은 이전의 불균형한 교육과정과는 정반대의 불균형한 교육과정을 요구한다. 낡은 교육과정이 유럽 중심적이었다면 이제는 아프리카 중심적인 것을 요구하는 것이다. 게이츠는 현재 상황을 잘 표현하고 있다. "우리 자유주의적 개혁주의자들은 말한다. 남에게 대접받고자 하는 대로 남을 대접하라. 그런 뒤에 최선의 결과를 기다려라. 좌파는 말한다. 너희가 남에게 한 대로 너에게 해줄 테니 그것이 마음에 드는가 보라."[38] 학교에서는 그런 보복적인 접근법이 제한적으로 허용된다. 지금까지 객관성으로 제시되어온 것의 편견을 드러내야 하는 경우다. 그러나 진리 추구에서 벗어나 낡은 왜곡을 새로운 왜곡으로 대체하는 것은 생산적일 수 없다.

많은 '아프리카 중심적' 강의는 진리를 추구하고 증거에 대한 엄격한 기준을 적용한다. 이런 강의들은 증거와 논증 내용을 면밀히 따져가며 자료를 모으는 한편, 학생들이 아프리카인과 아프리카계 미국인의 역사를 그들의 교육과정의 중심에 놓고 공부하도록 이끈다. 스펠먼 칼리지*의 필수 과목 '아프리카의 디아스포라

* 조지아 주 애틀랜타에 소재한, 아프리카계 여학생을 교육하는 대학.

와 세계'가 좋은 예다. 이 두 학기 연속 강좌에서는 아프리카 민족들이 노예무역에 의해 세계 여러 지역으로 흩어져나간 역사를 연구한다. 스펠먼 칼리지는 강의의 목적을, 상호의존성이 점차 강화되는 세계 문화에서 지도력을 발휘할 수 있도록 학생들을 준비시킨다는 대학의 국제주의적 사명과 연결한다.

> [이 강의에서는] 역동적인 힘으로서의 문화 교류가 강조된다. 대륙의 경계 내부에서, 또 경계를 가로질러, 또 역사 전체에 걸쳐 이루어지는 정치적·사회적·경제적 요인들의 상호작용에 대한 이해가 강조된다. 다른 식으로 표현하면 이 강의는 학생들에게 (아주 정당한 요구인) 학생 자신의 배경과 문화에 대한 형식적인 소개를 하고자 한다. 그리고 그러한 배경과 문화를 아프리카에서 유래한 다른 공동체의 배경 및 문화와 연결하고자 한다. 이런 포괄적 경험과 더 큰 세계에서 전개되는 상황 사이의 관계를 보여주고자 한다. 학생들에게 현재의 정치적·경제적·사회적 병폐를 다루는 방법과 전략을 비판적으로 고찰하는 방법을 체계적으로 가르치고자 한다. 간단히 말해서 이 강의는 더 유능한 지도력을 양성하고자 한다.[39]

이 강좌는 학생들이 자신의 상황에서 시작하여 그 상황을 역사적으로 이해한 다음 더 포괄적인 이해를 향해 바깥으로 움직여야 한다는 듀보이스의 생각을 따르고 있다. 이 강의는 민권운동 시기를 두루 살피며 아프리카에서 유래한 아프리카계 미국인의 역사를 추적한다. 그러나 시대마다 이 역사는 관련된 다른 역사들—세계 다른 지역의 노예무역과 식민주의의 역사, 각 나라의 노예제 반대운동과 반식민주의 운동의 역사, 완전한 평등을 위해 노력해온 미국 내 다른 집단들의 역사들—과 연결된다. 이것은 통합 학문적 강의로, 역사학과 정치학의 관점에서 조직된다. 그러나 경제학, 문학, 음악, 춤, 시각예술이 모두 자기 역할을 한다. 강의는 전반적으로 엄격한 비판적 논증과 시민성이라는 목표를 강조한다. 여기서 우리는 하나의 교육과정이 아프리카 중심성이라는 초점을 유지하면서도 듀보이스의 한층 포용적인 목표를 놓치지 않는 방식을 본다. 흑인과 백인이 함께 다니는 대학들도 이런 우수한 강좌의 이점을 누릴 수 있으며, 실제로 뉴욕 주립대학 버펄로 캠퍼스의 강좌는 스펠먼 칼리지의 강좌와 공통된 특징이 많다.

스펠먼 칼리지의 자매학교인 모어하우스 칼리지는 최근에 이와 동일한 장래성 있는 양식을 따르는 교육과정 개혁을 시작했다. 저명한 과학자이자 과학 행정가인 신임 총장 월터 매시는 '모어하우스에 세계의 집 만들기'를 행정의 모토로 삼았다. 그는 이 목표를 달성하려면, 학과 전공을 위한 엄격한 체계를 강조하면서도 전반적으로는 교육과정에 새로운 깊이와 탁월함을 불어넣는 방식으로 아프리카계 미국학 과목들을 보강해야 한다고 주장한다. 동시에 세계 모든 민족이 서로 의존하고 있고 이해해야 한다는 사실을 강조해야 한다. 매시는 '세계의 집'이라는 주제는 모어하우스 칼리지 출신 마틴 루서 킹 주니어 박사에게서 영감을 얻은 것이라고 덧붙인다. 마틴 루서 킹 주니어 박사는 『우리는 여기에서 어디로 가는가: 혼돈인가 공동체인가』에서 이렇게 썼다.

> 우리는 큰 집, 위대한 세계의 집을 물려받았으며, 그 안에서 흑인과 백인, 이방인과 유대인, 가톨릭교도와 프로테스탄트, 무슬림과 힌두교도가 함께 살아야 한다. 우리는 사상, 문화, 관심 면에서 지나치게 분리되어 있지만 하나의 가족이며, 다시는 절대 나뉘어 살 수 없으므로 어떻게든 서로 평화롭게 함께 사는 법을 배워야 한다…… 우리는 더 큰 세계의 집을 무시할 수 없다. 우리 또한 그 집의 거주자이기 때문이다.

매시는 또 존 듀이의 말을 인용해 자유교육이 "정신적 환대, 풍부한 상상, 훈련된 분별력, 계급이나 분파 및 파벌적 편견과 열정으로부터의 자유, 광신 없는 신앙"을 이끌어내야 한다고 주장했다.[40]

이런 인간적 가치들이 모어하우스 칼리지의 아프리카계 미국학 전공 서술에 스며 있다는 점은 주목할 만하다. 전공 목적에는 다음과 같이 표현된 구절도 있다. "학생들이 우애, 평등, 영성, 인간적 가치, 민주주의라는 이상을 이해하도록 장려한다."[41] 매시는 용감하고 훌륭하게도 아프리카계 미국인 대학의 사명을 매우 포용적인 방식으로 추구하고 있으며, 모든 학생이 능력 있는 세계 시민이 되도록 준비시키는 프로그램이라는 맥락 안에서 그런 노력을 기울이고 있다.

다른 많은 대학에서도 아프리카계 미국학을 통합해 시민성에 귀중한 기여를 하는 강좌와 교육과정을 만들었다. 좋은 결과로 이어진 것은 주로 주제 지향적 접근법이다. 세인트로렌스 대학의 비교미술 강의에서는 다양한 문화의 예술이 서양 박물관의 '미술품'으로 인정받은 과정을 공부한다. 비교문학 강의에서는 그리스, 인도, 아프리카 전통에서 구전되고 기록된 서사시 전통을 공부한다. 또 종교학 수업에서는 아프리카계 미국인 공동체와 백인 프로테스탄트 공동체의 근본주의를 세계의 여러 다른 근본주의들과 비교한다. 모두가 아프리카인과 아프리카계 미국인에 관한 내용을 교육과정에 통합하는 귀중한 방식이다.

그러나 아프리카 중심적인 교육이 모두 스펠먼 칼리지의 강좌나 모어하우스 칼리지의 새로운 교육과정처럼 신뢰할 수 있는 것은 아니며, 아프리카에 관한 모든 강좌가 세인트로렌스 대학의 강좌처럼 엄격한 것도 아니다. 어떤 경우에는 게이츠가 묘사한 보복적 접근법이 역사적 기록을 왜곡하기도 한다. 아서 숌버그의 시대에도 그런 보상적 왜곡은 잘 알려져 있었다. 숌버그는 그들을 이렇게 비판했다.

> 역사는 선입관이나 반선입관에 의거해 쓸 수 없다. 뻔뻔스러운 백인 인종주의자의 인종적 우월성이며 지배 이론과 가정 때문에 이번에는 에티오피아에서 그에 상응하는 주장이 대두되었다. 어느 경솔하고 광적인 아마추어가 세계 천재의 반이 니그로였음을 증명하고 19세기 미국인의 혈통을 시바의 여왕*으로 거슬러올라 추적하려 한 것이다. 그러나 다행히 오늘날에는 진정으로 공통된 대의가 중심에 있어, 그 양편에 있는 논란의 모래는 줄어들고 발굴의 흙이 쌓이고 있다.[42]

그러나 숌버그의 이런 말은 너무 앞섰던 듯하다. 80여 년이 지난 오늘날에도 여전히 아프리카에 관해 금세 탄로날 거짓 주장을 수도 없이 펼치는 "경솔하고 광적인 아마추어"들이 있다. 베토벤은 아프리카 혈통이며, 아리스토텔레스는 이집트 도서관에서 아이디어를 훔쳤고, 그리스의 언어와 문화는 대체로 피부가 검은 이집트 사람들의 언어와 문화에서 파생되었다는 식이다. 언어학과 텍스트 증거를 오용해 옹호하는 그런 가설들에 학문적 정당성은 전무하다. 이집트가 그리스보다 앞섰다는 언어학적 증거는 그런 식의 주장 중 그나마 가장 학문적인 작업이라고 할 수 있는 마틴 버널의 『흑인 아테나』의 중심을 이룬다. 그러나 역사언어학적 재구성의 원리들에 대한 버널의 이해는 완전히 비과학적이며, 전문적인 인도유럽어 언어학자들의 분석에 의해 완전히 논파되었다.[43]

(백인이자 유대인인) 버널의 동기가 인종주의적 의제였다고 생각할 이유는 없다. 사실 그리스 문화가 (이집트에서건 인도에서건 바빌로니아에서건) 빌려온 것이라는 주장에 관해서는 신뢰할 수 없는 비슷한 이야기들이 인종 문제와 별개로 생산되어왔다. 1960년대에는 브랜다이스 대학의 저명한 교수 사이러스 고든이

* 이스라엘의 솔로몬 왕을 만나 에티오피아의 초대 황제를 낳았다고 하는 전설 속 인물.

그리스 문화는 성경 속 문화에서 파생된 것이며, 그리스어는 히브리어와 관련되어 있다고 주장했다. 이 주장에는 엄청난 언어학적 오류가 포함되어 있었다. 최근에는, 극단적으로 보수적이지만 전체적으로는 대단히 훌륭한 영국 고전학자 마틴 웨스트가 초기 그리스 철학이 이란과 인도에서 파생되었다고 주장했다.[44] 웨스트의 주장은 역사적으로 볼 때 버널의 주장보다도 타당성이 훨씬 떨어진다. 그리스인 일부가 이집트에 간 것은 사실이지만, 기원전 4세기 알렉산드로스 원정 이전에 그리스인이 인도에 갔다는 증거는 전혀 없기 때문이다. 증거가 빈약한 영역에는 추측이 난무하는 학문이 번성한다. 우리는 아프리카 중심적인 저자들이 자기 나름의 신뢰할 수 없는 추측을 제시할 때, 그것을 특별히 사악한 일로 간주하거나 학문을 전복하려는 정치적 음모의 일환이라고 외칠 필요는 없다.[45] 다만 신뢰할 수 없는 학문은 거부해야 한다. 아프리카에서 유럽으로 넘어갔다는 이른바 '도난당한 유산'과 관련된 다른 해석들은 더더구나 미덥지 못하고 아마추어적이다.[46]

문화의 또다른 보복적 환상은 생물학에 기초해 만들어진다. 한 가지 사례가 그 유명한 문화의 '멜라닌 이론'으로, 리처드 킹, 캐럴 반스, 프랜시스 크레스웰싱 같은 흑인 저자들이 언급한 바 있고 뉴욕 시립대학의 호전적인 흑인학과의 학과장 레너드 제프리스가 띄운 가설이다.[47] '멜라닌 이론'은 백인이자 캐나다인인 작가 마이클 브래들리가 처음 제시한 '태양의 사람들'과 '얼음의 사람들'이라는 유형학[48]과 결합된 것으로, 멜라닌 색소가 인간 종의 타고난 유전 형질이며 하얀 피부는 유전적 기형에 의해 생겨났다는 주장이다. 백인은 색깔의 열등성 때문에 멜라닌을 가진 사람들에게 복수심과 공격성을 발휘해 대응했으며 여기에서 인종주의가 나왔다는 것이다. 이런 이론은 새로운 것이 아니다. 이것은 필리스 휘틀리 시절부터 유행했던 아프리카인의 관능과 백인의 지성이라는 고정관념을 새로운 표현으로 재창조한 것이다.

이런 그릇되고 비과학적인 이론은 발생 과정을 이해하는 것이 중요하다. 탐구보다는 편협한 태도가 빚어낸 아프리카에 대한 무서운 이미지는 수백 년 동안 학계를 지배해왔다. 따라서 오늘날 흑인 학생들과 학자들이 컬런이나 이전 시대의 다른 사람들과 마찬가지로 아프리카 문화의 힘이라는, 그에 상응하는 긍정적 환상에 이끌리는 현상은 얼마든지 이해할 수 있는 일이다. 그러나 그런 허구는 아프리카계 미국인의 역사와 문화에 대한 정당한 연구에 굉장히 유해하다. 그런 허구는 흑인 학자들이 진실보다는 선전에 관심이 있다는 인상을 주는데, 이것은 물론 대다수에게는 해당되지 않는 이야기다. 그런 허구는 문화의 인종적 기원에 관한 이론을 장려하는 것으로, 오랜 세월 동안 탁월한 흑인 학생들도 학문적 추구를 못하도록 막는 데 사용된 장치다. 그런 허구는 인간 다양성과 특수성에, 흑인 음악 및 예술의 세련미와 복잡성에, 듀보이스에서 볼드윈과 모리슨에 이르는 수많은 작가의 문학적 성취에 폭력을 가한다. 그런 허구는 아프리카계 미국학의 백인 비판자들이 이런 연구에 대한 왜곡된 그림을 제시할 때 사용할 수 있는 무서운 이야기들을 입맛에 맞게 제공한다. 따라서 아프리카에 대한 그런 설명을 비판하는 것이 시급하다. 주요한 아프리카계 미국인 지식인들 대부분이 이미 그렇게 해왔다. 레너드 제프리스의 아프리카 중심주의라는 개념은 게이츠, 애피아, 코널 웨스트, 마이클 에릭 다이슨에 의해, 나아가 많은 학문 분야의 주요한 흑인 사상가들에 의해 논파되었다.[49]

이런 허구들이—제프리스, 할리드 무하메드, 웰슬리 칼리지의 역사학자 토니 마틴이 그렇게 했듯이—반유대주의와 연결될 때, 진리에 관심 있는 모두가 공개적으로 발언하는 것이 특히 중요하다. 마커스 가비*에 관한 견실한 연구로 좋은 평판을 얻은 역사학자 마틴은 최근에 반유대주의 논객이 되었다. 그가 자비로

* Marcus Moziah Garvey (1887~1940). 자메이카의 사회 운동가, 범아프리카니즘 운동의 제창자.

출판한 소책자 『유대인 학살』은 흑인 미국인의 억압에 유대인이 일조한 역할에 관해 악의에 찬 진술들을 담았는데, 이 책은 한편으로 할리드 마후메드가 승인한 책이자 마틴이 웰슬리 칼리지에서 직접 가르치기도 한 상스러운 사이비 역사서 『흑인과 유대인의 은밀한 관계』와 관련되어 있다. 유대인과 노예무역의 관련성에 대해서는 제프리스도 지지한 적이 있는데, 그는 이 발언 때문에 뉴욕 시립대학 흑인학과의 학과장 자리에서 물러나야 했다. (그는 장기간에 걸친 소송 끝에 복직되었지만, 상급법원이 그 판결을 뒤집었으며 최근 대법원은 해당 사건의 심리를 거부했다.)

이는 추하고 용납할 수 없는, 인종주의의 극단적이고 예외적인 사례들이다. 미국 대학에 그런 인종주의적인 선생들이 있다는 것 자체가 심각한 도덕적 쟁점이 된다. 캘리포니아 주립대학 리버사이드 캠퍼스의 흑인 학생 그룹이 무하메드를 연사로 초청했을 때는 이를 계기로 언론의 자유, 학생 언론을 제한하는 대학 당국의 적절한 역할 등이 쟁점으로 떠올랐다. 그럼에도 무하메드를 초청한 일이며 그의 메시지를 우려했던 이들도 대부분은 일단 정식 초청을 한 이상 대학 당국이 그의 연설을 막는 것은 거부해야 한다고 믿었다. 그러나 대학에서 증오를 선전하는 활동은 대중의 항의와 마주치기 마련이며, 대학은 당국이 증오의 메시지와 무관하다고 공식적으로 선언해야 할 것이다. 미국 대학들이 과거에 인종주의적이고 반유대주의적 선전을 보호해왔다는 것이 지금도 그렇게 해도 좋다는 핑계가 될 수는 없다.

종신재직권이 있는 교수가 인종주의적인 태도로 발언할 때, 우리는 그의 고용을 중단시키려는 시도가 학문의 자유에 대한 위험을 수반한다는 사실을 기억해야 한다. 교수들과 직원들은 교육내용을 근거로 동료의 종신재직권 철회 절차를 밟는 일을 당연히 꺼릴 것이다. (그것은 범죄행위, 정신적 무능력, 학문적 사기, 학생에 대한 성적 괴롭힘과는 다르다.) 좌파 교수들이 진실이건 주장에 불과하건 공산당과 모종의 연계가 있다는 이유로 해고된 것이 그리 오래되지 않은 일이다. 종신재직권이 없는 교수는 정치적 견해로 인한 해고 사안에서 여전히 약자다. 유대인 때문에 노예무역이 생겼다고 가르치는 교수는 한때 공산주의자였던 철학자와 달라 보일지 몰라도—전자는 적극적으로 허위를 가르치고 그럼으로써 학문적 과정을 전복하고 있기 때문에—우리는 행정가들이 그런 구분을 할 능력이 있다고 믿을 수 없다. 정치적으로 인기 없는 많은 견해가 일부 행정가들의 눈에는 위험한 허위로 비치기 마련이다. 따라서 우리는 다른 정당한 작업이 정치적인 동기에 의해 박해받는 사태를 막기 위해, 인종주의적인 발언을 한 교수도 교수직을 유지하도록 허용해야 한다. 그러나 그런 교수가 학생들이나 다른 교수들을 위협하거나 강압한다면 이런 보호는 지지받을 수 없을 것이다. 한편 교육기관은 그런 학자가 표명하는 반유대주의적 견해에 전혀 연루되지 않았다고 부인해야 하며, 동료들은 (지금까지 대개 그래왔듯이) 그런 견해를 규탄해야 한다. 이런 맥락에서 모어하우스 칼리지의 신임 총장 월터 매시가 '이방인과 유대인'을 포함한 모든 사람이 평화와 우애 속에서 함께 살아갈 '세계의 집'이라는 마틴 루서 킹 주니어의 사상을 대학 당국의 중심 목표로 잡은 것은 특히 의미심장하고 훌륭한 일인 듯하다.

토니 마틴과 레너드 제프리스가 흑인 학계에서 매우 예외적인 인물들이라면, 왜 그들이 이토록 유명할까? 왜 그들의 생각은 언론에서 그렇게 자주 거론되는 반면, 콰메 앤서니 애피아와 월터 매시의 원칙 있는 세계주의, 게이츠의 자유주의적 다원주의, 코널 웨스트의 진보적 통합주의, 켄 워런(시카고 대학 아프리카계 미국학과의 학과장)의 뛰어난 헨리 제임스 연구는 그만큼 자주 거론되지 않는 것일까? 사실 이들이 더 존경받는 자리에서 가르치고, 학술 간행물 수도 더 많고, 학문적 영향과 존경을 가늠하는 모든 전통적 척도에서 다른 사람들보다 훨씬 뛰어난데 말이다.

한 가지 대답은 어떤 대학에서는 이런 극단주의자들을 따르는 학생들이 상당히 많다는 것이다. 또 한 가지 대답은 미국의 대중문화는 선정적이기 때문에, 극단적 입장이 온건한 입장보다 늘 더 자주 논의된다는 것이다. 그러나 이런 답변 가운데 어느 것도 미국 대학 생활을 묘사한다고 하는 최근 작업들에서 극단적인 반유대주의적 아프리카 중심주의가 터무니없이 강조되는 현상을 설명해주지 못한다. 학계에서 백인 남성의 극단적 행동이 백인 남성의 일반적 본성을 보여주는 사례로 취급되는 일은 거의 없다. 마르틴 하이데거가 나치로 드러났어도 존 롤스와 힐러리 퍼트넘은 백인 남성 철학자 입장에서 반유대주의를 부인하는 논설을 쓰라는 공적인 압력을 받지 않는다. 사실 하이데거는 그 분야의 지도자였는데도 말이다. 마틴이나 제프리스는 그럴 만한 인물이 전혀 못 된다. 그럼에도 마틴과 제프리스는 게이츠나 애피아 같은 인물과 함께 묶인다. 하이데거는 그런 식으로 롤스와 함께 묶이지 않는다. 우리는 그 이유를 물어야 하지 않을까?

그 이유는 마틴과 제프리스가 고정관념을 확증해준다는 데 있는 것 같다. 그들이 수백 년 동안 양쪽 인종의 구성원들이 지속시켜왔던 허구들을—주장과 언어폭력 면에서—확증해주기 때문에, 그들을 특이하다거나 한심하다고 보기보다 전형적이라고 보기 쉬운 것이다. 아프리카 소설가 치누아 아체베는 그것을 가리켜 "외고집의 집요함"이라고 했다.[50] 흑인의 폭력성과 비합리성이라는 고정관념은 다른 아프리카 신화들과 마찬가지로 오직 진실을 가지고 싸울 수 있다. 흑인 학자들과 예술가들의 작업을 서술하는 한편, 흑인 지식인 공동체의 인정받는 지도자들이 이런 식의 극단적 입장을 거부해왔다는 사실을 거듭 강조해야 하는 것이다.

아체베는 아프리카계 미국학의 핵심에 놓인 진실 추구의 목표를 다음과 같이 탁월하게 표현했다. 즉 그 목표란, 흑인이든 백인이든 서양과 서양의 시민들에게 "일단 [우리] 마음에서 낡은 편견을 제거하여 아프리카를 왜곡의 안개와 싸구려 신비화라는 렌즈로 보지 않고, 그저 단순히 사람이 사는 대륙, 천사도 아니고 원시적인 영혼도 아닌 그냥 사람이 사는 대륙, 때로 뛰어난 재능을 발휘하기도 하고 때로 삶과 사회의 기획에서 놀라운 성공을 거두기도 하는 사람이 사는 대륙으로 보기 시작하면" 아프리카와 아메리카의 역사가 어떻게 보일지 알려주는 것이다.[51] 이 목표는 우리가 고정관념을 거부하고 (그것을 연구하기 위해서라면 다룰 수 있을지 몰라도) 개인에게 관심을 기울일 것을 요구한다. 이런 일은 자극적인 이미지들에 초점을 맞추는 것만큼 극적이지도 낭만적이지도 않을지 모른다. 그러나 이것이 진정한 계몽을 추구하는 유일한 길이다. 그리고 실제로 계몽을 추구하면, 사람들의 개별성과 특이성을 연구하는 것이 결국 전혀 단조로운 것이 아니라 재미로 가득한 일임을 깨달을 수 있다.

미국의 각급 대학에서 발생하는 이런 쟁점들의 고통스럽고 때로는 비극적인 역사를 생각해보면 비관주의에 빠지기 쉽다. 게다가 지난 200년 동안 수많은 왜곡과 악의가 있었고 '진리'는 지극히 미미했음을 깨닫게 된다. W. E. B. 듀보이스는 1933년에 쓴 글에서 오늘날까지도 우리 모두 앞에 놓여 있는 난제를 보여주었다. 듀보이스는 학교 안의 인종주의로 인한 고통을 이야기하면서 자메이카 시인 클로드 매케이의 시구를 인용한다. "죽어야 한다면 돼지처럼 죽지는 말자." 듀보이스는 이렇게 논평한다.

> 그러나 돼지처럼 죽지 않는 것의 대안은 으르렁거리는 개처럼 죽거나 죽이는 것이 아니다. 오히려 그 대안은 생각과 두뇌와 계획으로, 표현력과 조직된 문화적 이상으로 세계를 정복하는 것이다…… 오직 생각, 계획, 지식, 조직에 의해서만…… 우리는 가능한 미래를 우리 손으로 쥘 수 있다. 대학이 자기 자신을 알고 자신의 곤경을 알고 자

> 신을 보호하고 인종 편견과 싸우는 방법을 아는 미국 니그로를 다가오는 시대에 부어넣을 수 있다면, 우리가 꿈꾸던 세계가 다가올 것이다. 다른 방법은 없다.[52]

듀보이스는 대체로 인종 분리적인 미국에서 '니그로'대학이 가져가야 할 사명에 초점을 맞춘 에세이를 써서 흑인 공동체에 이런 까다로운 과제를 제시했다. 명목상으로는 통합되어 있지만 여전히 편협한 태도에 사로잡힌 미국 사회에서 우리는 이 까다로운 문제를 흑인 교육자와 백인 교육자 모두에게 해당되는 것으로 받아들여야 한다. 즉 이것은 생각과 두뇌와 계획을 바탕으로 진리를 퍼뜨리고, 해로운 신화와 고정관념을 깨뜨리고, 인종주의를 정복하는 대학을 건설하는 일에 관한 문제다. 우리는 으르렁거리는 개처럼 달려드는 대신 좀더 인간답게, 백인이든 흑인이든 자신을 알고 자신의 곤경을 알고 인종 편견과 싸우는 방법을 아는 시민을 배출하고자 힘써야 한다. 그래야 우리가 꿈꾸는 세계가 다가올 것이다. 다른 방법은 없다.

제6장 여성학

> 여성이 앞으로 어떤 존재가 될 것인가 하는 것은 차치하고 그냥 지금까지 그들이 존재해온 방식과 현재 존재하는 방식과 관련해서만 보더라도, 여성에 관해 남성이 얻을 수 있는 지식은 형편없을 정도로 불완전하고 피상적이며, 여성 자신이 직접 해야 할 모든 이야기를 하지 않는 한 앞으로도 계속 그럴 것이라고 주장해도 무리가 없을 것이다.
>
> 존 스튜어트 밀, 『여성의 예속』(1869)

네바다 주립대학 리노 캠퍼스의 그리스 고전 일반교육과정 강의계획서가 달라졌다. 철학과의 데버라 액턴버그가 교수위원회를 설득해 고대 그리스 세계 내 여성의 상황을 알려주는 배경 자료와 함께 사포의 시를 추가한 것이다. 이들은 일상생활과 가족에 관한 흥미진진하고 새로운 연구가 담긴 자료로, 명저 자체나 정치사적 사건들에 초점을 맞추는 수업에서는 얻을 수 없을 자료다. 교수진은 학자들이 시각예술작품, 고고학 자료, 세금 기록, 물품 목록 같은 "파피루스 기록," 알려지지 않다시피 했던 의학 보고서 등 갖가지 정보를 어떻게 결합해 여성의 삶을 재구성했는지 배운다.

스탠퍼드 대학의 '윤리 프로그램' 책임자인 정치이론가 수전 몰러 오킨의 학생들은 오킨이 "젠더 프리즘"이라고 명명한 것을 통해 서양 정치사상의 텍스트와 쟁점을 검토하는 방법을 배운다. 오킨은 정치적 정의에 관한 현대 미국의 가장 영향력 있는 이론들이 여성의 사회적 상황이나 가족 내 자원과 기회의 분배 문제를 간과해왔다고 주장한다. 그들이 그렇게 한 것은 대부분 가족이 사랑과 애정 어린 유대를 특징으로 하는 제도이며, 그 내적인 작동에 관해 정의의 문제를 제기하는 것 자체가 이런 유대에 손상을 주리라고 단순하게 가정했기 때문이다. 학생들은 이렇게 가족 내의 정의를 고려하지 못한 것에 대해 존 스튜어트 밀이 펼친 강력한 반대 논리를 배우는데, 오킨은 밀의 논리가 부당하게 무시되어왔다고 전한다. 오킨은 밀에 의지하여 묻는다. 가장 강력한 도덕교육의 원천인 가족 안에서 정의를 배우지 못한다면 어떻게 정의로운 시민의 나라가 만들어지기를 기대할 수 있겠는가?[1]

하버드 대학의 경제학자 아마티아 센이 진행하는 기아와 기근에 관한 경제학 강의에서 학생들은 '젠더 프리즘'으로 식량 분배를 보는 방법을 배운다. 학생들은 센과 함께 이 세계에서 자신의 성별 때문에 죽을 가능성이 높은—성별 선택적인 영아살해를 통해서건, 영양과 의료 문제에서 남성에 비해 불평등한 대우를 받아서건—여성의 수를 가늠해본다. 센의 주장에 따르면, 이렇게 "사라진 여성"의 수가 세계적으로 1억 명에 육박한다.[2] 센은 가족이 사랑, 돌봄, 심지어 정의의 원천이 될 수도 있지만, 여성이 서서히 또는 빠르게 살해당하는 공간이 될 수도 있음을 보여준다. 그는 한 나라의 전반적인 번영을 평가할 때 여성의 상황은 묻지 않는 경우가 너무 많다는 데 주목하면서, 가족에 관한 지배적인 경제 모델 때문에 연구자들이 그런 문제 제기를 포기한다고 부연한다.

브라운 대학의 인기 강의인 '젠더 생물학' 수강생들은 앤 파우스토스털링으로부터 남성과 여성의 타고난 차이를 발견했다고 하는 실험 다수에, 결론을 의심할 만한 과학적 결함이 있음을 배운다. 그들은 젠더에 관한 문화적 규범들이 유아의 삶을 규정하는 것을 보여주는 실험 결과들을 공부한다. 사람들은 남아라는 딱지가 붙은 유아를 공중에 들어올리고 던진다. 그러나 같은 아기가 여아라고 믿으면 꼭 껴안고 안아준다. 유아의 울음조차 다르게 묘사한다. 가령 관찰자가 아기를 남아라고 여기면 그 울음을 분노로 묘사하고, 여아라고 여기면 공포로 묘사한다. 파우스토스털링은 (존 스튜어트 밀처럼) 이런 문화적 양식이 도처에서 영향을 미치고 있기 때문에, 여성과 남성 사이에 타고난 차이가 있다 해도 그것이 무엇인지 여태 제대로 알 수 없었다고 주장한다.[3]

컬럼비아 대학의 종교학 교수 캐럴라인 바이넘이 데이비드 헐리히의 추모식에서 연설을 하고 있다. 브린마 칼리지, 하버드 대학, 마지막에는 브라운 대학에서 역사학 교수로 재직했던 헐리히는 1991년 사망 당시 미국 역사학회 회장을 역임중이었다. 바이넘은 지배적인 연구 모델이 공고히 해온 여성사 연구의 장벽들을 묘사하면서, 헐리히가 중세의 소유권에 대한 근본적인 연구를 통해 그런 장벽을 부수었음을 보여준다. 그는 인구학과 통계학의 새로운 방법론을 고안해, 정치 무대에서 큰 역할을 하지 않은 사람들의 삶에 관해 배우는 것을 가능하게 해주었다. 바이넘에 따르면, 남성과 여성의 영적 우애라는 중세적 이상에 영감을 받은 독실한 가톨릭교도 헐리히는 그런 방식의 연구가 유행이 아니던 시절에 그런 방향으로 나아갔다.

여성의 삶에 관한 새로운 학문이 학교를 바꾸고 있다. 대단히 다양하고 토론과 논쟁으로 가득한, 여성에 관한 또 여성에 의한 연구는 교육과정 전반에 퍼져 있으며, 기존 강좌의 내용만이 아니라

가끔은 방법론까지 바꾸고 있다. 이런 변화에는 논란이 있다. 여성학을 비판하는 이들은 많은 경우 각각의 전통적인 학문 분야가 연구 주제와 방법을 두고 전반적인 합의가 이루어져 있는 것처럼 보이던 이전 시대를 그리워한다. 여성은 어쩌다 이런 학문 분야에 진입하게 돼도 전통적인 방법론과 연구 주제에 의문을 제기하지 않았다. 여성의 삶에 관한 연구를 할 수 있어야 한다는 요구가 없었기에, 예술사에서 고전학, 심리학, 역사학에 이르기까지 여러 분야에서 여성의 삶은 대체로 연구되지 않았다.

그러나 이 분야들에는 커다란 공백, 오랫동안 남성의 삶을 연구한 것만큼 진지하게 여성을 연구하지 않았기 때문에 생겨난 공백이 있었다. 1869년에 밀이 한 말은 100년 뒤에도 여전히 진실이었다. 우리는 여성의 역사, 여성의 심리, 여성의 신체, 여성의 종교적 태도, 여성의 철학적 관념에 관해 아는 것이 거의 없었다. 밀은 여성의 '본성'에 관한 일반화가 부적절하고 진정한 연구에 걸맞은 토대가 형편없다며 비웃었지만, (여성이 논의되는 얼마 안 되는 경우에서마저) 여전히 그런 일반화가 논의 대부분을 지배하고 있었다.

밀은 여성이 직접 연구에 나서거나 자신의 이야기를 하기 전에는 이런 상황이 바뀌지 않을 것이라고 예측했다. 어쩌면 그가 틀렸는지도 모른다. 상상력은 젠더와 계급과 인종의 경계를 가로지를 수 있으며, 데이비드 헐리히가 말한 여성과 남성 사이의 "영적 우애"는 실현될 수 있다. 하지만 학계에 여성이 없었기에 학계의 시민 자격에서 배제된 이들의 삶은 제대로 연구할 수 없었고, 이는 비난받을 만한 일이었다. 지식과 이해의 공백은 인류의 절반에 관한 수업과 연구 양쪽을 훼손했다. 이런 공백은 학생들이 시민생활, 정치생활, 가족생활을 영위해나가는 데 걸림돌이 되었다.

단순히 여성에 관한 새로운 정보를 기존의 연구 패러다임이나 거기에서 출발한 교육과정에 끼워넣는 방법으로는 이런 공백을 처리할 수 없었다. 그 결함은 방법론적인 문제일 때가 많았으며, 이를 해결하려면 한 나라의 문화, 경제, 종교사에서 주변화된 이들의 삶에 관한 믿을 만한 정보 수집 방법을 재고해야 했다. 예를 들어 캐럴라인 바이넘이 주장했듯이, 대규모 정치적 사건들을 중심으로 삼고 여기에 적합한 연구 기법을 이용하는 역사적 연구는 여성의 삶에 관한 풍부한 이야기를 제공할 수 없다는 것이 입증되었다. 여성이 한 일이 무엇인지, 재산을 얼마나 통제했는지, 아이들을 어떻게 길렀는지, 정치나 종교를 어떻게 생각했는지 알아내려면 서사적이면서 인구학적인 새로운 기법을 만들어내야 했다.

게다가 공공정책과 경제학 같은 분야에서 근대국가의 국민총생산을 발표할 때, 가사노동은 생산노동으로 셈하지 않는다.[4] 그럼에도 한 나라의 경제 전체와 구성원들의 삶의 질을 이해하려면 그 핵심이 되는 가사노동을 파악해야 한다. 새로운 연구 방법이 없다면 이런 노동을 고려하거나 그 중요성을 가늠하기가 어렵다. 생물학, 의학, 심리학, 철학, 예술사를 비롯한 많은 분야에 비슷한 한계가 있었다. 가족, 그리고 여성이 가정 내에서 행한 일은 가정되기야 했지만 동시에 무시되었다. 밀의 비판은 여전히 유효했다.

오킨의 주장처럼 가족은 정치학과 경제학의 가장 중요한 연구 주제 중 하나다. 가족은 인간 발달 전반에 걸쳐 깊은 영향을 주기 때문이다. 가장 영향력이 큰 경제학적 가족 모델은 노벨 경제학상 수상자 게리 베커가 제시한 것이다.[5] 이 모델은 상황 예측, 공공 정책의 방향 설정, 심지어 정보 수집에도 널리 사용된다. 주목할 만한 점은 이 모델에서는 남성 가장이 시혜를 베푸는 이타주의자로서 모든 가족 구성원의 이해관계를 적절히 대변하며 자원을 공정하게 분배한다고 가정한다는 것이다. 이 모델을 이용하는 사람들은 이런 가정을 신뢰할 뿐 가족의 각 구성원이 어떻게 행동하는지 묻지 않는다. 정보를 수집할 때도 오직 가구에 관해서만 묻는다. 예를 들어 최근 인도에서 과부가 처해 있는 상황을 연구하려 했던 한 연구자는 과부의 영양이나 건강 상태에 관한 자료가 전혀 없다는 것을 알게 되었다. 구성원별로 세분화한 가구 관련 자료가 전무했기 때문이다.[6]

그러나 그런 가정은 거짓이다. 직업 선택, 노동 분업, 기본적 영양 공급, 건강 등을 둘러싼 이해관계의 갈등은 전 세계 어느 곳의 가족생활에서나 쉽게 찾아볼 수 있다.[7] 가족을 더 깊이 들여다보면 누누이 드러나듯이, 세계 많은 지역에서 딸은 아들보다 못 먹고 아파도 아들만큼 쉽게 병원에 가지 못하고 폭력으로부터 보호받기도 더 힘들다. 이 모든 것도 일단 유아기에 살아남아야 할 수 있는 이야기다. 이런 사실들을 드러내려면 새로운 방법을 고안해야 한다.

여성 문제에 관한 학계의 침묵은 점잖거나 중립적인 침묵이 아니었다. 이 침묵은 학자 공동체의 저명인사 명단에서 여성을 배제했다는 사실을 뒷받침하고, 반대로 그것에 의해 뒷받침된다. 여성은 중요하지 않으니 연구 가치가 없다는 태도를 보이는 것은 여성의 삶에 대한 존중을 거부하는 한 방법이었다. 존중 거부는 교수 임용 거부와 병행했다. 더 나쁜 건 이러한 침묵이 불평등한 기회, 가정 학대, 영양실조에 이르는 더 넓은 세계에서 벌어지는 악을 가려버렸다는 것이다.

요컨대 전통적인 남성 지배적 연구와 교육에 대해 여성은 절박하고 정당한 불만을 품었다. 진실은 누구나 알아야 하는 것이기 때문에 학계의 결함은 모두를 위한 연구의 실패이기도 했다. 남성도 이런 질문을 하고 이런 연구를 해야 했으며 실제로 그렇게 한 이들도 있었다. 그러나 전체적으로 학문에서 이런 결함이 교정되려면 여성들이 이 분야에 충분히 많이 진입해 학문의 방향과 성격에 영향을 주고 “젠더 프리즘”을 통해 전통적인 주제를 볼 때까지 기다려야 했다.

플라톤은 기원전 4세기에 이미, 여성을 가정 내 역할에 묶어두는 것이 대대로 익숙한 문화에서는 여성의 삶의 현실을 편견 없이 바라보는 것이 언덕을 오르는 것만큼 힘든 일임을 인식했다. 소크라테스는 『국가』에서 글라우콘에게 여성이 밖에 나가 운동을 하거나 철학을 공부한다고 하면 아테네인 대부분이 그것을 우스꽝스럽게 여길 것이라고 말한다. 또한 그에 따라 그들은 여성에게 그런 일을 할 능력이 있는지 없는지 진지하게 객관적으로 물으려 하지 않을 것이다. 뿌리깊은 습관들에 이의를 제기하는 모든 질문은, 특히 그것이 기존의 권력 구조에 대한 이의 제기일 때는 위협적으로 보인다. 그러나 소크라테스는 글라우콘에게 우리가 지금 가치 있다고 알고 있는 많은 것이 처음 소개될 때는 부조리해 보였다고 일깨운다. 예를 들어 이제는 그리스 문화의 핵심으로 자리잡은 공적인 운동의 관습이 그렇다. 그러한 변화를 곰곰이 생각해보면 “부조리해 보였던 면은 최선에 대한 이성적 판단의 영향을 받아 사라져버린다.” 소크라테스는 나중에 글라우콘에게 이성적 사유는 심지어 언어의 습관 때문에 불구가 되는 일이 생길 수도 있다고 일깨운다. 통치자에 관해 이야기할 때 분사의 남성형과 여성형을 전부 쓰지 않는다면(영어로 치면 ‘그 또는 그녀’라고 표현하는 것과 같다), 그들이 합의한 사항, 즉 여성도 도시에서 최고의 기능을 수행할 기회를 누려야 한다는 점을 미처 깨닫지 못할 수도 있다. 이성이 상상력의 결함 때문에 흔들릴 수 있는 것이다.[8]

최고 수준에 이른 여성학은 이성에 그렇게 호소한다. 학문 공동체를 향해 습관의 압제와 ‘자연스러움’에 대한 습관적 관념에 굴복하지 말고, 선입관을 주의깊게 걸러낸 논리를 이용해 모든 형태의 진리를 찾으라고 요구하는 것이다. 이런 방식으로 여성학은 수많은 유익한 연구의 길을 열었다.

여성학과 여성 배제

여성의 삶에 대한 무지가 학계에서의 여성 배제에 의해 지탱되었다는 밀의 주장은 정확하다. 여성학을 요구하는 밀의 글이 나오고 100년이 지난 1969년, 하버드 대학에는 종신재직권을 보장받은 여성 교수가 두 명 있었는데, 그나마 한 명은 래드클리프 칼리지*를 통해 여성에게 할당된 자리였다. 이는 젊은 학자들을 훈련하는 엘리트 대학의 전형적인 모습이었다. 여자들은 교수회관에서도 옆에 딸린 작은 방에서만 식사할 수 있었다. 1967년까지는 학부 강좌의 지정도서를 보관하는 러몬트 도서관을 이용할 수도 없었다. (자료를 동일한 수준으로 갖추어놓지도 않은) 여성 전용 시설은 대부분의 강의실로부터 2킬로미터 가까이 떨어져 있었다. 러몬트 도서관 세미나실에서 진행되는 대형 강의의 한 부분을 담당하게 된 한 여성 조교는 도서관이 여성 출입 금지 장소로 지정되어 있는데 어떻게 해야 하냐고 물었다. 그리고 이런 답을 들었다. "옆문으로 출입하고 엘리베이터는 사용하지 마시오." 1923년부터 대학 내 인종통합 문제에서 강경한 입장을 취해온 하버드도 여성의 동등한 시설 이용을 거부하는 데에는 거리낌이 없었던 것이다.

여성은 대학원생 장학금 수여 문제에서도 공평하게 대우받지 못했다. 여성 대학원생은 연구에 도움이 되는 명예로운 여행 장학금을 받을 수 없었다. 1971년까지도 젊은 학자들로 구성된 소규모 그룹의 통합 학문적 연구를 지원하던 3년짜리 주니어 펠로십도 받을 수 없었다. 기혼 여성은 장학금 신청시 지출 항목에 남편의 소득을 적어야 했지만, 기혼 남성은 부인의 소득을 신고할 필요가 없었다.

젊은 여성 학자의 삶은 다른 면에서도 어려웠다. 대학은 당시

* 하버드와 협력하던 여자대학.

대부분이 그랬던 것처럼 성적 괴롭힘 문제를 담당하는 고충 처리 절차가 없어, 여성은 남성 지도교수나 강사가 가하는 무수한 방식의 원치 않는 압력을 피할 재간이 없었다. 여성이 유행중인 옷을 입어 매력적으로 보이면 그녀의 외모가 성적 침해 행동을 유도했다는 비난을 받았다. 하지만 괜찮은 남성 앞에서 여성은 전문가답게 행동하고 상대를 어떤 식으로도 침해하지 않을 것이라고 여겨졌다. (이런 비대칭은 지금도 존재한다.) 취업은 공개 채용과 공정한 탐색이라는 개념을 구현하는 절차를 따르기보다 남성 네트워크와 입소문이 지배했다. 그 결과 여성은 구성원이 보통 전부 남성인 아이비리그에서는 일자리를 추천받지 못했으며, 많은 여성이 능력에 관계없이 직업을 소개받을 학생 명단에서 후순위로 밀려나 있었고, 이때 주로 들먹여지는 논리는 남학생은 가족을 부양해야 하지만 여학생은 그럴 필요가 없다는 것이었다. 하버드 대학에 여성의 이익과 불만을 처리하기 위해 교수위원회가 처음 만들어졌을 때 구성원들은 비학자적인 “선동가들”이라는 비난에 부딪혔다. (위원장은 당시만 해도 권력도 종신재직권도 없던 캐럴라인 바이넘이었다.)

이 시기에 하버드 대학은 학부를 남녀공학으로 바꾸는 문제를 고려하기 시작했다. 그 얼마 전부터 래드클리프 칼리지 학생들에게 하버드 대학 강좌의 수강이 허용되었다. 사실 래드클리프 칼리지에 별도의 교수진이 있었던 적이 없었고, 1970년대 초반 래드클리프 칼리지라는 분리된 정체성은 단지 입학 정원 할당제를 유지하기 위한 것이었다. 래드클리프 칼리지에는 별도의 입학처와 정원 제한이 있었으며, 이 때문에 하버드 대학 전체에서 남학생과 여학생의 비율이 대체로 4대 1로 유지될 수 있었다. 래드클리프 칼리지 학생들의 입학 자격이 평균적으로 하버드 대학의 학생들의 자격보다 높다는 것은 잘 알려진 일이었다. 따라서 완전한 남녀공학은 기본적으로 남학생의 자리는 줄고 여학생의 자리는 늘어난다는 뜻이었다. 이런 논의가 있던 중에 하버드 대학의 한 기숙사 관장은 졸업생으로부터 동등한 입학에 관한 그의 견해를 묻는 편지를 받았다. 널리 공개된 답변에서 (아마 그 편지를 받은 사람은 이 의견이 약간 충격적이라고 생각해 공개했을 텐데, 이렇게 충격을 받았다는 것 자체가 더 좋은 시대가 오고 있다는 표시라고 할 수 있었다) 관장은 하버드 대학은 여자대학인 웰즐리 칼리지처럼 주부와 어머니를 배출해선 안 되고 남성 지도자를 배출해야 한다고 말했다. 이 편지는 공개되자마자 거센 비판에 부딪혔다. 그럼에도 대부분은 그의 발언이 공개적으로 불거지는 일은 거의 없지만 그럼에도 널리 퍼져 있는 입장을 표명한 것에 불과하다고 인식하고 있었다.

이런 분위기니만큼 하버드 대학에 여성의 삶을 다루는 강좌가 거의 없었다는 건 놀랄 일이 아니다. 이 점은 당시의 다른 교육기관도 마찬가지였다. 일반적으로 여학생과 여성 학자, 아니 모든 학자와 학생이 여성의 삶은 학문적으로 진지하게 연구할 주제가 아니라는 암시를 받았다. 이는 학계의 전형적인 상황이었다.

하버드 대학이 여성학위원회를 만든 1980년에는 많은 것이 달라져 있었다. 여러 아이비리그 교육기관에서 성적 괴롭힘 문제를 연구하기 시작했다. 아이비리그 대부분에서 성별 구분 없는 선발 방침을 채택하면서 전체 학생의 성비가 빠른 속도로 비슷해졌다. 대학원, 또 많은 대학에서 (하급 교수직이긴 했지만) 여성 구성원의 수가 점차 늘어났다. 여태 여성에게 닫혀 있던 연구원 자리도 대부분 열렸다.

1960년대 말이 지나면서 여성은 이미 많은 학문 분야에서 여성 문제를 주제로 한 강좌를 개발하고 있었다. 남성이 함께한 경우도 있었다. 중립과는 거리가 멀었던 구태가 여성의 완전한 지적·시민적 평등에 회의적인 남성적 정치의식을 반영했던 것처럼, 이런 강좌 가운데 다수는 여성 당사자를 의식화하려는 여성

운동의 노력과 닿아 있었다. 그러나 여성학 초기에 함께했던 이 선생들이 단일한 정치 노선을 따랐던 것은 아니다. 물론 시민권과 기회의 완전한 평등을 위해 모두가 노력했지만 말이다. 여성운동 진영은 그때도 지금처럼 논쟁으로 들끓었으며, 자유주의자와 마르크스주의자가 있었고, 젠더 분리와 자급자족을 옹호하는 사람이 있는 한편 공동체주의적인 입장에서 돌봄과 가족을 옹호하는 사람도 있었다.[9] 이들은 기회의 평등 같은 핵심 가치조차 서로 다른 방식으로 이해했으며, 페미니즘과 섹슈얼리티의 관계도 마찬가지였다.

그 무렵 각급 대학에 여성과 여성 문제에 관심을 보이는 남성이 늘어나면서 여성에 관한 연구라는 새로운 영역을 개발하고 그에 맞춰 학과 교육과정을 바꾸는 것이 가능해졌다. 여성학은 일부 학과에서 더 빠르게 발전했다. 예를 들어 역사학은 여성학이 가장 초기에 발전한 학과 중 하나다. 많은 대학이 통합 학문적 여성학 프로그램을 시작했고, 학부 전공을 설치한 곳도 있었다. 그때도 지금도 여성 연구는 주로 전통적인 학과 내에서 수행된다. 특수 프로그램은 자금이 부족한 경우가 많으며, 자체적으로 교수를 임용하는 경우는 드물다. 따라서 여성학에서 일어나고 있는 일을 정확하게 설명하려면 학과와 (통합 학문적 연구와 대화를 자극하는 것이 일차적 기능인) 전문화된 프로그램을 다 살펴야 한다. 학부 여성학 전공을 구성하는 대부분의 강의는 특수 프로그램에도 이름을 올릴 수 있지만 기본적으로 학과 강의다.

여성학의 초기 지지자들은 숱한 반대에 직면해야 했다. 가장 일반적인 반대 논리는 그때나 지금이나 비슷한데, 여성학이 정치적 의제에서 동기를 얻는다는 것이었다. 그러나 예전의 연구 체계가 비정치적이라는 반대자들의 주장은 진실이 아니었다. 전통적인 학문이 치중한 방식은 남성의 활동, 신체, 경험에 대한 연구가 더 중요하고 흥미롭다는 매우 정치적인 판단을 헤아릴 수 없이 많은 면에서 반영하고 있었다. 만일 반대자들이 이 사실을 인식하고도 계속 정치적 성격을 운운하면서 여성학에 반대하겠다면, 여성학이 추구하는 목표가 나쁜 목표들이라는 것, 그리고 남성 학자 전체는 그런 식의 목표를 공식적으로 추구해오지 않았다는 것을 실질적인 논거를 갖추어 보여주어야 할 것이다. 설사 반대자들이 여성은 가정 내 전통적인 역할을 계속 수행해야 하고 전문 직업군에서 확장된 역할을 맡도록 허용되면 안 된다는 주장을 불사한다 해도, 그런 보수적인 입장이 (여성들의 새로운 연구로 드러나고 있는) 학문적 생략과 왜곡을 어떻게 정당화할 수 있다는 건지 이해하기 어렵다. 따라서 정치적 동기가 깔려 있다고 의심하는 공격에 응하는 가장 좋은 방법은 진실을 밝히는 훌륭한 작업을 계속하는 것이었다. 이것은 오늘날에도 여전히 가장 훌륭한 답으로, 여성학이 학계 이외에도 법조계를 비롯해 우리 삶의 여러 영역에 중요한 영향을 주게 된 것은 여성학이 스스로 자격을 증명해왔기 때문이다.

좀더 내용을 갖춘 두번째 반대 논리는 여성학이 단일한 방법론을 갖춘 단일한 학문 분야를 형성하지 못한다는 것이었다. 물론 이것은 각 학과 내에서 추구되는 여성 연구에 대한 타당한 반대는 아니었다. 또 교수진이나 대학원생 차원에서 연구와 학문을 협력적으로 추구하는 것에 대한 타당한 반대로도 여겨질 수 없었을 것이다. 한 분야가 다른 분야로부터 자주 배운다는 것은 잘 알려진 사실이기 때문이다. 심리학자는 사회학자나 생물학자와 협력하고, 철학자는 경제학자나 정치학자와 협력하고, 역사학자는 음악이나 미술 전문가와 협력한다. 비교문학, 공공정책, 환경학, 고전학 같은 분야는 통합 학문적인 성격의 영역이다. 한편 그런 유익한 협력의 가능성이 있다고 해서 모든 통합 학문적 접점에서 자체의 박사 과정을 개설해야 한다는 주장으로 이어지지는 않는다. 특히 여성학은 아주 방대한 분야이기 때문에, 당시에도 그랬고 오늘날에도 대체로, 자체적으로 박사 학위를 수여하는 것은 신중하지 못해 보인다. 소속 학생이 어떤 단일 분야에 정통하지 못할 수 있기 때문이기도 하고, 취직하기가 어려울 것이기 때문이기도 하다. 시카고 대학의 보수적인 '사회사상위원회' 같은 통합 학문적 박사 과정에서는 한 번씩 흥미로운 결과물을 내놓았다. 그럼에도 여기 학생들은 대개 불리한 조건으로 취업 전선에 진입하며, 어느 한 분야의 전문적 기법을 진짜 습득했는가 하는 의심을 받는다. 여성학도 그와 비슷한 위치에 있다.

학문 분야로서 통일성을 갖췄는가에 대한 의심은 학부 전공 또는 집중연구에 한해 논의할 땐 조금 덜한데, 그럼에도 그런 문제 제기는 어느 정도 타당하다. 이 '분야'를 전공한 학생은 인정받는 일군의 지식을 습득하지 못했을 수도 있고, 미래의 경력이나 일자리에 대비하지 못했을 수도 있다. 물론 일반적으로 학부 과정이 반드시 학생들의 취업 준비를 도와야 하는 것은 아니다. 자유학문 교육의 핵심은 시민의 삶을 아주 광범한 방식으로 풍요롭게 만드는 것이기 때문이다. 그렇기는 해도 여성학 전공자는 어떤 구조화된 일군의 지식을 습득했음을 보여주어야 한다. 사실 많은 기존 학문 분야가 이 문제에 시달린다. 현재 학계에서 연구하고 가르치는 고전학 역시 구조화된 일군의 지식이 아니다. 학부 고전학 전공자는 보통 두 문화와 1200년에 걸친 언어, 역사, 고고학, 철학, 문학, 과학사를 겉핥기식으로 배운다. 여성학이라는 새로운 학문은 처음부터 단일한 학문으로서의 자격이라는 문제에 관심을 기울였다. 지금까지 가장 유익한 접근방법은 통합 학문적 영역을 기존 학문 분야들과 멀리 떨어뜨리는 것이 아니라 오히려 그 사이에 단단히 자리잡게 하는 것이다. 이런 통합 학문적 특성은 교수진 대부분이 기성 학과 교수를 겸임할 것을 요구하며, 종종 학생들도 이중 전공을 할 것을 요구한다. (두 전공 가운데 하나는 더 확실히 자리를 잡은 분야여야 한다.) 이런 실행을 통해 얻을 수 있는 추가적인 이점은, 이 새로운 학문이 전통적인 분야들과 통합을 이루고 그럼으로써 기존 분야를 변화시켰고 지금도 변화시키고 있다는 것이다.

여성학과 다양한 학문

이제 여성의 삶에 관한 새로운 학문은 사회과학 및 인문학의 모든 주요 학과에서 학부 교육과정을 바꾸어놓았다.[10] 교과 내용의 변화는 보편적인 현상이며 이해하기도 쉽다. 학생들은 이제 여성 작가의 작품, 여성 사상가의 종교 텍스트, 시대별로 남아 있는 여성의 삶에 관해 더 많이 읽는다. 생물학 수업에서는 인간 신체의 한 가지 사례로 남성의 몸과 더불어 여성의 몸도 이용하는 경향이 짙어졌다. 하지만 여성학의 더 심오한 기여, 더 격렬한 논쟁을 불러일으킨 기여는 전통적인 탐구 방법에 대한 도전이다. 여성학은 낡은 자료에 새로운 질문을 던졌으며, 새로운 방법을 요구하고자 새로운 자료를 찾았으며, 부적절한 낡은 방법을 거부하기도 했다. 바로 이것들이 여성학의 비판자들이 치중하는 쟁점인데, 이들은 과격파가 기준들을 공격하여 학문적 탐구에 피해를 주고 있다고 생각한다. 따라서 여성학에 대한 옹호는 이런 변화 대부분이 진리 탐색에 매우 유익했다고 주장하면서 시작해야 한다.

철학의 정의론은 경제학의 분배론과 마찬가지로, 대개 가족을 분배의 정의와 불의에 관한 기본적인 통찰을 적용해야 하는 제도로 여기지 않는다. 여성학을 연구하는 철학자들은 그 분야가 이 쟁점과 맞서도록 밀어붙이는 한편, 그런 태만을 정당화하려고 끌어대는 통상적인 이유들에 이의를 제기했다. 이 학자들이 보여준 바에 따르면, 가족은 '정의를 넘어선' 사랑의 영역이기는커녕 때

때로 정의를 무참하게 짓밟는 장소이며, 심지어 어린이로 하여금 적절한 시민성을 확보할 수 없게끔 도덕적 발달을 저해하는 공간이다. 가족은 '자연적으로' 존재하면서 법적·제도적 요인의 영향과 무관한 영역이기는커녕, 결혼·이혼·양육을 규제하는 법에 의해, 또 사람들의 기회와 생활수준을 관장하는 일반적인 경제정책에 의해 수없이 많은 방식으로 규정받는 장소다.

진 햄프턴, 버지니아 헬드, 수전 몰러 오킨, 존 롤스 같은 (대개 칸트적 자유주의 전통과 밀접한 관련이 있는) 현대의 가족 이론가들은 법적 변화가 여성의 가치 및 자율성에 대한 존중, 공정한 기회 균등의 규범을 어떻게 보장할 수 있는지 질문했다. 아동복지, 부모 책임의 법적 정의 등의 쟁점을 다룬 이들도 있었다.[11]

여성의 삶에 새로 초점을 맞추게 되면서 관습적인 남성의 철학이 무시해온 다른 생산적인 탐구 영역도 열렸다. 사랑과 상상력 같은 중요한 인간적 현상, 또 진정으로 합리적인 판단에서 그런 현상이 수행하는 역할에 대한 새로운 관심이 나타났다. 아이에 대한 사랑, 아이의 행복에 대한 걱정, 부모의 죽음을 마주하며 느끼는 슬픔 같은 감정은 분별없고 이성적이지 않은 힘이 아니라, 벌어지고 있는 일의 중요성을 인식하는 지능적인 방식으로 여겨진다. 감정적으로 반응하지 않는 사람에 대해 무감할 뿐 아니라 온전히 이성적이지도 않다고 비판하는 것이 적절할 수도 있다. 감정과 판단에 관한 이런 생각들은 서양철학사에서 전혀 새로운 것이 아니다. 예를 들어 그 가운데 일부는 아리스토텔레스가 개략적으로 이야기하기도 했는데, 그는 실세계의 여성에 대해서는 혐오하는 태도를 보였음에도 현대의 페미니스트들이 매력적으로 느낄 만한 말을 많이 했다.[12] 루소와 존 듀이 같은 철학자들 또한 그런 사상의 발전에 한몫을 했다. 그렇다고 모든 페미니스트 철학자들이 이런 쟁점들에 대해 단일한 입장을 보이는 것은 아니다. 그들은 감정의 적절한 분석만이 아니라 감정이 얼마나 신뢰할 만한가

하는 문제를 놓고도 강한 의견 대립을 보였다. 하지만 여성학이 철학에 영향을 주기 전에는 이런 탐구 방향 전체에 대한 지지 자체가 거의 없었다. 아마 물렁하고 다소 창피한 것으로 괄시했을 것이다. 이런 주제를 전문 분야의 의제로 복원한 것은 대부분 페미니스트 학자들의 공로다.[13] 관련 영역인 과학적 합리성에 대한 설명에서도 페미니스트들은 새로운 땅을 개척하여, 지식 습득 과정에서 제휴와 협동의 역할을 강조했다. 이런 주장 또한 사상사에서 완전히 새로운 것은 아니다. 예를 들어 그 가운데 다수는 데이비드 흄의 작업에서 찾아볼 수 있다.[14] 하지만 그 현대적 표현에서는 페미니즘 사상이 주요한 역할을 했다.

전통적인 전문적 철학에 대한 도전이 모두 이와 같은 성공을 거두었던 것은 아니다. 객관성과 합리성이라는 개념에 대한 일부 문제 제기는 설득력이 없었다. 특히 객관성, 즉 편견과 왜곡에서 자유로운 판단이라는 규범 자체가 우리가 버려야 하는 신화적인 남성적 이상이라고 주장이 그렇다. 플라톤 이래로 페미니즘의 주장은 진정으로 객관적이고 합리적인 판단, 그리고 선입관과 편견에 오염된 판단, 이 두 가지를 구별하는 능력이 그 설득력을 좌우해왔다. 이런 구별이 늘 쉬운 것은 아니다. 어디에 선을 그을 것이냐 하는 문제만이 아니라, 객관성이라는 규범을 표현하는 데 유용한 개념은 무엇이냐 하는 문제(예를 들어 감정에 기초한 판단은 정의상 비객관적인가 하는 문제)를 놓고 철학자들의 의견이 갈리는 것은 당연하다. 철학자들은 또 객관적 판단이 인간 경험과 역사에서 완전히 독립된 진리를 요구하는가 하는 문제를 놓고도 의견이 갈리기 마련이다.(오늘날 대부분의 사상가가 이 주장을 부정한다.) 그러나 인간 이해의 한계를 아무리 잘 설명한다 해도 그것이 곧 우리가 합리성과 객관적 진리라는 규범을 버려야 한다는 뜻으로 이어지지는 않는다. '미국 철학협회'의 하부조직인 '분석적 페미니즘 학회'는 이런 문제들에 관한 엄격한 토론을 적극적으로 장려해왔다. 이 학회를 이끄는 회원 두 사람은 진리, 객관성, 합리성이라는 개념이 페미니즘에서 중요하다는 것을 보여주는 훌륭한 글을 모아 최근 출간했다.[15] 이제 이 분야에서는 이런 문제에 관하여 활발한 의견 교환이 이루어지고 있어, 방법론적인 것이건 경험적인 것이건 어떤 출발점도 문제 제기를 받지 않는 것이 없다.

1975년까지 고전학에서는 고대 세계 내 여성의 삶에 관한 믿을 만한 역사가 없었다. 이런 삶에 관한 가장 중요한 출처 가운데 다수는 방치되고 편집되지 않은 문서와 기록이었다. 역사는 주로 정치사로 기록되었으며, 여기에는 영향력 있는 남성들 간의 개인적 관계를 다룬 역사가 포함된다. 텍스트와 비문의 증거에 초점을 맞추는, 고대사 연구가들이 가장 자주 이용하는 기법은 여성의 삶을 기록하기에는 불충분했다. 파피루스 기록을 읽는 것은 극소수의 전문가만이 소유한 고도로 전문화된 기술로, 그런 전문가 가운데 그 기술을 여성의 삶에 적용한다는 목적에 광범하게 이용할 만큼 여성에게 관심을 둔 사람은 없었다. 그러나 지난 20년간 우리는 고대 그리스와 로마 여성의 삶에 관해 많이 알게 되었다. 세라 포머로이의 고대 그리스 여성의 삶에 관한 선구적인 작업은 무엇보다 그가 파피루스 읽는 법을 전문적으로 훈련받았기 때문에 가능했다.[16] 그러나 그나 후속 연구가들은 또 이런 발견을 재산 소유 및 상속에 관한 자료의 재구성, 종교적 숭배 관행에 관한 증거, 시각 예술 및 고고학 증거와 상호 연결해야 했다. 여성을 드러내는 모든 증거는 그 유래를 찾아 조심스럽게 가려내야 했다. 그것이 여성이 직접 쓴 것으로 판명될 가능성은 거의 없을 것이기 때문이다. 그런 작업은 고대의 동성애에 관한 작업과 마찬가지로 우리가 정말로 아는 것은 아무것도 없다고 가정하고, 시초로 거슬러올라가 진정한 지식을 구할 수 있는 기법을 만들어낼 수 있는 학자를 요구한다. 이런 작업은 오랫동안 새로운 문제 제기가 없던 분야에서 새로운 문제를 만들어냈기 때문에 젊은 학자들에게 관심의 초점이 되었다. 표준적인 (또 주류에 깊숙이 들어가 있는) 『옥스퍼드 고전사전』은 이제 이런 새로운 연구를 여러 다양한 주제의 항목으로 통합시키기 위해 여성 주제를 전문적으로 다루는 편집자를 두고 있다.

고전학에서 '젠더 프리즘'은 고대 경제의 일반적 특성 묘사를 포함해 고대 세계에 관한 기존의 수많은 관념을 수정해왔다. 여성학자들이 등장하기 전에는 마르크스주의든 신고전주의든 고대 경제 연구의 지배적인 방법들이 가구와 '가정 경제'의 중심적 역할을 고려하지 못했다. 세라 포머로이가 그 상황의 특징을 규정했듯이, 가구의 경제는 일반적으로 "폴리스 형성 이전의 원시적 세계에 속하는 것"으로 취급되었다.[17] 이런 접근 방법은 시대착오적인 것으로, 고대 그리스의 현실을 현대적 범주에 맞추어 왜곡한 것이다. 그럼에도 이런 문제들이 인정을 받기까지 여성의 경험에 초점을 맞춰야 한다고 주장하는 여성학자들의 집요한 노력이 필요했다. 그 결과 지금은 이것이 고대 세계에 대한 올바른 연구의 핵심 요소라고 인식되고 있다.

여성의 삶에 새로 초점을 맞추려면 학부 교육과정에서 새로운 수업 패러다임이 요구된다. 고대 세계의 '명저'에 역점을 두는 교육과정은 고대 그리스와 로마 세계가 실제로 어떠했는지 정확하고 완전한 느낌을 전달할 수 없다고 보는 것이 타당하다. 완전한 그림을 보여주려면 선생은 가장 유명한 문학적·철학적 텍스트를 넘어서서 일차 자료를 비롯한 다른 정보들을 참조하여 고대 여성의 삶을 알아내야 한다. 고대 세계의 문학이나 예술이나 철학을 가르치는 전문화된 과정도 텍스트를 남성만이 아니라 여성도 포함하는 역사적 맥락 안에 놓고 보아야 한다.

인류학 분야에서는 마거릿 미드 시대 이후 여성의 삶이 연구의 중심이 되어왔기에, 사회를 묘사할 때 여성의 관점을 고려하는 일의 중요성을 가장 먼저 이해한 분야로 꼽힌다. 사회인류학의 최근 연구는 사회가 이용하는 감정 개념의 중요성을 강조하면서, 공포와 분노와 사랑이 사람들 사이의 거래나 사람들이 자연 세계를 다루는 상황에서 어떻게 기능하는지 묻는다.[18] 이러한 새로운 방법론적 강조는 일반적이고 남성적인 합리성 패러다임의 교정을 포함한다. 그 패러다임은 지나치게 단순한 방식으로 감정과 이성을 대비시키고, 감정이 결코 정보의 원천이 될 수 없다고 부정하는 경향이 있었다. (캐서린 러츠와 고故 미셸 로살도 같은 페미니즘을 지향한 학자들을 선두로 한) 인류학자들은 적당한 분노, 수치, 슬픔, 사랑이라는 문화적 규범이 비지성적인 생물학적 반응이 아니라 가치판단을 표현하는 것이라는 데 주목했다.[19] 이들은 사회 관찰자들에게 새로운 연구 프로젝트를 제안했다. 사회의 감정 분류와 그것이 행동이나 사회적 규범과 맺는 관계를 정확하게 서술해보자는 것이었다. 이런 새로운 연구 목표가 생기자, 사회 역학에 대한 이해에도 변화가 뒤따랐다.

페미니스트 학자들은 자연인류학에서도 새로운 방법과 문제를 만들었다. 연구자들은 영장류의 행동을 묘사할 때 종종 인간적 개념을 사용한다. 그들은 자신의 경험에 기초하여 행동을 이해한다. 자기 세계의 습관적 규범에 영향을 받은 눈으로 영장류의 행동을 바라보는 식이다. 이런 접근법으로는 매번 자료를 성공적으로 수집하기 어렵다. 남성 영장류 동물학자들은 인간 여성의 역할에 관한 자신의 생각에 기초하여 영장류의 성 역할을 묘사했다. 그들은 되풀이하여 여성 영장류가 구애 행동에서 '수줍어하며' 구애 경쟁에서 승리한 수컷을 위해 성적 호의를 아껴둔다고 설명했다. 이런 자기 투사는 왜곡을 일으켰다. 다른 동물 종—새, 고양이, 일부 어류—의 암컷이 다수의 성적 파트너를 거느린다는 사실은 오래전부터 알려져 있었다. 그러나 이런 현상은 대부분의 연구에서 무시되어왔다. 영장류 동물학자 세라 블래퍼 르디가 내린 결론에 따르면, 그것은 대체로 "이론상 그런 현상이 존재하지 않아야 했기 때문에 그것을 연구할 이론적 기반이 거의 없었다." 영장류 연구에 여성 연구자가 상당수 참여하고 나서야 꽤 많은 영장류에게서도 비슷한 난교적 행동이 존재한다는 사실이 주목받았다. 암컷의 성적 주도권, 암컷의 난교를 비롯한 암컷 통제의 형태들은 영장류에게 보편적으로 존재하는 특징이다. 사실 르디의 결론에 따르면 "일처다부적 요소가 무리를 지어 사는 영장류 대부분의 번식 체계의 핵심에 자리잡고" 있을 가능성이 높다. "암컷은 수컷 다수와 짝을 짓는다. 수컷 각각이 후손의 생존에 조금씩 기여할 수도 있기 때문이다." 지금까지 늘 존재해왔던 영장류 행동의 이런 측면에 눈을 돌리는 데는 여성 연구자의 시각이 필요했다. 이런 발견은 성 선택 이론에 격변을 일으켰고, 그전까지 남성적 편견이 지배했다는 사실이 전반적으로 인정되었으며, 새로운 연구는 여성의 재생산 전략에 집중적으로 초점을 맞추었다.[20]

이런 관찰 방법을 들여오는 데 '젠더 프리즘'이 필요했다는 사실은 무엇을 말해주는가? 르디는 어떤 연구 분야에서는 여성 연구자들이 그야말로 더 뛰어난 현장 관찰자로 활약한다는 데 주목한다. 평균적으로 여성 연구자들이 긴 시간에 걸쳐 특정 종 구성원을 인식하고 추적하는 능력—일처다부제를 탐지하는 데 핵심적인 능력—면에서 더 나은 기량을 발휘한다는 것이다. 그러나 르디의 결론에 따르면, 가장 중요한 요인은 여성이 연구 대상인 암컷 영장류에게 상상을 통해 감정이입하는 면에서 더 뛰어나다는 사실, 관찰된 행동의 조각들을 일관되게 종합하는 상상의 서사를 만들어내는 데 더 뛰어나다는 사실이다. (그는 이 점이 오류를 낳을 수도 있다고 강조하며, 오류를 피하는 가장 좋은 전략은 다양하고 상호 비판적인 연구 공동체를 세우는 것이라고 제안한다.) 우리는 또한 여기에 남성 연구자들은 모종의 '자연스러운 질서'를 상상하고 싶은 강한 욕망이 있어 암컷 영장류를 정숙한 가정성의 지위로 확고하게 밀어내렸을지도 모르며, 이런 서사적 편견이 그들의 시야를 흐렸을지 모른다고 덧붙일 수도 있다. 르디가 말하듯이, "일반화가 반증된 뒤에도 수십 년 동안 유지된다면, 어떤 편견이 개입되어 있다는 것을 의심할 여지가 있을까?"[21]

최근에 네덜란드 연구가 프란스 드 발은 묘사할 종의 선택 과정에서 이미 자신에게 익숙한 인간 젠더 역할에 우호적인 편견이 드러난다는 증거를 이런 비판에 추가했다. 수컷이 성적 주도권을 쥐는, 적어도 어느 정도는 가부장제 사회를 이루는 침팬지는 광범하게 연구되어왔으며, 이 연구 결과는 이른바 인간 자신의 사회생물학적 진화 유산을 설명하는 주요한 기초를 이루고 있다. 그러나 유전학적으로 침팬지만큼이나 우리에게 가까운 콩고의 보노보는 완전히 다른 패턴을 보여준다. 성적 영역에서 암컷이 주도권을 쥐고, 사회는 항상적인 성적 활동에 의해 평화롭게 유지되며 놀라울 정도로 폭력이 없다. 보노보는 1929년에야 발견되었지만, 그 직후 이들이 인간과의 놀랄 만큼 많은 유사성을 포함하여 이들에 관한 사실이 많이 알려졌다—이들은 유전적 구성이 우리와 98퍼센트 정도 같다. 그러나 1970년대 사회생물학자들은 침팬지를 선택받은 종으로 만들었다. 드 발은 이런 의도적인 결정의 결과 "남성의 우위가 자연현상으로 살아남았다"고 지적한다. 침팬지 수컷은 "우월한 위치에서 종종 잔인하게 지배하기" 때문이다. 보노보는 그렇지 않다. 이들이 신체를 움직이는 우아하고 비폭력적인 스타일은 침팬지와 매우 다르다—드 발에 따르면 콩코드 여객기와 보잉 747만큼 다르다. 보노보는 침팬지만큼 영리하지만, 기질이 더 예민하며, 특히 놀고 장난을 칠 때 상상력을 발휘한다. 가장 특징적인 점은 어디에서나 눈에 띄는 성적 접촉과 그 다양성이다. 여기에는 빈번한 수컷-수컷, 암컷-암컷, 수컷-암컷의 접촉이 포함되며, 행위 면에서는 일반적인 영장류에게 속하는 질과 항문을 이용한 행위 외에 오럴섹스와 긴 키스가 추가된다. 드 발은 만일 침팬지가 아니라 보노보가 연구자들에게 선택받은 종이었다면 우리의 진화적 유산에 대한 관점은 완전히 달라졌을 것이라고 쓰고 있다. 우리는 "초기 원인原人들이 여성 중심 사회에 살았으며, 그 사회에서는 섹스가 중요한 사회적 기능을 했고, 전쟁은 드물거나 아예 없었다"고 믿었을 것이다.[22] 이 경우에도 객관적이라고 주장하던 과학적 방법은 사실 객관적이지 않고 완전한 진리에 이르지도 못했던 것이다. 심지어 자료를 온전히 수집하지도 못했다.

이상의 사례들은 인문학과 사회과학의 수십 가지 분야 가운데 불과 세 분야에서 가져온 이야기다. 다른 모든 분야에 관해서도 비슷한 이야기를 할 수 있을 것이다. 종교학에서 여성학은 고대 사회에서 여성의 종교적 삶에 관해 새로운 이야기를 생산했고, 종교윤리에서 동정과 돌봄의 역할을 강조하는 새로운 제안을 했고, 신성에 관한 새로운 신학적 설명을 했다. 심리학에서 '젠더 프리즘'은 젠더 역할의 사회적 학습, 감정의 심리학, 친밀함을 바라보는 양성의 태도 연구로 진입하는 새로운 길을 열었다. 역사학에서 여성의 삶에 대한 새로운 관심은 연구와 교육 패러다임의 변화를 촉진했다. 일상생활에 초점을 맞춘 사회사는 현 시점에서 적어도 정치사만큼 창조적이고 활기차다. 여성학은 소크라테스의 등에처럼 문제를 제기하여 모든 학문 분야를 일깨우고 새로운 주장과 대면하게 했다. 이로 인해 전반적으로 지식의 내용과 방법론 모두에 심오한 변화가 일어났다.

여성학 강의실: 세뇌?

철학자 크리스티나 호프 서머스는 최근에 쓴 책『누가 페미니즘을 훔쳤는가?』에서 "여성학 프로그램이 제공한 튼실한 학문적 강좌들"을 여기저기에서 보게 되는데, "이런 강좌의 목표는 단지 비수정주의적인 방식으로 여성의 시나 여성의 역사 같은 과목을 가르치는 것"이라고 인정한다. 그러나 이런 강좌들은 일반적인 것이 아니라고 그는 주장한다. 여성학 강좌들은 대부분 매우 "이데올로기적"이어서 "세뇌"와 유사한 "의식화" 과정을 선호하여, 이성적 논증과 전통적 학문 기준을 경멸하는 정치적 전향에 몰두한다는 것이다.[23]

서머스의 이런 대비는 새로운 '수정주의적' 접근법이 '튼실하지도' '학문적이지도' 않다고 논증하겠다고 하면서 실제로는 가정에만 의존하고 있기 때문에, 오히려 그가 말하는 튼실한 학문성이 과연 무엇인지 생각해보게 한다. 위에 제시한 몇 가지 예만 보더라도 많은 경우 튼실한 학문성이 전통적 방법의 수정을 요구했다는 것을 알 수 있다. 헐리히와 포머로이 같은 여성 지향적 학자들이 여성사 연구 기법을 선구적으로 개척하지 않았다면 여성사를 가르칠 방법이 없었을 것이다. '수정주의적' 여성 영장류학자들이 등장하지 않았다면 영장류 암컷의 성적 주도권을 가르칠 방법이 없었을 것이다. 현재 통용되는 사회적 합리성이라는 패러다임이 감정의 역할을 포함할 정도로 폭이 넓어지지 않았다면 인간의 합리성에 가족의 사랑이 기여하는 면에 관해서는 이야기할 방법이 없었을 것이다.

페미니즘 강의실은 이성에 기초한 토론의 장소가 아니라 세뇌의 장소일까? 한때 여성학 교수였던 대프니 파타이와 노레타 쾨르트지는『페미니즘 공언하기』에서 호프 서머스의 주장을 되풀이했다.[24] 그러나 그 연구의 어떤 측면들은 주장의 설득력을 약화시킨다. 호프 서머스와 마찬가지로 이들 또한 소수의 일화에 기초하여 결론을 내리며, 이 책에 실린 인터뷰에 응한 교수들은 익명으로 논평하고 있다. 어떤 직업에서든 불만을 품은 사람을 찾는 것은 쉬운 일이며, 따라서 그런 익명의 주장에 무게를 실어주기는 어렵다. 더욱이 두 연구자 모두 전통적인 학과의 여성 연구자들이 제공하는 훨씬 많은 수의 강좌—대개 통합 학문적 프로그램 이 생산하는 연구와 상호작용에 직접 대응한다—를 살펴보기보다는 '여성학'이라는 딱지가 붙은 프로그램에서 제공하는 강좌만 살피고 있다. 여성학의 전체적인 영향력은 교육과정 전반에 걸쳐 여성의 삶을 다루는 방식을 살필 때만 제대로 평가할 수 있다. 또 이 저자들은 여성학 분야에서 순응이 일어나는 경우가 경제학이나 고전학이나 음악학에서 그렇게 되는 경우보다 과연 많은지는 묻지 않는다.

세뇌는 무엇이며 일반적인 교육과 어떻게 다른가? 호프 서머스는 세뇌의 특징으로 세 가지를 꼽는다. 첫째는 강의실에서 주요 결론이 질문에 열려 있기보다는 미리 가정된다는 것. 둘째는 그러한 결론이 포괄적 세계관을 형성하는 "일군의 통합된 믿음들"의 한 부분으로 제시된다는 것. 셋째는 체계가 "닫혀" 있어, 모든 새로운 자료를 이미 단언된 이론의 빛에 비추어 해석하는 데 몰두한다는 것.[25]

이 설명이 세뇌의 충분조건을 제공하는지, 또 그렇게 정의된 세뇌가 모두 대학에서 활용하는 나쁜 교수법인지는 물론 논란의 여지가 있다. 예를 들어 이 기준에 따르면 신고전주의 경제학의 가장 철학적이고 모험적인 강의들을 제외한 모든 강의가 세뇌에 속할 것이다. 학부생들은 당연히 그 분야의 주요 결론들을 이미 확립된 진리로 배워, 다른 어떤 이론이나 세계관의 관점에서 비판하지 못하기 때문이다. 학생들은 이런 진리들이 일원화된 세계관을 형성한다고 배운다. 또 특히 미시경제학에서는 인간 행동에 관한 자료가 그 이론의 렌즈를 통해 보이는 것으로 제시된다. 학부생 수준에서는 이런 조건들이 통용되는 것이 어쩌면 좋은 일일 것이다. 입문 단계의 지식을 배우면서 동시에 그것을 비판할 수는 없기 때문이다. (물론 학부생들이 다른 강좌, 예를 들어 도덕철학 강좌에서는 이런 토대에 비판적 질문을 던지는 데 필요한 이론적 도구를 손에 쥐기를 바랄 수도 있다.)

또 미국의 의대 1학년생에게 침이나 아유르베다 의학 같은 대안의학 패러다임의 관점에서 서양의학의 장점을 토론하는 것은 허용되지 않을 것이다. 다시 말하지만, 이런 상황에는 장점이 있다. 지식의 도제식 훈련은 단일한 패러다임 내부에서 강렬한 집중을 요구하기 때문이다. 학부 수준에서 가르치는 수학과 물리학은 호프 서머스가 말하는 특징 세 가지를 모두 갖추고 있는데, 이것은 거의 틀림없이 좋은 것이다. 학생들이 대학에서 수학을 배우면서 동시에 수의 본질에 관한 근본적인 이론적 질문을 하기란 어려운 법이다.

호프 서머스의 세뇌라는 겁나는 표현은 정말로 나쁜 현상을 찾아내는 데 아직 성공하지 못했다. 틀림없이 더 많은 입론이 필요할 것이다. 특히 사회사상의 쟁점을 다루는 강의실에서 일반적으로 얼마나 많은 부분에 의문을 제기하지 말아야 하는지 명확히 설명하는 것이 중요할 것이다. 호프 서머스는 예를 들어 노예제는 나쁜 것이고, 잔혹행위는 피해야 하는 것임을 주어진 것으로 받아들이는 데 이의를 제기할까? 틀림없이 도덕철학이나 정치철학 대부분은 그런 가정을 할 것이다. 바로 그런 근본적 쟁점에 관한 토론에 초점을 맞추려는 것이 아니라면 말이다. 만일 그런 강좌가 도덕적 판단을 이루는 어떤 핵심에 의지하지 않는다면 (물론 일부는 다른 탐구의 맥락에서는 언제든지 여기에 문제를 제기할 수 있지만) 경쟁하는 윤리이론들의 설명적 타당성을 시험할 도덕적 기반이 사라지게 될 것이다. 우리는 곤욕을 치르다 그런 틀 안에서는 이성적 토론이 진행될 수 없다고 결론을 내리게 될 것이다.

그런데 여성학 강좌들이나 그와 연결된 연구가 보통 호프 서머스가 문제적이라고 여기는 세 가지 특징을 갖고 있다고 인정할 수밖에 없을까? 사람들의 개인 생활 깊은 곳에 놓인 쟁점을 가르치는 것은 물론 어려운 일이다. 분별력 있는 교육자라면 강간, 아동 성폭력, 포르노그래피에 대한 태도를 논의할 때 특별히 신중하게 행동할 것이다. 형법의 많은 기초 강좌들이 바로 이런 이유 때문에 강간이라는 주제를 다루지 않으며, 다루는 강좌들도 신중한 강의실 분위기를 조성하기 위해 특별히 주의를 기울인다. 예를 들어 최초로 강간에 한 장 전체를 할애한 기본적인 형법 판례집을 펴낸 시카고 대학의 스티븐 슐호퍼는 이 주제를 다루도록 학생들을 준비시키고 강의실 안에 해당 범죄의 피해자가 있을 가능성을 논의하는 데 많은 시간을 할애한다.[26] 강의실에 긴장이 팽팽하게 유지될 때, 광범한 논의가 촉진되며 실제로 다양한 견해들이 많이 제시된다.

그러나 모든 강의실에서 이런 긴장을 이렇게 잘 다루는 것은 아니다. 내가 조사한 몇 개 대학에서 학생들은 일부 강좌가 엄격함이 결여된 치료 상담과 비슷해 보인다고 불평한다. 물론 보통 이런 강좌들은 누구나 점차 피해갈 수 있는 예외로 꼽히지만. 흔히 제기되는 또다른 불만은 어떤 강좌에서는 남학생들이 불편을 느끼고, 심지어 때로는 수업을 포기하게 된다는 것이다. 이 경우에 우리는 아프리카계 미국학의 경우와 마찬가지로 그런 관행에 강하게 이의를 제기해야 하며, 이런 사례가 점차 드물어지고 있다는 사실에 갈채를 보내야 한다. 브라운 대학에서 1994~95학년도에 진행된 '페미니즘 철학' 강좌는 수강생의 50퍼센트 정도가 남학생이었다. 이것은 굉장한 성과였다. 이 강좌에서 공부하는 쟁점들—개발도상국 내 여성의 상황, 가족 내 정의 이론, 포르노그래피, 가정폭력—은 남성도 최소한 여성만큼 생각해봐야 할 중요한 주제들이기 때문이다.

마지막으로 내가 참관한 수많은 강좌는 비판을 보류하는 잘못을 저지르는 것 같았다. 페미니스트들은 자신들이 적에게 포위된 소수파이기 때문에 연대를 구축해야 한다고 느끼는 경우가 많아, 다른 여성에 대한 공적 비판은 모두 조심성 없는 행동, 심지어 배신으로 본다. 그러나 이렇게 비판에 힘쓰지 못하는 것은 여성학의 핵심 목적을 깊이 훼손하는 것이다. 여성학은 여성에 대한 학문적 탐구를 대학교육의 중심으로 세우는 것이기 때문이다. 궁극적으로 이 목표는 솔직한 문화, 그리고 진정으로 소크라테스적인 비판적 문화를 수립할 때에만 달성할 수 있다.

그러나 세뇌와 정치화 혐의를 추상적으로 판결할 수 없다. 하나의 영역을 선택해 대표적인 수업 사례를 꼼꼼히 살피는 것이 최선이다. 철학은 늘 여성학에 특별히 중요한 영역으로서 다양한 이론적 기초를 제공했으니 다시 그 분야로 돌아가보기로 한다. 여성 문제에 관한 철학 강좌들이 단일한 노선과 비판적 토론에 폐쇄적인 분위기를 보여주는가?

여성 문제에 대한 철학 강좌는 광범한 주제를 다루며, 여성과 관련된 주제는 도덕철학, 정치철학, 인식론, 심리철학을 다루는 많은 일반적인 철학 강좌 내에서도 나올 수 있다. 프린스턴 대학에서 가르치는 정치이론가 에이미 거트먼은 기본적인 도덕 문제들을 다루는 강좌에서 낙태에 대한 찬반양론을 검토한다. 브라운 대학에서 가르치는 철학자 데이비드 에스틀런드는 표현의 자유를 다루면서 강좌의 상당 부분을 포르노그래피에 대한 페미니스트들의 주장에 할애한다. 시러큐스 대학에서 가르치는 철학자 린다 앨코프는 지식에 대한 여성의 태도에 초점을 맞추면서, 여성이 과학 분야에서 지식 획득 과정에 고유한 기여를 한다는 주장을 검토한다. 휴스턴 대학에서 가르치는 철학자 신시아 프릴랜드는, 여성 혐오적 태도에도 불구하고 아리스토텔레스가 페미니즘 윤리학의 발전에 기여할 수 있는 바가 무엇인지 검토한다. 뉴햄프셔 대학에서 가르치는 아리스토텔레스 학자 샬럿 윗은 여성들이 어떤 공통의 '본질'을 공유하고 있다고 말하지 말아야 한다는 최근 몇몇 페미니즘 저자들의 주장을 검토한다. 브라운 대학에서 내가 담당한 페미니즘 철학 강좌는 개발도상국 여성이 직면한 문제들에 초점을 맞추면서, 이런 쟁점들을 이용하여 다른 문화의 관행을 평가할 때 우리가 어떤 기준에 의지해야 하는가 하는 문제를 제기한다. 그리고 가족 내 정의, 감정의 본질, 자율성과 공동체의 관계에 초점을 맞춘 다른 강좌들도 있다. 페미니즘 철학을 가르치는 방법은 한 가지가 아니며, 다룰 문제의 표준 목록도 없다. 그러나 이 모든 영역의 표준적인 철학 문제들은 여성의 경험이라는 관점에서 검토될 때 새로운 복잡성을 드러내는 경우가 많다.

주제들의 이런 이질성 자체가 벌써 페미니즘에 단일한 '노선'이 있다는 가설을 곤경에 빠뜨린다. 그렇다면 다양한 주제들은 어떻게 다루어지고 있을까? 나는 방문한 캠퍼스마다 해당 강의실에서 또 여러 강의실을 넘나들며 다양한 철학적 입장의 장점에 관해 격렬하게 토론을 벌이는 이들을 보았다. 하나의 예만 들자면, 브라운 대학에서 철학 강좌 선생과 학생들은 폭력적 포르노그래피에 관해 생각하는 바가 크게 다르다. 일부는 폭력적인 포르노그래피물이 여성의 섹슈얼리티에 해방적이라고 주장하고, 일부는 부도덕하고 여성의 사회적 종속을 뒷받침한다고 주장한다. 『플레이보이』에서 신입사원을 모집하러 나왔을 때 열린 캠퍼스 포럼은 이런 차이를 생생하게 보여주었으며, 나 역시 동료 데이비드 에스틀런드와 논쟁을 벌였고, 다음에는 학생들이 우리 각각의 주장의 장점을 놓고 토론했다. 세계 다른 지역 여성의 관심사를 다룰 때는 '인권'이나 '인간 번영' 같은 보편적 범주의 가치에 관해서도 첨예한 대립이 나타난다. 어떤 학생들은 가치 평가의 기준을 현지 문화에서 끌어내야 한다고 주장한다. 어떤 학생들은 보편적 규범을 옹호한다. 이것이 대부분의 캠퍼스에서 나타나는 전형적인 상황이다.

서양 전통을 따르는 철학자는 모두 소크라테스의 추종자다. 그런 분야를 택했다는 것 자체로 이성이라는 인간적 가치에 대한 헌신을 보여준다. 철학자는 자신이 하나의 주제에 관해 강한 의견을 갖고 있다 해도 학생들이 그런 의견을 의심 없이 받아들이기를 바라지 않는다. 학생들이 스스로 정당화한 결론에 이를 수 있는 도구를 전해주고 싶어한다. 따라서 가령 포르노그래피의 도덕성과 적법성에 관하여 자기 나름의 강력한 입장을 견지하는 선생이라 해도 보통은 강의실에서 이 쟁점을 놓고 활발히 토론하게 한다. 실제로 다양한 의견이 존재할 가능성 때문에 그 주제는 가르치는 것이 흥미롭다. 이런 다양성을 그 근원까지 추구하다보면 예술의 가치, 환상과 행동의 연관성, 프라이버시의 도덕적 가치 등 기저에 깔린 복잡한 쟁점들에 이르게 된다. 여성 문제를 가르치는 철학자 가운데 다수는 아마 자신의 도덕적·종교적 관점이 어떠하든 낙태와 관련해서는 적절한 조건하에서 선택할 수 있는 권리를 지지할 것이다. 그러나 이 주제를 철학 강의실에서 가르치는 것은 바로 이 권리에 대한 찬반양론을 드러내려는 것이다. 이 학문 분야에서 학생들의 결론보다 늘 중요한 것은 그들의 논증 수준이다. 철학 교원들은 응원단이 아니다. 어떤 쟁점에 대하여 자기 개인의 결론을 밝히는 것과 상관없이—여기에 관해서는 선생마다 의견이 다르다—그들은 보통 강의실에서 만장일치가 이루어지는 것을 자신이 과제 달성에 실패했다는 표시로 본다. 최근의 페미니즘 연구는 지식, 과학적 탐구, 이성 자체의 본질에 관하여 통상적으로 받아들여지는 철학적 입장들에 문제를 제기해왔기 때문에, 페미니즘 철학 강의실은 통념적 견해를 대개 당연시하는 다른 많은 철학 강의실에 비해 '세뇌'에 몰두하는 일이 오히려 더 적다. 문제 제기의 대상이 이성의 전통적인 규범이 될 때도, 페미니스트 철학자들은 보통 고도로 이성적이고 논리적인 주장으로 문제를 제기한다.

요컨대 페미니스트 철학 선생은 학생들에게 전해줄 아무런 '노선'이 없다. 이들이 연구를 할 때 어떤 단일한 관점에 동의하지 않는 것과 마찬가지다. 이들은 롤스주의적 자유주의자, 공리주의자, 위르겐 하버마스의 '담론 윤리학' 추종자, 포스트모더니스트, 분석적 과학철학자, '돌봄의 윤리' 이론가, 비트겐슈타인주의적 공동체주의자를 비롯한 다른 많은 사람들, 그리고 보수주의와 자유주의 양쪽의 종교적 윤리학자까지 아우른다. '유엔 여성회의'에 바티칸 대표단을 이끌고 온 메리 앤 글렌던은 페미니스트 정치사상가다. 레즈비언 분리주의 페미니스트들도 마찬가지로 페미니스트 정치사상가지만, 이들은 글렌던의 구체적인 윤리적 결론 중 상당 부분에 찬성하지 않을 것이다. 그러나 이 두 유형의 사상가들은 여성에 대한 폭력, 여성의 굶주림, 여성의 불평등한 교육과 싸우는 일에는 합의할 수 있을 것이다. 페미니즘의 그 어떤 주요한 이론적 명제에 대해서도 우리는 현재의 모든 그룹으로부터 전반적인 합의를 끌어낼 수 없을 것이다. 여성을 다른 사람들의 목적을 위한 수단이 아니라 목적으로 대해야 하지만, 그런 상황은 우리가 사는 세계에서 여전히 보편적이지 않다는 명제 정도가 예외일까.

페미니즘 철학은 여성학 일반과 마찬가지로 페미니즘의 정치적 목적과 긴밀히 연계되어 발전해왔다. 성 불평등이라는 쟁점에 관한 사유는 개혁에 대한 관심과 분리하기 힘들다. 여성에 관한 많은 페미니즘 교육은 이 둘을 연결시켜왔다. 이것은 나쁜 것으로 보이지 않는다. 사람들이 긴급한 인간적 요구로 간주하는 어떤 것을 보고도 그런 요구를 다루든 말든 관심이 없는 것은 인격의 결함, 즉 그릇된 종류의 초연함으로 보일 것이며, 이것은 학문 생활에서도 미덕이 아니다. 그래서 철학 영역에서 여성 문제를 가르치는 교원 대부분이 자신을 '페미니스트'라고 부르는 것이다. 이것은 넓게 말해 여성을 위한 사회적 정의에 실천적인 정치적 관심을 가지고 있다는 뜻이다.

이론과 실천의 이런 관련은 서양철학 전통에서 새로운 것이 아니다. 플라톤의『국가』에서 소크라테스는 대화 상대들에게 "논의한다는 것은 그저 우연한 일이 아니라 우리가 살아가는 방법"이라고 일깨운다.(352D) 삶에 관한 최종적인 판단을 내린다는 것은 그 결론을 실천에 옮기는 시도와 밀접하게 관련되어 있다. 아리스토텔레스는 도덕철학과 정치철학의 목표는 "이론이 아니라 실천"이 되어야 한다고 주장한다.[27] 그를 따른 헬레니즘 철학자들은 이 말에 십분 동의하여, 철학자나 정치사상가는 의사와 같아 환자의 상태만 진단하고 치료법을 제시하지 않으면 자신의 과제를 이행하지 못하는 것이라고 생각했다. 이런 헌신적이고 세속적인 철학 패러다임은 로크, 칸트, 밀 같은 저명한 현대 사상가들에게 심오한 영향을 주어, 이들 모두 이론적 분석을 실천적인 정치적 관심과 밀접하게 연결시켰다. 그럼에도 페미니스트들에게 정치적 의제가 있다고 공격하는 비판자들은 밀의『자유론』이나 칸트의『영구평화론』에는 좀체 그런 비판을 하지 않는다.

이런 일반적 주장을 예증하기 위해 강의실 세 곳을 살펴보기로 하자. 이번에도 폭넓은 의미에서의 철학 강좌에 초점을 맞출 것이다. 세인트로렌스 대학 재학생을 대상으로 한 이브 스토더드의 '문화의 만남' 강좌는 엄격하게 다진 이론적 기초에서 시작한다. (지금까지 철학을 배우지 않았던 대부분의) 학생들은 '문화 상대주의'와 '자민족중심주의' 같은 개념들을 정확하게 정의하고 구별하는 법을 배운다. 헌신적인 상대주의자는 자신의 도덕적 입장의 보편성을 주장하면서, 모든 문화는 오직 그 자체의 맥락에서만 평가받아야 하며 어떤 문화도 다른 문화의 가치와 관행에 간섭해서는 안 된다고 말한다. 자민족 중심주의자는 그야말로 난일한 문화 내부에서 출발하여, 자신의 문화가 모두에게 적절한 원칙과 관행에 기초하고 있다고 주장한다. 이 강의는 상대주의 입장의 역설을 검토하는 데 많은 시간을 할애한다. 아주 많은 문화가 비상대주의적이고 가치 평가의 비상대적 기준을 이용하는 상황에서,

상대주의자는 어떻게 그런 보편성을 주장할 수 있을까? 많은 문화가 다른 문화의 관행에 개입해야 한다고 믿는 것이 분명한 상황에서, 어떻게 다른 문화에 대한 불간섭 정책을 일관되게 옹호할 수 있을가? 또 간섭하지 않는 것은 간섭을 묵인하는 꼴이 될 수 있다. 이런 일반적 논의가 강의 과정으로 짜여 있다.

스토더드의 수업은 칸트의 도덕철학과 그것이 워즈워스에게 준 영향에 대한 자신의 연구로 채워져 있다.[28] 그는 18세기 개인적 자율성이라는 관념의 발달에 관한 설득력 있는 글을 써나가며, 그런 생각들의 영향 아래 여성 문제에 접근하고 있는 것이 분명하다. 칸트와 워즈워스에 관한 그의 원고에는 자율성이라는 개념을 훼손했다고 여겨져온 현대의 일부 페미니스트들(심리학자 캐럴 길리건과 그의 영향을 받은 다른 사람들)에 대한 폭넓은 비판이 포함되어 있다. 스토더드는 (바버라 허먼과 오노라 오닐 등 페미니스트 철학자들과 더불어) 칸트의 자율성 개념이 신체적 요구, 우정, 공동체의 중요성을 부정하지 않는다고 강조한다.[29] 실제로 칸트는 각 당사자가 진정으로 스스로 다스리는 관계를 추구하는 오늘날의 페미니스트들에게 귀중한 패러다임을 제공한다.

학생이 학기중에 써낸 글은 하나의 지표로서 교수가 전달한 것과 강의실의 지배적인 분위기를 알려준다. 스토더드의 '문화의 만남' 강좌에서 제출된 글들을 보면 세인트로렌스 대학 1학년생 몇 명은 글솜씨가 별로 없다는 것을 알 수 있다. 스토더드는 이 부분을 무척 고민하여 문법과 표현을 고쳐주는 데 공을 들인다. 그러나 이 강의에서 그들은 매우 논쟁적인 쟁점들에 관해 스스로 생각하는 법을 배우는 중이다. 스토더드는 격렬한 의견 충돌 속에서 상호 존중하는 분위기를 조성한 것이 분명하다. 그는 자신의 비상대주의적 도덕관을 감추지 않지만, 학생들에게 강의의 목적이 선생에게 동의하는 것이 아니라 좋은 논거를 만들어내는 것임을 분명히 밝힌다. 가장 높은 점수를 받은 리포트는 스토더드가 적극적으로 반대하는 내용으로, 여성 할례에 대한 '방관적인' 상대주의 입장을 옹호한다. '학생 Q'(남성)는 이렇게 쓰고 있다. "사회적 정체성 수립에 관한 우리 자신의 개념에 비추어볼 때 아주 이질적인 관행은 판단이 불가능하기 때문에 이 쟁점에 대해서는 중립적 입장을 취하고, 하나의 문화가 선택한 것을 호의적으로…… 받아들이는 편이 낫다." 스토더드는 여백에 이렇게 쓴다. "어디까지 받아들일 것인지? 어떤 나라가 남자아이들을 모두 학살한다면 우리는 개입해야 할지?" 스토더드는 논리를 전개하는 Q의 전략 가운데 몇 부분을 칭찬한다. 예를 들어 거리가 있는 서양인의 판단보다 내부 비판자와 반대자가 더 사정을 잘 알고 있고 정확할 가능성도 높다는 주장 따위를. 스토더드는 또 Q가 이 강의에서 읽은 아프리카의 두 문화에 관한 도서 자료를 세심하게 해석한 것을 칭찬한다. 앨리스 워커 같은 외부자는 아프리카의 관례를 비판하지 말았어야 한다는 Q의 주장에 대해서는 몇 가지 어려운 질문을 던진다. 왜 그런가? 스토더드는 묻는다. 늘 그런가? Q는 서양에 기아, 노숙, 폭력, 불평등 등 스스로 돌보아야 할 자신들의 문제가 있으며, 아프리카를 비난하기 전에 그런 문제들을 해결해야 한다고 결론을 내린다. 스토더드는 논평에서 Q의 의견에 동의하지 않음을 밝히고, 그의 논리와 강의 참여에 대해서는 대체로 칭찬한다.

'학생 R'(여성)은 할례 문제를 다루면서 여성 할례는 문화적 정체성을 굳건히 다지는 상징적인 관행이며, 그런 면에서 유대인의 남성 할례와 비슷한 면이 있다는 조모 케냐타의 주장에 초점을 맞춘다. R은 이 주장을 받아들이지 않는다. 케냐타가 주장하는 대로 여성 할례가 부족 남성의 유대를 강화하는 한편 여성에게는 지위와 권력이 있는 남성과 결혼할 권리를 주는 것이 사실일지도 모른다고 R은 말한다. 하지만 케냐타는 여성 당사자의 관점, 그리고 자존감과 삶의 통제권에 대한 당사자의 관심을 충분히 고려하지 않았다는 것이 R의 주장이다. "할례의 전통적인 측면과 비인간적 측면의 갈등은 더 자세히 검토할 필요가 있다. ……의사와 수술 집도인은 공동체 차원의 대화와 종교교육을 통해 할례의 해로운 결과를 논의해야 한다." 스토더드는 어색하고 산만한 R의 글을 반복해서 지적하면서, 강력한 논거가 있다 해도 글솜씨가 나쁘면 그 효과가 반감된다는 점을 R에게 알려준다. R은 Q보다 낮은 점수를 받는다.

세인트로렌스 대학의 수업은 엄격한 이론적 논증과 광범한 실증적 읽기라는 맥락에서 이루어지는 페미니즘적 논의를 보여준다. 학생들은 의견 충돌이 격렬한 소크라테스적 분위기 속에서 여성의 삶에 관하여 고민하게 만드는 아주 까다로운 도덕적 쟁점들과 마주하기 시작했다. 스토더드는 읽기와 쓰기 영역에서 학생들의 불균등한 준비 상태를 바로잡는 데 완전히 성공하지는 못했을지 모르나, 여성의 신체적 자율권을 점점 강력하게 지지하는 세상에서 생각을 깊이 있게 교환할 준비를 갖춘, 더 사려깊은 세계시민 집단을 배출하고 있는 것만은 분명하다.

세인트루이스 소재의 워싱턴 대학에서는 철학자 메릴린 프리드먼이 '페미니즘 철학의 주제들'이라는 제목의 세미나를 이끈다. 수강생 절반은 학부생이고 절반은 대학원생이다. 여학생이 여덟 명, 남학생이 두 명이다. 이 세미나는 페미니즘 정치사상 분야의 신간 네 권을 다루는데, 그 가운데 한 권은 프리드먼 자신의 『친구는 왜 있는가? 개인적 관계와 도덕론에 관한 페미니즘의 시각』이다.[30] 이 책에서 저자는 전통적인 도덕철학에 대한 페미니스트들의 비판은 일부 옳다고 주장한다. 철학은 그동안 친구 관계, 가족을 비롯한 가까운 인간관계를 생각하는 데 거의 시간을 할애하지 않았다는 것이다. 프리드먼은 윤리적 추론을 제대로 서술하려면 정의라는 추상적 관심사만이 아니라 특정한 타인의 이해관계에 대한 감정이입적 이해가 반드시 필요하다고 생각한다. 그러나 프리드먼은 일부 '돌봄 이론가'가 공정성 문제에 대해 별 관심을 보이지 않는다고 비판한다. 그는 사랑과 우정은 모두에게 정의가 보장되는 분위기에서 활짝 피어날 수 있다고 주장한다. 또 공동체 편을 들어 정의를 추방하게 되면 페미니스트는 자신을 모욕하거나 억압하는 전통을 비판할 방법을 잃게 될 수 있다고 경고한다. 재치 있고 단호한 40대 여성 프리드먼은 소크라테스식 교수법을 채택하여 선생 자신의 권위를 강요하지 않고 학생들이 대화와 토론으로 견해를 형성하도록 돕는다.(남편인 래리 메이 또한 워싱턴 대학 철학과에 재직중이다.)

프리드먼의 강의실을 찾아갔을 때 마침 학생들은 불편부당이라는 전통적인 자유주의적 규범에 반대하여 강력한 참여 민주주의를 옹호한 아이리스 영의 『정의와 차이의 정치』를 두고 논의하고 있었다.[31] 이 세미나는 학생들의 대화로 이루어졌다. 세인트루이스 대학에서 학점교류과목을 수강하러 온 대학원생 캐런 호프먼은 불편부당을 공격하는 영의 논리를 명료하게 요약하고 나서 그 설명에 대해 몇 가지 날카로운 질문을 던졌다. 민주적 절차가 전통적인 자유주의에 속하는 몇 가지 보편적 규범에 호소하지 않은 채 어떻게 개방성과 관용이라는 자신의 가치를 보호할 수 있는가? 영의 개방적이고 포괄적인 대화는 개방성을 근거로 불관용이나 증오를 설파하는 사람들을 어떻게 상대할 것인가? 어떤 사람이 일어서서 "나는 이런 식으로 느낀다" 하고 말하는 것이—특히 그 사람이 그런 말을 하는 어떤 이유도 제시할 수 없을 경우에—담론과 공공 정책에서 가치가 있는가? 마지막으로 영이 합의를 민주적 목표가 아니라고 거부한다면 그 대신 제시하는 건 무엇인가? 학생들은 90분 동안 이런 쟁점을 놓고 토론했으며 프리드먼은 잠깐씩만 개입했다. 학생들의 의견과 배경은 보수적 자유의지론에서 급진적인 평등주의에 이르기까지 매우 다양해 보였다. 이 강의실에 노선이 있었다면 그것은 자유주의에 대한 공동체주의적 비판 몇 가지가 성공을 거두었다는 것이지만, 심지어 이런 결론조차 논쟁의 대상이 되었다. 프리드먼의 강의실에서 학생들은 내내 활발하게 토론했고, 균형 잡히고 분별 있는 태도로 영의 책을 다루었으며, 대부분이 적극적이고도 쾌활하게 참여했다. 이러한 점들이 주목을 끌었다. 의견이 다양하다는 사실이 워낙 분명했기 때문에 한 학생은 합의가 정치적 목표가 아니라는 영의 비판을 거론하면서 농담으로 "어쩌면 이 강의실에서 그 점만은 합의될 수 있을지도 모르겠네요!"라고 농담을 했다.

스탠퍼드 대학은 광적인 다문화주의의 본거지, 문화 다양성에 대한 급진적 접근의 본거지로서 서양 전통의 위대한 작업들을 경멸한다는 과분한 평판을 얻고 있다.[32] 그런 희화화된 평판을 고려해 추측한다면, 스탠퍼드 대학 여성학 강의실은 서양에 반대하는 귀에 거슬리는 격론이 벌어지고 논거가 불확실한 변화 제안이 판을 치는 곳이라고 예상할지도 모르겠다. 그러나 '정치학 266' 또는 '페미니즘 연구 270'이라는 명칭이 붙은 수전 몰러 오킨의 강의 '젠더와 정치이론'은 그렇지 않다. 오킨은 이 강의를 다음과 같이 설명한다.

> 우리는 서양 정치사상 전통의 주요한 성과나 그 성과 가운데 일부를 젠더 프리즘으로 비추어보면서 읽고 분석할 것이다. 성적 불평등의 이데올로기적 뿌리를 더 잘 이해하려면 이성, 본성, 정치, 정의, 공적 삶과 사적 삶의 분리 등 전통의 중심 개념 몇 가지가 성별에 관한 가정들에 의해 형성되어온 과정을 살펴보아야 한다. 일차 자료에 대한 다양한 해석, 또 때로는 반대되는 해석을 읽고 논의할 것이다.

오킨은 40대 후반의 차분하고 목소리가 나직한 여성인데, 강의 방식이 온화하다 해서 그의 강력한 이론적 정신과 사실에 대한 폭넓은 장악력이 드러나지 않는 것은 아니다. 그녀와 대화를 나눠보면 그가 남편과 자식들에게 개인적으로 헌신하고 있다는 것이 분명하게 드러나지만, 그럼에도 그는 살아가는 최선의 방식에 관하여 다른 관점을 지닌 여성들을 향해 공감과 공정성이라는 자세를 유지한다. 예를 들어 여성 인권을 주제로 한 국제회의에 참가하여 7개국 대표들과 만날 때, 오킨은 각자의 전통적 가족에 대한 태도에 관계없이 그곳에 온 여러 여성들과 친밀한 관계를 맺는 데 가장 뛰어난 능력을 발휘한 미국인이었다. 나는 그가 학생과 상호작용을 할 때도 마찬가지로 감응하고 배려한다는 것을 확인했다.

오킨의 강의는 큰 성공을 거둔 자신의 저서『서양철학 사상의 여성들』의 개요를 충실히 따른다.[33] 이 책에서 오킨은 다양한 저자들—가장 두드러진 인물을 들자면 플라톤, 아리스토텔레스, 루소, 밀 등—의 글을 살피며 여성 평등에 대한 찬성과 반대 주장을 분석한다. (오킨은 밀의『여성의 예속』을 편집했으며, 그 자신의『정의, 젠더, 가족』은 밀과 칸트 모두에게 큰 빚을 지고 있다.)[34] 전체적으로 오킨의 관심사는 서양 정치사상의 출발점에서부터 여성에 관한 생각에 두 가지 흐름이 있었음을 보여주는 것이다. 플라톤과 밀로 대표되는 한 가지 흐름은 '타고난' 차이에 회의적 태도로 의심을 품으며, 전통적 위계가 여성 발달에 미치는 영향을 최소화하는 사회적 환경을 설계하는 한편 여성에게도 완전한 기회의 평등을 보장하라고 요구한다. 두번째 흐름의 대표적인 예는 (방식은 서로 다르지만) 아리스토텔레스와 루소로, 이들은 타고난 불변의 차이를 주장하며 이런 출발점에서 도덕적 명령을 끌어내 남성과 여성의 비대칭적 역할을 옹호한다. 오킨은 두번째 집단으로 분류되는 사상가들이 첫번째 집단의 논리를 무시한다고 강하게 비판한다. 그는 타고난 차이에 대한 주장을 뒷받침할 확실한 논거를 찾을 수 없다고 말한다. 이런 맥락에서 오킨은 이 같은 사상의 뿌리가 '이데올로기적'이라고 주장한다. 그의 견해에 따르면 두번째 집단의 사상가들은 공정한 진리 탐구보다는 성의 비대칭이라는 현 상황에 대한 기득권을 표현한다. 그러나 이와 동시에 그는 루소 같은 복잡하고 탁월한 사상가가 실제로는 이 쟁점의 한쪽 편만 드는 것이 아님을 보여주는데, 이 책의 뛰어난 부분 가운데 하나가 바로 오킨이 루소 사상의 내적 긴장을 다루는 대목이다.

오킨은 저서 『정의, 젠더, 가족』에서 보여주듯이 칸트 전통에선 자유주의자의 입장에서 이런 자료에 접근하며, 여성의 정치적 평등과 경제적 평등 모두에 깊이 파고든다. 동시에 이 책은 아동의 행복과 도덕교육을 위한 핵심적인 제도로서 가족을 강력하게 옹호한다. 오킨의 기획은 큰 피해와 불평등을 비호해온 이 제도가 실제로는 정의로울 수 있다는 것을 보여주고, 정의가 그 구성원이 사랑을 나누고 덕을 베푸는 능력을 파괴하는 것이 아니라 크게 개선할 수 있다고 주장하는 것이다.

오킨의 강의에서 읽는 자료는 대체로 플라톤, 아리스토텔레스, 아퀴나스, 홉스, 로크, 루소, 밀 등 서양 정치사상의 고전에서 가져오며, 이와 더불어 관련 이차 문헌을 아우른다. 강의 설명이 보여주듯이, 이 강의는 '젠더 프리즘'을 통해 이런 저자들에게 집중하며, 그들 각각이 젠더 관계와 가족의 내적인 작동 방식에 관해 무슨 말을 하는지 묻는다. 이 강의에서는 가족과 그 내부의 권리와 자원 분배가 정치이론의 중요한 주제라고 가정한다. 이에 따라 당연히 주요 이론가들이 그것을 어떻게 다루었는지 묻는다.

오킨은 밀의 안내에 따라 '본성' 개념을 해부하면서 이 용어가 철학적 주장에서 얼마나 다양한 것을 의미하는지, 사상가들이 얼마나 쉽게 의미를 움직이면서 자신의 주장을 무효로 만드는지 보여준다. 사람들은 보통 어떤 것이 관습적이라는 사실로부터 그것이 적합하고 적절하다며 마땅히 그것을 따라야 한다는 결론을 도출한다. 그러나 관습적일 뿐만 아니라 타고났다고 해도, 그런 이유만으로 '적합하고 적절할' 수는 없다. 오킨이 되풀이하여 강조하다시피, 사람이 태어나면서 세상에 가져오는 많은 것이 그다지 훌륭하지 않아, 우리는 그것을 바꾸려고 노력해야 하기 때문이다. 밀이 우리에게 일깨우듯이 우리는 남성과 여성의 타고난 차이에 관해 도대체 아는 것이 있기는 한지 물어야 한다. 밀은 우리가 알지 못한다고 믿는다. 우리는 남성과 여성을 오직 불평등한 조건에서만 보았기 때문이다. 만일 타고난 차이가 있다고 말할 만한 타당한 논거가 있다 해도, 그 차이에 어떤 정치적 무게가 있어야 한다는 것을 보여주려면 여전히 더 많은 논거를 제시해야만 한다.

오킨의 강의를 듣는 학생들이 정치학의 합리적 주장을 죄다 의심하게 되는 것은 아니다. 선생의 안내에 따라 플라톤과 밀을 공부하는 학생들은 정의를 지키려면 이성의 가치를 강력하게 옹호해야 한다고 깨닫게 되기 때문이다. 그러나 동시에 합리성을 행세하거나 강변하는 것에 대해서는 더 회의적인 태도를 보이게 될 것이며, 논리적으로 올바른 것인지 단순히 습관이나 편견에 기초한 것인지 물음으로써 어떤 주장을 해부하는 능력은 더 길러질 것이다.

오킨, 프리드먼, 스토더드 같은 선생들의 강의는 더 나은 시민, 장차 공적인 삶과 사적인 삶에서 틀림없이 다루게 될 여성에 관한 복잡한 문제들을 더 잘 해결할 수 있는 시민을 배출한다. 이런 논의는 여성만이 아니라 모든 학생에게 가치가 있다. 각 대학은 이런 질문과 관점을 기본적인 핵심 강의들 안에 녹여내어, 모든 학부생이 간략하게나마 '젠더 프리즘'을 통해 역사를 바라보는 경험을 하게 해주는 방법을 고민해야 한다.

여성학은 철학 분야에서 제 일을 잘 해내고 있다. 이 같은 높은 수준은 고전학과 역사학 분야에서, 또 인류학, 정치학, 사회학, 경제학 등 실증적 분야의 강의에서도 규범이 되고 있다. 이런 강의는 사실 기본적 개념 몇 가지에는 의문을 제기하지 않고 넘어갈 수도 있다. 예를 들어 브리검영 대학의 발레리 허드슨이나 하버드 대학의 아마티아 센이 담당하는 여성의 기아와 영양에 관한 강좌는 보통 어떤 인간이든 영양실조로 일찍 죽는 것은 나쁘며, 인간이 성별을 이유로 이런 나쁜 일을 겪는 것은 도덕적으로 받아들일 수 없다는 가정에 의문을 제기하지 않는다. 이것은 기아에 관한 학문적 논의를 시작하기에 적당한 자리로 보인다. 만일 이것이 세뇌라면, 사회과학에서 좋은 교육은 대부분 세뇌를 포함한다고 해야 할 것이다.

문학 분야에서 우리는 상상력이 풍부하고 혁신적인 수업을 보게 된다. 한 시대에 대한 꼼꼼한 조사와 더불어 여성이 쓴 당대 작품과 여성에 관한 작품의 역할에 초점을 맞추는 주디스 프랭크의 애머스트 칼리지 강의가 그런 예다. 해체론의 영향을 받은 문학이론은 인문학적 논증에 요구되는 엄격함이 결여된 공허한 은어와 논리를 생산한다. 그 영향을 받은 학자들은 형편없는 강의, 즉 공허하고 장황하고 논증을 경멸하는 강의를 하기도 한다. 그러나 이것은 이 분야 전체의 문제이지, 페미니즘만의 문제가 아닌 것은 분명하다. 오히려 페미니즘 비평은 많은 문학작품이 잃어버린 윤리적 기초를 유지하고 있다. 페미니스트 비평가들은 전반적으로 정의와 평등이라는 쟁점에 여전히 초점을 맞추고 있기 때문이다. 페미니스트 비평가들은 모든 비평이 곧 놀이라는 관점 역시 미심쩍게 바라보고 있다. 문학작품 평가에는 진지한 쟁점들이 걸려 있다는 제대로 된 생각을 하고 있기 때문이다. 그들은 전반적으로 해체론보다는 F. R. 리비스나 라이어널 트릴링 같은 윤리적 비평가들의 상속자에 훨씬 가깝다. 리비스와 트릴링이 제기하지 않은 불편한 문제를 제기하면서 익숙한 텍스트를 새로운 도덕적 관점에서 볼 때조차, 아니 특히 그런 경우에 그들의 상속자다운 면이 더욱 강하게 발휘된다.

페미니즘 사상, 왜곡된 선호, 민주주의

상황이 이러하다면, 그리고 세뇌라는 위협적인 표현 때문에 여성학을 다른 학문과 구별하는 진정으로 중요한 어떤 것을 포착하지 못한다면, 이 새로운 분야의 비평가들 사이에 존재하는 불안의 진정한 원인은 무엇일까? 그것은 궁극적으로 페미니스트 사상가들, 특히 정치학과 철학 분야의 사상가들이 일반적으로 가르치는 몇 가지 관점에 관한 우려인 것으로 보인다. 예를 들어 호프 서머스는 현대 페미니스트들이 민주주의에 매우 위험한 급진적 견해를 강력하게 지지한다고 말한다. "일반적으로 사람들의 선호에 대한 존중은 민주주의의 핵심으로 여겨진다"라고 호프 서머스는 '젠더 감독'이라는 제목의 장에서 논평한다. 따라서 여성이 때때로 자신의 진정한 이해관계를 잘못 파악할 수도 있다고 말하는 페미니스트는 (실제로 많은 페미니스트가 그렇게 말하는데) "반자유주의적인 방식으로 사람들의 선호를 무시할 준비가 되어 있다"는 것이다.[35]

지금까지 해온 그 모든 이야기에도 불구하고 이런 비판이 옳다면, 여성학은 사실 위험할 정도로 급진적인 정치적 의제에 기초하고 있는 것처럼 보일 만도 하다. 호프 서머스가 걱정하는 관점은 더 정확히 어떤 것일까? 그는 페미니스트 철학자 메릴린 프리드먼을 인용한다.

> 자유주의 페미니스트들은 정치적 민주주의만으로는 억압, 속박, 선택의 부당한 제약 등이 없이 선호가 형성되도

> 록 보장할 수 없다는 점을 인정하는 데 다른 페미니스트들과 쉽게 의견을 함께할 수 있다. 선호가 어떤 중요한 의미에서 진정성을 가지도록 보장하는 데 사회적, 문화적, 경제적 조건은 정치적 조건 이상은 아니라 해도 적어도 그만큼 중요하다.[36]

호프 서머스는 프리드먼이 "완전히 틀렸다"라고 말한다. "자유주의자든 보수주의자든 민주주의를 신봉하는 사람이라면" 그런 생각에서 "위험을 느낄 것"이기 때문이다. 호프 서머스는 묻는다. "선호가 '진정성'을 가지도록 누가 '보장'할 것인가? 프리드먼은 정치적 민주주의 외에 무엇을 염두에 두고 있는가? 허위의식을 갖고 있는 남녀를 위해 재교육 캠프를 열도록 헌법 개정이라도 하자는 것인가?"[37]

그는 선호에 관한 그런 생각은 밀이 그런 이야기를 했던 시절에는 일리가 있었을지도 모른다고 이어간다. 그 시절에 여성은 자신의 예속이 '적절하고 자연스러운' 상태라고 배웠을 뿐 아니라, 투표로 상황을 바꾸는 길도 막혀 있었기 때문이다. 그러나 이제는 여성에게 투표권이 있기 때문에 "그들의 선호는 고려되고 있다"는 것이다. 따라서 우리는 그들의 선호에 대한 어떤 비판이 적절하다거나 심지어 용인할 만하다는 생각도 거부해야 한다. "오늘날 여성은 더이상 비민주적인 세뇌의 피해자로 간주할 수 없으므로 여성의 선호는 '진정한 것'이라고 여겨져야 한다. 미국 여성에 대한 이외의 모든 태도는 여성을 아래로 보는, 용납할 수 없는, 매우 비자유주의적인 관점이다."[38]

호프 서머스는 의미심장하게도 자신이 비판하는 관념들이 어쩌면 자유주의 정치사상가들 가운데도 가장 위대하다고 할 수 있는 밀에게서 발견되고, 또 급진적 페미니스트 무리의 사유 재산도 아니라는 것을 인정한다. 물론 밀은 여성의 선호가 그들에게 투표권이 없다는 사실 하나 때문에 왜곡되었다고는 믿지도 않았고, 참정권이 상황을 교정해줄 것이라고도 기대하지 않았다. 참정권 부정은 여성의 선호가 적절하게 기록되지 못하는 이유를 설명해줄 뿐이었다. 여성의 선호가 어떻든 왜곡되는 이유에 대한 밀의 설명은 완전히 별개의 사안이다. 여기에서 그는 수많은 요인을 이야기한다. 이를테면 평등한 교육 기회의 부재, 여성의 잠재력과 능력에 관한 정확한 정보의 부재, 여성을 아래로 보거나 여성의 성취를 비방하는 남성의 위계적 행동, 여성은 오직 가사일이나 지적이지 않은 일에만 또는 주로 그런 일에 적합하다는 사회적 교육의 만연, 권위에 의문을 제기하는 것에 대한 여성 자신의 당연한 두려움과 이로 인해 새로운 역할과 일로부터 몸을 사리는 태도, 불평등하지만 안락한 지위를 떠나 여전히 불평등하고 보호받지도 못하는 지위로 옮겨가는 것에 대한 역시 당연한 두려움 등이 있다. 남성의 선호 또한 오염되어 있다고 밀은 주장했다. 다시 말해 어떤 개인적 우수성도 없이 그저 남성이라는 이유로 가장 재능 있는 여성보다 자신이 우월하다고 배우기 때문에, 남성은 자신과 자신의 행동에 대하여 병든 관점을 갖게 되며 이로 인해 비합리적이고 자기방어적인 사회적 선택을 승인하게 된다는 것이다. 요컨대 밀은 자유민주주의에서도—심지어 여성 참정권이 있는 경우에도—사회적 위계와 불평등의 유산 탓에 선호가 왜곡될 수 있다고 생각했다. 그는 자유에 우선권을 부여했기 때문에 부부 간의 강간이나 가정폭력의 경우가 아니라면 선호가 병들어버린 사람들의 정치적 권리를 박탈해야 한다고 주장하지 않았다. 하지만 확실히 그는 도덕교육이 그 문제를 시급하게 다루어야 한다고 믿었다.

밀의 생각은 오늘날 철학과 경제학 분야에서 공리주의 사상 가운데 어느 정도 인정받고 있는 입장의 핵심에 자리잡고 있다. 공리주의자들은 다른 일부 민주주의 정치사상가들과는 달리 궁극적으로 사회정책은 개인의 선호와 욕망에 기초를 두어야 한다고 생각한다. 그러나 이들 대부분은 선호가 다양한 요인들로 왜곡될 수 있고 개인의 '진짜' 또는 '진정한' 선호일 수 없다고 인정한다. 그리고 대부분은 민주적 숙의를 통해 '진정한' 선호와 '진정하지 않은' 선호를 나누어야 하며, 가능한 곳에서는 후자보다는 전자에 바탕을 두고 사회적 선택을 하려고 굉장히 노력해야 한다고 생각한다. 예를 들어 노벨 경제학상 수상자 존 하사니는 "사회적 효용함수"는 (정보 부재, 논리적 오류, 당사자가 "합리적 선택에 이바지하는" 정신 상태를 갖추지 못한 것에 의해 왜곡된다는 의미에서) "진정하지 않은" 모든 선호를 배제해야 한다고 생각한다. 우리는 또 "사디즘, 질투, 분개, 악의"로 인해 왜곡되는 모든 선호를 제외해야 한다.[39]

하사니의 분석은 정치이론에서 페미니스트 학자들이 하는 주장과 동류인데, 이들 다수는 여성의 선호는 정확한 정보의 부족이나 젠더가 구분된 사회에서 성장하면서 생겨난 강한 감정 때문에 자주 혼란을 겪는다고 주장한다. 호프 서머스가 아주 강도 높게 비판하는 페미니스트 사상가 캐서린 매키넌도 정확히 이렇게 주장한다. 즉 남성의 선호는 종종 "사디즘, 질투, 분개, 악의"로 인해 왜곡되지만, 여성의 선호는 남성의 통제 욕망이 삶의 경로를 지배하는 상황에 적응하느라 (심지어 그 상황을 에로틱하게 만드느라) 왜곡된다는 것이다.[40] 물론 여자와 남자의 다양한 선호를 이런 식으로 왜곡된 것으로 보는 것이 과연 타당한가를 놓고 논쟁을 할 수 있다. 또 서둘러 그런 결론으로 비약하는 데는 위험이 따른다. 그러나 선호가 그렇게 왜곡되어 있다는 것을 보여줄 수 있는 한, 그런 선호는 사회정책의 기초가 되어서는 안 된다는 것이 공리주의적 자유주의의 일반적 결론이다. 다시 말하지만, 공리주의 사상가들은 그런 사람들에게 투표권을 주지 말자고 제안하지는 않는다. 성찰하고 숙의하는 민주주의는 그런 사람들을 비판해야 한다고, 젊은이들이 그런 선호를 의심할 수 있도록 가르쳐야 하며, 정책 제안자들에게서 선호 왜곡의 표시가 나타난다면 그것을 근거로 그들이 제안한 법이나 정책의 장점을 의심해야 한다고 주장한다. 악의에 의한 왜곡이 특히 심각한 경우, 예를 들어 인종주의자의 인종 분리 선호나 일부 남성의 성적 괴롭힘 선호의 경우 미국 사회는 개인적 자유에 대한 법적 제한이 요구된다고 판단해왔다.

경제학자들은 또다른 유형의 선호 왜곡에 관하여 비슷한 결론을 내렸다. 보통 '적응'이라고 부르는 이런 왜곡은 한 개인이 실제로 가진 일군의 (대개 협소한) 기회에 따라 자신의 선호를 형성하는 현상을 가리킨다. 일부 경제학자들은 세계 많은 지역의 여성이 신체 건강, 영양, 안전 등이 관련된 아주 기본적인 문제에서조차 이런 식으로 왜곡된 선호를 보인다고 주장해왔다.[41] 영양이 충분한 상태가 무엇인지 모르는 사람은 자신이 처한 영양부족 상태에 만족하기가 특히 쉽다. 읽는 법을 배운 적이 없는 여성이 여자는 교육받을 필요가 없다는 말을 듣게 되면, 자신의 2등 계급의 지위를 내면화하여 전통이 손에 닿지 않는 곳에 놓아둔 것을 얻으려고 노력하기는커녕 욕망하지도 않게 된다.[42] 이러한 '적응 선호'의 존재는 사회정책을 선택할 때 기존의 선호를 매우 불신하게 하는 강력한 이유가 된다. 예를 들어 여성의 요구가 없다 해도 여성의 문자해득에 대한 공공 투자를 지지할 충분한 이유가 우리에게 있다. 이러한 제안은 민주주의와 완벽하게 양립한다.[43] 민주적 선택은 비판받지 않는 선호의 집합으로 이해될 필요가 없으며, 민주주의 이론가 대부분, 심지어 공리주의 전통에 속하는 이론가들도 지금은 민주주의적 선택을 그렇게 해석하지 않는다. 오히려 우리가 우리의 선호 가운데 어느 것이 전체의 복지에 기여하는 것인지 확인하려고 힘쓰는 더 성찰적인 행위로 해석한다. 페미니스트들은 결과적으로 이와 같은 더욱 성찰적인 유형의 민주적 선택을 요구하고 있는 것이다.

병든 선호를 인식하는 것 역시 새로운 발견은 아니다. 이것은 서양철학 전통에서 감정과 욕망에 관한 가장 중요한 설명들에 깃들어 있는 특징이다. (도덕교육을 통해 전해지는 자아와 타인에 대한 관념을 포함한) 문화적 힘들이 자기 발달, 자기표현, 합리적 자율성을 해치는 감정과 욕망을 생산한다는 생각은 널리 퍼져 있다. 이런 견해는 자유민주주의자인 밀에게서 특히 두드러진다. 또 플라톤, 아리스토텔레스, 아퀴나스, 에피쿠로스, 그리스·로마의 스토아학파, 스피노자, 칸트를 비롯하여 다양한 사상가들에게서 이런저런 형태로 발견된다. 이 역사에서 칸트가 특히 중요한데 그는 사람들이 서로를 대상으로 취급하게 된다는 이유에서 성욕 자체를 비판하기 때문이다. 이것은 캐서린 매키넌이 주장하는 바의 직접적인 선례다.[44]

이들 가운데 일부는, 특히 플라톤은 실제로 이런 문제 때문에 민주주의가 작동할 수 없다고 생각했다. (호프 서머스는 논증의 초기 단계에서 자신의 생각에 반대하는 페미니스트들에게 "플라톤주의자들"이라는 딱지를 붙였다.)[45] 그러나 물론 이런 결론에 이를 필요는 없으며, 각기 다른 방식이기는 하지만, 아리스토텔레스, 칸트, 밀처럼 개인의 선택과 자기 결정의 압도적인 중요성을 확신한다면 그런 결론에 이르지도 않을 것이다. 그보다는 일부 특별히 긴급한 선호 왜곡의 경우에는 강제적 입법—예를 들어 과세 제도나 인종차별에 반대하는 일련의 법—을 지지하는 한편 경쟁적이거나 탐욕스럽거나 성차별적이거나 인종차별적인 각종 부적절한 선호는 민주주의 사회 내부의 자발적 개혁 프로그램을 통하여 근절할 수 있다는 희망을 갖고 공적 설득과 도덕교육의 역할에 초점을 맞추게 될 것이다.

페미니스트의 주장은 선호의 사회적 구성을 분석하는 오랜 전통을 잇는다. 일단 욕망의 유형을 구성하는 사회적 기원을 인식하면, 그 욕망에 대한 도덕적 평가가 따라오게 된다. 욕망이 피해와 연결되면 그 표현에 대한 법적 제한을 적어도 고려할 수는 있다. 가령 선호와 욕망에 관한 페미니즘 논리는 성차별적 선호를 내보이는 고용주들이 자신의 욕망에 따라 행동하는 것을 허용하지 않는, 차별금지법의 입안을 지지해왔다. 페미니즘 논리는 부부강간과 가정폭력을 막는 데 법이 수행하는 역할을 새롭게 조명했다. 이 관심이 결혼을 했건 안 했건 여성이 성교를 거부할 권리가 있다는 '베이징 회의' 선언의 기초를 이룬다. 페미니즘 논리는 성적 괴롭힘 문제에 관심을 기울여왔다. 그 결과 이제 수많은 일터 환경에 존재하는 권력의 비대칭성이 책임감 있는 판사라면 무시할 수 없는 하나의 사실로 인식되게 되었다. 예를 들어 1994년 레이건이 임명한 리처드 포스너는 제너럴 모터스의 함석 가공 파트에서 일하게 된 첫 여성 노동자에 대한 괴롭힘 사건에서 그런 판결을 내렸다. 메리 카의 남성 동료들은 5년 내내 그녀의 공구함과 작업복을 더럽히고, 그녀를 향해 오줌을 누고, 신체 부위를 내보이고, 외설적인 말을 하는 등 그녀를 박해해왔다. 포스너는 페미니스트 저자들을 인용하며 그런 환경에서 권력의 비대칭성은 사건의 진상을 이루는 본질적인 부분임에도 하급심 판사들이 이를 부당하게 간과했다고 주장했다.

이렇게 비대칭적 권력을 인정하는 것이 민주주의를 전복하는 것일까? 성별을 이유로 노동자를 위협하거나 박해하도록 허용하는 쪽이 오히려 민주주의에 훨씬 더 위험했을 것이라고 생각하는 것이 타당해 보인다. 페미니즘 교육이 그런 쟁점에 새로운 관심을 촉구해왔다면—또 분명히 그렇게 해왔다—그것은 민주주의에 크게 기여하고 있는 것이다.

도덕적 판단이 직접적으로 정치적 정책을 낳는 것도 아니고 그렇게 되어서도 안 된다. 다만 어떤 특정한 페미니스트 그룹이 제시한 특정한 정책 추천을 받아들이든 받아들이지 않든, 우리는 최근 페미니스트들의 저술 대부분에 자리잡은 핵심적인 생각, 즉 위계와 억압의 유산에 의해 왜곡된 욕망들을 도덕적으로 비판할 수 있고 비판해야 하며, 우리 자식들이, 또 우리 자신이 그런 증오와 분노에서 자유로워지도록 노력해야 한다는 생각의 힘을 인정해야 한다. 이런 생각이 페미니즘 강의에서 중심을 이룬다(실제로 그런 경우가 많다)는 사실에 우리는 경악해서는 안 된다. 이런 생각은 그럴 만한 이유에서 민주주의 이론과 사회과학 전반에서 중심이 되었으며, 페미니스트 사상가들은 사회과학이 핵심적으로 중요한 쟁점으로 관심을 돌리는 데 기여해왔다. 이런 의미에서 이제 시카고 대학의 자유의지론에 따른 합리적 선택 워크숍을 포함하여 합리성을 논의하는 강의실은 대부분 페미니즘 강의실이며, 페미니즘의 통찰을 반영하고 이용하는 방향으로 선호 왜곡이라는 문제를 토론한다. 학부생들을 자극하여 이런 쟁점을 생각하게 함으로써 그들이 시민으로서 사실과 논리를 이해한 상태에서 자신의 선택에 다가갈 수 있게 하는 것은 좋은 일이다.

선호와 욕망에 관한 페미니즘 관념들은 급진적이다.(시민운동이 급진적이었던 것처럼.) 시민 각자에게 가장 깊이 자리잡은 동기들 중 일부가 불의의 유산에 의해 왜곡되었을 수도 있다고 의심하는 태도를 보이며 마음 탐색을 해보라고 요구하는 것은 언제나 급진적인 일이다. 그러나 이런 핵심 관념들은 또 가장 좋은 의미에서 자유주의적이고 민주주의적이다. 개인성과 자유에 관한 자유주의 전통의 가장 깊은 통찰을 구현하기 때문이다. 만일 우리가 우리 학생들에게 이런 생각을 가르치지 않는다면, 우리는 인간의 선택이라는 핵심 문제에 관하여 사유되고 있는 가장 좋은 것들을 학생들에게 제시해야 한다는 의무 이행에 실패하고 있는 것이다.

여성학은 단일한 주제가 아니다. 여성학은 주제들이 광범하면서도 저마다 얽혀 있는 네트워크다. 학교는 이런 여러 영역에서 적절한 훈련을 합하여 현실을 더 적절하게 이야기하려고 힘쓰고 있다. 여성을 더 명확하게 보고 여성의 삶을 더 적절히 이야기하려는 노력은 여러 학문 분야에 변화를 가져왔다. 미국의 법과 공공정책에도 변화를 가져왔다. 페미니즘을 비판하는 이들은 이런 생각들을 고려하는 것이 민주주의를 위협하고, 그것을 토론하는 것이 대학 강의실을 위협하다고 생각하지만 그렇지 않다. 합리적인 동시에 정의로운 사회를 건설하려고 노력한다면서 페미니즘을 고려하지 않는 것이 오히려 위험한 일이다.

제7장

인간 섹슈얼리티 연구

> 이상적으로 말하자면 우리는 모든 사람을 사랑해야 한다고 해야 할 것입니다. 그러나 모르는 사람을 사랑하는 것, 나와 다른 사람을 사랑하는 것은 대개 어려운 일입니다.
>
> 스콧 브레이스웨이트(브리검영 대학의 게이 모르몬교도 대학원생), 매사추세츠 주 케임브리지의 '새크러먼트 회의 연설'에서

1990년, 레이건이 미국 항소법원 제7순회재판소에 임명한 한 판사는 "내가 받은 교육의 여러 부끄러운 공백 중 하나를 메우기" 위해서 처음으로 『향연』을 읽었다. 판사 리처드 포스너는 1992년에 낸 책 『성과 이성』에서 이 경험의 충격을 이렇게 묘사한다.

> 그 책이 사랑을 다루었다는 건 알고 있었지만, 그게 다였다. 나는 그 책이 매우 흥미롭고 논리 정연하게 동성애를 변론한 책이라는 것을 알고 놀랐다. 철학사에서 가장 위대한 인물, 아니 사상사에서 어떤 명망 있는 인물이 그런 작업을 시도했으리라는 생각은 해보지도 못했다. 바워스 대 하드윅 사건*의 판결이유에서 이 주제를 논한 것은…… 피상적이었다는 생각이 들었다.[1]

* 1986년 미국 조지아 주 경찰이 동성 간 성행위를 금지하는 '소도미 법'에 의거해 남성 동성애자 두 명을 기소한 사건. 당시 연방대법원은 이 법이 프라이버시를 침해하지 않고 헌법에 위배되지 않는다고 판시했다.

포스너는 책의 후반부에서 판결이유를 재차 논하면서 이것이 역사 지식의 부족과 동성애자들의 현실에 대한 '감정이입' 부족을 모두 드러낸다고, 또한 이 둘은 밀접하게 관련되어 있다고 주장한다. "변호사들이 어떤 주제에 관해 지식이 부족하면 판사들도 그렇게 되며, 지식이 부족한 판사들은 편견에 따라 투표할 가능성이 높아진다." 그래서 그는 마이클 하드윅을 기소한 근거인 조지아 주 법령에 명시된, 그리고 판결이유에서 승인된 "비합리적인 공포와 혐오"를 역사 연구를 통해 (플라톤의 연구에서 시작되겠지만, 여기에는 역사, 사회과학, 과학 등 관련 학문의 연구도 포함될 것이다) 멀리 치워버릴 수도 있었다고 주장한다. 『성과 이성』은 이런 교육적인 과정을 진전시켜, 자기 스스로 배우지 못하는 "업계 동료들에게 창피를 주려는" 포스너의 시도였다.[2]

이후 포스너는 자신의 뒤늦은 교육의 결과를 적어도 한 번은 판결문으로 보여주었다. 그는 최근 협박 사건을 맡았을 때 현재 미국사회에서 커밍아웃하지 않은 동성애자가 처한 특별히 취약한 상태에 대해 감정을 이입해 웅변적으로 설명하면서, 이들을 협박 음모에 고통스럽게 시달리게 하는 편견의, 필요하지도 않고 보편적이지도 않은 성격을 상당히 자세하게 묘사했다.[3]

인간의 섹슈얼리티는 삶의 중요한 측면이기 때문에 학문적 탐구의 중요한 주제다. 많은 분야—의학, 인류학, 사회학, 심리학, 역사학, 종교학, 고전학, 문학—에서 성행위 논의에 대한 법적 제약이 느슨해지면서 연구가 개화했다. 사실 섹슈얼리티는 현재 학계에서 가장 활발한 연구 영역인데, 이것은 한편으로는 중심적이면서도 아직 철저하게 연구되지 않은 영역을 만나는 것이 아주 특별한 일이기 때문이기도 하다. 이런 연구의 성과는 이제 교육과정에서 이용할 수 있지만, 그것의 도입 자체는 논란이 되어왔다. 시민들의 강한 감정이 개입되고 또 종종 깊은 차이가 드러나기도 하는 삶의 측면들과 관련되기 때문이다. 이런 연구에는 젊은이들을 타락시키는 경향이 있는 급진적인 '정치적 의제'가 있다고 이야기되기도 한다.

어떤 주제에 관해 배우는 것이 왜 그 주제에 대한 도덕적 판단의 쇠퇴와 연결된다는 것인지는 분명치 않다. 우리는 인간 삶의 다른 많은 영역에서는 이런 식으로 생각하지 않는다. 노예제나 종교적 불관용의 역사를 공부하면 노예제나 종교적 박해가 나쁘다는 학생들의 도덕적 판단이 흐려질 가능성이 있다고는 생각하지 않는다. 오히려 역사적 이해는 도덕적 판단에 반드시 필요하다고 생각하는 경향이 있다. 역사를 이해하면 우리가 하고 있는 것과 해온 것과 분명하게 대면하게 되기 때문이다. 그래서 홀로코스트의 부인을 도덕적 판단의 반동으로 이해하는 것이 옳으며, 홀로코스트 시대의 진실에 대한 연구가 그렇게 긴급하고 중요한 것이다. 그렇다면 섹슈얼리티에 관한 역사적·인류학적·과학적 교육에 저항하는 흐름의 원천은 무엇일까?

그것은 아마도 그러한 냉정한 학문적 탐구의 환경에서는 도덕적 판단이 충분히 지배적이거나 충분히 일원화되지 않으리라는 생각일 것이다. 더 정확히 말하면, 섹슈얼리티의 역사적·비교문화적 연구가 해당 영역에서 도덕규범과 판단의 실제적인 다양성을 드러내고 이것이 상대주의를 부추길 것이라는 걱정이다. 그러나 이 문제에서도, 우리의 모든 동료 시민에게 권할 만한 강력한 도덕적 논리가 있다고 느끼는 경우에는 이런 일이 벌어지지 않는다는 점에 주목해야 한다. 미국의 헌법 제정자들 가운데 다수가 노예제가 괜찮다고 생각했다는 사실을 배운다고 해서 노예제는 악하다는 우리의 신념이 흔들리지는 않는다. 독일의 반유대주의에 관해 배운다고 해서 반유대주의자가 출현하는 것은 아니다. 따라서 지금까지는, 사람들이 성에 관해 생각하는 다양한 방식을 배운다고 해서 그것이 기초가 튼튼한 도덕적 판단을 약화시킨다고 말할 이유는 찾을 수 없다.

그럼에도 학계에서 성에 관해 연구하고 가르치는 것에 대한 적대적 태도는 여전하며 더해지고 있다. 이 주제에 관한 가장 조심스럽고 품위 있는 연구조차 어려움을 겪는다. 1987년 시카고 대학의 에드워드 O. 라우만이 이끄는 존경받는 사회과학자 그룹이 미국의 성 행동에 관한 야심찬 연구를 시작했고, 그 결과는 지금까지 『미국의 성』과 『섹슈얼리티의 사회적 조직』으로 발표되었다.[4] 이 연구는 에이즈 위기에 대한 대응으로 기획되었다. 연구자들은 처음부터 성 행동에 관한 궁금증을 풀려면 다수의 표본이 필요하다는 것을 알고 있었다. 이들은 기존의 자료에는 매우 비판적이었는데, 이는 표본의 규모 때문이기도 하지만, 더 중요하게는 조사 대상자를 선정한 방법 때문이기도 했다. 그들은 현재 우리에게는 미국의 성에 관한 믿을 만한 정보가 없다고 설득력 있게 주장했다. 그래서 그들은 엄밀하게 수집한 정보를 제공하는 일을 시작했다. 이들의 프로젝트는 '국립 아동 건강과 인간 발달 연구소' '질병 통제와 예방 센터' '국립 노화 연구소' '국립 정신건강 연구소'의 지원을 받았다. 이런 기관의 과학자들은 "10대 임신, 성 기능 부전, 아동 학대 같은 쟁점들을 살피기 위해 성에 대한 한층 일반적인 연구를 원했다."[5] 에드워드 O. 라우만, 존 H. 가뇽, 로버트 T. 마이클, 스튜어트 마이클스로 이루어진 팀은 공개경쟁 끝에 연구 계약을 따냈다. 그러나 이미 "성에 관한 국민적 결벽증"이 나타나고 있었다고 저자들은 말한다. 공개경쟁 안내문이 포괄적인 성 조사를 하겠다는 원래의 계획은 전혀 밝히지 않고 "생식 관련 행동의 사회적·행동적 측면"이라는 제목으로 발표되었기 때문이다.[6]

정치적 걸림돌은 늘어갔다. 많은 정부 관료가 질병과 관련된 좁은 범위의 설문을 넘어선 질문을 포함시키기를 주저했다. 예를 들어 관료들은 연구자들이 자위에 관한 질문을 포함시키는 것을 원치 않았다. 반면 연구자들은 이 질문이 포르노그래피에서 성기능 부전에 이르는 다양한 주제들에 관한 대중의 생각에 있어서 잠재적으로 상당한 중요성을 가졌지만 잘 알려지지 않은 논제라고 생각했다. 결국 성 조사라는 발상 전체가 공격받게 되어, 제시 헬름스 상원의원은 정부가 그런 연구에 돈을 대는 것을 금지하는 구체적인 기금지원법 수정안을 도입했다. 수정안은 찬성 66표, 반대 34표로 통과되었다. 그 결과 민간 자금으로 운영된 연구팀은 원래 계획했던 2만 명이 아니라 3500명의 성인 표본밖에 조사하지 못했다. 이에 따라 게이와 레즈비언 같은 하위집단에 관한 자료는 거의 구하지 못했다.[7] 성 연구에 대한 의심이 승리를 거두어, 연구의 진전을 가로막은 셈이다. 그 결과로 나온 책들은 여전히 귀중하지만, 원래의 계획은 달성하지 못했다.

연구에 대한 이런 반대는 교육과정 토론에서도 상당히 전형적인 반응이다. 이런 연구의 지지자들은 마치 전복적인 활동이라도 제안한 것처럼 의심을 산다. 이런 상황을 보면 아리스토파네스가 묘사한 옛 교육과 새 교육이 떠오른다. 옛 교육은 그 옹호자에 따르면 진정한 사내다운 사내를 생산하는 교육이다. 새 교육은 남성다운 몸을 약화시키고, 부드럽고 수용적인 시민을 생산하며, 그런 시민의 큰 생식기는 쾌락에 대한 강박을 상징하고, 큰 혀는 엘리트의 지적 추구와 성적 '일탈'을 암시한다.

이 정도는 우리도 아리스토파네스의 주장에 동의할 수 있다. 그러나 인간 섹슈얼리티의 역사와 다양성을 솔직하게 연구하는 교육은 소크라테스와 그의 목표인 '성찰하는 삶'과 연결되어 있다. 이런 목표는 실제로 우리에게 삶의 다른 모든 영역에서와 마찬가지로 성의 영역에서도 반성 없이 자신을 주장하는 남자다운 시민이라는 아리스토파네스의 반소크라테스적 이상과 결별할 것을 요구한다. 하지만 민주적 시민성에 진짜 위험한 것이 바로 반성 없이 주장만 앞세우는 시민이라는 관념이다. 이것은 정보에 기초한 토론을 긴급하게 요구하는 것들에 관해 생각하지 말라고 하기 때문이다. 다른 모든 영역에서와 마찬가지로 성의 영역에서도 반성하고 비교하는 시민이라는 소크라테스의 이상이야말로 (진정으로 더 신중한 것이기에) 더욱 풍요로운 민주 공동체의 건설을 약속한다.

성은 시민으로서 많은 역할을 하며 살아가는 우리 모두에게 중요한 주제다. 우리는 배심원으로 나서 아동 학대, 배우자 학대, 복원된 기억,* 강간과 성폭력, 성적 괴롭힘을 다루는 사건들에서 공정하고 불편부당한 평결을 해달라고 요구받을 수 있다. 우리는 게이 부모의 양육, '동성애 공포'에 근거한 살인 변호, 매 맞는 여성 증후군, 부부 강간, 양부모와 친부모의 상대적인 주장 등에 관해 증언을 평가해달라고 요구받을 수도 있다. 유권자로서 우리는 지역 공동체가 레즈비언, 게이, 바이를 차별로부터 보호하는 조례를 통과시킬 권리를 제한하는 콜로라도 주 수정헌법 2조 같은 조항 표결에 참여할 것을 요구받을 수도 있다. 전문가 집단, 회사, 대학, 여러 유형의 사업체의 구성원으로서 우리는 우리 집단이 성적 괴롭힘에 대해 어떤 정책을 채택해야 하는가 하는 문제, 의료보험과 연금 제도에서 배우자의 특권을 동성 커플에게 확대하는 문제에 관해 의견을 달라고 요구받을 수도 있다. 우리는 종교 집단의 구성원으로서 미국의 모든 주요한 종파 내에서 격렬하게 벌어지고 있는 가족, 여성 인권, 동성 관계에 관한 토론에 초청받을 수도 있다. 세계시민으로서 우리는 이 영역의 전통과 규범이 미국의 경우와는 다를 가능성이 높은 다른 나라 출신의 사람들과 이런 쟁점에 관해 이야기 나눌 것을 요청받고 있다.

대학에서 세계시민을 바라보는 관점은 아주 간단해야 한다. 이런 선택은 무지가 아닌 지식에 근거해 이루어져야 한다는 자세가 그것이다. 따라서 우리는 역사, 인류학, 사회과학, 생물학, 문

* 의식적으로 받아들이기에는 너무도 고통스러운 기억이 억압되어 있다가 특정한 계기를 통해 의식 위로 떠오르는 현상.

학사의 관련된 측면들을 알고, 도덕철학과 정치철학 또는 종교의 역사 및 현재의 관행과 관련된 주장들을 아는 학생들을 배출해야 한다.

섹슈얼리티와 '사회적 구성'

오늘날 학계에서 벌어지는 성을 둘러싼 중심 논쟁, 그리고 현재 학술 연구에 관한 공적 논쟁의 핵심 원천은 섹슈얼리티가 '사회적으로 구성되었다'는 주장이다. 이 발상은 철학자 미셸 푸코의 작업과 연결되어 있기 때문에 관습적인 도덕적 가치를 전복하는 급진적 의제와 연결되어 있는 것으로 널리 이해되고 있다. 그러나 이런 생각 자체가 대개 명료하게 분석되어 있지 않으며, 이것이 규범적인 도덕적 논리와 연결되는 방식도 제대로 이해되고 있지 않다. 따라서 무엇이 주장되고 있고 주장되고 있지 않은지 파악하기 위해서는 이런 생각을 정확하게 정리하는 것이 중요하다.

이 작업을 가장 잘 하는 방법은 이와는 다르지만 관련 있는 영역, 즉 감정—공포, 슬픔, 분노, 선망, 질투, 사랑을 비롯한 다른 관계 있는 것들—의 영역에 의지하여 '사회적 구성'이라는 주장을 설명하는 데서 시작하는 것이다. 감정은 사회적인 차원과 비사회적 차원들로 분해하기가 성적 욕망과 행동보다 다소 쉽기 때문에 좋은 출발점이 된다.

그렇다면 분노, 공포, 슬픔, 사랑 같은 감정들이 적어도 부분적으로는 '사회적으로 구성되어 있다'고 말할 때 그 의미는 무엇일까? 사회적 구성론자들의 주장은 그런 감정들이 단순히 우리의 생물학적 구조에 주어진 것이 아니라(생물학적 기초가 있을 수도 있지만), 많은 양의 학습을 구현하고 있다는 것이다. 나아가 이런 학습은 사회에서 이루어지며, 사회가 결정적으로 규정한다고 주장한다. 예를 들어 공포는 단순히 뒷덜미가 근질거리는 것이 아니다. 임박한 중요한 위험에 관한 생각들도 관련된다. 분노는 단지 피가 끓는 것이 아니다. 이것 또한 모욕과 모욕하는 자에 관한 생각을 요구한다. 따라서 공포와 분노 모두 믿음의 변화에 쉽게 반응한다. 내가 진짜로 위협받고 있는 것이 아니라는 사실 또는 위협이 하찮다는 사실을 알면 공포가 줄어들 것이라고 예상할 수 있다. A가 아니라 B가 나에게 모욕을 주었다는 사실을 알게 되면 A 대신에 B에 분노할 것이다. 사실은 모욕이 아니었다는 사실을 알게 되면 분노는 사라질 것이다. 심각한 모욕이 아니라 하찮은 것이라는 사실을 알게 되면 예상하건대 분노는 짜증으로 바뀔 것이다.

사회는 이런 감정들과 연관된 다양한 방식으로 사람들의 믿음과 기대를 형성한다. 사회는 사람들에게 어떤 사건이 모욕이고, 어떤 모욕이 중요하고, 합리적인 사람이라면 어떻게 대응하고 행동할 것인지 가르친다. 사회적 구성에서는 적어도 다섯 가지 다른 영역을 구별하는 것이 중요하다.

1. 행동. 사회는 사람들에게 분노, 공포, 슬픔을 표현하는 방법과 표현하지 않는 방법, 그리고 이런 감정 표현 가운데 적절한 것과 적절하지 않은 것을 가르친다. 이런 가르침은 사회별로 매우 다양하다. 그리스에서는 의무인 애통의 형식들이 영국에서는 천하거나 수치스럽다고 여겨질 것이다. 한때 미국에서 분노의 합리적 표현으로 간주되었던 격분—예를 들어 부인의 정부를 죽이는 것(텍사스 주에서는 1967년까지 범죄행위가 아니었던 행동)—은 더이상 그렇게 간주되지 않는다.[8]

2a. 감정 범주 전체에 관한 규범들. 사회는 사람들에게 자신의 공포, 분노, 슬픔을 바라보는 방법과 관련된 다양한 관점을 제공한

다. 어떤 사회, 예를 들어 고대 로마 사회는 분노가 타당하고 유쾌한 것이며, 남자다운 위엄과 통제를 내세우는 귀중한 행동이라고 가르친다. 또다른 사회는 분노가 사회의 분열을 초래하기 때문에 가능한 한 피해야 한다고 가르친다. 인류학자 진 브리그스가 묘사한 바에 따르면, 우트쿠 이누이트 사회는 분노는 어린아이들이나 느끼는 것이며 어른은 절대 분노해서는 안 된다고 가르친다.[9] 규범적 가르침의 이런 차이는 사람들이 감정에 관해 내리는 판단만이 아니라 감정 자체의 경험에도 영향을 줄 것이라고 예상할 수 있다. 고대 로마 사람은 쉽게 분노했을 것이고, 이런 경험이 자존감이나 남자다운 자기 확신과 연결된다고 느꼈을 가능성이 높다. 우트쿠인이라면 분노하는 것이 수치의 감정과 연결되어, 치기에 찬 퇴행으로 느낄 것이다.

2b. 범주 내의 가치판단에 관한 규범. 사회는 사람들에게 무엇이 분노할 가치가 있고 무엇이 없는지, 무엇이 공포를 느낄 가치가 있고 무엇이 없는지 가르친다. 이런 가치판단에는 비슷하고 공통적인 요소가 많이 포함되어 있을 가능성이 높다. 알려진 모든 사회는 자신의 죽음에 대한 공포를 가르친다. 그러나 사회적으로 형성되는 차이도 많다. 고대 로마인은 식탁에서 너무 아래쪽 자리에 앉으면 이런 배치를 자신의 위엄에 대한 모욕으로 여겨 주인에게 화를 낼 것이다. 미국인이라면 식탁의 자리 배치에 별 관심을 갖지 않을 것이다. 영미의 관습법에서 '합리적인 분노의 사유'의 정의는 '합리적인 사람'을 자극해 폭력을 유발하는 모욕이다. 다시 말하지만 이런 규범은 시대에 따라 달라진다. 지난 세기에는 그런 '합리적인' 분노를 유발하는 전형적인 사례가 아내가 정부와 함께 침대에 있는 것을 남편이 발견하는 상황이었다. 우리 세기에는 다른 사례들이 이것을 대신한다. 예컨대 아동에 대한 성적 학대에 대한 분노가 그렇다. 반면 미국 사회는 인종 편견에 기인한

분노가 특히 유해하고 비합리적이라고, 또 그런 분노가 일으키는 범죄가 특히 가증스럽다고 생각한다. 분노는 무엇이 화를 낼 일이냐에 관한 어떤 믿음 없이는 존재하지 않을 터이기에, 또 관련된 믿음은 사회적으로 형성되는 듯하기에, 분노는 사회적 구성물이라고 말해도 무리가 없을 것이다. 다른 주요한 감정들에 대해서도 유사한 주장을 할 수 있다.

이런 사회적 규범은 감정 자체의 경험과 관련된다. 대부분의 사람들에게 '의분義憤'의 느낌은 금지당하고 낙인찍혀 노여워하는 경험과 다르다. 자신을 상석에서 하나 떨어진 자리에 앉혔다는 이유로 안주인에게 화를 내는 현대 미국인의 분노는 당연히 비슷한 상황의 고대 로마인이 겪는 감정 경험과 다르다. 로마인은 그렇게 느끼는 것이 남자답고 타당한 것이라고 배웠을 것이기 때문이다.

3. 범주들. 때로는 감정 범주 전체를 표현하는 방식이 사회적으로 형성되기도 한다. 서양 전통에서 에로틱한 사랑의 역사에 초점을 맞추면 이 현상을 아주 분명하게 볼 수 있다. 에우리피데스 희곡에 등장하는 히폴리투스에 대한 파이도라의 열정, 단테의 『신곡: 지옥편』에 나오는 파올로와 프란체스카의 사랑, 에밀리 브론테의 『폭풍의 언덕』에서 펼쳐지는 캐시와 히스클리프의 사랑, 존 업다이크의 현대 소설에 등장하는 연인을 보면 이 모든 관계의 공통적인 특징, 이들을 모두 '사랑'이라고 칭하는 것이 합리적이라고 생각하게 만드는 특징을 보게 된다. 반면 사랑이 무엇인지 이해하는 데는 저마다 큰 차이가 있는데, 우리는 사랑을 생각할 때 그 차이를 무시하거나 지워버리지 말아야 한다. 이런 차이가 사랑에 관한 말들만이 아니라 사랑을 실현하고 경험하는 방식까지 규정하는 듯하기 때문이다. 고대 그리스인은 에로스가 대상을 소유하고자 하는 강렬한 욕망이라고, 심란한 상태 내지 광기 비슷한

무엇과 연결되어 있다고 생각한 듯하다. 궁정의 사랑이라는 중세의 패러다임은 아주 다르다. 여기에서는 예의를 갖춘 거리 두기와 숭배가 핵심을 이루며, 부드러운 감수성, 고상한 관심cor gentil이라는 규범이 발전한다. 히스클리프와 캐시의 사랑은 사회적 관습과 자연의 대립이라는 낭만주의적 관념과 관련되어 있다. 이들은 사랑을 진정성의 깊은 원천으로부터 파생하는 것으로 경험하며, 그 원천은 그들을 문명보다 자연과 연결시키고, 따라서 이들은 점잖은 전통의 요소를 대부분 거부한다. 업다이크가 묘사하는 사랑은 이 모든 전통의 복잡한 조합에 현대의 다소 독특한 요소들까지 포함한다. 각각의 사례에 비추어볼 때, 사회는 전통은 물론 그 안에서 성장하는 사람들의 경험도 형성한다.

4. 범주 내에서 개인의 자리잡기. 공포, 분노, 질투가 한 사람의 인생에서 담당하는 역할에는 복잡한 원인이 있을 가능성이 높다. 어린 시절의 가족 내 경험의 차이가 큰 역할을 할 가능성이 높지만, 여기에서도 사회적 요인들이 중요하다고 생각하는 것이 타당하다. 예를 들어 여러 실험에 따르면 갓난아이가 울 때 그 감정은 아기의 성별에 관한 관찰자의 믿음에 따라 다르게 여겨지는 경우가 많다. 관찰자는 같은 아기가 울더라도 아기가 여자아이라고 생각하면 "겁에 질렸다"고 말하며, 남자아이라고 생각하면 "화가 났다"고 말한다.[10] 추가된 증거를 보면 (분명히 남성과 여성에 대한 일반적인 사회적 고정관념과 연결되어 있는) 이런 차이가 행동에도 영향을 준다. 사람들은 여자아이와 남자아이를 다르게 안아주고, 공중에 들어올려 어를 때도 다른 식으로 대한다. 이런 차이는 성장하는 아이의 감정 목록을 형성할 가능성이 높다.

문화 간 차이는 사회적 구성 주장의 필요조건도 충분조건도 아니다. 차이는 사회적 형성이 작동해왔다는 표시일 가능성이 높다. 그러나 사회적 형성에는 상당한 겹침과 일치가 있을 수 있다.

여러 사회는 많은 비슷한 문제와 마주하기 때문이다. 죽음에 대한 공포가 어디에나 존재한다는 사실이 곧 그것이 사회적으로 형성된 것이 아니라는 의미는 아니다. 또 차이가 반드시 사회적 힘이 작용한다는 표시인 것도 아니다. 관찰 가능한 차이는 어쩌면 심리적이거나 심지어 생물학적인 원인 같은 다른 요인에 의해 만들어졌다고 생각할 수도 있기 때문이다. (사회적 구성론자라고 해서 생물학도 감정 형성에 중요한 역할을 한다는 점을 부정할 필요는 없다.)

더욱이 사회적 구성은 규범적인 도덕적 가치판단과 완전하게 양립할 수 있다. 고대 로마인과 현대 우트쿠인이 분노에 대한 서로 다른 경험과 관념을 갖고 있다는 점에 주목한다고 해서 어느 개념이 사회적으로 더 유익한지 묻지 못하는 것은 아니다. 여러 시대에 걸친 사랑의 개념 차이에 주목한다고 해서 사랑에 대한 서로 다른 개념들을 인간의 행복의 관점에서 가치판단하지 못하는 것은 아니다. 사회적 구성론자들은 사회가 야기한 것을 개인의 도덕 탓으로 돌리는 데 주의할 것이다. 보통 로마인이 협동적이고 평화를 사랑하는 우트쿠인과 같지 않다고 비난하는 것은 부당해 보인다. 반면 우리는 개인이 자신의 사회와 그 규범에 관하여 비판적 사유를 어느 정도 한다고 기대할 수 있으며, 알려진 모든 사회에는 그런 문제에 관한 의견 충돌과 토론이 존재한다. 한 사회의 개념이 다른 사회의 개념보다 택할 만하다고 정한다고 해서 쉽게 그쪽으로 변화할 수 있는 것은 아니다. 설사 우트쿠인의 감정적 가치가 우리에게 최선이라고 판단한다 해도 그것을 쉽게 채택할 수는 없다. 그러나 습관의 힘이 강하다고 해서 도덕적 가치판단이 무력하다는 뜻은 아니다. 고대 그리스인과 로마의 스토아학파가 자기 사회의 악을 진단하고 분노와 증오의 제거를 권했을 때 알고 있었듯이, 유토피아적 혁명을 일으키는 것이 우리의 힘으로 가능하지 않다 해도 작고 점진적인 변화는 늘 가능하다.

섹슈얼리티가 '사회적으로 구성된다'고 생각하는 사람은 보통 사회적 형성의 이런 유형들 가운데 적어도 몇 가지가 성적 행동과 욕망의 영역에 존재한다고 생각한다.

1. 행동. 사회는 다양한 방식으로 적절한 성적 행동의 규범을 형성하여, 다양한 연령과 다양한 사회적 관계와 환경에서 당사자들에게 어떤 성적 행동이 적절한지, 성적 관계를 맺는 당사자들에게 어떤 성적 행동이 적절하거나 부적절한지 말해주는 규범을 형성한다.

2a. 섹슈얼리티 전반에 관한 규범. 이 규범도 매우 다양한 방식으로 경험에 영향을 준다. 어떤 사회는 성이 기본적으로 좋은 것이지만 음식이나 술에 대한 욕구와 비슷하게 통제가 필요하다고 가르친다. 어떤 사회는 성이 기본적으로 악한 것이지만 생식을 위해 용인해야 한다고 가르친다. 오늘날 대부분의 사회에는 이런 관점들이 복잡하게 섞여 있으며, 이런 차이들은 경험에 영향을 미친다. 섹슈얼리티가 본질적으로 죄라는 관점에서 성장한 사람은 성적 욕망과 관련하여 수치와 죄책감을 느끼지만, 다르게 성장한 사람은 그렇게 느끼지 않을 것이다.

2b. 범주 내의 다른 가치판단에 관한 규범. 우리는 섹슈얼리티의 영역에 존재하는 다른 많은 규범, 예를 들어 성적 파트너를 만날 때 어떤 점을 매력적으로 여기는가 하는 규범에 익숙하다. 나이, 가슴 크기, 몸무게, 근육, 피부나 머리카락 같은 신체의 색깔, 옷차림, 젠더 등 모든 특징이 다양한 방식으로 매력적이거나 그렇지 않다는 표지가 붙는다. 이런 규범들 또한 사회적으로 형성되며 문화마다 다르고, 때로는 같은 문화 내에서도 다르다는 증거가 많다.

3. 범주. 더욱 논쟁적인 것은 기본적인 성 범주들 자체가 사회적으로 형성된다는 사회적 구성론자들의 주장이다. 성 행위자는 예를 들어 능동적이냐 수동적이냐, 동성을 고르느냐 이성을 고르느냐에 따라 여러 가지 방식으로 범주화할 수 있다. 이런 범주들이 어떻게 서로 엮이고, 그 가운데 어느 것이 일차적이냐 하는 면에서는 많은 차이가 나타난다. 사회적 구성론자들은 이런 차이를 순수한 생물학적 이유나 개인의 가족 특성으로 설명하기보다 사회적 규범에서 파생되는 것으로 설명할 때 가장 타당할 것이라고 주장한다. 미국 사회처럼 사람을 이성애자와 동성애자로 나누는 것은 여러 시대와 장소를 살펴도 정확하게 같은 식의 사례를 찾아볼 수 없으며 그런 만큼 사회적 인공물로 보아야 한다고 주장하는 저명한 사회적 구성론자도 있다. 물론 동성 파트너나 이성 파트너를 선택하는 것은 어디에나 있는 일이며, 다른 문화에 속한 사람들도 이런 선택에 주목하지 못하는 것이 아니다. 하지만 사회적 구성론자들은 이 선택이 늘 이렇게 주목받았던 것은 아니며, 하물며 한 사람의 성생활의 과정 전체를 표현하는 '정체성'을 결정하는 것으로 받아들여졌던 것은 아니라고 주장한다. 예를 들어 다른 곳에서는 능동적 역할과 수동적 역할 사이의 구분이 가장 중요하며, 이것이 사람에게 성'정체성'을 부여할 수도 있다.

이런 주장에는 반론이 있을 수 있다. 기본 범주에 대한 사회생물학적 설명은 물론이고, 다른 유형의 유전적 설명이 개진되기도 했다. 만약 동성 선호를 통제하는 어떤 단일한 유전자가 있다는 이야기가 사실로 입증된다면 사회적 구성론자들의 주장은 당연히 수상쩍어 보일 것이다. 인간 역사의 오랜 기간에 걸쳐, 그 시간 동안 모든 곳에서, 변하지 않는 단일한 생물학적 표지가 행위자들을 두 범주로 나누어왔다는 뜻이 되기 때문이다. 그렇다 해도 그런 생물학적 표지는 사회가 그것에 주목하고 중요성을 부여하기로 할 때만 중요성을 띤다. 따라서 불변 요소 자체가 반드시 사회적 행위자를 두 범주로 딱 잘라 나누는 것은 아니다. 더욱이 유전자 이론가들이 어떤 것을 유전자와 연결된, 문화적으로 불변하는 특질로 생각할지 알기 어렵다. 동성 파트너 선호일까? 수동적 역할 선호일까? 이 두 개념을 비롯하여 또다른 여러 개념들을 구별하지 않고는 타당한 비교문화적 명제를 확립하기란 어렵다. 이런 여러 이유에서 성적 범주에 대한 생물학적 설명은 궁극적으로 우리 삶의 어떤 측면들을 밝혀줄 수 있지만, 진정한 설명이라고 하기에는 여전히 너무 불확실하다.

4. 범주 내에서 개인의 자리잡기. 사회적 구성론자들은 개인이 사회적 압력과 제재를 강하게 받아 어쩔 수 없이 적절한 남성적 또는 여성적 행동이라는 사회규범을 충족시킨다는 그럴듯한 주장을 할 수 있다. 출생시 생식기 모양에 따라 남성 내지 여성으로 확인된 아이는 아주 어릴 때부터 그런 역할, 또 그 역할과 연결된 사회적 기대에 따라 사회적으로 형성된다. 그러나 이성애적 지향이나 동성애적 지향에 대해 이런 주장을 하는 것은 훨씬 어렵다. 유아를 서로 다른 사회적 조건화를 받아들이는 두 집단으로 분리하는 외적 표시가 전혀 없기 때문이다. 미국 중서부 지역의 경건한 기독교 집안에서 성장한 젊은 남자, 운동을 사랑하고 해군 장교로 조국에 봉사하는 것 외에 다른 것은 바라지 않는 젊은 남자가 어떻게 동성애자가 되는가?[11] 그의 부모나 공동체가 그를 어떻게 대했기에 그는 그가 모방하는 사람들과 그렇게 극도로 구분되는 차이를 갖게 된 것일까? E. M. 포스터가 그린 인물 모리스와 마찬가지로 수많은 게이와 레즈비언은 동성애자가 아닌 사람과 구별할 수 없을 것처럼 보인다. 더 정확히 말하면, 이들은 오직 자신이 사회적으로 받아들여지지 않는 것을 원한다는 사실을 깨닫는 경험으로만 구별된다. 사회적 구성은 규범과 범주가 어떻게 그와 같이 정해졌는지는 설명해줄 수 있을지 모르지만, 그런 특정 사례를 설

명하는 것은 어려워 보인다. 생물학적이든 정신분석학적이든 좀 더 개인화된 설명에 기대야 할 것 같다.

섹슈얼리티: 고대 그리스와 현대 미국

섹슈얼리티의 사회적 구성을 지지하는 주장은 관련된 특징들이 세밀하게 묘사된 복잡한 역사적 사례를 검토해보면 가장 잘 이해할 수 있다. 기원전 5세기의 고대 아테네 문화가 그런 예다. 아테네는 이런 쟁점에 대한 역사적 탐구를 할 때 훌륭한 출발점이 되어준다. 섹슈얼리티에 관한 가장 훌륭한 역사적 작업 몇 가지가 아테네를 소재로 사용하여 이루어졌기 때문이다. 가장 중요한 작업은 케네스 도버 경의 권위 있는 학문적 저작인 『그리스의 동성애』이지만,[12] 최근에 나온 다른 저작들은 이 탐구를 더 깊이 전개하고 있다.[13]

그간 섹슈얼리티에 대한 그리스인의 견해를 연구하는 것은 어려운 일이었다. 한동안 학문적인 청교도주의와 회피가 유해한 영향력을 행사하여 간단한 연구 자료조차 가리거나 왜곡해왔기 때문이다. 수치감 때문이었든 숭배하는 그리스인을 더 품위 있는 빅토리아시대 사람으로 보이게 하려는 욕구 때문이었든, 회피는 고대 문헌의 편집과 번역, 사전을 비롯한 학문적 전문 도구의 제작, 나아가 고대 세계에 대한 우리의 이해에 영향을 주었다.[14] 아주 최근까지 섹슈얼리티를 다룬 그리스어와 라틴어 문헌은 믿을 만한 번역본이 나와 있지 않았으며, 핵심적인 단어, 은유, 구절의 의미에 관한 신빙성 있는 학문적 토론도 없었다. "아주 최근까지도 성 행동, 특히 동성애적 행동에 대한 번역이나 권위 있어 보이는 진술은 신뢰할 수 없었다. 혼란스러운 비합리성이 번역자와 학자의 판단을 훼손했기 때문이다."[15] 간단히 말해서 세계시민이 지지할 만한, 성적 규범과 행위에 대한 개방적 탐구는 이전 세대의 학계에는 거의 존재하지 않았다.

얌전 빼는 태도가 얼마나 왜곡을 낳았는지 보여주는 한 가지 사례가 있다. 1961년 옥스퍼드의 권위 있는 클라렌던 출판사는 C. J. 포다이스가 편집한 로마 시인 카툴루스 시집의 새로운 전문가판을 내놓았다. 이것은 야심차고 또 많은 면에서 포괄적인 판본이었음에도 카툴루스의 시 전편을 싣지는 않았다. 서문에서 말하듯이 "영어 주석을 달 수 없는 시 몇 편은 생략했다."[16] 포다이스가 승인한 것으로 간주될 수도 있는 표지의 광고 문안에서는 이것을 "타당한 이유로 거의 읽히지 않는 시 몇 편"이라고 이야기했다. 편집자는 이성애적 섹슈얼리티를 다루는 시는 모두 포함했고, 분변糞便적 성격의 불쾌한 시 몇 편도 포함했다는 점에서 편집자의 선정 원칙은 흥미롭다. 그가 영어 주석을 달기에 부적당하다고 생각한 것은 동성 간 행위, 그리고 그에 대한 암시였다.

또한 당시에는 사전도 이 시들의 호기심 많은 독자를 도와주지 않았다. 가령 「카툴루스 16」에 나오는 ('항문성교에서 삽입하는 역할을 하다'라는 뜻의) '페디코pedico'의 뜻이 궁금한 독자가 사전을 들춰봤다면 "부자연스러운 악을 행하다"라고만 적혀 있는 항목을 보게 된다. 또 ('구강성교에서 삽입하는 역할을 하는 사람'이라는 뜻의) '이루마토르irrumator'의 의미가 궁금한 독자는 "짐승 같은 외설적 행동을 하는 자"라는 설명만 볼 수 있었다.[17] 독자는 "짐승 같은 외설적 행동"이 어떤 것인지 추측할 수밖에 없었다. 당시의 전반적인 상황이 이랬다.

일반 독자 대부분은 영어 번역을 통해 이런 저자들을 접하게 되었는데, 이 경우 상황은 훨씬 심각했다. 아주 최근까지 성적으로 노골적인 구절을 옮겨놓는 충실한 번역은 거의 찾아볼 수 없었다. 그 결과 아리스토파네스의 유머는 많은 부분 독자들의 시야 바깥으로 사라졌고, 전공한 학자들조차 그의 유머를 제대로 이해하지 못했다. 미국 대법원이 외설적인 내용에 대하여 좀더 자유주의적으로 보이는 입장, 즉 외설적 내용이란 그런 면을 상쇄하는 사회적 가치가 없는 것만을 가리킨다는 입장을 채택한 1957년 판결 후에야 미국 출판사들은 이런 희곡을 문자 그대로 번역한 판본을 용기내어 발행하기 시작했다.[18] 모든 그리스 저자가 다 이와 비슷한 처지에 있었다. 고대의 성 규범과 관행에 관한 우리의 가장 중요한 자료들인 항아리 그림의 복제화 역시 볼 수 없었다.

이렇게 텍스트와 시각 예술을 은폐하자 대중은 고대 그리스·로마 문화에 대해 왜곡된 이미지를 갖게 되었다. 마침내 정확한 번역본을 읽게 되었을 때 대중은 숭배하는 그리스인들이 상대적으로 자유주의적인 미국인의 감수성으로 보아도 대담해 보이는 농담을 한 것을 보고 충격과 불신을 경험했다. 1966년 미시건주 디트로이트 인근, 그리스계 미국인이 많이 사는 소도시 입설랜티에서 새로 생긴 전문 레퍼토리 극단이 아리스토파네스의 희극 〈새〉를 상연한 일이 있었는데, 〈오즈의 마법사〉에서 '겁쟁이 사자'를 연기했던 위대한 희극배우 버트 라르가 여기에 출연했다. 이 연극은 윌리엄 애로스미스의 정확한 번역본을 사용했다. 이를 두고 현지 신문이 강하게 불만을 제기했다. 고대 그리스인들이 그런 유머를 즐겼다고 해서 우리가 그런 유머로 입설랜티의 가족들을 괴롭힐 필요가 있느냐는 것이었다.

그리스의 섹슈얼리티에 대한 학문적 탐구의 중요한 전환점은 그리스인의 동성애적 욕구와 행위에 대한 태도를 포괄적으로 연구하겠다는 위대한 학자 케네스 도버 경의 결정이었다. 그가 그런 결심을 한 것은 "지난 수백 년 동안 심리학, 윤리학, 사회학 분야에서 그리스의 동성애를 다루며 이야기된 거의 모든 것이 혼란스러웠고 오해를 불러일으켰다"고 판단했기 때문이다. "혼란의 뿌리는 '적극적' 역할과 '수동적' 역할에 대한 전혀 다른 태도가 공존한다는 것을 이해하지 못하고, 그리스인이 동성애적 흥분을 자연스럽고 정상적이라고 간주했다는 사실을 인정하기를 극단적으로 꺼린 데 있었다."[19] 도버는 다양한 유형의 증거들(항아리 그림, 법정 연설, 문학 및 철학 텍스트 등)을 조심스럽게 걸러 기원전 5세기 아테네 사람들의 행동과 규범에 관한 수많은 놀라운 결론에 이르렀다.

도버의 설득력 있는 주장에 따르면, 아테네 문화는 성적 흥분이나 욕망 자체를 문제시한다거나 수치스럽게 여기지 않았다. 그들에게 성은 조심스러운 감독과 통제가 필요한 우리의 욕구에 따르는 생활의 한 영역이지만, 그 점에서 굶주림이나 갈증과 다르지 않다. 간단히 말해서 성욕을 특별히 문제삼는 (종종 기독교의 원죄 개념과 연결되는) 태도는 발견되지 않는다. 만일 이를 심각하게 문제시한다면, 성적 만족의 경험은 물론이고 그에 대한 판단에도 영향을 줄 것이라고 예상할 수 있다.[20]

더욱이 동성 간 욕망과 흥분은 자연스럽고 정상적인 것으로 생각되었다. 도버가 보여주듯이, 남성의 (보통 자기보다 젊은) 남성을 향한 욕망에 대해 보통 "자연", 심지어 "자연의 강요"라는 어휘가 사용되었다. 이런 어휘를 사용한 것은 사회적 관습에서 벗어난 사람들이 아니라 존경할 만한 인물로 제시되거나 그렇게 간주되는 이들이었다. 심지어 보수적인 저자들의 글에서도 그런 견해는 도덕적 모범에 속하는 것으로 간주했다. (예를 들어 보수적인 사상가 크세노폰은 도덕적으로 존경받을 만한 이전 세대의 인물인 히에론이 젊은 남자에 대한 자신의 에로틱한 열정과 관련하여 "자연의 강요"라고 말했으리라고 상상한다.) 신들은 그런 욕망을 즐기면서도 성취하는 것으로 묘사된다. 많은 사람이 그런 성적 경험을 특별히 강렬하고 강력한 것으로 여겼다. 더욱이 오직 남성-남성의 성적 관계에서만 영적이고 감정적인 연인 간의 깊은 유대를 맺을 가능성이 높다고 생각했다. 여성은 고립되어 있었고, 상대적으로 교육을 받지 못했다.

일차적인 것은 능동적인 것과 수동적인 것 사이의 구별이었고, 이를 중심으로 규범들이 형성되었다. 능동적인 삽입자는 남자답고 훌륭하다고 생각되었으며, 그 사람이 여자에게 삽입하느냐 남자에게 삽입하느냐 하는 것은 보통 도덕적으로 중요하지 않은 문제였다. 성적 욕구가 강한 사람은 만족의 두 원천을 모두 구하는 것으로 여겨졌다. 여성 또는 남성만 배타적으로 찾는 성향을 가진 사람이라는 개념은 존재했다고는 해도 드물었다. 반면 수동적인 것은 남자에게는, 특히 그런 역할을 선호할 경우에는 수치스럽게도 "여자 같은" 것으로 생각되었다.

이런 이유 때문에 나이든 남성 시민과 젊은 남성 시민 사이의 에로틱한 관계를 규제하는 정교한 연애 규약이 발달했다. (이 두 집단은 연령 차이가 크지 않은 경우가 많았다. 나이든 집단은 20대 초반, 젊은 집단은 10대 후반일 수도 있었다.) 능동적인 남성 시민이 남성 성판매자와 성교하는 것은 문제가 되지 않았으며, 능동적인 역할을 한다고 여겨지기만 하면 어느 성별의 성판매자를 찾아가든 사회적 제재는 없었다. 그러나 젊은 남성 시민은 공동체에서 미래의 지위를 보호하기 위해 조심해야 했다. 젊은 남자는 성적 편의를 봐주기 위해 매수되었다고 여겨지지 않도록 주의해야 했다. 만일 그럴 경우 그는 가장 높은 입찰자에게 팔리기 위해 나온 사람으로 여겨졌을 것이다. 또 미래의 성인 시민은 수동적인 성 역할을 원하거나 거기에 익숙한 사람으로 생각되는 것을 바라지 않았다. 따라서 적어도 공적 규범상으로는 (허벅지 사이에 삽입하는) 가랑이 성교가 선호되었다. 이 경우에는 신체적 삽입이 필요하지 않았기 때문이다.

이런 사회규범들이 현실의 관행과 얼마나 일치했는지는 알기 어렵다. 삽입성교가 대중적 규범이 암시하는 것보다 더 흔했고, 공개적으로 논의되지 않는 한 탐닉되었을지 모른다고 생각할 수도 있다. 사적 영역, 논의되지 않는 행동 영역에 관해서는 많은 것을 추측에 맡길 수밖에 없다. 항아리 증거와 널리 퍼진 대중적 규범이 쓰여 있는 문헌 증거(예를 들어 플라톤의 『향연』에서 파우사니아스의 연설)로 볼 때 나이든 남성 시민과 젊은 남성 시민의 성관계는 위와 같은 규약만 준수되면 괜찮다고 여겨졌던 것이 분명하다. 그런 관계들은 대단한 상호 헌신과 사회적·개인적 갈망과 관련된 경우가 많았다.[21] 대부분은 성관계에서 육체적 쾌락 이상의 것을 원하는 남성이라면 이런 관계를 추구한다고 믿었다.

이런 정보가 정확한 지식 자체에 대한 순수한 관심 이상으로 오늘날의 학부생에게 중요한 이유는 무엇일까? 우리는 고대 그리스인이 되겠다고 선택할 수 없다. 또 선택할 수 있다 해도 그 문화의 여성 비하적인 관념들을 빌려오고 싶지는 않다. 어쩌면 성적 수동성에 대한 극단적인 폄하도 거부할 것이다. 현대 세계에서는 젊은 사람들이 고대 세계에서보다 더디게 성숙한다는 점을 고려할 때, 아마 성관계에 대한 동의가 가능한 연령은 고대 그리스인이 비공식적으로 잡았던 것보다 높게 잡아야 할 것이다. 이런 문화 간 만남에서 중요한 것은 시대를 막론하고 계속되어온 구별을 관찰하게 될 것이라고 예상한 지점에서 우리와 다른 점을 보게 되는 경험이다. 즉 우리가 일반적으로 존경하는 사람들 집단이 삶의 내밀한 측면을 우리와는 아주 다르게 조직했다는 사실을 발견하는 것이다. 고대 세계에는 동성애에 대한 우리의 현대적 개념이 존재하지 않았다고 말하는 것, 이것은 과장이 아니다. 당시의 사람들은 선택 대상의 성별에 초점을 맞춘 이분법에 기초하여 자신이나 타인을 분류하지 않았기 때문이다. 양성애적 욕망은 어디에나 존재하는 것으로 가정되었으며, 대상의 성별은 능동적 역할과 수동적 역할의 선택보다 훨씬 덜 중요했다. 나아가 남성-남성의 관계는 강렬한 낭만적 헌신의 매개체로, 종종 여기에 세련된 지적·정치적 갈망이 결합되는 것으로 보았고, 또 분명히 그런 경우가 많았다. 이렇게 우리는 특히 남성-남성의 관계를 '난잡하고' 영성과는 무관한 것으로 묘사하는 일이 허다한 문화 속에 살면서, 역사를 공부하지 않고는 볼 수 없었을 인간 가능성의 어떤 면을 배우게 된다.

이런 종류의 세계를 의식하게 될 때, 우리는 우리 자신의 규범과 관행을 보편적이고 필연적인 것으로 보기보다 우리만의 것으로 보기 시작한다. 이런 식으로 우리는 우리 자신에 관해서, 우리 역사와 문화의 선택에 관해서 무엇인가를 배운다. 우리는 또 전에는 묻지 않았던 질문, 예를 들어 우리의 판단과 구별에 타당한 이유가 있느냐고 질문을 하기 시작한다. 우리의 성적 규범에 타당한 이유가 없다 해도 그것이 반드시 나쁜 것은 아니다. 인간 삶의 많은 부분은 이유보다는 습관에 기초를 두고 있다. 그러나 이는 우리가 삶을 다르게 경험하고 다른 습관을 가진 동료 시민을 불리한 처지에 몰아넣기 전에 잠시라도 망설여야 한다는 뜻이다.

비교문화 연구에서 우리는 '자연'과 '자연스러운 것'에 호소하는 것이 성적 영역에서는 어느 문화에나 존재하는 것임을 알게 된다. 그러나 그렇게 옹호되어온 다양한 관습을 수없이 펼쳐 보임으로써 이런 호소가 실제로는 얼마나 불확실한지, 문화적으로 형성된 적절한 행동의 이미지와 얼마나 철저하게 묶여 있는지 알 수 있다.

설사 어떤 것이 우리가 생물학적 소질로 타고난 부분이라는 의미에서 '자연스럽다' 하더라도, 우리가 그것을 바꿀 수 없거나 바꾸지 말아야 하는 것은 아니다. 우리의 타고난 자질 가운데 많은 면이 개선되어야 하고 개선된다. 그런 의미에서 어떤 것을 '부자연스럽다'고 부르는 것이 도덕적 비판은 아니다. 예술, 미덕, 정치적 정의 같은 훌륭한 개념들은 우리에게 타고난 경향 가운데 일부와 결별하고 새로운 경향을 발전시킬 것을 요구한다는 의미에서 부자연스럽다. 비교문화사는 공통의 생물학적 유산을 공유하는 하나의 종이 승인해온 다양한 규범들을 보여줌으로써 우리가 우리의 성적 선택의 도덕성을 더 깊이 탐구할 준비를 갖추게 해준다.

지금은 성적 규범과 분류를 비교문화적으로 연구한 수준 높은 자료가 많다. 고대 그리스는 좋은 출발점이다. 관련 텍스트들이 잘 번역되어 훌륭한 역사적 주석과 함께 제공되기 때문이며, 특정 문화와 관계없이 이 분야의 최고로 꼽을 만한 도버의 책이 있기 때문이다. 또 미국 토착민 전통이나 뉴기니처럼 매혹적이지만 이용할 만한 자료가 드문 문화보다는 전반적으로 많은 것이 알려진 문화에서 시작하는 것이 유용하다. 그러나 다양한 시공간의 문화들을 다룬 견실한 학문적 업적이 점차 늘어날 것이다. 고전학, 역사학, 철학, 인류학, 사회학 같은 다양한 영역에서 교육과정에 이런 자료를 적절히 통합할 수도 있다.

어떤 지역이나 시대의 섹슈얼리티를 연구할 때 우리는 어떤 의미에서는 우리 자신에 대한 지식을 얻는 셈이다. 그러나 우리는 또 우리 자신을 더 직접적으로 연구하여, 이 시기 우리 자신의 나라에서 성적 행위와 욕망에 관한 규범들과 관행들이 무엇인지 정확하게 이해하려고 노력해야 한다. 지금은 우리 자신의 규범과 관행을 연구하는 역사적이고 사회학적인 자료가 풍부하다. 예를 하나만 들어본다면, 미국의 성 행동에 관한 라우만의 연구는 저자 자신의 이야기에 따르면, 표본 규모를 축소해야 했기 때문에 불완전하다. 그 결론 역시 다른 면에서 반박되어왔다. 특히 어떤 조사든 아무리 세심하게 기획한다 해도 진상을 알아낼 수 없다고 생각하는 사람들은 이의를 제기할 것이다. 하지만 이 조사는 미국의 성적 태도와 관행에 관한 다른 어느 조사보다 철저하고 방법론적인 면에서도 세심하다. 무작위로 선정한 주민 표본을 이용했기 때문에 더욱 그러하다. 따라서 여기에 어떤 결함이 있든, 이 연구는 교육과정에서 미국 사회의 섹슈얼리티를 연구하는 데 하나의 출발점이 되어야 한다.

라우만의 자료는 미국의 성 관습에 대한 훨씬 최근의 연구와 마찬가지로 성 행동과 그 분류가 사회적으로 구성된다는 주장을 강력하게 뒷받침한다. 저자들은 이렇게 결론을 내린다. "우리는 실제로 성 행동이 다른 종류의 사회적 행동과 아주 흡사하다는 것을 알게 되었다. 즉 의식적으로 생각하지 않으면 규칙대로 행동한다." 섹슈얼리티 영역의 행동과 주관적 경험 양쪽과 관련하여 성은 "개인 수준에서 단독으로, 또는 심지어 일차적으로 작동하는 것으로 볼 것이 아니라…… 진행중인 사회적·성적 상호작용에 의해 매개되는 것으로 보아야 한다."[22]

이런 행동 패턴, 규범, 그리고 우리 자신의 문화 내에서 복잡하게 엮이는 상황에 대한 솔직한 연구는 라우만과 공저자들의 타당한 주장처럼, 우리가 하나의 사회로서 발전하는 데 귀중한 기여를 한다. "우리 자신의 성생활에 관한 사실들을 알고 해석하려고 노력하게 되면, 우리는 한 나라에 사는 사람들로서 더욱 효과적으로 섹슈얼리티의 다양성을 존중할 수 있고, 우리의 사적·공적 삶의 성적인 면을 끌어올리는 일관되고 효율적인 정책을 만들어낼 수 있다."[23]

학부 교육과정에서의 섹슈얼리티 공부

교육과정은 여러 면에서 이런 쟁점들과 마주한다. 그리고 그렇게 마주하기 시작할 때, 정치적이고도 지적으로 까다로운 문제 몇 가지와 마주치게 된다. 브라운 대학의 사례가 이를 분명히 보여준다. 브라운 대학은 1985년에는 이런 쟁점을 다루는 교육과정이 전혀 없다시피 했지만, 지금은 학부생이 섹슈얼리티 공부에 전념할 수 있는 소수의 대학으로 꼽힌다. 대학교육에 대해 공적으로 논의할 때 '정치적 공정성'의 대명사로 일컬어지곤 하는 브라운 대학은 많은 사람이 '다문화주의'가 융성한 대학이라고 믿고 있다. 브라운 대학은 실제로 세계시민성과 관련이 있는 몇 개 영역에서 선구적인 역할을 했다. 예를 들어 미국에서 가장 먼저 유대학 전공 학과들을 만들었고 지금도 가장 잘 운영하는 곳으로 꼽힌다. 또 이곳에 있는 저명한 '여성학 센터'는 학부 프로그램과 견고하게 연계되어 있다. 훌륭한 '세계 기아 프로그램'도 있고 국제 관계 및 개발 연구와 연동된 프로그램들도 있다. 브라운 대학이 아프리카계 미국학을 주도하지는 않지만 이 영역을 담당하는 작지만 훌륭한 학과가 있고, 이 학과는 '역사와 미국 문명', 또 최근 개소된 '인종과 민족성 연구 센터'에 밀접하게 연결되어 있다. 그러나 브라운 대학은 섹슈얼리티라는 쟁점에서는 교육과정 개발이라는 면에서나 관용과 반차별이라는 기본적인 차원에서도 앞서지 못했었다. 1980년대 중반까지 브라운 대학은 아이비리그 대학 가운데 입학, 고용, 승진 관련 반차별 성명에 성적 지향을 포함시키지 않은 유일한 학교였다.

1985~86학년도 브라운 대학의 교육정책위원회는 '교육과정에서의 소수자 관점'이라는 새로운 소위원회를 만들었다. 이 위원회의 임무는 현재 구성된 교육과정이 미국 소수집단들의 역사나 경험 관련 연구를 얼마나 담아내고 있는지 조사하는 것이었다. 위원회가 관심을 기울일 집단들이 과제 목록에 공식적으로 명기되지는 않았지만, 주요 소수민족 및 소수인종이 포함될 것이라고 추측되었다. 또 위원회가 (어차피 소수집단 연구는 아닌) 유대학이나 여성학은 다루지 않을 것이라고 알려졌는데, 이런 프로그램들은 교육과정에 견실하게 잘 통합되어 있다고 간주되었기 때문이다. 그러나 위원회가 사실 확인 조사 내용에 교육과정에서의 동성애 논의 방법을 포함할지는 전혀 확실치 않았다. 사전 모임에서 게이와 레즈비언 학생 집단의 대표들은 이 쟁점을 포함하라고 요구했다. 교과과정에서 이 주제를 다루는 방식에 관하여 더 많은

정보를 얻고 싶었던 것이다. 질문할 집단을 하나 더 추가하는 것은 비교적 쉬운 일이었을 것이다. 이런 제안에 대한 지지도 어느 정도 있었다. 교수진은 논의가 지적으로 적절하게 이루어지는 곳에서도 섹슈얼리티의 쟁점들이 보통은 논의되지 않았다는 것을 알고 있었기 때문이다.

이 쟁점은 위원회 제1차 회의에서 제기되었다. 학장은 민족 및 인종 집단의 '정당한 관심사'가 동성애를 다루는 일과 섞이지 않을 것이라고 잘랐다. 사실 확인 과정에 쉽게 포함시킬 수 있는 영역을 생략한 이유를 질문받자, 그녀는 우리 공동체는 민족과 인종 소수집단의 관심사의 중요성에 관해서는 합의에 이르렀지만, 성소수자의 경우는 그렇지 못하다고 주장했다. 도덕적 합의의 결여가 왜 이런 주제를 교육과정에 포함시키는 것을 반대하는 논거가 되는지, 하물며 현재 그런 주제가 다루어지는지 알아보고 다루어진다면 어떻게 다루어지는지 살펴보는 것에 반대하는 논거가 되는지는 분명치 않았다.

교수진은 타협에 도달하여 이 쟁점의 추가 연구가 필요한지 알아보는 별도의 소규모 사실 확인 집단을 만들기로 했다. 관련 학과들의 교수와 학생 양쪽을 면담한 결과 흥미로운 사실이 드러났다. 가령 '이상심리학' 강좌에서는 정신치료 및 심리학 전문가들이 이제 동성애를 비정상이라고 생각하지 않는다는 이유로 동성애를 공부하지 않았다. '일탈 사회학' 강좌도 원칙적으로는 동성애를 공부할 수도 있지만, 선생들이 나에게 말한 대로 적자면, 이 학과에서 '일탈'이라는 단어는 규범적 범주가 아니라 순수하게 통계적 범주로 (도덕적 비행이 아니라 그저 비교적 드물다는 뜻으로) 사용되기 때문에 그 주제를 공부하지 않았다. 실제로 이 주제를 거의 다루지 않는다는 사실이 드러난 것이다. 유명한 페미니스트 생물학자 앤 파우스토스털링이 가르치는 '성별 생물학'이 정규 과목으로는 유일하게 이 주제에 시간을 할애했지만, 그 시간은 한 학기 중 불과 한 주였다.

더욱이 소수자위원회가 과제 수행 중에 아프리카계 미국학과의 학과장을 면담했을 때, 학과장은 아프리카계 미국학 강좌를 늘리면 좋겠지만 브라운 대학에서 소수자에 대한 지식과 이해 가운데 가장 다급한 쟁점은 동성애라는 입장을 밝혔다. 그의 주장에 따르면 학생들은 이 논점에 관해 매우 그릇된 정보를 갖고 있으며 강의실에서도 편견을 드러내 학습에 문제를 일으켰다. 그는 자신의 강의마저 분위기가 너무 적대적이고 정보도 턱없이 부족하여 대학의 품위를 훼손할 정도라고 생각했다.

이 쟁점을 더욱 충실하게 공부하자는 입장을 지지하는 이들이 늘어갔다. 1986년 봄에 학장은 약간 주저하면서 교육과정에서의 동성애를 다루는 문제를 조사할 위원회를 설치했다. 그녀는 나에게 위원장을 맡아달라고 요청했다. 나는 동의했고, 위원회가 열렸다. 행동심리학자, 의대 명예교수를 포함하여 다른 몇 명이 위원으로 참가했는데, 누구도 이 논제에 큰 관심이 있는 것 같지 않았다. 실제로 학장이 일부러 적극성이 없는 위원을 모아 위원회를 만든 것처럼 보였다. 하지만 우리는 모든 학과와 프로그램에서 사용할 설문지를 만들고 결과를 기다렸다. 그때 이상한 일이 일어났다.

학장의 오랜 친구 한 사람이 점심을 먹자고 나를 초대했다. 일반적인 이야기를 한참 나누고 나서야 그가 정말로 원하는 것은 내가 성소수자에게 그토록 큰 관심을 보이는 진짜 동기를 알아내는 것임이 드러났다. 그는 나의 사생활에 관해 많은 질문을 던지기 시작했다. 그 순간 나는 그의 질문에 대답하는 식으로 대응했다. 그러나 그런 질문들은 교육과정 문제와 아무런 관련이 없었기 때문에, 나는 그런 식으로 방어적인 자세를 취한 것을 이내 후회했다. 그래서 그에게 내가 관심을 가지는 데는 세 가지 이유가 있다고 말했다. 첫째로, 나는 그것이 중요한 정의의 문제라고 믿는다. 둘째로, 나는 청소년기에 플라톤의 『파이드로스』를 읽고 남성 동성애 이야기가 내가 본 가장 매혹적인 사랑의 양식이라고 느꼈다.

여기에는 갈망, 정열, 우정 어린 관심이 결합되어 있었고, 이성애의 허구적 이야기에서는 본 적 없는 방식으로 지적인 목표가 공유되고 있었는데, 이성애에는 보통 권력의 비대칭성이 포함되거나 진짜 에로틱한 정열이 결여되어 있었기 때문이다. 남성 동성애는 나 자신이 사랑에서 원하는 것을 (내 경우는 남자와의 사랑이지만) 묘사하고 있었기 때문에, 플라톤의 모범을 모방하는 동성 연인들에게 오늘날에는 낙인을 찍어야 한다고 주장하는 것이 나에게는 아주 이상해 보였다. 셋째로, 청소년기 이래로 나는 수많은 게이 친구를 두었으며—전문 배우 경력의 결과이기도 하다—그들의 우정에 매우 감사할 만한 이유가 있었다. 특히 학교라는 남성 지배적인 환경, 즉 게이가 아닌 남성과의 우정이 매우 복잡한 곳에서는 더욱 그러했다.

이런 개인적인 조사는 정말 이상했지만, 그럼에도 동성애 연구에 관심을 보이는 교원에게는 아주 흔하고 피할 수 없는 현실이었다. 현안인 쟁점은 교육과정과 사회적 정의 두 가지였다고 생각할 수도 있다. 그러나 둘 가운데 어느 것도 교원 개인의 생활과 관련이 없는 것으로 보였으며, 다른 연구 영역에서라면 개인적인 질문은 제기되지 않았을 것이다. 이 교수는 정말로 어떤 집단의 연구가 정당하다고 옹호하는 사람은 (공개적으로든 은밀하게든) 그 집단의 일원이라고 믿는 것일까? 어떤 사람이 어떤 집단과 관련한 정의의 요구를 옹호하면 역시 마찬가지로 그가 (공개적으로든 은밀하게든) 그 집단의 일원이라고 믿는 것일까? 모든 행동에는 이기심이라는 동기가 있다는 것이 미국적 삶의 신조인지도 모르겠다. 그러나 이런 신조는 그릇된 것 같다. 정의에 대한 요구가 있고, 그런 요구 자체를 존중해 그것을 따르는 사람들도 있다. 이 영역에서는 왜 그렇게 하는 것이 허용될 수 없을까? 왜 개인적인 이야기가 있어야 하고, 개인적인 동기를 제시해야 하는 것일까?

그러나 현실에서 성적 지향이라는 쟁점과 관련해서는 자신도 오염될지 모른다는 이성애자 학자들의 공포가 워낙 깊어 정의에 대한 그런 요구, 또는 이와 밀접하게 관련된 학문적 정당성 요구에 대한 지지가 정말 드물었다. 이해하고자 하는 세계시민의 욕망은 거의 존재하지 않았으며, 이런 쟁점을 추구하는 유일한 이유는 개인적인 정체성 정치의 일환이라는 가정이 지배적이었다. 이런 믿음은 자기 확증을 통해 굳어져간다는 것이 증명되었다. 이런 믿음이 지배하면 사람들은 당혹스러운 의심을 받지 않도록 개인적으로 이 쟁점과 관련하여 어떤 입장을 택하는 것을 피하기 때문이다. 게이 시민권이나 동성애를 교육과정에서 배우는 일의 중요성에 관해 공적인 입장을 채택한 이성애자 남성이 있다면 마치 부정한 사람만이 그런 문제에 관련되기라도 하는 것처럼 바로 소문의 소재가 될 것이다. "너의 진짜 정체는 무엇이냐" 에 답을 하고 나서야 이 주제에 관한 대화가 시작될 수 있다. 지식과 정의에 관하여 이성에 의거한 주장을 펼쳐야 하는 자리에서 성적 지향이 그 사람의 입장에 근본적인 것으로 간주되고 있는 것이다.

현대의 성적 범주들에 대한 미셸 푸코의 분석이 늘 설득력 있는 것은 아니다. 그러나 브라운 대학의 일화들은 우리 사회가 사람을 상대하는 모든 문제에서 성적 지향의 문제를 근본적인 것으로 만든다는, 종종 친절함, 우수함, 공정성보다 더 근본적인 것으로 만든다는 그의 주장이 진실임을 보여준다. 브라운 대학에서는 (그리고 전국의 이에 비견할 만한 많은 대학에서는) 그 사람의 '정체성'에 관해 묻는 것이 그 사람이 하는 주장의 수준에 대한 검토를 대신하는 경우가 많았다. 이것은 이성적 삶, 즉 우리의 대학이 장려해야 할 삶이 아니다.

브라운 위원회는 정식으로 설립되고 나서 일단 동성애 현상을 이해하고자 하는 사람에게 대학이 어떤 자원을 제공하고 있는지 파악하려고 교과과정을 검토했다. 우리의 설문지는 세 가지 질문을 제시했다. (1) 학과에 동성애를 다루는 강의가 있는가?

(2) 그 분야에서 강의 개발을 위한 계획이 있는가? (3) 그 분야에서 자료를 읽고 연구하고자 하는 학생에게 조언을 해줄 수 있는 교수는 있는가? 많은 학과 가운데에서도 특히 심리학과, 사회학과, 역사학과, 일문학과, 독문학과, 불문학과에서 세 질문 모두에 부정적인 답을 했다. 그 모든 영역에서 연구의 공백이 드러난 것이다. 종교학과와 생물학과 정도만 형식적으로나마 교육과정에서 이 문제를 가르쳤다.(두 경우 모두 한 강의의 일부였으며, 종교학과의 경우에는 대학원생이 가르치는 일회적인 특강이었다.) 그러나 영문학과는 가장 위대한 저자들 가운데 다수가 레즈비언이나 게이였기에 결과적으로 학과 전체가 레즈비언과 게이 연구를 한다고 설명했다. 심리학과에서는 시간을 들여 긴 분량의 도움이 되는 답변을 보내주었는데, 자신들의 접근법은 어떤 경우든 인간 연구를 지향하지 않기 때문에 그 주제를 가르치지 않는다고 설명했다. 그들은 거의 동물실험에만 초점을 맞추고 있었다.

심리학·문학·역사학 지식은 우리 학생들에게 제대로 제공되고 있지 않았다. 이런 지식의 차단은 원인과 결과 모두 편견이나 불의와 연결된다. 위원회가 면담한 레즈비언과 게이 학생들은, 아주 자주 일어나는 일이었는데, 선생이 동성애 쟁점이 두드러지는 역사적 사건이나 문학 텍스트 대목에 이르러 "뭐, 이게 뭔지는 다 알잖아요" 같은 말로 당황스러워하며 그냥 넘어갈 때면 자신들이 어떤 느낌에 사로잡히는지 이야기했다. 문제는 우리가 알지 못했다는 것이고, 전체적으로 알고 싶어하지 않았다는 것이다.

레즈비언과 게이 학생들과 했던 토론은 위원회 활동의 전환점이 되었다. 나중에 일부 위원들은 당사자들을 만나기 전에는 그들이 자신이 상상했던 다양한 고정관념과 일치하리라고, 즉 정체성 정치와 연결되어 공격적이고 지나치게 단순화된 '정치적 의제'를 밀어붙이는 급진주의자 집단을 보게 되리라고 예상했다고 털어놓았다. 그러나 그들이 만난 것은 다양한 젊은 남자들과 여자들, 우리 누구라도 가르쳤을 수 있는 학생 집단이었다. 우리는 그 학생들이 동성애에 대한 당황스러움과 무지 때문에 생겨난 교육의 맹점에 관해 진지하고 신랄하게 사유한 내용을 들었다. 그들은 또한 우리에게 그렇게 의도적으로 가공된 침묵이 2등 시민으로 취급당하는 경험과 연결되는 방식을 묘사해주었다. 그들은 그런 침묵을 경험할 때마다 그들 자신의 어떤 특징이 다른 사람들에게는 너무 당혹스러워서 학문 공동체에서 이성에 기초한 토론의 주제조차 될 수 없다는 말을 듣는 기분이 들었다고 했다. 나아가 우리는 그런 침묵이 강의실에 있는 다른 학생들에게 미칠 수 있는 영향도 이해하게 되었다. 그들의 상상력은 동료 시민 일부의 삶을 이해하는 데 필수적인 내용으로부터 단절되어 있었기 때문이다. 처음에는 주저하던 위원회가 우리 교육과정에 지식 추구에 유해한 맹점이 존재한다는 점에 의견 일치를 보았다.

통합 학문적 교원 그룹은 이 상황을 다루는 최선의 방식은 섹슈얼리티에 대한 높은 수준의 연구 성과를 대학에 들여와 토론하는 것이라고 판단했다. 그 결과 역사학과, 종교학과, 고전학과, 철학과를 포함한 학과들이 후원하는 '역사와 문화 속의 동성애'에 관한 학술대회가 열렸고, 저명한 학자들이 브라운 대학에 모여 역사 및 사회에 나타난 동성애의 여러 측면에 관한 새로운 연구 결과를 발표했다. 1987년에 개최된 이 모임은 적어도 이 지역에서는 이런 논제를 다룬 최초의 주요한 학술대회였다. 고전학자 데이비드 핼퍼린과 고故 존 J. 윙클러, 역사학자 헨리 에이블러브와 고故 존 보즈웰, 문학자 캐서린 스팀슨과 비디 마틴을 비롯한 발표자들은 대규모의 다양한 청중에게 섹슈얼리티의 역사에 관하여 현재 이루어지고 있는 새로운 학문적 연구가 얼마나 다양하고 수준이 높은지 느끼게 해주었다. 그들은 이 연구가 개인적으로 관련이 있는 사람만이 아니라 모든 학생과 학자가 관심을 가질 내용이라는 메시지를 공동체에 전하려고 주의를 기울였다. 여성과 가족사 연구를 개척한 학자이자 독실한 가톨릭교도이며 자기 가족에게 헌신적이기로 유명한 저명한 사회학자 데이비드 헐리히가 첫 세션의 사회를 보았다. 대학의 교무처장인 공학자 모리스 글릭스먼은 부인과 함께 앞줄에 앉았다.

이 행사가 있고 나서 2년 뒤 브라운 대학은 반차별 성명을 채택하면서 그 항목들에 성적 지향을 포함했다. 1988년 바튼 그레고리언이 신임 총장으로 취임하면서 캠퍼스 내 게이와 레즈비언 학생들의 사회적 상황은 상당히 개선되었다. 대학 당국이 성적 지향을 이유로 한 개인에 대한 모욕과 학대는 인종차별적 조롱과 마찬가지로 학교 공동체에서 인정할 수 없다는 점을 분명히 밝혔기 때문이다. 이 문제에 대해 합리적 토론을 하는 것이 가능하다는 사실도 점차 분명해졌다.

1994년이 되자 많은 학과가 성적 지향에 대한 논의를 포함한 강의를 개설했다. 생물학, 심리학, 철학, 종교학, 역사학, 다양한 문학 분야에서 1986년 조사 때 드러났던 맹점을 해결하려 했다. 이와 관련하여 교육과정도 여러 방식으로 바뀌었다. 의과대학에서는 에이즈와 역학疫學에 관한 새로운 강의가 개설되었고, 대부분의 문학과에서 섹슈얼리티의 문학적 표현에 관한 강의가 개설되었으며, 종교학과와 유대학과에서는 섹슈얼리티와 몸에 관한 강의가 개설되었다. 훨씬 더 중요한 것은 새로운 연구 성과가 정규 교육과정 과목들에 점차 통합되면서 기존 강의에 일어난 변화였다. 고대 그리스의 역사, 문학, 철학을 다루는 강의는 그 문화의 성적 규범과 관행 연구에 더 많은 시간을 할애하기 시작했다. 헌법, 도덕철학, 여러 시대의 역사, 인류학 관련 강의들은 모두 동성애와 섹슈얼리티 일반 모두와 관련된 쟁점들을 더 인식하기 시작했다.

그러나 개설 과목들 사이의 형식적 통합은 이루어지지 않았고, 섹슈얼리티라는 논제의 다양한 면들을 연결하고 접근법과 방법론에 대한 더 수준 높은 인식을 강화할 통합 학문적 프로그램도 없었다. 그런 통합 학문적 프로그램은 교육과정의 다양한 영역에서 가치가 있다는 것이 이미 증명되었다. 브라운 대학의 '세계 기아 프로그램'은 역사학, 기후학, 지질학, 경제학, 인류학, 윤리학의 통찰들을 통합한다. 브라운 대학의 '타우브먼 공공정책센터'는 정치학을 사회학, 통계학, 경제학과 결합한다. '토머스 왓슨 국제관계센터'는 현대 세계에서 선진국과 개발도상국의 관계를 고찰하는 데 필요한 문화와 정치의 통합 연구를 추구한다. '구세계 예술 및 고고학 센터'는 고대 지중해 지역 문화들의 비교 연구를 추진한다. 이런 프로그램들은 지식이 급속한 변화를 겪고 있는 이 시대에 학문 연구와 교육이 보이는 보편적인 특징으로, 학자들이 통합학문적 환경에서 서로 배우는 한편 각 분야를 연결하는 과목을 조직하도록 권장한다.

섹슈얼리티 연구 또는 레즈비언·게이 연구에서는 형식적인 센터나 프로그램이 어떤 면에서는 도움이 되지만 어떤 면에서는 역효과를 낳는 것 같았다. 이런 프로그램은 귀중한 연구와 교육을 이루어낼 가능성이 높다. 하지만 이것은 또 학자들을 그들의 학과에서 떼어놓을 수 있는데, 이로 인해 이런 연구를 교육과정 전체에 통합하려는 노력—조건이 맞는 곳에서는 하면 좋다—이 약화될 수 있다.

별도의 프로그램을 만들지 않고 학생들이 섹슈얼리티를 하나의 연구 분야로 몰두하게 해주는 통합 학문적 학부 집중과정을 만들면 더 통합된 결과를 얻을 수 있을 것처럼 여겨지기도 했다. 섹슈얼리티는 연구 문헌들이 이제 막 나오기 시작한 통합 학문적 분야다. 이것은 적어도 환경 연구, 여성 연구, 지역 연구 수준의 학문적 통일성이 요구된다. 가장 익숙한 학문 분야 대다수는 방법론이 이질적임에도 특정 역사시대에 대한 사회적 관심 때문에 뭉치게 되었다. (그리스어, 라틴어, 역사, 문학, 고고학, 철학, 종교학,

언어학 외에 많은 것을 결합한) 고전학이 그런 분야의 한 가지 분명한 예다. 고전학을 하나의 학문으로 확립하게 된 이유가 애초에는 학문적이라기보다는 단연 정치적이었지만 (중심 동기는 교회가 지배하는 스콜라 철학을 공격하려는 르네상스 인본주의자들의 노력이었다) 지금 그런 분야들의 결합은 익숙하다. 방법론적 이질성은 때로 배움에 걸림돌이 된다. 가령 일부 고전학과에서는 역사학자와 문학자, 철학자, 고고학자 사이에 소통이 거의 이루어지지 않기 때문이다. 그러나 가장 훌륭한 경우에 이 분야는 이질성에서 이익을 얻으며, 이 분야의 자원들을 공동으로 이용하는 연구를 수행한다.

이제 브라운 대학에는 전문화된 집중과정에 봉사할 전문 교수진이 충분한 것으로 보였다. 이 과정은 집중과정 3학년생들을 위해 다양한 학문 분야들을 끌어모아 통합 세미나를 만들고, 필수 기초 과목들로 이루어진 핵심교육 과정을 제공할 것이었다. 통합 학문적 교원 집단은 한 학기에 걸쳐 만나며 방안을 설계했다. 모임 구성원은 의학, 역사학, 영어학, 유대학, 종교학, 미국문명, 철학, 고전학 전공자였다.

이 모임에서 나온 제안은 다음의 결정들을 담고 있었다.

1. 포괄적 정의. 브라운 대학의 프로그램은 '레즈비언·게이 연구'에 좁게 한정되는 것이 아니라 '섹슈얼리티와 사회'라는 포괄적 프로그램이 될 계획이었다. 더 포괄적인 정의가 이해에 가장 도움이 되리라고 여겨졌기 때문이다. 동성애에 관한 훌륭한 연구라면 섹슈얼리티 전체에 대한 한층 포괄적인 이해에 바탕을 두어야 할 터였다. 이런 선택의 또다른 이유는 현대적 형태의 '이성애'와 '동성애'라는 범주가 보편적인 것이 아니며, 인간 정체성의 원천으로서 보편적으로 주목받아온 것은 아니라는 역사적 자각이었다. 학자들은 논란이 되는 한 가지 범주를 주제의 맥락에서만 설정해 역사적 탐구에 편향이 생기는 것을 바라지 않았다.

더 실용적인 논리는 우리 사회의 학생들이 여전히 자신이 동성애를 공부했다는 사실이 경력에 영향을 줄 가능성을 염려한다는 점이었다. 안타깝게도 어떤 지역에서는 여전히, 알고 싶다는 것이 곧 오염되었음을 뜻한다. 게이·레즈비언 주제에 관한 강의들의 주제는 보통 학생 성적 증명서에 나타나지 않는 강의의 부제목에 명시되어야 한다. 그래야 다양한 성적 경향을 가진 학생들이 졸업 후 진로를 선택할 때 불이익을 받을 것이라는 걱정 없이 수강신청을 할 수 있기 때문이다.

2. 통합 학문적 개념. 인간 섹슈얼리티 연구는 그 성격상 통합 학문적 프로젝트이며, 인문학, 사회과학, 자연과학 등 학부 교육과정 중 주요한 세 영역 전체의 투입을 요구한다. 이 연구에 귀중한 기여를 해온 분야에는 의학, 진화생물학, 유전학, 사회학, 인류학, 법학, 정치학, 철학, 다양한 문학, 고전학, 종교학, 역사학 등이 포함된다. 그럼에도 현재 게이·레즈비언을 공부하는 대학 강좌는 초점이 좁게 맞추어져 있다. 이 강좌들은 문학과 문화학에 지배되는 경향이 있으며, 다른 인문학 전공의 투입은 어느 정도 이루어지지만, 과학과 사회과학의 투입은 상대적으로 거의 이루어지지 않는다. 브라운 대학은 처음부터 이 프로그램에서 섹슈얼리티라는 논제를 가능한 한 폭넓게 이해하기로 했다. 개설 과목들은 얼마간 교원들의 관심과 활용 가능성에 따라 국한되었으며, 그 결과 프로그램에 공백이 생겼는데, 현재는 특히 인류학, 사회학, 법학 분야가 그러하다. (브라운 대학에는 로스쿨이 없고, 법 관련 강의도 얼마 되지 않는다.) 그러나 통합 학문적으로 연구하는 핵심 그룹의 존재는 관련 영역의 교수진 사이에 관심을 불러일으켜, 이들이 연구와 수업에 새로운 연구 성과를 통합했다.

3. 학문과 연구에 집중. 상대적으로 새로운 모든 분야, 특히 통합 학문적 분야는 피상적으로 흐를 위험이 있다. 학생들이 전체를 통

합하는 방법론과 전문성의 단단한 기초 없이 이것저것 수박 겉핥기식의 지식만 가지고 졸업할 위험이 있는 것이다. 이런 위험이 신진 분야에만 나타나는 것은 아니다. 이것은 예를 들어 고전학에서도 항상적인 문제여서, 학생들이 어떤 경우에는 무려 1200년의 기간에 걸친 두 문화의 역사, 문학, 예술사, 철학에 관한 여러 단편적인 지식만 갖추고 졸업하기 십상이다. 이런 지식은 보통 어느 정도는 그리스어나 라틴어 중 한쪽 또는 양쪽 모두의 공부에 의해 연결되지만, 이런 연결고리는 과거에 비해 희석된 형태라고 할 수 있는 현재의 (많은 학교에서 언어 공부를 상대적으로 적게 요구하는) 고전학 학부 전공에서는 점차 약해지고 있다. 또 언어 지식은 고전학을 구성하는 다양한 학문 분야에 높은 수준의 방법론을 제공하지도 못한다.

브라운 대학의 '섹슈얼리티와 사회' 집중과정은 이 프로그램에 주력하는 모든 학생이 이 분야의 실질적인 (대체로 부전공에 준하는 수준의) 전문지식도 갖출 것을 고집하여 이 문제에 대처했다. 이 프로그램은 그런 요구 조건으로 미래의 학생들을 피상성이라는 공격으로부터 보호했다. 더 중요한 것은 학생들이 하나의 확립된 학문 분야에서 엄격한 훈련을 받도록 보장했다는 것이다. 이 프로그램은 또 모든 집중과정 수강생들이 프로그램의 핵심 교수진이 개설한 일군의 필수과목을 들을 것을 요구하는데, 그런 과목 가운데 하나가 3학년 때 수강해야 하는 방법론 세미나다. 이 세미나는 매주 관련 학문 분야의 교원이 담당하는데, 교원은 학생들에게 현재 쓰이고 있는 연구 기법을 소개한다.

이런 전략을 실행에 옮기는 데는 어려움이 있었다. 집중과정에서 현대의 문학이론이 차지하는 상대적으로 큰 역할에 대한 의견 차이가 드러났기 때문이다. 철학, 종교학, 의학 교수진은 포스트모더니즘 문학이론의 영향을 받은 접근법과 더불어, 엄격한 학문적 논증과 전통적 탐구 방법 또한 중요하다고 계속 강조해야 했다. 그들은 집중과정의 목표가 이런 논제들의 연구를 교육과정 전체의 탁월한 한 부분으로 만드는 것이어야 한다고 주장한다. 그리고 이런 정당화는 오직 이 프로그램의 과목들이 엄격성과 방법론적 다양성을 가장 높은 수준에서 지켜나가야 가능하다는 것이다. 이런 주장은 계속되고 있지만, 이 프로그램은 학문 분야 간에 생각이나 주장을 체계적으로 교환하는 것과 더불어 초점 영역을 확대함으로써 그럼 프로그램이 일면적이고 이데올로기적일 수밖에 없다는 학교 당국과 학생들의 걱정을 더는 데 도움을 준다.

모든 섹슈얼리티의 연구 프로그램은 대학의 나머지 부분으로부터 고립되어 있으면 실패한다. 그런 개설 과목은 이런 쟁점에 관심을 가지는 학생이나 교수진을 동료들로부터 격리시키는 역할까지 할 수 있다. 스콧 브레이스웨이트는 브리검영 대학에서 받은 학부 교육을 돌이켜보면서 학우들이 그를 알게 될 기회가 없었다는 사실—즉 게이의 역사, 다양한 시대와 지역에서 게이 당사자가 내린 다양한 선택에 대해 알 기회가 없었다는 사실—을 아쉬워했다. 그의 타당한 주장에 따르면, 이것은 그들의 종교가 모든 사람이 가지고 있어야 한다고 가르치는 사랑이 (그리고 우리는 여기에 존중을 덧붙여야 한다) 그들에게는 없었다는 뜻이었다. 네바다 주립대학 리노 캠퍼스의 학생 에릭 차머스는 그와 반대로 게이의 삶이 어떠한 것일지 알 기회가 있었다. 그는 미래의 보건 일꾼으로서 이제 그가 자칫 모르고 살 수도 있었을 미래의 환자 가운데 일부를 이해하게 되었다. 우리는 더 전문화된 연구를 어떻게 구성하든, 누구나 이런 이해와 공감에 이를 수 있도록 노력해야 한다. 브라운 대학에서는 성을 둘러싼 논제를 다루는 통합 학문적 과목들이 폭넓고 다양한 학생들을 끌어들이고 있다. 전문화된 집중과정도 같은 역할을 할 수 있는지는 두고 볼 일이다.

섹슈얼리티를 연구하는 모든 프로그램은 공통된 공격에 대처해야 한다. 공격의 골자는 그런 프로그램이 사회가 동성애를 괜찮은 '생활방식'으로 받아들이도록 부추기려는 '정치적 의제'를 동기로 삼고 있다는 것, 프로그램의 교수진은 학자로서 탐구를 하는 것이 아니라 학생들을 이런 생활방식으로 '개종'시키려 하고 있다는 것이다. 그런 공격에 대해서는 이 연구의 일차적인 동기가, 인간 삶의 핵심 영역에 관해 고찰할 때 반드시 필요한 지식을 얻는 것이라고 응답해야 한다. 보조적 동기는 사실 존중, 관용, 우정을 북돋는 것이다. 이것들은 민주주의에서 교육과정이 갖추어야 할 훌륭한 목표다. 미국 같은 나라의 자유민주주의는 기본적인 목표와 꿈이 크게 다른 시민들 사이의 상호 존중과 관용에 기초를 두고 있다. 동성애에 관하여 침묵을 유지하는 낡은 교육과정에는 결함이 있다. 학문 연구에서 정당화될 수 없는 공백이 포함되기 때문이고, 또 이런 침묵이 어떤 사람들에 대해서는 진지한 연구를 할 가치가 없다는 뜻을 내포하기 때문이다. 암묵적이든 노골적이든 동료 시민에 관해 그렇게 말하는 것은 부당하며, 섹슈얼리티 연구는 부분적으로는 그런 나쁜 상황을 교정하고자 하는 바람이 동기가 된다. 이런 만큼 그런 연구에 대한 지지, 또한 반차별이나 사회적 관용이라는 제도적 정책에 대한 지지는 비공식적으로 연결되어 있을 가능성이 높다. 종교, 계급, 인종이 다른 사람들 사이의 상호 이해, 존중, 관용을 장려하는 학교 정책을 강력하게 옹호하는 사람들이라면 그런 연결이 이데올로기적이기 때문에 받아들일 수 없다고 여기지는 않을 것이다.

이전의 상태 또한 다수의 경험에 초점을 맞춘다는 점에서 비정치적이라고 할 수 없었다. 수백 년 동안 인문학 교육과정의 중심 기둥이었던 에로틱한 이성애 연구는 도덕적이든 비도덕적이든 그런 일군의 경험에 대한 사회 다수의 매혹, 그리고 좋은 쪽으로든 나쁜 쪽으로든 그것이 인간 삶의 핵심에 있다는 이해를 표현했다. (간통과 사생아 문제는 당연히 문학과 역사에서 널리 연구되었지만, 레즈비언과 게이의 섹슈얼리티는 그러지 못했다.) 일반적으로 무엇인가를 연구 대상으로 만드는 것은 최소한 그것이 인간 삶에서 주목할 만하다는 사실을 인정하는 것인데, 아주 최근까지도 이성애자들은 아무리 무질서하다 해도 자신들의 에로틱한 삶에는 그런 특권을 요구한 반면 타자의 에로틱한 삶은 부정했다.

1989년 봄, 고대 그리스 세계의 욕망과 섹슈얼리티 연구의 선구자로 꼽히는 고전학자 존 J. 윙클러가 브라운 대학 고전학과에 와서 주요한 기금 강연을 했다. 이 강연은 저명한 고전학자의 과부가 남편을 기려 기부한 자금으로 마련된 것으로, 기부자도 그 자리에 참석했다. 윙클러는 한편으로는 기부자를 기리고자 하는 마음에 이성 결혼이라는 논제를 다루기로 하여, 호메로스의 『오디세이아』에 나오는 페넬로페와 오디세우스의 사랑에 관해 이야기했다. 나중에 그의 책 『욕망의 구속』의 마지막 장이 되는 이 강연에서 그는 여성에게 불평등한 위계 사회 내에서도 남성 개인과 여성 개인은 상호성과 평등성을 바탕으로 한 정열적인 관계를 창조할 수 있다고 주장했다.[24] 나이든 기부자와 대규모 청중에게 윙클러는 (그는 게이이고 에이즈 환자였으며 강연을 하고 약 1년 뒤에 병세가 악화되어 사망했는데, 당시 허리춤에 찬 치료제 아지도티미딘 약통에 달린 알림 장치가 강연 중간에 약 먹을 시간을 알리기도 했다) 이성애의 가능성을 놀랍고도 웅변적으로 옹호했다. 그러나 그는 우선 생생한 말로 우리를 일깨웠다. "이것이 내가 처음으로 '이성애 연구'에 나선 결과물입니다." 그는 청중에게 아무런 표시도 특색도 없는 것처럼 보이는 것도 그 자체로 정치적 내용물이며, 거기에는 어떤 쟁점이나 사람들은 포함되고 다른 것은 배제된다는 사실을 일깨운 것이다. '이성애 연구'는 사실 그런 명칭으로 부를 필요가 없었다. 그것이 학계 전체였기 때문이다. '게이 연구'의 옹호자들은 이 연구도 그 세계의 일부로 보아주기를 요구하고 있는 것이다.

이런 답변은 불충분하다고 여겨질 것이다. 학생들이 그런 강의에서 게이가 전혀 문제없다고 배우는 것은 아닐까? 또 그런 수업의 결과로 그런 인생을 선택하는 일이 빈번해지지 않을까? 그런 프로그램에서 게이 교수들은 공개적으로 자신의 생활방식을 옹호하여, 귀가 얇은 젊은이들을 그쪽 방향으로 이끌려고 하는 것은 아닐까?

이런 비난에 대한 답변은 섬세해야 한다. 이쪽 분야의 교수들이 결코 전부는 아니지만, 그래도 다수가 레즈비언이나 게이인 것은 분명히 사실이다. 또 전부는 아니지만, 이 분야를 가르치고 연구하는 대부분이 우리 사회에서 레즈비언과 게이에게 불이익을 주는 차별을 끝내는 쪽을 찬성하는 것 또한 사실이다. 이런 정치적 판단이 그들이 인간 섹슈얼리티의 역사와 다양성을 연구할 때 배우는 것과 연결되지 않는 것은 아닐 것이다. 이런 태도가 종종 학생들에게 전달되는 것도 사실이다. 또 차별과 위협을 경험한 많은 레즈비언과 게이 학생이 이런 강의실을 마음이 놓이는 환경이라고 생각하여 '커밍아웃'을 하고 긍정하는 것 또한 사실이다. 이런 이유 때문에 부모는 이런 강의가 그런 성적 지향을 만들어낸다는 인상을 받을 수도 있다. 그러나 물론 이런 인상이 사실일 가능성은 거의 없다. 성적 지향은 삶의 아주 이른 시기에 형성되며, 일단 형성되면 사회적이거나 심리적인 힘들의 압박으로 인해 변하는 일이 거의 없다.

그런 주제를 다루는 강의에서건 다른 강의에서건 자신의 성 정체성을 공개한 레즈비언이나 게이 선생의 사례를 보고 젊은 학생들이 자신의 동성에게 이끌리는 성적 지향을 더 공개적으로 인정하고, 어쩌면 심지어 금욕 생활을 하거나 자신의 선호를 거슬러 이성애적 관계를 형성하려 하기보다 자신의 선호에 따른 성 행동을 선택하는 일이 늘어날 수도 있다. 게이와 레즈비언에 대한 관용과 존중을 표현하는 이성애자 강사의 영향력에 대해서도 같은 말을 할 수 있다. 학생들은 그런 사람들과 상호작용을 하면서 레즈비언이나 게이라고 공개한 사람이 피해를 보거나 불행한 삶을 살 필요는 없다고 느끼게 될 수도 있고, 그런 삶을 추구할 수 있다고 느끼게 될지도 모른다. 수많은 10대 레즈비언과 게이가 우울감을 경험하고, 심지어 자살을 기도하는 세상에서 이것은 나쁘지 않은 상황 전개로 보인다. 모든 부모가 이것을 부정적으로 보지도 않는다. 그렇게 해서 새롭게 자신감과 자부심을 발견한 학생은 성 행동에서 동성애적 선호를 공개적으로 표현하면서도 자신이 믿는 종교의 가르침을 따르겠다고 결심할 수 있을 것이다. 그렇게 되면 틀림없이 종교적 주장들의 텍스트적 기초, 내적 일관성, 인도주의를 정밀 검토하게 되겠지만 말이다. 이 쟁점을 두고 미국의 모든 주요 종교에 내부 논쟁이 벌어지고 있고 다원성이 존재하므로 이 결과는 종교 그 자체에 전복적이지 않다.

오늘날 대학의 레즈비언이나 게이 공동체 학생 대표들은 보수적인 의견에 관용을 보이지 못하는 경우가 많다. 이런 학생들이 이런 영역의 교육과정 발전에서 지도자 역할을 할 수 있는 한, 그런 불관용적 관점들은 강의실로 들어올 수도 있다. 보수적 사고에 대한 불관용은 종종 교수진 내에서도 문제가 된다. 미국의 정치적 우익은 이런 상황에 일정 부분 책임이 있다. 그 구성원들이 늘 증오와 혐오의 정치에 충분히 거리를 두지는 않았기 때문이다. 또 그들은 다양한 성적 지향을 지닌 사람들을 그동안 충분히 받아들이지 않았다. '게이 공화당원'이 미국의 일부 학생들의 귀에는 형용모순처럼 들리는 것도 그렇게 놀랄 일이 아니다. 한편으로 이런 문제의 토론에서는 모든 정치적 관점이 존중되어야 하는데, 많은 대학의 자유주의자들은 낙태와 동성애 같은 문제에서는 보수적 의견에 지나치게 불관용적인 태도를 보인다. 교수진이 확고한 모범을 보여주어, 자유로운 학교 공동체에서는 다른 쟁점들만큼이나 이런 쟁점에서도 다양한 관점의 공개적 표현이 필수적이라는 점을 분명히 밝히지 않는 한, 관용적이고 서로 존중하는 지적 공동체가 건설될 것이라는 기대는 무망하다.

이것은 간단한 문제가 아니다. 우리 대부분이 합리적인 토론의 선을 넘어섰다고 여기는 몇 가지 입장이 있다. 모든 유대인은 천성적으로 부도덕하고 악하다는 입장, 모든 아일랜드인은 멍청하다는 입장, 모든 여성은 천성적으로 이성적 사고를 할 수 없는 타락하고 도덕관념이 없는 존재라는 입장, 신앙이 있는 모든 가톨릭교도는 단일한 이데올로기의 포로이기 때문에 이성적 사고와 책임 있는 시민성을 갖추는 것이 불가능할 것이라는 입장 등 이 모든 입장이 한때 미국 사회에 널리 퍼져 있기는 했지만, 이런 입장들이 마치 사실인 것처럼 가르치는 강사를 보게 되면 우리는 당연히 경악할 것이다. 때로는 어떤 안건에 관하여 토론을 하는 것 자체가 그런 안건에 어울리지 않는 중요성 부여하기도 한다. 만의 하나 대학이 "홀로코스트는 실제로 일어났을까?"라는 질문, 또는 "가톨릭교도는 스스로 생각할 수 있을까?"라는 질문, "여자들은 논리적으로 생각할 수 있을까?"라는 질문을 둘러싼 학술대회를 조직한다면, 그래서 이 각각의 문제에 대하여 양쪽 입장의 옹호자에게 똑같은 시간을 준다면, 현대 학교 공동체의 구성원 대부분은 이것이 진정한 학술행사가 아니라 추한 편견이 마치 지식인 듯 자기과시를 하기 위한 구실이라고 느낄 것이다. 그런 질문을 중심으로 조직하는 것 자체가 수상쩍어 보인다. 찬반하는 양편이 모두 똑같은 무게를 가진 것처럼 보이기 때문이다. 일부 학자들은 동성애 행동의 도덕성에 관한 토론을 그런 관점에서 본다. 즉 무지와 편견에 기초하여 사람들의 존엄에 도전하는 행동으로 보는 것이다. 그들은 동성애를 부도덕하고 타락한 것이라고 공격하는 것은 가톨릭교도나 아일랜드인이나 유대인을 부도덕하고 타락했다고 공격하는 것만큼이나 강의실에 들어설 자리가 없다고 믿는다. 다시 말해서 그런 내용을 편견의 사회학의 예로 연구하는 것은 정당할 수도 있지만, 그것이 반대 의견과 동등한 무게를 지닌 것처럼 다루는 태도는 정당할 수 없다는 것이다.

그러나 브라운 대학에서는 1995년 봄 종교학과, 유대학과, 철학과, 고전학과, 정치학과, 역사학과가 "주요 종교 전통의 동성애와 인권"이라는 주제로 전국적인 대규모 학술대회를 조직했다. '국립 인문학 지원기금'이 '로드아일랜드 주 인문학 심의회'를 통해 이 학술대회를 일부 후원했다. 주최측은 유대교, 로마가톨릭, 주요 프로테스탄트 교회, 아프리카계 미국인 교회 등 각 교파의 '보수적인' 연사와 '자유주의적인' 연사를 한 명씩 초대했다. 연사들에게는 그들 교파에서 현재 논의가 이루어지는 상황을 말해달라고 요청했다. 대회는 미국의 공적 담론에서의 종교의 역할에 대한 더 일반적인 원탁 토론으로 끝을 맺었다. 이 기획이 다수가 인간 존엄성에 대한 모욕이라고 여기는 일에 헌신하는 사람들에게 연단을 제공하고 환대하는 것 아니냐는 정당한 우려에도 불구하고, 대회 주최자들은 이런 유형의 합리적인 대화를 강력하게 옹호했다. 현재의 이런 정치적 분위기에서 합리적인 토론은 어떤 것이든 없는 것보다는 낫다. 사람들로 하여금 이런 까다로운 쟁점들을 차분하게, 또 역사적·텍스트적·도덕적 논거를 갖고 신중하게 대면하도록 장려하는 것은 이미 진전이다. 이런 행사가 섹슈얼리티를 연구하는 모든 학자가 어떤 합의된 단일한 의제를 가진 급진파라는 인상을 몰아내는 데 도움이 된다면 그 또한 진전이다.

주최측은 이런 목표를 염두에 두고 대회 몇 주 전부터 관련자 모두, 특히 학생들에게 다원적 민주주의에서 합리적인 토론과 대화가 매우 중요하다는 점을 분명히 해두려고 노력했다. 대회 자체에서는 모든 세션이 예의와 합리적인 논의로 시작되었다. (가톨릭 신학자 존 코트니 머리의 유명한 진술 "대화가 죽으면 예의도 죽는다"가 이런 논의의 시금석이 되었다.) 그 결과 실제로 매혹적이고 매우 예의바른 대화, 미국의 민주주의가 몹시 요구하는 유형의 대화가 이루어졌다. 특히 자유주의자와 보수주의자 사이에 내적인 토론이 거의 없는 대학에서는 더 자주 이런 노력을 기울여야 한다.

브라운 대학의 노력은 다양한 유형의 대학과 리버럴 아츠 칼리지, 특히 사립대학에서 이 쟁점을 둘러싸고 이루어지고 있는 일을 매우 전형적으로 보여준다. 시카고 대학에서 사회학자 에드워드 라우만과 생물학자 마사 매클린톡이 이끄는 '인간 섹슈얼리티 워크숍'과 야심찬 새로운 젠더 연구 프로그램은 새로운 연구를 만들어 내고, 대학원과 학부 강의를 육성하고, 외부 연사들을 불러와 수준 높은 학문 연구를 위한 풍요롭고 다채로운 분위기를 만들고 있다. 뉴욕 대학에서는 새로운 통합 학문적 프로그램이 풍부한 자금을 지원받아 브라운 대학의 경우와 흡사한 학부 집중 프로그램을 시작했다.(다른 점이 있다면 뉴욕 대학은 의학과 생물학을 덜 강조한다.) 예일 대학에서는 고故 존 보즈웰이 주도했던 소규모의 센터가 객원 연구자들이 일할 기회를 마련하는 한편 현재의 교육과정에 과목들을 통합하고 주도권을 새롭게 잡아나갔다.

주립대학들은 복잡한 압력에 직면해 있다. 뉴욕 주립대학 버펄로 캠퍼스의 '평등을 위한 투쟁' 과정은 성적 지향이라는 주제를 포함하지 않았는데, 여론에 취약하다는 점이 그 이유가 되었을 수도 있다. 그러나 그런 선택이 보편적인 것은 아니다. 아이오와 주립대학은 미국에서 게이 연구를 개척한 대학 중 하나다. 네바다 주립대학 리노 캠퍼스에서 성 다양성에 관한 내용을 수업에 도입하는 과정은 에릭 차머스가 수강한 영작문 강의에서 필수과목인 서구 문명 강의에 이르기까지 다양한 종류의 강의에서 비교적 순조롭고 신중하게 진행되었다. 서구 문명 강의에서 데버라 액턴버그는 동료들을 설득하여 핵심 필수과목 목록에 사포의 시와 관련 역사 자료를 추가했다. 이듬해 액턴버그가 이 강의를 맡지 않게 되었을 때도 교수진은 표결을 통해 사포가 크게 관심을 받았던 이 강의를 앞으로도 계속 유지하기로 결정했다. 그러나 양쪽 어느 경우에도 인간 섹슈얼리티 연구가 체계적으로 또 방법론적으로 일관되게 수행되지는 않는다.

섹슈얼리티 자료가 교육과정에 추가될 때는 몇 가지 종류의 문제가 발생한다. 캘리포니아 주립대학 리버사이드 캠퍼스에서 섹슈얼리티 연구는 대체로 전적으로 인문대학 내부에서부터 시작되었다. 지배적인 접근법은 포스트모더니즘 문학이론과 연결되었다. 이런 이론적 지향은 학술대회 논제와 객원 발표자 선정 문제에서 논란을 일으켰다. 철학자 데이비드 글리든은 1993년 학술대회에 초점을 맞추면서 이 대회는 눈길을 사로잡는 일시적으로 유행하는 주제들을 장려하느라 다루는 내용과 폭이 한정되었다고 주장했다. 그는 '퀴어이론'에 관한 학술대회 기획에서 철학과 사회과학이 빠진 것을 지적하면서, 이런 식으로 학자들은 반차별과 평등이라는 쟁점을 토론하고 있는 공동체의 시급한 관심사로부터 스스로를 차단하고 있다고 주장했다. 그럼에도 글리든은 이 영역의 지식 추구는 강력하게 지지하며, 게이 연구를 수행하는 일급 연구자 집단이 존재하고, 이들의 작업은 그가 비판한 좁은 포스트모더니즘 패러다임과 일치하지 않는다고 인정한다. 그는 게이 연구 학위 논문을 공동 후원하고 있으며, 주 헌법에 대학을 정치적 통제로부터 보호하는 조항이 있음에도 최근 주 입법자들이 게이 연구의 부전공 인정을 막으려 하고 있다고 개탄한다.

교육기관 자체가 섹슈얼리티 관련 쟁점에 대한 공개 토론에 저항할 때도 문제가 생긴다. 브리검영 대학과 벨몬트 대학에서는 교수진이 강의실에서 아무런 제약을 받지 않고 동성애를 논의하는 것이 실질적으로 불가능하다. 모어하우스 칼리지에서는 대학 당국도 학생회도 섹슈얼리티, 특히 동성애를 논의하는 데 전혀 열의가 없는 듯하다. 모어하우스 칼리지의 재학생 한 명은 이런 상황에 좌절감을 느낀다고 말하며, 교육과정의 문제를 캠퍼스 생활을 하며 게이 문제에 대해 침묵하는 분위기, 나아가 괴롭힘과 차별 사건들과 연결시켰다. 그는 성과 관련된 사안, 특히 동성애와 관련된 문제의 기피로 인해 교육적인 결핍이 생긴다면서, 아이러니하게도 가장 저명한 아프리카계 미국인 작가들 가운데 일부(가령 제임스 볼드윈)를 이해하는 데 공백이 생긴다고 주장했다. 그는 이렇게 말한다. "섹슈얼리티는 흑인이 다루는 소재 가운데 하나이니까, 나오면 나오다 보나 하죠. 우리는 살고 있으니까요. 그러니까 그것은 등장하기 마련인 사안이고, 우리는 늘 그것을 논의하게 되지요." 모어하우스 칼리지의 이웃 스펠먼 칼리지는 대학 내에서 레즈비언과 게이 문제의 논의를 장려하지만, 이런 노력은 보수적인 학생들, 특히 복음주의적 종교 모임들의 반대에 부딪힌다. 그들은 그런 논의를 알리는 포스터를 떼어내고 참여하는 학생들을 적대시한다.

미국 내 많은 캠퍼스에서 레즈비언·게이 학생은 폭력과 학대의 대상이 된다. 이런 영역의 자료가 완전하지는 않지만, 캠퍼스에서 일어나는 동성애자에 대한 폭력은 공개적인 논의의 부재와 관련이 있고, 그래서 학생들에게 이런 분야를 가르치기 위해 큰 노력을 기울이는 브라운 대학과 시카고 대학 같은 교육기관은 폭력에 덜 시달리는 것으로 보인다. 만취 파티라는 오랜 전통과 교육과정에서 섹슈얼리티에 관한 실질적 침묵이 결합된 노터데임 대학에서는 레즈비언·게이 학생에 대한 학대가 너무 심각해, 대학 당국이 학생들의 이런 상황에 대책을 세우지 못하는 것에 항의하는 공적 청원에 교원 276명이 서명했다. 종교철학자 필립 퀸이 주도한 청원은 이해와 폭력 종식을 요구했다. 대표적인 예를 들자면, 매사추세츠 대학에서 이루어진 한 연구는 레즈비언·게이 학생 중 21퍼센트(전체 학생 집단 중 5퍼센트)가 신체적 공격을 당해 신고했다는 사실을 확인했다.[25] 언어폭력과 증오발언을 통한 개인적 존엄에 대한 공격은 훨씬 더 흔하다. 미국의 대학들은 지금보다 훨씬 잘 대처해야 한다. 학교 밖의 사회가 따라올 만한 존중, 관용, 우정의 높은 기준을 세워야 한다. 학생들이 학교 밖의 사회를 존중은 커지고 폭력은 줄어든 곳으로 만들 수 있도록 준비시켜야 한다. 섹슈얼리티에 관한 교육은 그 노력의 아주 중요한 부분이다.

교육은 이런 상황을 바꾸고 있으며, 그렇게 노골적으로 적대적인 태도는 적어도 많은 캠퍼스에서는 점차 찾아보기 어려운 현상이 되고 있다. 어려운 싸움이고, 많은 개인이 다양한 형태의 불편과 진로에서의 불이익을 겪어온 싸움이지만, 섹슈얼리티 일반 및 동성애는 이제 탐구의 정당한 주제로 받아들여지고 있다. 그러나 아직 해야 할 일이 훨씬 많다.

인간 섹슈얼리티에 관해 가르치는 것은 어렵고 까다로운 과제다. 우리 다수의 깊은 곳에 자리잡은 관심사, 대개 우리의 정체성을 규정하고 선善을 탐색하는 방식에서 중심을 이루는 관심사에 다가가기 때문이다. 사랑이나 분노나 부의 축적에 관해 가르치는 것도 마찬가지다. 그러나 어떤 이유에서인지 미국 사회는 이런 문제에 관한 연구나 논쟁에는 더 쉽게 관용을 베풀며, 공개적 탐구라는 사실 자체나 관점의 다양성의 존재에 그렇게 심한 위협을 느끼지 않는다는 것을 보여주었다. 이와 대조적으로 섹슈얼리티 연구는 위협적인 것으로 본다. 아마도 섹슈얼리티에 대한 통합 학문적 탐구가 도덕적이고 종교적인 담론의 독점 영역으로 생각되어왔던 곳에 다가가기 때문일 것이다. 그러나 사랑이나 분노나 탐욕에 대해서도 오랫동안 연구가 이루어졌지만 이런 영역에서 도덕적 감각이 사라지지는 않았다는 사실을 보면 안심해도 될 듯하다. 경제학을 과학적 방법으로 연구하는 동시에 탐욕과 착취에 대해 도덕적 관점을 유지하는 것은 완벽하게 가능해 보인다. 따라서 성을 역사적으로 또 과학적으로 연구하면서도 선택을 둘러싼 도덕적 절박감을 잃지 않는 것 또한 가능하다.

지식에 대한 저항의 원천은 무엇일까? 많은 경우 여기에는 이성 자체에 대한 거부가 포함된다. 지식에 저항하는 많은 사람도 어떤 수준에서는, 인간에 대한 어떤 서술은 이성적 탐구라는 시험을 거치고도 살아남고 어떤 것은 그러지 못한다는 사실을 알고 있는 듯하다. 섹슈얼리티를 역사적으로 또 비교문화적으로 연구하는 사람들이 미국 사회에서 보통 동성애와 연결되는, 품위를 떨어뜨리고 오해를 불러일으키는 여러 고정관념에 의문을 제기할 가능성이 높다는 것도 알고 있는 듯하다. 역사가 보여주는 차이를 아는 사람들이 주위에서 보이는 차이에 조금 더 관용을 보여줄 가능성이 높다는 것도 알고 있는 듯하다. 이런 상황이 어떤 사람들에게는 위협이 된다. 그러나 숙의 민주주의에는 위협이 되지 않는 것이 분명하다. 이 중요한 영역에서 개방적이고 성찰적인 시민을 배출하기 위해, 또 전반적인 이해와 진리를 위해, 우리는 학부 교육과정에서 인간의 섹슈얼리티에 대한 엄밀한 통합 학문적 연구를 장려해야 한다.

제8장

종교계 대학의 소크라테스

> 차이라는 현실로부터 자신을 차단하는—더 심하게는 그 차이를 짓밟으려 하는—사람은 인간 삶의 신비를 깊이 헤아릴 가능성으로부터 자신을 차단하는 것입니다.
>
> 교황 요한 바오로 2세, 1995년 10월 유엔 총회 연설

1996년 2월 8일 유타 주 프로보 시, 브리검영 대학의 신임 총장 메릴 베이트먼은 브리검영 대학의 모르몬교도 교직원 모두에게 주교로부터 '성전 자격' 인증을 (성전에 들어갈 자격을 있다는 확인을) 받아올 것을 명령했다. 정통주의 신앙을 따르고 있다는 증거, 교회 활동에 정기적으로 재정 지원을 하고 있다는 증거, 혼외정사 금지나 커피·엽차 금지 같은 일군의 도덕적 명령에 순종하고 있다는 증거 등을 보여서 종교의 엄중한 기준을 지킨다는 것을 확인받으라는 뜻이었다. 교수진, 학생, 동문 모두가 몹시 놀랐다. 최근에 졸업한 학생은 익명을 내걸어 이렇게 썼다. "주교들이 누군가 성전에 들어갈 자격이 있는지 결정하는 일은 극도의 겸손, 신중, 프라이버시 존중을 전제로 이루어져야 한다. 추천 과정을 사람들에게 딱지를 붙이는 수단으로 사용하고 그것을 브리검영 대학 당국이 이용한다는 것은 역겨운 일이다. 주교 가운데 몇 명은 인증 요구 편지에 대학 당국을 향해 '염병할, 너희가 상관할 일이 아니다!'라고 적어서 반송할 용기를 가지기를 바란다."[1]

1996년 5월 2일 인디애나 주 사우스벤드, 노터데임 대학에서 교수평의회가 열렸다. 보통의 학생 모임에게 주어지는 권리와 특전, 이를테면 연사 초대나 지도교수 선택, 사교행사 주최 및 행사 홍보 등의 권리를 교내 게이·레즈비언 모임에게서는 박탈한 대학 당국의 조치에 대한 대응을 논의하기 위해서였다. 평의회는 이 조치가 "노터데임 학생 집단에 대한 차별적 행동이며, 대학의 이상과 사명 선언의 취지를 훼손하는 것"이라고 유감을 표시하는 결의안을 찬성 21표, 반대 4표, 무응답 2표로 통과시켰다. 결의안에서 인용한 '대학 사명 선언'은 "대학 사회에 필수적인 지적 상호 교환은 다양한 학자와 학생의 존재와 목소리를 요구하고 이것으로 풍요로워지며" "우리 대학은 교육받고 능숙하고 자유로운 인간의 특징을 이루는 마음, 몸, 정신의 규율 잡힌 습관들을 기르는 교육 환경임을 자부한다"라고 주장한다. 나아가 "우리 대학은 학생들이 인간의 위대한 성취에 대한 감상 능력만이 아니라, 아주 많은 사람의 삶에 부담이 되어온 빈곤, 불의, 억압을 살필 줄 아는 규율 잡힌 감수성을 지닐 수 있도록 기르고자 한다"라고 말한다. 교수진이 결의안을 발표하며 주장한 바에 따르면, 이런 귀중한 이상에 충실하다면 학생 모임에 대한 대학 당국의 행동을 비판해야 한다.

미국인은 매우 종교적인 나라, 전통적으로 종교를 대학교육의 사명과 연결시켜온 나라에 살고 있다. 종교적 충성은 대학 교육과정 변화에 대한 저항의 중요한 지지대였다. 전통을 소중하게 여기는 사람들은 종교를 진지하게 받아들이지 않는 교수들에 의한 전통의 전복을 두려워한다. 그러나 종교는 교육과정의 다양성을 의무로 제시하는 데 주요한 역할을 하기도 했다. 문화 다양성, 젠더, 섹슈얼리티와 직면할 필요가 있다고 주장해온 사람들, 이 영역에서 창조적 학문 연구를 해온 사람들 사이에서도 매우 종교적인 사람들이 두각을 나타내고 있다.

전통이냐 변화냐 하는 문제에서 종교가 촉발한 긴장은 모든 대학에서 나타나고 있다. 종교적 전통 안에서 성장한 학생들이 대학에서 인간 다양성에 관한 새로운 내용을 연구하고 있기 때문이다. 그러나 이런 긴장은 강한 종교적 소속을 유지해온 교육기관에서 특히 첨예하고 매혹적인 형태로 나타난다. 이런 대학에는 이중의 사명이 있다. 즉 다원적 민주주의 안에서 대학교육을 향상시키는 것과 자신의 특정한 전통을 지속시키는 것이다. 그런 교육기관에서도 인간성과 훌륭한 시민성의 계발에는 소크라테스식 질문과 다양성에 관심을 기울이는 교육과정이 요구된다는 것을 보여줄 수 있다면, 이것은 비종교계 학교에서도 그래야 한다는 아주 좋은 논거가 될 것이다. 종교계 대학들이 자신의 독특한 전통에 비추어 이런 목표를 달성하기 위해 노력해온 과정을 본다면, 우리는 그 목표를 더 잘 이해하고 그들이 그리는 미국의 미래를 더 분명하게 볼 수 있을 것이다.

일부 사려 깊은 사람들은 학습 수준이 높은 종교계 교육기관이 최근의 교육과정 변화, 나아가 학문의 자유에 대한 자유주의적 강조 때문에 존재 자체를 위협받고 있다고 느낀다.[2] 그러나 우리는 교황의 경고를 아주 진지하게 받아들이는 데서 시작해야 한다. 다양성을 차단하는 것은 인간 삶의 신비로부터 자신을 차단하는 것이다. 진정으로 종교적인 삶은 인간성의 모든 문화적 형태에 마음을 여는 것이어야 한다고 생각하는 것이 이치에 맞을 것이다. 교황이 말했듯이, "타인의 문화에 대한 존중은…… 인간 삶의 문제에 답하려는 각 공동체의 시도에 대한 존중에 뿌리를 두고 있다…… 모든 문화는…… 그 복잡한 진실에 대해 우리에게 무엇인가를 가르쳐준다. 따라서 어떤 사람들이 무척 위협적으로 느끼는 '차이'는 존중에 기초한 대화를 통하면 인간 존재의 신비를 더 깊이 이해하는 원천이 될 수 있다."[3] 종교계 대학은 인간 문화와 자기표현의 모든 형태에 대한 탐구를 보호하고 육성하여, 학생에게 시민, 노동자, 친구로서 자신의 삶의 다양성을 대면하는 데 필요한 정신적 도구를 제공할 때에만 번성할 수 있다고 보는 것이 타당할 것이다. 여기에 필요한 것은 자신이 만나는 대상을 방관적으로 비판하는 태도가 아니다. 반대로 존중하고 이해하려는 신실하고 장기적인 노력이 요구된다.

종교계 교육기관은 존중과 이해라는 규범에 주의를 기울이고, 교육과정에서 세계시민성을 위한 이런 규범을 구현할 특별한 이유가 있다. 비종교적인 집단들은 온갖 이유로 대학을 설립할 수 있다. 그러나 종교적인 집단이 대학을 설립할 때는 도덕적 고려가 두드러질 수밖에 없다. 이런 도덕적 관심 가운데에는 이웃 사랑을 육성하고자 하는 욕망도 있을 가능성이 높은데, 당연한 일이지만 이것은 미국의 모든 주요 종교에서 강조하는 가치다. 무지는 사랑의 큰 적이다. 인간 다양성 교육은 무지에 대항하는 데 필요한 무기다.

미국 대학은 대부분 종교에 기원을 두고 있다. 하버드 대학, 예일 대학, 듀크 대학은 가장 유명한 세 개의 사례일 뿐이다. 1764년에 설립된 브라운 대학은 식민지 대학 가운데 처음으로 입학시험에서 종교 과목을 없앤 첫 대학이었지만, 그런 브라운 대학도 오랫동안 침례교도나 퀘이커교도와 밀접한 유대를 맺었다. 한때 종교계 학교였던 대학 대부분이 교파적 뿌리와 단절했으나, 또 많은 수는 그 뿌리를 유지하는 쪽을 선택했다. 그런 학교 가운데 일부는 신학대학으로서 성직자를 교육한다. 그러나 훨씬 많은 수는 전 분야를 아우르는 일반 대학으로서 학부생에게 자유학문 교육과 더불어 많은 형태의 대학원 교육을 제공한다.

이런 교육기관은 종교적 관용에 대한 자유주의적 이상, 종교의 자유, 종교의 비국교화를 특징으로 하는 나라에서 발전해왔다. 미국의 자유민주주의 전통은 자신을 종교의 적이 아니라 방심하지 않는 보호자로 여긴다. 미국의 전통이 양심의 자유와 종교 행위를 미국인의 삶에서 양도할 수 없는 한 부분으로 삼는 것은 종교적 믿음이 사람들에게 매우 중요하다는 바로 그 이유 때문이다. 다른 개인적 헌신은 이와 같은 법적 지위를 누리지 못하는데, 가령 특정한 날 노동을 거부하는 이유나 군 복무에 반대하는 이유로 받아들여지지 않는다. 종교를 이렇게 특별히 다루는 암묵적 근거는, 사람들에게 자신의 양심 외에 다른 어떤 이유로 종교적 관습을 따르라고 요구하는 것이 인간성의 핵심을 침해한다고 여겨진다는 것이다. 교황은 유엔 연설에서 이런 생각을 강조했다. 인간성을 존중하려면 "종교의 자유나 양심의 자유와 관련된 근본적 권리를 인권 구조의 초석이자 진정 자유로운 모든 사회의 기초로서 보호하는 것이 중요"하다. 종교계 대학에서 다원주의, 학문의 자유, 차별금지의 기준을 어떻게 설정할지 생각할 때는 이런 교육기관도 다른 교육기관들과 마찬가지로 그런 이상에 의해 규정되는 민주주의 문화에 적응하도록 시민들을 준비시킨다는 점을 기억하는 것이 중요하다. 종교계 교육기관은 건강한 종교적 다원성이라는 조건 자체를 뒤집는 정책을 선택할 수 없다.

실제로 미국의 헌법 전통은 다른 어느 곳에 존재하는 것보다 훨씬 다양한 종교계 대학을 육성해왔다. 세계 어디에도 이렇게 적극적으로 고등교육기관을 운영하는 종교가 이렇게 다양하고 많은 곳은 없다.[4] 다른 나라의 대학은 순수하게 비종교적이거나 (영국의 경우처럼) 국교와의 연계를 유지하고 있다. 반면 미국은 대학교육에 두드러지는 종교 다양성이 존재한다. 미국에는 수많은 로마가톨릭교 대학이 있으며, 이들은 바티칸과 각기 다른 관계를 유지하고, 독자적인 교육철학을 가진 특정 교단의 후원을 받는다. 미국에는 침례교회, 감리교회, 루터교회, 성공회, 복음교회, 장로교회, 퀘이커파, 메노파 교육기관이 있다. 신학대학에서 학부와 대학원 프로그램을 갖춘 주요 대학인 브랜다이스 대학에 이르기까지 유대교 교육기관도 몇 개 있다. 모르몬교 교육기관인 브리검영 대학은 전국 최대 규모의 사립대학이다. 미국은 세계에서 유례를 찾아볼 수 없는 방식으로 이런 다원주의를 보호하고 조성했다. 종교의 자유와 다양성 존중을 침해하는 모든 것에 아주 민감하게 반응했기 때문이다.

모든 종교는 종교적인 훈련에 관심을 갖지만, 젊은이를 대상으로 한 모든 종교훈련 프로그램이 전통적으로 학문, 탐구, 논증이라는 특별한 가치와 연결된 교육기관인 대학에서 실제로 시행되는 것은 아니다. 종교마다 고등교육을 지원하는 방식도 다르며, 인간의 좋은 삶에서 이성, 탐구, 논증이 수행하는 역할 또한 다르게 평가한다. 예를 들어 아미쉬파 신앙은 의무적인 중등교육에 대해서조차 부정적인 태도를 보여 미국에서 큰 논란을 일으켜왔다. 유명한 대법원 판례를 남긴 '위스콘신 대 요더' 재판에서 아미쉬파 부모들은 자유로운 종교 활동에는 아이들이 의무적으로 다녀야 하는 고등학교에 보내지 않고 노동으로 공동체의 가치를 육성할 권리도 포함된다고 성공적으로 논증했다.(내 관점에서 이 판결은 민주적 시민성을 기르는 교육의 중요성을 과소평가하는 것이다.)[5] 따라서 아미쉬파 교단은 대학을 설립할 일이 없을 것이다.[6] 교단에서 대학을 설립하는 이유는 단지 그 구성원들에게 대학 학위를 중시하는 사회에서 시장에 더 잘 팔릴 수 있는 자격을 갖추어주려는 것만이 아니라, 학문적 연구를 지원하고 대학교육을 제공하여, 시민성과 좋은 삶의 기초인 탐구를 육성하기 위한 것이기도 하다고 우리는 가정해야만 한다. 탐구의 자유, 그리고 이와 연결된 학문의 자유는 스스로 대학이라고 부르고자 하는 모든 교육기관에 없어서는 안 될 성채다. 이런 가치들이 마음에 들지 않는 종교는—실제로 어떤 종교는 그럴 수도 있는데—대학교육을 전혀 지원하지 않는 쪽을 선택할 수 있다. 쟁점이 되는 것은 대학교육을 지원하는 쪽을 선택할 경우, 자유로운 탐구와 교육과정의 다양성 보증이 제 역할을 하는가다.

학문의 자유, 소크라테스적 질문, 다양성과 관련된 종교계 대학의 교육방침 쟁점들의 스펙트럼에서 노터데임 대학과 브리검영 대학은 여러모로 양 극단에 있다. 종교적 정체성과 학문적 우수성을 모두 보호하는 노선을 잡아나가려는 그들의 노력은 다른 많은 종교계 학교가 직면한 도전을 정확하게 보여준다. 노터데임 대학은 탐구와 고등교육이라는 오랜 로마가톨릭교 전통에 의지하여, 학문의 자유를 강력하게 보장하는 동시에 소크라테스적 탐색과 국제적 연구에 전념하면서, 일급 연구대학 안에서 진정으로 종교적인 교육을 구축해왔다. 여성학이나 섹슈얼리티와 관련된 쟁점들은 교육과정 문제와 캠퍼스 생활 양쪽에 계속 심각한 분열을 일으키지만, 교수진은 공식적인 교리와 모순되는 견해조차 자유롭게 이야기할 수 있다고 느낀다. 브리검영 대학은 종교적 믿음의 이름으로 학문 연구와 탐구를 제한하고 싶어하는 대학의 모습을 보여준다. 반지성주의의 태도가 점점 강하게 이 교육기관의 노선을 규정하고 있다. 이러한 상황은 뚜렷한 종교적 색채를 지닌 강력한 교육기관을 육성하기보다 대학의 학문적 정신을 질식시키고, 그에 따라 종교계 고등교육기관으로서의 지위를 위태롭게 만들 위험이 있다.

인종이라는 주제를 다룰 때도 그랬지만, 이 주제도 어떤 편견으로든 이야기에 영향을 줄 수 있음을 독자에게 경고하기 위해 나의 종교적인 면을 알릴 필요가 있다. 나는 성공회 기독교도로 성장하여 스무 살에 결혼하기 직전 (보수적인) 유대교로 개종했다. 나는 유대교와 나의 관계를 아주 진지하게 받아들이며 딸에게 종교교육을 시켰고, 한 회당의 교인이기도 하다. 물론 종교의 도덕적·사회적 내용에 치중하고, 형이상학적 믿음에는 불확실한 태도를 취하기는 하지만.

노터데임 대학: 다양성과 성찰하는 삶

노터데임 대학은 비탈진 녹색 농지에 소떼가 평온하게 풀을 뜯어 먹는, 평화와 번영이 넘치는 세계 한가운데 자리잡고 있다. 교정에 들어서면 꼭대기에 성모상이 있는 행정본부 건물의, 햇살이 부딪히는 황금 돔이 눈에 들어온다. 도서관 벽에는 '터치다운 예수'라고 알려진 모자이크가 있는데, 풋볼 경기장 관람석에 앉으면 축복하려고 두 팔을 뻗은 수백 피트 높이의 그리스도 전신상이 골대 사이로 보여서 그런 별명이 붙었다. 그곳에서 멀지 않은 자리에는 예수의 이미지에 대응하는 '넘버원 모세'가 있다. 사나운 모세의 시커멓고 우뚝한 조각상이 '황금 송아지'의 머리를 짓밟아 그 목을 부수면서 승리의 표시로 한 손가락을 높이 들어 올리고 있어 그런 별명이 붙었다. 이것은 농구 팀이 그런 조각상에 어울리는 사나운 기세로 상대 팀을 짓밟았을 때 승리를 축하하면서 사용하는 제스처이기도 하다. 캠퍼스 일대의 모순들—물질적 풍요와 선교사적 행동주의의 전통, 운동선수의 사나운 경쟁심과 유명한 평화학 센터, 성모마리아에 대한 헌신과 보직 교수 대부분이 남성이라는 점, 인디애나의 초원과 화려한 구세계 양식의 바실리카 등—이 미국의 종교적 정신이 만들어낸 이국적 창조물처럼 방문자의 눈앞에 펼쳐진다.

이 대학은 실제로 그런 식으로, 전혀 실현 가능성이 없어 보이는 구상에서 시작되었다. 약 150년 전에 설립자 에드워드 F. 소린 목사는 인디애나 광야의 한 호숫가에 통나무 오두막을 지었다. 그는 빈터에 300달러 상당의 소지품이 담긴 마차를 세우고 곁에 서서 그곳이 "노터데임 뒤 라크 대학"이라고 선언했다. 문예대학 학장인 해럴드 애트리지는 문화적 모순들을 더욱 복잡하게 만드는 표현을 사용해 이런 설립의 제스처를 "후츠파*의 전형적인 행동"이라고 표현했다.[7]

* chutzpah. 대담하다는 뜻의 이디시어.

노터데임 대학은 1842년 가톨릭교도 청년들에게 고등교육을 제공할 목적으로 설립되었다. 초기의 학생들은 대부분 이민자의 아들이었다. 학생들은 이민자 2세에 가톨릭교도였기 때문에 당시 주요한 비종교계 대학에서는 차별 대상이었다. 따라서 이 대학의 일차적 목적은 두 가지였다. 이 청년들에게 지적 발달과 영적 풍요를 결합한 교육을 제공하는 것, 그리고 그렇게 함으로써 가톨릭교도에게 전문직과 미국 중간계급으로 진입할 준비를 시키는 것이다. 나중에 노터데임 대학은 가톨릭계 대학으로는 처음으로 공학 프로그램을 시작하고 로스쿨을 신설했다. 노터데임 대학이 진지한 학문 연구와 대학원 교육에 초점을 맞춘 것은 비교적 최근의 일이다. 이런 변화 대부분의 출발점은 시어도어 헤스버그 총장 시절로 거슬러올라가는데, 학문의 자유에 대한 그의 줄기찬 관심 덕분에 이 대학은 고급 연구교원들을 모으는 데 성공할 수 있었다.[8] 한편 노터데임 대학 스포츠 팀들의 명성은 성공적인 기금 모금에 기여했다. 1970년 이래 이 대학은 석좌교수 자리를 100개 이상 만들었다.

오늘날 노터데임 대학에는 학부생 약 7600명, (로스쿨과 비즈니스스쿨을 포함한) 대학원생 약 2500명이 다니고 있다. 여학생의 경우 대학원 프로그램에서 배제된 적은 없고 학부에는 1972년부터 입학했는데, 이제는 학부생과 대학원생 전체의 44퍼센트 정도를 차지하고 있다. 이 대학은 이웃한 자유학문 여자대학인 세인트메리 대학과 늘 행복하지는 않지만 그럼에도 긴밀한 관계를 유지하고 있다. 1967년에는 그전까지 '성십자가수도회'의 구성원으로만 이루어지던 이사회가 평신도 이사회로 바뀌었다. 여전히 총장은 정관에 따라 국제 선교 및 발전 사업에 힘쓰는 작은 교단인 '성십자가수도회'의 인디애나 교구 출신 사제여야 한다. 교무처장은 사제가 아니어도 임명 가능하다. 이 대학은 최근 최초로 비가톨릭교도 교무처장을 임명했는데, 그는 신앙심 깊은 프로테스탄트다.

나는 (이 대학에서 가장 뛰어난 과로 꼽히며 전국적으로 명성이 높은) 철학과, 자유학문 프로그램, 젠더 연구 프로그램, 로스쿨의 초대로 노터데임 대학을 여러 번 방문했다. 이 대학의 다양성 문제와 관련된 역사를 주로 안내해준 사람은 손꼽히는 과학철학자이자 종교철학자로, 1995년에 미국 철학협회 중부지역 회장을 맡기도 했던 필립 퀸인데,[9] 그는 가톨릭계 대학의 좋은 환경에 끌려 브라운 대학의 종신재직 교수직을 떠나 노터데임 대학으로 왔다. 퀸은 공적 영역에서 종교를 배제하려는 정치적 자유주의를 비판하지만, 젠더와 섹슈얼리티라는 쟁점에서는 교수진 사이에서 자유주의적 입장을 이끄는 인물이다.

한번 둘러보려는 것 이상의 목적을 갖고 캠퍼스를 찾아가는 사람에게 노터데임 대학은 경쟁자인 주요 비종교계 대학들과 아주 다르게 느껴진다. 그 차이 가운데 일부는 겉으로도 드러난다. 스포츠는 캠퍼스의 상상력과 시설을 보통 수준 이상으로 지배하고 있다. 학생들은 인종적으로나 민족적으로 동질적이다. 폴란드계 미국인과 아일랜드계 미국인이 지배적이며, 아프리카계 미국인이나 라틴아메리카계 미국인은 거의 찾아볼 수 없다. 성비로 따지면 (점점 비슷해지고 있지만) 남성이 우위다. 여학생들은 아주 조용하고 내성적인 듯 보인다. 유대교도로서 나는 동료 교수들 가운데 유대인을 자주 발견하는 데 익숙했는데, 이곳에는 주위에 유대인이 적다는 사실에 놀랐으며, 애트리지의 강렬한 표현에도 불구하고 유대인 문화의 영향이 상대적으로 적은 것에 놀랐다.[10] 이런 것이 몇 가지 인상이다.

그러나 교원들과 이야기해보면 노터데임 대학의 가톨릭적 특징의 진가가 한층 짙게 나타난다. 종교적이고 윤리적인 관심사들이 곧바로 학자 생활의 한 부분으로 받아들여진다는 사실이 금세 드러난다. 과학 연구에서 경제학이나 철학에 이르기까지 모든 영역에 그런 관심사가 강하게 녹아 있다. 비종교계 대학의 경제학과, 응용수학과, 컴퓨터공학과에는 아무리 세속적인 언어로 포장되어도 윤리적 관심사라는 것이 설자리가 거의 없다. 종교적 관심사는 비종교계 대학의 어느 과에서도 설자리가 거의 없고, 종교학과는 예외지만 이 학과에서도 역사적/비교적 관점에서 그 문제를 다룬다. 노터데임 대학의 뛰어난 교수진 대다수는 영적 관심사를 자신의 삶과 일에서 중심으로 인정받을 수 있는 분위기를 찾아 이곳을 선택했는데, 이는 하버드 대학, 브라운 대학, 예일 대학에서는 불가능해 보이는 것이었다. 예를 들어 퀸은 비종교계 학교가 종교를 주변화하여 그것을 일군의 제도와 관행으로 연구할 뿐 결코 신앙인의 관점에서 바라보지 않기 때문에 소외감을 느꼈다. 이공대학이라고 만들어놓고 어떤 학과에서도 연구는 하지 않는 대학이 과학을 사랑하는 사람들 눈에 어떻게 비칠지 상상해보라고 퀸은 말한다.[11]

퀸이 종교계 대학과 비종교계 대학을 대조시킨 방식은 너무 단순하지만(예를 들어 그는 종교를 연구하는 훌륭한 신학대학을 갖춘 예일 대학, 하버드 대학, 시카고 대학 같은 교육기관의 혼합적 성격을 무시하고 있다), 그가 묘사한 노터데임 대학의 모습은 정확하다. 노터데임 대학의 지적인 문화는 전혀 획일적이지 않다. 피임에서 동성애와 여성의 사회적 역할에 이르기까지 많은 구체적 쟁점에 관해 개별 교수는 같은 대학 동료보다, (자유주의적이건 보수주의적이건) 비가톨릭 세계의 자기편 의견에 더 동의할 수도 있다. 그럼에도 어떤 쟁점이 중요한가에 대해서는 놀라운 수준의 합의가 이루어지는데, 이런 쟁점들에 윤리적이고 영적인 가치가 있는 쟁점들이 포함된다는 점이 주목할 만하다. 예를 들어 경제 문제를 인간 존엄과 부의 축적의 관계에 관한 사유 없이 논하는 것은 좀 이상해 보일 것이다. 또 전쟁의 도덕성과 지속적 평화의 전망에 대한 열띤 논의 없이 군사적 함의가 포함된 과학 연구를 한다는 것은 이상해 보일 것이다. 이런 관심의 수렴이 노터데임 대학의 가톨릭 정체성의 한 중심 측면을 구성한다.

조지 버나드 쇼는 언젠가 가톨릭계 대학이라는 용어란 형용

모순이라고 말했다.[12] 그의 말은 대학이라는 개념에 가톨릭교회의 (그가 보기에) 권위적인 성격을 배제하는 자유와 개방이 포함된다는 뜻이었다. 노터데임 대학의 저명한 명예 총장 시어도어 헤스버그는 미국에는 아직 현대적 기준에 비추어 진정으로 위대한 가톨릭계 대학이 없다는 말을 수긍하면서도, "대학이 가톨릭계라는 이유로 자유가 중단되는 것은 아니"라고 주장한다. 교회는 현대 대학 세계에 전혀 들어올 필요가 없지만, 만일 들어오는 쪽을 택한다면 이 세상이 확립해놓은 조건에 따라 들어와야 하는데, 여기에는 탐구의 자유—위대한 학자만이 아니라 대학 구성원 전체의 자유—의 매우 강력한 보호도 포함된다. 헤스버러는 뉴먼 추기경의 말을 인용한다. "위대한 정신에게는 신앙의 영역만이 아니라 사고의 영역에서도 행동의 여지가 필요하다. 이것은 그에 미치지 못하는 정신, 나아가 모든 정신에게도 마찬가지다."[13]

신학적인 관점에서 로마가톨릭교는 진정으로 종교적인 동시에 대학다운 종교계 대학을 설립하기 유리한 자리에 있다. 가톨릭교회는 여러 역사시대에 걸쳐 지적 탐구를 방해했지만, 그럼에도 가톨릭 전통은 가치 있는 인간의 삶을 이야기할 때 학문과 탐구에 자랑스러운 자리를 내준다. 『신곡: 천국편』에서 시인 단테가 묘사한 장면, 덕의 영역을 하나씩 따라 올라가면서 인간 우수성의 모범, 유명한 성자와 순교자와 영웅 들을 만나는 장면을 생각해보라. 이 엄선된 집단의 최상위에 그의 철학적 스승 성 토마스 아퀴나스가 있다. 그는 중세 파리에 세워진 최초의 훌륭한 가톨릭계 대학에서 가르쳤으며, 이교도 철학자 아리스토텔레스에게 관심을 보인다는 이유로 반대자들과 충돌했던 인물이다.[14] 아퀴나스는 단테에게 더없이 분명하게, 훌륭한 기독교도의 삶에는 이성을 통한 (이성의 철학적 이용까지 포함한) 자기성찰이 요구된다고 말한다.(『신곡: 천국편』 제13곡 115~123행.)

"구별도 하기 전에 '네' 또는 '아니요'라고 대답부터 하는 사람은 바보 중에서도 바보라네…… 서둘러 내뱉어진 의견은 보통 엉뚱한 방향으로 흐르고, 감정이 지성을 속박하는 경우도 많기 때문일세. 해안에서 멀리 떠나 기술도 없이 진리를 낚으려는 사람의 탐구는…… 백해무익한 법이지."

물론 이성은 종교의 안내를 거부해서는 안 된다. 이 작품에서 아퀴나스는 아리스토텔레스를 이용해 결국 천국에 이를 수 있었지만, 아리스토텔레스 자신은 은총과 축복으로부터 차단되어 있기에 지옥 제1영역인 림보에 머물고 만다. 그럼에도 소크라테스식 성찰의 '기술'은 가톨릭 신앙생활의 필수적인 부분이다.

노터데임 대학은 이런 규범에 헌신해왔다. 이곳은 바티칸과 복잡한 관계를 유지할 수밖에 없으며, 이에 따라 때로는 학문의 자유를 두고 문제가 발생하기도 하지만,[15] 이 전통에 새겨진 준칙은 공개적인 탐구와 자유로운 강의실 토론 분위기를 장려하는 대학 당국과 교수진의 노력을 뒷받침한다. 1993년 해럴드 애트리지 학장은 문예대학 교수진 앞에서 연설하면서 노터데임 대학의 정체성이 두 가지 전형적인 서사에서 나온다고 이야기했다. 그 첫번째인 예수 이야기는 대학에 "평화와 정의의 영역"이라는, 쉽게 포착되지는 않지만 그럼에도 매혹적인 비전을 제공한다. 또하나는 소크라테스 이야기다.

이것은 지난 2400년간 정신적 삶의 필수 구성요소들을 규정해왔다. 즉 믿음에 이성적인 기초를 제공할 능력과 보이는 것 이면에 놓인 진리를 발견하는 탐구다. 개인적인 손해를 감수하면서, 또 즉각적인 답변을 얻을 수 있다는 희망도 없이 당혹스러운 질문을 던지는 그의 실천은 우리가 하는 일의 근간을 이룬다.

애트리지는 노터데임 대학의 가톨릭 정체성이 "그러한 두 가지 근본적인 이야기들의 관계 맺는 방식이 관건인 문제"라고 결론을 내린다. 어떤 수준에서는 긴장이 있다. 지식에 대한 세속적 탐구와 의미에 대한 종교적 탐구는 역사적으로 여러 번 불구대천의 원수 사이처럼 부딪쳤기 때문이다. 그러나 애트리지는 더 근본적인 수준에서는 아무런 갈등이 없다고 본다.

> 하느님의 통치 사업에 헌신하는 것은 진리를 알고 진리에 맞게 살고자 하는 탐구와 온전히 양립할 수 있다. 진리 탐구는 종종 마찰을 일으키기도 하지만, 여기에 참여하지 않으려면 사실 우상을 세우는 위험을 무릅써야 한다. 대학, 특히 하느님의 나라를 건설하기 위한 사업을 추구하는 대학에서 소크라테스적 탐구는 신성불가침이어야 한다.[16]

1992~93학년도에 채택된 현재 이 대학의 사명 선언은 자신을 "고등교육을 위한 가톨릭 학문 공동체로서…… 진리 자체를 위해 진리를 추구하고 공유하는 데 헌신한다"고 규정하고 있다. 이 선언의 서두는 "자유로운 탐구" "열린 토론" "열린 토론과 탐구를 가능하게 하는 학문의 자유"라는 중심 가치를 강조한다. 이 목적은 "특정한 교리적 소속"이 아니라, "노터데임 대학의 목표에 대한 존중과 이 목표에 생명과 성격을 부여하는 대화에 기꺼이 참여하고자 하는 태도"를 바탕으로 단결한 "다양한 학자와 학생의 존재와 목소리"를 개방적으로 포용할 것을 요구한다고 할 수 있다. 그 가톨릭적 성격 자체가 "인간이나 우주의 질서 속에서 수행하는 진정한 진리 탐색은 신앙의 삶과 이질적이지 않다는 것을 전제한다." 사명 선언은 대학이 학문적 우수성의 추구에 헌신한다고 분명히 말한다. "본교는 교육만이 아니라 연구 분야에서도 평판을 얻는, 전국 최고의 사립대학으로 꼽히는 것을 목표로 한다."

그러나 동시에 사명 선언은 대학의 가톨릭 정체성이 "가톨릭교도 지식인이 수적으로 지배적인 위치를 유지하는 것에 의존하고 그것에 의해 육성된다"라고 강조한다. 노터데임 대학 사명의 두 측면 사이에 함축된 긴장은 섬세한 균형 잡기를 요구한다. 학과들이 교수 채용시 종교에 비중을 얼마나 두는 것이 정당한가, 자격을 덜 갖춘 사람이라도 종교를 중시해 고용한다는 뜻인가? 학문적 우수성을 장려하고자 한다면 그 비중을 어느 선에서 조정해야 하는가?

현 총장 에드워드 A. 멀로이가 이사들에게 보낸 보고서에 따르면, 그의 목표는 "헌신적이고 열성적인 가톨릭교도들이…… 전체 교수진에서 수적 우위를 유지하는 것"이라고 썼다. (여기에서 그는 교황 요한 바오로 2세가 『가톨릭계 대학에 관하여』에서 사용한 언어를 흉내내고 있다.) 교수평의회가 배포한 최근의 설문에 응답한 현재 교수진 다수는 이러한 가톨릭교도 할당량이 최고 수준의 비종교계 대학과 어깨를 나란히 하기 바라는 대학으로서는 지나치게 경직된 발상이라 생각했다.[17] 퀸은 주장한다. "수적 우위 정책이 실행된다면 교수진의 질을 높여온 노터데임 대학의 능력은 약화될 것이고, 훌륭한 대학이 되고자 하는 야망은 현재 예측 가능한 교원 수요공급 조건하에서는 꺾일 수밖에" 없다. 이에 반대하는 다른 교수진은 수적 우위 정책이 건강한 가톨릭계 대학 운영의 핵심이라고 주장한다. 사명 선언에 반영된 현재의 정책은 채용시 가톨릭교도를 우대하는 방향으로 차별하는 것이지만, 종신재직권이나 승진 심사시에는 그런 차별이 없다. 또 가톨릭교도를 찾을 수 없는 경우에는 다른 교파의 신앙심 있는 기독교도를 적극적으로 채용하기도 하는데, 이들 다수는 가톨릭교도 교수진 다수보다 더 독실하고 종교 지향적이며, 일부는 이 기관의 가톨릭적 성격의 가장 충실한 옹호자가 되었다.[18]

사명 선언의 "적절한 비판적 품위"라는 언급도 우리의 관심을 끈다. 이것은 연구와 학문적 입장에 대한 어떤 한계를 암시하는 것일까? 현재 종신재직권을 얻은 교수들은 보복에 대한 두려움 없이 원하는 대로 무엇이든 말하고 발표할 수 있는 것으로 보인다. 노터데임 대학의 교육과정에 대한 퀸의 원고를 보면 외부의 요청이 없는데도 교수 채용과 관련하여 대학 당국을 비판하고 동성애와 관련하여 바티칸 자체를 비판하는 진술을 담고 있다. 학내 토론에서도 비슷한 진술을 했다. 그는 보복을 두려워하지 않는 것처럼 보인다. 그는 학내 토론에서도 비슷한 진술을 하기도 했다. 마찬가지로 아직 종신재직권이 없는 (하버드 대학 존 롤스의 제자로 가톨릭계 대학 안에서 교육에 헌신하고 싶어 노터데임 대학에 온) 철학자 폴 와이드먼도 동성애 관계의 도덕성에 관한 교회와 대학 당국의 공식정책을 비판하는 논문을 발표했다.[19] 그래도 와이드먼은 이 대학에서 폭넓은 존경을 받고 있다. 그가 다원주의 사회에서의 종교적 담론에 대한 학술대회를 조직했을 때는 다름 아닌 헤스버러 신부*가 개회 연설 요청을 수락했다. 와이드먼과 (그의 부인이자 신학과에서 강의하는) 생명윤리학자 모라 라이언은 노터데임 대학이 정중한 이의제기를 수용하면서 육성하고 있는 혈기 왕성한 차세대 지도자의 좋은 예들이다.

대학의 초청을 받은 연사들도 어떤 종교적 또는 윤리적 기준에 얽매이지 않는다. 나는 노터데임 대학에서 게이의 권리에 관하여, 신앙심 깊은 가톨릭교도 대다수의 큰 지지를 받지만 교회의 현재 공식 입장과는 일치하지 않는 입장에서 여러 번 강연을 했다. 내 입장을 탐탁치 않아 하는 교수들도 있고, 현재 총장은 동성애 행동을 부정적으로 바라보는 책을 발표하기도 했지만, 종신재직권이 있든 없든 나를 초청한 교수들은 보복에 대한 두려움 없이 이런 일을 계속하고 있다. 초청 연사의 발언에 대한 위협은 보통 대학 외부에서 오며, 대학은 이런 행동에 강하게 반박한다. 예

* 1952년부터 1987년까지 노터데임 대학 총장을 역임했다.

를 들어 1954년에 로마의 보수적인 신학자들이 노터데임 대학 출판부에서 준비하는 책의 출판을 막으려고 헤스버러 신부에게 압력을 넣은 일이 있었다. 자유주의 예수회 신부 존 코트니 머리가 다원주의 사회에서의 종교의 자유에 대해 쓴 글 때문이었다.(그가 옹호한 견해는 지금은 교회의 공식 입장이 되었다.) 헤스버러는 강하게 반발했고, 심지어 자신이 이의를 제기할 수 있는 분위기를 지지한다는 것을 보여주고자 머리에게 명예학위를 수여했다.[20] 애트리지는 비정통적인 입장을 택하는 교수진을 보호하는 것이 필수적이라고 주장한다. 우수한 가톨릭교도 교수진을 채용하기 위해서만이 아니라 교회 자체가 더 발전하기 위해서 불가결하다는 이야기다. "학자들이 비정통적 입장을 정직하고 강력하게 제시할 때만, 교회의 가르침은 그것이 도달하고 싶어하는, 또 도달해야 하는 자리에 도달할 수 있을 것이다."[21]

반면 교수직에 지원하는 이들은 가끔 자신의 입장을 교회의 정식 입장과 비교하는 비판적 조사를 맞닥뜨리기도 한다. 피임에 관한 교회 정식 입장에 반대해 오랫동안 논란이 되었던 가톨릭교도 신학자 찰스 커런은 노터데임 대학의 다소 자유주의적인 신학과에서 표결에 의해 임용되었다. 그러나 대학 당국은 대학 외부의 압력도 있던 터라 승인하지 않았다. 1994~95학년도에는 철학과에서 저명한 프로테스탄트 철학자 진 햄턴에게 임용 제안을 했다가 논란에 휩싸였다. 그가 낙태에 대해 솔직하게 찬성 입장을 밝혔기 때문이다.(그의 프로테스탄트적인 종교적 헌신과는 일치하는 견해다.) 대학 당국은 임용 제안을 승인하기는 했지만, 햄턴은 학과에서 약속했던 석좌교수 자리에 가지 않았다. 그가 제안을 거절한 것이다.

가끔 가톨릭계 교육기관이 가톨릭의 도덕적 입장에 따라 고용시 차별할 수 있는 재량을 바란다고 생각할 만한 이유가 있다. 1991년 미국 철학협회 전국 이사회가 반차별 성명을 논의했을 때, 가톨릭계와 프로테스탄트계를 포함한 몇 개 종교계 교육기관 교수진은—각 교육기관 자체의 입장은 계속 불명확했지만—종교계 교육기관에는 일반 조항 준수를 면제해주는 안을 지지했다. 성적 지향과 종교적 소속이 핵심 사안이었는데, 긴 논쟁 끝에 후자만 면제가 허용되었다. 또 일반적으로 노터데임 대학에서 임용 제안을 받는 비가톨릭교도 교원들이 종종 가톨릭교도 교원들보다 더 보수적이라는 점도 (많은 경우 종교적 규칙을 더 엄수한다는 점에서) 눈에 띈다. 물론 이런 현상의 일차적 요인은 아마 자기 선택이겠지만 그럼에도 임용 과정에서 어떤 종류의 비공식 심사가 있을 수 있음을 암시한다.

노터데임 대학의 학부생들은 얼마 전까지도 아주 동질적이었다. 퀸은 이에 대해 "모두 남성이고, 대부분 백인이고, 거의 전적으로 가톨릭교도이고, 중간계급이 지배적이고, 대개 지적인 면에서 속물적"이라고 묘사한다. 그러나 최근 들어 여학생 입학을 허용하고 인종적 소수자를 모집하고자 일치단결한 결과 이런 그림이 어느 정도는 변했다. 하지만 종교적 배경 면에서 날 때부터 예비 입학생이라고 할 만한 라틴아메리카계 학생들과 재정 지원이 뒷받침할 풍부한 자원이 있는데도, 개선 속도는 느렸다. 1987년 이 대학은 소수자 학생의 입학 문제를 연구한 뒤 야심찬 일군의 목표를 제시했다. '소수자 학생 위원회'는 아프리카계 미국인 학생들이 캠퍼스에서 환영받지 못한다는 느낌을 받는 일이 왕왕 있다는 데 주목해 이 문제의 해결이 시급하다고 주장했다. 이들은 대학의 가톨릭적 성격 자체를 빌려 자신들의 주장을 표현했다. "노터데임 대학은 이 나라 최고의 가톨릭계 대학으로, 편견에 대항하는 횃불이자 더 넓은 공동체의 목표인 조화로운 문화 다양성의 믿을 만한 증인으로서 교회와 사회에 봉사할 큰 책임을 갖는다."[22] 이 주장에 따르면 캠퍼스 내의 다양성은 교육적으로도 중요하다. 4년간 "백인의 동질적인 중간계급 상층"의 교육적 분위기 안에만 머물게 되면 인종·민족 다양성에 대처할 준비를 갖춘 "의식 있고 계몽된" 시민이 되는 것은 불가능하다. 재능 있는 소수집단 학생들을 유치하려는 경쟁이 치열한 상황에서 그런 학생들이 늘 노터데임 대학의 매력에 강하게 끌리는 것은 아니지만, 그런 권고만큼은 점진적으로 이행되고 있다.

노터데임 대학 학부생은 모두 다른 자유학문 필수과목과 더불어 신학 강좌와 철학 강좌를 두 과목씩 이수해야 한다. 신학에서는 학문적 성경 연구 입문 과목 하나, 그리고 특정 교리를 중점적으로 배우는 과목들 중 하나를 수강한다. 철학에서는 철학의 중심 문제들에 대한 개론 수업 하나, 그리고 윤리학, 정치학, 종교학 내지 인간의 본성에 초점을 맞춘 일군의 과목 중 하나를 수강한다. 철학 필수과목이 신학 필수과목보다 오래되었고 전통적이다.

이런 과목들은 모든 학생에게 가톨릭적 소크라테스주의의 기초를 제공한다. 이들 과목은 자기에 대한 책임 정신을 길러주고자 기획되었다. 학생은 자신의 삶이 어떤 방향으로 나아가기를 진정으로 바라는지 정하기 위해 자신이 흡수한 것을 비판적으로 검토하는 법을 배운다. 더욱이 그들은 가톨릭 전통과 그것이 제시하는 대안들의 역사를 충분히 이해한 상태에서 그런 검토를 하게 된다.

철학 필수과목은 교직원들에게 부담이 크며, 학생들이 자신이 선택하는 과목을 늘 수강할 수 있는 것도 아니다. 그러나 전체적으로 (과의 수준을 고려할 때 놀랄 일은 아니지만) 수업의 지적 수준은 높다. 왜 철학 필수과목을 들어야 하냐고 묻자, 퀸의 강의 '과학과 인간 가치' 수강생들은 열심히 그 필요성을 주장했다. 몇 명은 믿음이 사람들에게 중요하며, 그것을 다른 사람들 앞에서 옹호할 능력을 원하기 때문이라고 이유를 댔다. 어떤 학생들은 억지로라도 스스로 생각하지 않는 한 사람의 종교적 삶은 성장할 수 없다는 점을 강조했다. 모든 학생이 이렇게 긍정적인 평가를 내린 것은 아니다. 경제학을 전공하는 한 학생은 철학 필수과목을 두고 "일자리를 얻는" 주요 관심사를 떠나 잠시 기분 전환하는 시간이라고 말했다. 어쩌면 이것이 노터데임 대학 신입생들의 지배적인 생각일지도 모른다. 그런데도 그렇게 많은 학생이 철학을 달리—아마도 진지하게—보게 된 것은 교수진 덕분이라고 할 수 있다. 학생들은 강의실에서 자유롭게 반대 의견을 교환하며, 때로는 대학 당국의 정책이나 교회 내 위계를 비판하기도 한다.

비종교계 대학들을 가장 괴롭히는 다양성의 문제를 노터데임 대학은 어떻게 다루고 있을까? 전반적으로 이 대학은 가톨릭적 성격 때문에 세계시민성을 매우 강하게 의식하게 되었다. 교육과정에서 이룬 성취는 아직 고르지 않지만, 그래도 다양성이라는 쟁점을 둘러싼 토론은 주목할 만하다.

비서양 문화 연구

스토아학파와 마찬가지로 현대의 가톨릭교도들은 전 세계 인간의 공통적인 요구와 의무를 인식하는 것이 가장 훌륭한 종류의 시민성이라고 생각한다. 교황은 유엔 연설에서 국제적인 인권운동과 빈곤 구제의 긴급성을 강조했다. '미국 가톨릭 회의'는 최근 성명을 발표해 국제적인 경제정책의 모든 면은 "기본적인 도덕적 원칙들을 반영하고 세계적 공동선을 장려"해야 한다고 분명히 주장한다.[23]

오늘날 가톨릭교회는 인간의 존엄을 존중하려면 문화적이고 종교적인 차이에 관해 배워야 한다는 것을 인정한다. 비서양 세계의 가톨릭교도 수가 곧 유럽과 미국의 가톨릭교도 수를 뛰어넘을 것이라는 점 역시 중요하다. 가톨릭교회는 전 세계의 문화와 언어를 연구해 자신의 구성원을 알아야 한다. 그런 이유로 미국의 가톨릭계 대학들은 차츰 국제정치의 도덕성에 초점을 맞추었을 뿐 아니라—노터데임 대학의 저명한 '존 B. 크록 국제 평화학 연구소'와 '헬렌 켈로그 국제학 센터' 같은 곳에서—비서양 문화의 교육에도 치중해왔다.

노터데임 대학은 주로 문예대학의 문화 다양성 위원회를 통해 교육과정 문제를 다루어왔다. 그런 과정들에 대한 학생들의 수요는 계속 대학의 공급 능력을 넘어서고 있다. 퀸과 좀더 보수적인 그의 동료 데이비드 오코너를 포함한 일부 교수진도 교육과정 개발이 더 이루어지기를 바란다. 퀸은 노터데임 대학의 발전 속도에 초조함을 드러낸다. 이 대학에 개설된 아시아철학 강좌는 불과 하나이며, 비서양 종교 과목은 모두 수강 신청자 수가 정원을 초과했다. 이따금 입문 강좌들에서 서양 텍스트와 더불어 비서양 텍스트를 다루기도 한다. 데이비드 오코너는 호메로스의 『오디세이아』와 더불어 『바가바드기타』*를 가르친 적이 있다. 그러나 그는 자신이 서양철학 전문가이기 때문에 이런 접근법은 사실 어떤 문화의 특수성에 대한 만족할 만한 수준으로 이해시킬 수 없다고 말한다. "내가 『바가바드기타』를 가르치면 스토아학파 이야기처럼 들립니다."

수강편람을 보면 현재 노터데임 대학의 관련 개설 강좌들이 빈약하다는 것을 알 수 있다. 동아시아 및 남아시아 연구, 중동 연구, 유대인 연구를 하는 프로그램이나 학과는 아예 없다. 견실한 그리스어와 라틴어 프로그램에 덧붙어 묘하게 구성된 '고전과 동양어문학과'에서 아랍어, 아람어, 중국어, 일본어 초급 및 중급 강좌를 얼마간 제공할 뿐이다. 인류학과는 "비교종교" "지중해 민족들" "아프리카 민족들" "라틴아메리카 사회와 문화" "현대 중동" 등 비서양 강좌들을 몇 과목 정도 제공한다. 그러나 중국이나 인도를 다루는 과정보다 아일랜드를 다루는 과정이 많다. 노터데임 대학의 역사를 고려하면 이해할 만한 비중이지만, 학생들로 하

* '신의 노래'라는 뜻으로, 기원전 2세기부터 기원후 5세기 사이에 성립된 힌두교의 중요한 경전이다.

여금 세계의 수많은 논쟁을 이해하도록 대비해주지는 못한다. 역사학과도 상황은 비슷하다. 일본, 중국, 라틴아메리카, 중동의 역사에 대한 개론 강의는 몇 과목 있지만(남아시아는 없다), 유럽사와 미국사가 지배적이며, 비서양 지역에 대한 심화 과정을 접할 기회는 없는 듯하다. 다른 학과에도 의미 있는 비서양 과목은 개설되어 있지 않다. 멕시코, 일본, 예루살렘, 카이로의 프로그램을 포함하여 외국 연수 프로그램은 아주 많다.

비서양 과정의 추가적인 개발은 교수진과 학생의 폭넓은 지지를 받고 있다. 하지만 더욱 진일보하려면 그런 목적을 위한 교수진 충원이 필요한데, 이것은 대학 당국의 우선순위로 꼽힐 것 같지 않다. 이것은 이런 영역의 전문가들 대부분이 가톨릭교도가 아니기 때문일 수도 있다. 여기에 가톨릭(보편적)이고자 하는 목표와 가톨릭교도 교원의 수적 우위를 유지하려는 목표 사이의 긴장이 있다.

민족적 소수집단 연구

과거에 가톨릭은 미국에서 공세에 시달리는 소수집단이었다. 지금이야 (전체 인구의 20퍼센트가 넘는) 미국 최대의 교파가 되었지만, 그들의 역사는 이전의 지위와 밀접하게 연결되어 있다. 노터데임 대학이 교육과정을 통해 가톨릭교도에게 자기 역사의 이해 수단을 제공한다는 사실을 자랑스러워하는 것은 당연하다. 어떤 의미에서는 노터데임 대학의 교육과정 전체는, 특히 신학 필수과목은 (적어도 역사적으로는) 소수집단 연구의 한 형태라고 볼 수 있다. 노터데임 대학이 가톨릭 전통에 치중하는 경향은 모어하우스 칼리지나 스펠먼 칼리지가 아프리카계 미국인 전통에 치중하는 정도보다 강도가 높다. 이 대학은 동유럽 이민 연구는 물론 아일랜드와 아일랜드계 미국인 연구 과목을 다수 개설하여 학생들에게 그들 종교의 핵심을 알려주는 신학적 연구를 효과적으로 보완하고 있다.

그렇다고 해서 노터데임 대학이 학생들의 다원적 문화를, 특히 세계 가톨릭교가 점점 더 다양화되고 있는 시점에서 무시할 수 있다는 뜻은 아니다. 체육 특기생 선발 또한 인종적·민족적 균형을 맞춰나가는 데 일정한 역할을 한다. 이 대학은 공격적으로 민족 구성의 다양화를 시도해 어느 정도 성공을 거두었다. 이 도시는 소수집단을 환대하지 않는 곳이라는 평판 때문에 교수진의 임용과 유지가 특히 어려웠다. 그러나 지금은 남부의 아프리카계 미국인이 지배적인 대학들, 그리고 남서부의 라틴아메리카계 미국인이 지배적인 학교들과 교수진을 교류하는 제도를 도입했다.

노터데임 대학의 교육과정은 한편으로는 신입생 수준을 높일 목적으로, 미국 소수집단의 경험과 문화를 통합하는 데 상당한 노력을 기울였다. 아프리카계 미국학 분야를 연구하는 작지만 평판 좋은 프로그램이 생겼고, 전공 과정도 개설했다. 역사학과 인류학 모두 아프리카와 아프리카계 미국인에 관한 과정을 열었으며, 여기에는 아프리카계 미국인의 역사에 관한 두 학기 연속 강좌도 포함된다. 또한 인류학과에서는 미국 토착민 사회를 연구하며, 역사학과는 아일랜드계 미국인에 중점을 두면서 여러 민족의 역사에 관한 교양 강좌를 마련했다. 로망어문학과는 라틴아메리카계 문화에 관한 과정을 몇 가지 개설했다. 그러나 이 모든 노력 가운데 소수집단에 속하는 교원 수가 적다는 것이 문제다. 1996년 현재 전체 교원 677명 가운데 오직 일흔다섯 명만이 소수집단 구성원이고, 이 가운데 여덟 명만이 아프리카계 미국인이다.

여성학

"가톨릭교회는 페미니즘적 제도라고 할 수 없죠." 필립 퀸의 수업을 듣는 케빈 재니키는 당연한 사실을 말하듯이 이렇게 말했다. 그러한 전제를 고려할 때 여성이라는 쟁점을 놓고 할 수 있는 것에 한계가 있다고도 했다. 퀸은 동의한다. "가톨릭교회의 가부장제적 역사에 익숙한 사람이라면 예상하겠지만, 노터데임 대학의 상황이 여성에게는 기대만큼 좋지 않습니다." 여학생이 노터데임 대학에 입학할 수 있게 것은 1970년대 초였다. 처음에는 여학생 수가 많이 적었지만 이제 한 해가 다르게 동등한 수준으로 올라가고 있으며, 새 기숙사 두 곳이 완공되면 성별 정원 제한이 없는 입학 정책이 실시될 것이다. 그러나 노터데임 대학이 아직 여성을 위한, 또 여성에 관한 공간이 아니라는 많은 흔적이 있다.

노터데임 대학의 남녀공학 역사를 생각한다면 그 진일보한 면은 수긍할 만하다. 헤스버러는 1952년이라면 학생 95퍼센트가 남녀공학에 반대했겠지만, 1972년에는 압도적으로 찬성했다고 말한다. 그렇지만 그의 행복한 발전에 관한 이야기에도 불편한 면이 있다.

> 남녀공학 전환은 노터데임 대학에 놀라운 영향을 주었다. 무엇보다 우리는 내내 고수해온 리더십 교육을 인류의 다른 절반에게도 힘쓸 수 있게 되었다. 이것 못지 않게 중요한 것은 여성이 우리 캠퍼스에 여성성이라는 위대한 선물을 가져왔다는 것이다. 남학생만 있던 시절에 노터데임 대학은 거칠고 호색적이고 남자다움을 과시하는 곳인 경향이 있었다. 그러나 우리 여학생들은 캠퍼스에 상당한 고상함을 들여왔고, 가족의 느낌을 고양했다. 실제로 여성과 함께 존재하게 되자 남성은 여성이 별도의 종족이라는 생각을 멈출 수 있었다.[24]

헤스버러의 의도는 분명히 훌륭하다. 그의 서술도 이치에 맞는다. 그러나 그저 배우러 다니는 학생이 아니라 자신들에게 호색적이고 남자다운 면을 과시하는 운동선수들을 교화하고 "여성성이라는 선물"을 주는 여성으로 기대받는 캠퍼스 내 여성의 상황을 생각해보라. 헤스버러는 여성을 "별도의 종족"으로 간주하는 학생들을 비판하지만, 그 또한 나름의 방식으로 그들과 똑같이 생각하는 듯하다. 고상함의 상징으로 환영받더라도 환영받지 못하는 것보다는 낫지만, 그것도 그냥 한 사람으로 환영받는 것에 비하면 별로 좋지 않다.

오늘날에도 여전히 노터데임 대학은 캠퍼스 내 여성의 역할을 두고 긴장을 겪고 있다. 남성 스포츠의 엄청난 사회적 영향 때문에 캠퍼스 생활에는 공격적인 분위기가 형성되어 있다. 여학생과 남학생의 사회적 관계는 다른 교육기관들보다 훨씬 긴장되어 있고 위태위태하며, 여전히 무관심한 회피와 만취 파티라는 양극의 지배를 받는다. 또 늘어나고는 있지만 교수진 중 여성, 특히 종신재직권이 보장받은 여성 교수는 많지 않다. (1996년 현재 교수진 677명 가운데 113명이 여성이지만, 정교수 290명 가운데는 스무 명뿐이며, 부교수 202명 가운데는 서른한 명뿐이다.) 규모가 큰 철학과에 종신재직권을 보장받은 여성 교수는 한 명도 없고, 그 트랙을 밟아나가고 있는 여성 교수도 두 사람뿐이다. 정관상 이 대학의 총장은 사제여야 하며, 따라서 당연히 남성이어야 한다. 교수진은 바티칸의 여성 문제에 대한 견해에 자유롭게 의문을 제기할 수 있지만, 피임과 낙태에 관한 정보를 나누어주던 여학생 모임은 공식 단위로 승인받지 못했다.

퀸의 강의를 듣는 수강생 스물다섯 가운데 여학생 세 명은 대체로 입을 다물고 있었다. 이들은 머뭇거리고 우울하고 남학생들이 드러내는 식의 신체적 활기가 부족한 것처럼 보였다. 남학생과 여학생의 관계는 좋아 보이지 않았다. 일부 남학생은 무례한 태도로 자신을 표현했는데, 이것이 여학생들의 침묵을 설명하고도 남았다. 여성학에 대해 토론할 때 한 남학생은 어차피 캠퍼스에서 여자들과 마주치는데 강의실에 앉아 여성에 관해 배울 필요가 있느냐고 물었다. 토론 내내 입을 다물고 있었던 한 여학생은 수업이 끝난 뒤 조용한 목소리로 가톨릭교회의 남성 지배적인 성격 때문에 자신이 동등한 시민인 것처럼 느끼기가 어렵다고 말했다.

따라서 노터데임 대학이 여성학 교육과정 개발의 선구자가 되지 못했던 것은 놀랄 일이 아니다. 비슷한 규모의 대학 대부분의 상황과 대조적으로, 이곳에는 교수들과 학생들이 모여 지적인 쟁점과 더불어 캠퍼스 생활 문제를 의논할 수 있는 여성 센터가 오랫동안 존재하지 않았다. 하지만 최근에 작은 '여성자원센터'가 설립되었는데, 이것은 캠퍼스 내 여성의 지위 향상을 보여주는 신호다. 또 젠더 연구 프로그램도 만들어졌다. 보유한 자금이야 매우 빈약하지만 이 프로그램은 학부생들이 부전공으로 선택할 기회를 제공하고, 매주 열리는 교수 토론 모임을 후원한다. 보수적인 분위기가 지배적인 전체 학생으로부터 지지를 받기는 어렵지만, 이 모임은 의욕이 넘치고 토론은 활기 있기게 진행되며 그 수준도 아주 높아 보인다.

사회학과의 윌리엄 R. 케넌 주니어 교수이자 젠더 연구 프로그램의 전임 책임자였던 존 앨더스는 1976년 여성 교수로는 유일하게 종신재직권을 받았다. 비가톨릭계인 앨더스는 의지가 굉장히 강한 사람임이 분명하다. 양손 쓰기가 불편한 그는 중증장애를 극복하고 탁월한 학자이자 강인한 행정가가 되어, 지략을 동원하여 새로운 프로그램을 위해 싸웠다. 그는 여성이 노터데임 대학에서 배려받는 소수집단이 아니라고 믿는다. 그는 재정적으로나 정치적으로나 아프리카계 미국학이 여성학보다 훨씬 많은 지원을 받는 상황을 겪어왔다. (암묵적인 이야기로, 아프리카계 미국인에게 편안한 환경을 제공하는 것은 노터데임 대학의 체육 특기자 모집의 성공에 기여하지만, 여성에게 편안한 환경을 제공하는 것은 어느 의미에서 보나 득될 일이 아니라는 것이다.) 비록 운영비를 충분하게 지원받고 있지는 못하지만 새로운 프로그램은 기가 꺾이지 않고 운영되고 있다. 이 프로그램을 여성학이 아니라 젠더 연구라고 부르기로 한 것은 설립 그룹의 의견을 따른 것인데, 이들은 노터데임 대학에서 이 분야를 지적으로 품위 있게 보이게 하려면 그렇게 하는 것이 필요하다고 생각했던 것이다.

앨더스는 개설 과목에 위협적이지 않은 이름을 붙이는 것이 중요하다고 생각한다. 예를 들어 ‘젠더 역할 바꾸기’라는 제목을 보고 남학생들이 성전환 수술에 관한 강의라고 생각한다는 것을 알고 나서 ‘오늘날의 젠더 역할’로 바꾸어 호응을 얻었다. 처음에는 이 수업에 남학생이 거의 없었으나, 지금은 4분의 1이 남학생이다. 그러나 이 모든 노력에도 불구하고, 대학 내 모든 수준의 사람들로 하여금 추가적인 교육과정 개발에 관심을 갖도록 설득하는 것은 어렵다. 앨더스는 “사람들은 나이가 쉰이건 스물다섯이건 불의에 반대해 소리를 내는 걸 꺼리는 경향이 있다”고 말한다.

더 최근으로 오면, 현재 이 프로그램을 책임지고 있는 중세 역사학자 캐시 비딕은 지략과 끈기로 이곳을 다양한 분야 출신의 사람들이 모이는 활기찬 공간으로 만들었다. 자유주의적인 신학과에는 여성 문제에 관심이 많은 탁월한 여성들이 대거 포진해 있다. 학생들의 배경과 젠더 역할에 관한 학생들의 생각을 짐작하고 이해할 수 있는 젊은 교수진은 성윤리에 관한 독립적인 연구 과정부터 기숙사 내 비공식적 만남에 이르기까지 다양한 환경에서 학생들과 이야기를 나누려고 힘쓴다. 이런 곳은 아주 점진적으로나마 변화하고 있다는 인상을 준다.

그러나 강의실과 캠퍼스에는, 이곳은 여성이 두드러지거나 적극적으로 주장할 수 있는 곳이 아니라고 암시하는 분위기가 조성되어 있다. 노터데임 대학이 완전히 포용적인 대학이 되기 위해서는 더 노력해야 할 것이다. 남학생이 여성의 역사와 삶에 관해 더 배울 수 있도록 젠더 연구에 재정 지원을 늘리는 것도 틀림없이 도움이 되는 한 가지 조치다.

동성애

노터데임 캠퍼스의 모든 다양성 문제 가운데 가장 심하게 분열되어 있는 것이 바로 동성애 이슈다. 대학 당국은 레즈비언·게이 학생 모임을 인정하지 않으려는 완강한 태도를 보여왔다. 1995년 초 상담센터의 빈 공간에서 비공식적으로 모이던 이 모임은 공간 사용금지 통보를 받았다. 학생들과 교수진은 왜 이런 조치가 취해졌는지 정확히 알지 못했지만, 보수적인 동문들이 대학 당국에 압력을 가했을지도 모른다고 추측했다. 이에 교수들은 교수평의회를 소집해 입장 표명에 대한 표결을 진행했다. 평의회는 구성원들의 압도적인 지지를 업고, 레즈비언·게이 학생들의 공간 사용 허가만이 아니라 이들 조직의 공식 승인까지 요구했다. 퀸은 이렇게 쓰고 있다.

> 강의실에서는 대부분 성적 지향의 문제를 얼버무리거나 회피하거나 모른 척한다. 노터데임 대학에서는 자유로운 이성이, 심지어 기독교도들이 늘 타락한 인간의 특징으로 거론하는 제한된 이성능력조차, 성적 지향에 관한 논의에서 우세를 점할 가능성은 거의 없다. 이런 상황이 개탄할 만하다고 생각하는 사람들은 레즈비언들과 게이들이 노터데임 대학에서 겪는 제도적 억압에 반대하여 그들의 직업적 권리와 학문적 자유를 옹호하려고 힘쓸 수 있다. 그것 말고도 지지의 사소한 제스처는 얼마든지 가능하다.

동성애에 대한 교회의 입장을 둘러싸고 내부적으로도 격한 논쟁을 일으키고 있다. 이런 논쟁을 대학에서 차단하지 않는 것이 합리적일 것인데, 노터데임 대학의 자유주의적 교수들은 다양한 관점을 내세우는 발표자들을 캠퍼스로 초청하고자 다같이 노력을 기울였다. 대학 안에도 로스쿨 소속 존 피니스의 보수적인 견해에서 퀸과 동료 철학자 폴 와이드먼의 온건한 자유주의적 입장에 이르기까지 아주 다양한 견해들이 있다. 학생들로 하여금 이런 논쟁과 토론의 전제인 학습을 제대로 함께할 수 있는 조건을 갖추기 위해서는 양측이 다 교수평의회를 지지해야 할 것이다.

노터데임 대학의 가톨릭 신앙과 문화 다양성은 비서양 문화와 미국의 소수집단 경험을 연구하는 지점에서는 연대한다. 여성 문제를 보면 과거에는 대립했지만 상황은 서서히 나아지는 것으로 보인다. 성적 지향에 관해서는 교수마다 다양한 입장을 지니고는 있지만, 현재로서는 두 진영이 여전히 대립하고 있다. 그러나 대학 당국의 가혹한 반응 때문에 교수진은 유례없이 단결하여 집회, 토론, 탐구의 자유를 옹호하고 있다. "실재하는 차이"를 진정으로 존중한다면 그런 주장들이 성과를 거두게 되리라고 생각할 수 있다.

전체적으로 노터데임 대학은 진정한 탐구와 토론의 장이기도 한 독특한 종교계 대학을 구축하는 데 크게 성공했다. 모든 논제—정통 교리에 이의를 제기하고 전통을 향해 "그 가능성을 모두 실현"하기 위해 변화하라고 요구하는 주장을 포함한 모든 논제—에 대한 자유로운 논의의 공간을 보존하기 위해서는 지속적인 경계가 요구된다. 그러나 이 교육기관의 소크라테스적 이상에 대한 헌신은 단지 겉치레가 아니다. 그 교수진은 그 규범에 특별히 헌신하고 있는 듯하다. 가톨릭계 대학 내에 위대함을 실현하여 버나드 쇼가 틀리다는 것을 증명하려면 그들은 그런 규범을 고수해야 한다.

브리검영 대학: 이성을 통한 계시?

노터데임 대학은 가톨릭식 대학교육이라는 수백 년 전통의 상속자이며, 이 전통을 건축한 이들 명단에는 토마스 아퀴나스를 위시하여 저명한 사상가들이 줄지어 있다. 반면 브리검영 대학은 (하와이에 분교가 있기는 하지만) 세계에서 유일한 모르몬교계 대학이다. 오늘날 브리검영 대학에서 전개되는 상황을 제외하면, 모르몬교식 대학교육의 전통은 찾아볼 수 없다. 또 교육 지도자들을 이끌 분명히 합의된 모르몬교 신학의 전통도 없다.

브리검영 대학은 훨씬 오래된 종교 아카데미들의 체계에서 성장해 나왔으며, 이런 아카데미들은 거슬러올라가면 교회 관련 학교들의 체계에서 성장해 나왔다. 이런 학교들의 역사는 다시 모르몬교 정착민이 유타 계곡에 처음 당도한 1847년으로 거슬러올라간다. '예수그리스도후기성도교회'*는 처음부터 반예술적이고 반교육적인 교파들로부터 자신을 구별하고 나왔다. 이 교회는 음악과 무용을 적극적으로 지원하여, 유타 주는 합창음악, 교향음악, 발레의 중심지로 유명해졌다. 교육 역시 가능한 한 지원하여 브리검영 아카데미를 만들었다. 1875년에 설립된 이 아카데미는 1903년에 대학으로 승격했으며, 지금은 미국 최대의 사립대학이 되었다. 대학 소유자인 교회는 십일조 기금으로 대학 운영자금의 약 3분의 2를 지원한다. 이 때문에 교회 장로들은 브리검영 대학에 엄청난 힘을 행사하고 이중 다수가 대학 이사진으로 있다. 나머지 운영비는 등록금으로 충당하는데, 비모르몬교도 학생은 모르몬교도 학생보다 등록금을 많이 낸다.(비모르몬교도는 1993~94학년도에 3300달러, 모르몬교도는 2200달러였다.) 1992~93학년도에는 정규 등록 학생이 2만 7985명(학부생 2만 6266명, 일반대학원생과 전문대학원생 1719명), 시간제 등록 학생 2419명, 야간 학생 1238명이었다. 1994년 교수진 보고서에 따르면 실제 등록생은 3만 3000명가량이었다고 한다. 브리검영 대학은 '전국 장학생' 수에서 10위, 대학에 '대학과목 선수이수제' 시험 성적표를 보내는 고등학생 수에서 3위를 기록하고 있다.

* The Church of Jesus Christ of Latter-day Saints. 모르몬교의 정식 명칭. 이하 LDS로 표기한다.

이곳 학생들은 복장과 행동에 관한 엄격한 규율을 지켜야 하는데, 여기에는 커피, 차, (주종을 불문한) 주류 금지, 부부 외 성적 접촉 금지가 포함된다. 욕설, 턱수염, 민소매도 모두 금지다. 대학은 종교 집회 참석을 강력하게 권고하고, 그 시간 동안 기본적으로 문을 닫는다. 학생들은 일요일 예배에 참석했다는 인증과 학기마다 주교에게 성전에 들어갈 수 있다는 인증을 받아야 한다. 예상할 수 있는 일이지만 이런 규제 때문에 상대적으로 동질적인 학생 집단이 형성된다—사실 브리검영 대학은 낮은 등록금 덕분에 이런 규칙을 좋아하지 않는 많은 학생에게도 매력적으로 여겨지는 학교다. 정치적으로는 동질성이 아주 강하다. 브리검영 대학에도 민주당원이 있기는 하지만 조롱과 괴롭힘을 당하는 경우가 많다.[25] 브리검영 대학은 도시 지역의 소수집단 모르몬교도 학생들과 일정 수의 아시아와 라틴아메리카계 학생들을 외국 선교의 성공을 위해 등록시킨다. 하지만 소수집단 입학생의 총수는 4퍼센트 선이다.

브리검영 대학은 이곳 교육의 종교적 목표를 매우 명시적으로 밝힌다. 학생들은 "예수그리스도가 전하는 복음의 진리"를 배워야 한다. "주의 이름이 하늘 아래 주어진, 인류를 구원할 수 있는 유일한 이름이라고 강조하지 않는 교육은 모두 불충분하다."[26] 노터데임 대학은 로마가톨릭교 전통에 대한 진지한 존중을 요구하지만 (교황 개인의 견해에 따라) 기독교도가 다른 전통에서도 배울 점이 있다는 것을 부정하지 않는다. 브리검영 대학은 처음부터 비기독교도 학생이나 교수가 들어오고 싶은 마음이 사라지게 만들 만한 입장을 분명히 보여준다. 모르몬교도는 두 영역에서 모두 상당한 특혜를 받는 셈이다.

LDS 교회는 연령순으로 서열이 정해지는 장로 집단이 관장한다. 더욱이 장로들은 서로 매우 존중하며, 대개 서로의 말을 비판하지 않으려 한다. 이런 체제 때문에 교회(따라서 궁극적으로 대학) 관리는 (때로는 정신적 능력이 훼손된) 아주 나이든 사람들의 손에 있을 수밖에 없다. 공격적인 발언이 비판을 받지 않아, 그것이 어디까지 교회의 교리를 표현하는 것인지 불확실해지곤 한다. 예를 들어 1993년 5월 18일 연설에서 모르몬교의 세 가지 큰 적이 페미니스트, 동성애자, 지식인이라고 말한 보이드 패커 장로가 강력한 영향력을 행사할 수 있었던 것은 부분적으로는 다른 장로들이 그의 견해를 비판하기를 주저했기 때문이기도 하다. 패커는 1995년 브리검영 대학의 이사직을 그만두었지만 (학문의 자유를 뒷받침하는 신호로 여겨진 변화였다) 교수진의 정통성에 대한 베이트먼의 새로운 정책은 패커의 견해가 주변으로 밀려난 것이 아님을 보여준다.

예나 지금이나 장로들의 발언 가운데 무엇이 권위 있는지 알려주는 일반적 가이드라인이 없기 때문에 불확실성은 더해진다. 나아가 (1978년 6월 9일 아프리카계 미국인 남성을 사제단에 받아들이면서 오랜 교회 정책 변경의 근거로 삼아 주목받았던) '지속되는 계시'라는 교리 때문에 오늘 더없이 권위 있어 보이는 발언이 내일도 유효할지는 늘 불분명하다.[27]

브리검영 대학의 교수들과 행정가들은 종교 생활에서 대학교육이 맡는 역할이나 이성과 계시 사이의 적절한 관계에 관한 생각이 크게 다르다. 한쪽 극단에는 모르몬교 대학교육은 모르몬 전통에 대한 질문 없는 순응을 권장하는 동시에 유용한 직업 기술을 제공해야 한다고 생각하는 사람들이 있다. 이들은 브리검영 대학에서 대학원 교육을 하는 것에 회의적이다. 그들은 강력하고도 다소 비학문적인 종교학 필수과목을 개설하는 것을 지지하고, 입학과 교수 채용 및 고용 유지 심사시에 종교적 정통성이라는 기준을 설정하는 것을 찬성하는 경향이 있다. 이성은 계시가 설정한 한계 내에서 작동해야 한다는 것이 이런 견해를 신학적으로 정당화하는 한 가지 근거다. 교회 당국자들에 대한 비판을 강경하게 제한하면 다른 종류의 새로운 학문적 자유가 생겨나며, 이것

이 비종교계 학교에서 설정한 규범보다 종교계 대학에 더 적절하다는 주장도 있다.[28]

다른 극단에 있는 사람들은 브리검영 대학이 노터데임 대학과 비슷해지기를 바란다. 학부와 대학원 교육 양쪽에서 학문적 우수성을 갈망하고, 학문적 자유와 탐구를 계속 강력하게 보장하고, 이의 제기에 반대하는 것이 아니라 학문적으로 열린 태도를 갖추려고 노력하는 재능 있는 모르몬교 교수진을 끌어들여 브리검영 대학의 종교적 성격을 보호하자는 것이다. 신학적 관점에서 보면, 이 진영은 탐구의 자유가 모르몬교 전통의 길고 깊은 한 부분이라고 주장하는 셈이다. (언어학과 역사 연구에 매우 열심이었던 독학자) 조지프 스미스는 모르몬교도가 과학을 적대시하지 말고 과학, 나아가 이성 일반을 신의 계시가 일어나는 통로로 보기 바란다고 썼다. 스미스의 교육관은 초기 모르몬교의 다른 측면들(예를 들어 사적 소유에 대한 회의적 태도 등)과 마찬가지로 최근에는 모르몬 위계 속에서 소리를 내지 못하고 있다.

학문적 견해 때문에 교수진을 공격하는 일은 브리검영 대학에서는 새롭지 않다. 1911년에는 교수 세 명이 진화론 옹호와 수정주의적 성경 연구 때문에 해고되었다. 비교적 관용적이었던 시기가 지난 최근에는 학문의 자유 문제를 두고 특히 말썽이 많았다. 1993년 페미니즘 문학이론을 가르친다는 특정한 목적으로 채용된 영문학과의 세실리아 콘차 파는 종신재직권 심사 자격을 얻을 수 있는 '3년 계약'의 갱신을 거부당했다.[29] 처음에는 그녀의 연구 업적에 결함이 있다는 식으로 이야기되었지만 결국 이런 주장은 사라지고, 그녀의 '시민성'에 문제가 있다는 것이 해고의 이유라고 이야기가 모아졌는데, 이것은 그녀의 페미니즘 행동주의를 가리키는 것이었다. (파는 수업 시간에 페미니즘의 쟁점들을 논의했고, 여성에 대한 폭력을 알리고 반대하기 위해 노력했으며, 낙태 찬성 집회에서 연설을 한 적도 있다—그러나 그녀는 자신의 개인적 입장은 낙태 반대이며, LDS 교회의 첫 총장이 택한 입장을 지지한다고 말했다. 그녀의 연설은 현지 교회 지도자들의 전폭적 지지를 받았다.) 파의 사건은 다른 자유주의적 교수인 인류학자 데이비드 놀턴의 (아마도 교회 정책과 브리검영 대학 당국을 학문적 맥락에서 비판한 발언 때문일) 해고 결정과 더불어 뛰어난 수많은 교수, 특히 (전국적으로 명성이 자자한 학자들을 포함한) 여성 교수 다수가 자기 발로 학교를 떠나는 계기가 되었다. 일반 및 우등 교육 학장 해럴드 밀러도 이 사건을 계기로 사직했다. 베이트먼의 새로운 정책 때문에 더 많은 사람이 자기 발로 떠날 것이고, 틀림없이 해고 통보도 늘어날 것이다. 한편 다른 대학에서 박사 과정을 밟고 있는 이곳 졸업생들(미래 브리검영 대학 교수진은 대개 이들 가운데서 나온다)은 점점 더 브리검영 대학에 자신들을 위한 자리가 없다고 판단하고 있다. 전국적인 우등생 모임인 '파이베타카파'는 지부를 내달라는 브리검영 대학의 요청을 학문의 자유를 제한하는 곳이라는 이유로 계속 거부해왔다. 이런 것들은 대학의 미래를 전망할 때 불길한 조짐이 된다.

또 현직 교수진은 발표자를 자유롭게 선정하여 캠퍼스로 초청하지 못한다. 맥아더 펠로상과 퓰리처상을 수상한 하버드 대학 역사학 교수이자 모르몬교도인 로럴 새처 울리치는 1993년 브리검영 대학 여성대회에서 기조연설을 맡기에 부적합하다는 판정을 받았으며—아무런 설명도 없고 논의의 기회도 없었다—그 이후로 캠퍼스에서 강연을 하는 것이 허용되지 않았다. 다른 발표자들도 비슷한 방식으로 거부되었다.[30]

현직 교수진에 대한 이런 제약의 영향을 이해하려면 스콧 애벗 사건을 생각해보면 된다. 헌신적인 모르몬교도인 애벗은 독일 낭만주의를 연구하는 존경받는 학자다. 그는 브리검영 대학에서 학사 학위를 받은 뒤 프린스턴 대학원에 진학했고, 그곳에서 프린스턴 학부생들에게 모르몬교 신앙을 가르쳤다. 박사 학위를 받은 뒤에는 밴더빌트 대학에서 가르쳤고, 그곳에서 1988년에 종신재직권을 받았다. 그러나 애벗은 모르몬교 뿌리와 가족과의 유대에 이끌려 브리검영 대학으로 돌아갔고 종신재직권을 보장받으며 독어독문학과 부교수가 되었다. "나를 형성했고 앞으로도 계속 모르몬교도 동료를 준비시킬 대학에서 일하고 싶은 욕구"에 마음이 움직였던 것이다.[31] 처음에 애벗은 실력 있는 학과와 매우 똑똑한 학생들 때문에 행복해했고, 대학에서 맡은 역할에 대한 자신감이 넘쳤다. 그는 훌륭한 학자이자 위풍당당한 연설가로서 장차 브리검영 대학을 발전시킬 재능 있고 자신감 넘치고 헌신적인 시민이었다. 물론 독일 낭만주의와 브리검영 대학의 교수직의 결합은 오늘날 평범하지 않으며, 이는 도덕적 의제에 대한 현재 이 대학의 편협한 이해를 고려할 때 잠재적 갈등을 암시한다. 그럼에도 그가 임용되던 시점에 브리검영 대학은 애벗의 전문 분야와 거기에서 끌어낼 수 있는 인생관을 수용하고 활용할 수 있을 정도로 커졌다.

그러나 1992년 9월 자유주의적인 모르몬교 정기간행물인 (안정된 지위를 유지하고 싶은 브리검영 대학 교수진에게 이제는 금서가 된) 『선스톤』에 「하나의 주, 하나의 신앙, 두 대학: 브리검영 대학에서의 '종교'와 '사고'의 긴장」이라는 글을 발표하면서 애벗의 상황은 갑자기 달라졌다. 이 글은 학문적 자유의 중요성에 대한 극히 온건한 발언이다. 애벗은 조지프 스미스가 "우리 거룩한 종교의 첫째가는 근본적인 원리는 제한 없이, 또는 교리나 인간에 대한 미신적 관념이나 서로에 대한 지배 때문에 제약받거나 금지당하는 일 없이 진리의 모든 조항을 하나하나 끌어안을 권리가 우리에게 있다고 믿는 것"이라고 선언한 편지를 인용한다. 그는 이런 기초에서 출발하여 학문의 자유가 브리검영 대학을 강하게 만드는 데 핵심적이라고 주장한다. 이 주장을 이끌어가면서 그는 이성에 제한을 둔 것에 대하여, 또 교수진의 우수성과 행동의 기준을 이사회가 통제하도록 보장할 필요가 있다고 한 몇몇 교회 지도자들, 특히 보이드 패커 장로의 발언을 온건하게 비판한다. 애벗은 학문적 우수성이 종교적 충성과 배치된다는 견해를 반박하고, 패커가 이성과 "영의 작용"을 첨예하게 대립시킨 것에 의문을 제기한다. 애벗은 브리검영 대학이 세속 세계에서 독자적인 정체성을 가장 잘 유지하려면 오히려 이성과 신앙의 연결을 적극적으로 내세워야 한다고 주장한다. 특히 모르몬교 역사나 현대 모르몬교도의 생활에 관해 쓰고자 할 때 교원들이 맞닥뜨리는 지나친 감시에 의문을 제기한다.

(학문의 자유에 대한 정통 로마가톨릭교 노선과 비슷한) 이런 발언 때문에 애벗은 '성전 자격 인증'(성전에 들어갈 자격에 대한 공식 인증)을 박탈당했고, 종신 부교수에서 정교수로의 승진은 거부되었다. 그는 그가 비판한 장로들에게 사과하라는 명령을 받았다. 브리검영 대학에서 그의 상황은 극히 위태로워졌다. 1994년에 게이였던 형제가 에이즈로 사망하자 애벗의 의문은 점점 더 늘어나 교회 정책의 많은 면을 비판적으로 생각하는 한편, 가족의 '좋은 형제'로서 누리던 자신의 행복한 지위에 의문을 품게 되었다. 1994년 애벗은 자서전을 썼고, 이 책으로 '유타 주 예술위원회'로부터 논픽션 부문 1등상을 받았다. 애벗은 책의 말미에 형제가 죽은 뒤 유타 산을 등산했던 장면을 묘사한다. 그는 등산로에서 죽은 쥐와 마주친다. 통통하고 가죽도 반들반들하니 완벽한 쥐처럼 보인다. 그러나 곧 머리도 없이 벌레들에게 목을 파먹히고 있다는 것을 깨닫게 된다. 이런 식으로 유타의 숭고함과 독일적인 그로테스크를 묘하게 섞어, 애벗은 그에게 독립적인 정신을 가지지 말라고 요구하는 듯한 종교 안에 있는 자신의 상황을 보여준다.

브리검영 대학의 학생 대표 가운데 한 명인 존 암스트롱의 사례는 브리검영 대학의 현재 정책이 학생 전체에게 주는 부담을 잘 보여준다. 학문적으로 탁월한 존은 자신의 학업(고대 그리스 철학 연구)을 성공적으로 수행했고, 다른 대학에서 박사 학위를 받아 브리검영 대학에 교수로 돌아올 희망을 품고 있었다. 자유주의자인 그는 학생회장으로서 수많은 쟁점을 두고 장로들과 학교 당국의 공식 입장에 문제를 제기했다. 그러면서도 대학 본부에 변함없이 신중하게 예의를 갖추었으며 자신의 종교에 충성했다. 생활방식으로 보나 진지한 헌신으로 보나 그는 모르몬교도 생활의 도덕적 요구가 편안하고 적절하다고 생각하는 모범적인 모르몬교도다. 실제로 그는 자신의 종교 사회에서 지도자가 되겠다는 분명한 목표도 세웠다. 현재 존은 애리조나 대학에서 대학원에 다니며 플라톤을 공부하고 있다. 그는 이성과 계시라는 논제에 관한 글을 쓰면서 애벗과 비슷한 견해를 표명했다.[32] 그러나 애벗의 사례를 보면 암스르통은 이제 브리검영 대학에 임용되기 어려워 보이며, 그가 브리검영 대학에서 일자리를 원할 것 같지도 않다. 이렇듯 이곳 정책은 자신이 배출한 젊은 세대의 가장 재능 있고 의욕적인 사람들을 차단한다. 이는 폴 와이드먼이나 모라 라이언 같은 젊은 자유주의자들을 제대로 대접하는 노터데임 대학의 방침과 대조되면서 많은 것을 시사한다.

현직 교수진은 발언과 행동 범위를 이렇게 제한하는 것에 항의하고 있다. 1996년 3월 21일 '미국 대학교수협회' 브리검영 대학 지부는 대학 승인 부서에 학문의 자유를 침해하는 것으로 보이는 사건들을 상술한 성명서를 제출하면서 다음과 같은 전반적인 결론을 내렸다.

> 현재의 상황에서 대학 당국은 그때그때 아무런 책임도 지지 않은 채 아무 교수에게나 그 교수의 교육이나 글이 교회의 이해관계에 위배된다고 말하는 것만으로 원하는 효과를 얻을 수 있다. 우리 가운데 교회를 해치기를 바라는

> 사람은 설령 있다 해도 극소수다. 게다가 우리 대부분은 우리의 종교적 신념이 인도하는 바에 따라 무엇을 발언할 때 자제한다. 그럼에도 우리가 발전하려면 생각하고 조사하고 질문할 자유가 있어야 한다. 그런 탐구를 심각하게 제한하는 조치를 취한다면 그런 기관은 더이상 대학이라고 할 수 없다. 또한 교수가 끊임없이 자신의 작업이 행정적인 검열을 통과할 수 있을지 가늠해야 한다면 그는 더이상 학자라고 할 수 없다.[33]

미국 대학교수협회측은 자신들이 추구하는 것이 "훌륭한 사고와 도덕적 결정을 길러내는 개방적이고 생산적인 비판과 논증"이라고 강조한다. 여기에 그들은 "적의 옹호자"라고 낙인찍힐까봐 늘 두려워하는 일 없이 정책을 논의할 수 있는 자유가 포함되어야 한다고 주장한다.

교수와 학생의 지적 생활에 대한 이런 제약을 고려할 때, 브리검영 대학의 교육과정이 소크라테스적 탐구와 세계시민성이라는 목표에 헌신하는 모습을 보여준다면 오히려 놀라울 것이다. 대학 전체의 중핵교육과정은 종교교육과 체육교육 두 가지다. 학생들은 2학점짜리 종교 과목을 7개 들어야 한다. 대부분 상급 학위가 없는 교수진이 가르치는 종교 과목은 의도적으로 비학문적인 특성을 띤다. 논리를 발전시키거나 의심을 표명할 기회를 주지 않는 다항식 선택 시험으로 학생들을 평가한다. 학생들에게 사유를 가르치기보다는 정통 교리 전달을 강조한다. 자유주의적이든 보수주의적이든 사려 깊은 교수진은 종교교육에 대한 이런 편협한 접근에 불만을 느낀다.

브리검영 대학에는 철학 필수과목이 없으며, 개설될 가능성도 거의 없다. 쟁점들에 대한 주류의 신중한 설명이 담긴 『모르몬교 백과사전』에 따르면, "현대의 분석철학 및 실존철학은 [모르몬교] 사상에 거의 영향을 주지 못했는데, 그것은 모르몬교가 그것을 몰라서가 아니라 그들이 제기하는 문제들에 다른 답을 갖고 있기 때문이다…… 나는 어떻게 알 수 있는가? 보이는 세계는 무엇인가? 보이지 않는 세계는 무엇인가? 나는 어떻게 지혜로워질 것인가? 온전히 참여하는 모든 예수그리스도후기성도교회의 성자에게는 이런 문제들에 대한 답이 모두 개인적으로 주어져 있다." 이 설명이 정리하듯 모르몬교 문화는 "철학하기를 권장하지 않는다."

그럼에도 브리검영 대학에는 상당히 훌륭한 철학과가 있으며, 일부 교수들은 전국적으로 명성을 날리고 있다. 특히 철학사 분야가 그러한데, 아마도 이 학문 영역이 이곳에서는 현대적 쟁점보다 논란이 덜하기 때문일 것이다. 브리검영 대학은 재능 있는 학부생을 다른 곳의 훌륭한 대학원 프로그램에 보내왔다. 철학 전공생들은 불편한 질문을 던지는 저자들을 자유롭게 공부한다고 강조한다. 예를 들어 철학자 짐 폴코너가 가르치는 니체 수업은 기독교 비판에 초점을 맞춘다. 보수적인 모르몬교도이자 소크라테스와 아리스토텔레스의 전문가로 국제적으로 존경받고 있는 댄 그레이엄은 모르몬교 생활방식과 일치하는 철학적 질문법을 도입할 방법이 있다고 생각한다. 그의 주장에 따르면 소크라테스식 논증 기술의 교육은 어떤 결론을 다른 결론보다 더 강력하게 입증할 수 있다는 지적이나, 이성이 인간 삶의 유일한 안내자는 아니라는 지적과 모순 없이 완전히 양립할 수 있다.

이런 귀중한 노력에도 불구하고 학생 전체가 소크라테스식으로 질문하고 있다고 느껴지지는 않는다. 브리검영 대학의 행정가들 중에는 애트리지 학장이 노터데임 대학의 충성 대상을 묘사할 때 말했던 것처럼 이 대학을 떠받치고 있는 두 기둥이 소크라테스 이야기와 예수 이야기라고 말할 사람이 한 사람도 없을 것이다. 전체적으로 브리검영 대학은 성찰하는 삶이라는 소크라테스의 목표 실현과 거리가 멀다.

브리검영 대학은 노터데임 대학처럼 세계시민성을 위한 교육과정을 구축하려고 얼마나 노력했을까? 브리검영 대학에는 방대한 자원이 있다. 인간 다양성의 다양한 영역에서 흥미진진한 과목을 개설할 잠재력도 크다. 그러나 대부분 이런 잠재력은 실현되지 못한다. 대학의 방향을 통제하는 사람들이 다양성 연구를 높게 평가하지 않기 때문이다.

비서양 문화 연구

모르몬교는 전 세계에 선교단을 세워 운영하기 때문에, 또 브리검영 대학의 수많은 학부생이 그런 선교단을 오가기 때문에, 이 대학은 어떤 의미에서는 뚜렷하게 세계시민주의적인 분위기를 띤다. 미국에서 이곳보다 외국어 강좌를 많이 개설한 대학은 없다. (다른 대학에서는 거의 가르치지 않는 오스트랄라시아와 남태평양의 언어들, 페르시아 계통의 파르시어, 아이티의 크레올어, 토착 미국인 언어 몇 가지와 아프리카 언어 몇 가지를 아우른다.) 브리검영 대학에는 비서양 언어에 익숙한 학생들이 많다. (중국에서 선교 사업을 했던 존 암스트롱은 고대 그리스어와 라틴어만이 아니라 표준중국어에도 능하다.) 현재 일본어 강좌에는 700명이 등록했고, 많은 학생이 한국어를 공부한다. 아마 미국 다른 어느 캠퍼스보다 수강생이 많을 것이다. 언어교육에서 그치는 것이 아니다. 근동 연구, 라틴아메리카 연구, 캐나다 연구, 아시아 연구, 국제 관계 등과 관련된 프로그램도 풍부하다.

그럼에도 이 풍부한 자원이 모두 선교활동을 염두에 두고 배치되어 있다는 사실은 문제적이다. 종교계 교육기관에서는 학생들이 자신의 신념이라는 관점에서 외국 문화에 접근하는 경향이 있다. 그렇다 해도 교황이 강조했듯이 다원적 세계의 훌륭한 기독교도는 다른 집단 사람들이 존재의 신비를 고민해온 방식으로부터 배울 수 있다고 여기면서 다른 문화를 이해하려고 진정으로 마음을 열어 노력할 수 있고 그래야 한다. 하지만 전반적인 면에서 브리검영 대학은 그렇지 못하다. 외국 교육의 기본 목표는 외국으로 나가 개종자를 만드는 것이다. 이는 자신들이 만남을 통해 감동을 받거나 변화하지 않고 예의와 요령만 가지고 외국에서 활동할 수 있는 학생들을 배출한다는 뜻이다. 교황이 묘사한 종류의 개방성은 젊은 선교사에게는 모험을 불러일으킬 수도 있는데, 브리검영 대학은 전체적으로 그런 개방성을 추구하지 않는다. 한 교수가 말했듯이, "이곳의 목표는 '세계시민'이 아니다. 이곳은 사도들의 교회다. 이곳에서 던지는 질문은 다음과 같다. 우리는 어떤 사람들이 진리를 대변하기를 바라는가?"

교육과정에서 외국문화를 더 다루려고 노력하는 교수진도 있다. 그러나 이런 수업에는 학생들이 잘 오지 않는다. 개발도상국 내 여성의 역할을 연구하는 젊은 정치학 교수 밸러리 허드슨은 학생들이 좋은 것은 미국 문화에 이미 모두 담겨 있다는 확신을 품고 수업에 들어온다고 전한다. 그는 교수진에게 다른 나라의 전통을 더 존중하도록 장려할 책임이 있다고 믿는다. 그러나 다른 교원들은 비서양 문화를 다루는 과정을 확대하지 말라는 대학 당국의 압력을 감지한다. 학과장은 그런 책임에 관심을 보이는 교원을 다른 더 전통적인 과정에 배치하라고 권고받는다.

민족적·인종적 소수집단

모르몬교에 대한 헌신이 중심 목표인 브리검영 대학의 교육과정은 그 전체가 소수집단 연구의 한 형태다. 그럼에도 이 연구는 활성화되지 않고 있다. 노터데임 대학이 로마가톨릭교의 역사 및 신학의 학문적 연구를 장려하는 데 반해, 브리검영 대학은 모르몬교에 대한 비슷한 연구를 기피한다. 그런 탐구를 하는 교원은 특별한 수준의 감시와 압력을 받는다. 학생들은 자신의 전통과 그 논쟁에 관해 배울 기회가 거의 없다. 교원들은 대개 이런 상황을 개탄한다.

다른 소수집단에 관해서는 몇 가지 강좌가 개설되어 있다. 아프리카계 미국인과 미국 토착민의 경험을 다루는 우등 프로그램, 미국학 전공, 다양한 유형의 교외 봉사 학습 프로젝트가 그런 예다. 그러나 전반적으로는 관점의 동질성을 중시하며, 학생들이 자신의 문화 내부에 존재하는 다른 집단이나 종교의 상황을 이해하도록 권하는 데는 관심을 제대로 보이지 않는다. 미국 토착민 연구가인 교수 한 명만이 소수민족 문학 전공에서 공식적인 훈련을 받았다. 다른 과정은 교원들이 독학을 하여 가르치거나 임시로 제공한다.

불온한 자료에 노출되는 것을 규제하는 규칙은 소수집단 경험에 관한 학습에 심각한 걸림돌이 된다. 모르몬교도는 미성년자 관람 불가 등급의 영화는 그런 등급이 매겨진 이유가 무엇이든 보면 안 된다. 그 결과 교원들은 학생들에게 홀로코스트 이해를 높이기 위한 자료로 〈쉰들러 리스트〉를 권하고 싶었지만 그렇게 할 수가 없었다. 유타 주 예술위원회는 주의 모든 고등학생이 무료로 이 영화를 볼 수 있도록 지원금을 지급했지만 브리검영 대학 재학생이거나 이 대학 입학을 위해 좋은 평가를 유지하기 바라는 학생들에게는 이런 정책도 소용없었다. 한 교수의 말마따나 “이 학교의 문화는 애써 학생들을 유년에 가두어두려고 애를 쓴다.” 민족적 잔혹 행위의 역사가 있는 세계에서 유년은 시민이 성장하기에 좋은 조건이 아닐지도 모른다.

여성학

여성은 모르몬교 사제직에 오를 수 없다. 이 지위는 널리 남성에게만 분배되는, 출세의 필수조건이다. 젊은 축에 속하는 학자들은 이런 상황에 한 번씩 이의제기를 해왔다. 페미니스트 모르몬교도의 비중이 늘어나면서, 이들은 교회 위계 내 여성의 역할 확대를 옹호하기 위해 "하늘의 어머니" 역할을 강조하는 경전 해석을 개진해왔다.[34] 그들은 또 조지프 스미스와 브리검영 대학이 실제로 여성에게 사제직을 확대했다는 (논란이 되고 있는) 역사적 증거를 제시했다.[35] 더욱이 역사적 논증이 받아들여지지 않는다 해도, 많은 사람이 미래의 계시로 변화가 생기기를 바라고 있다. 모르몬교 내 여성의 역사는 여성의 역할과 관련된 지금의 쟁점들과 마찬가지로 활발히 연구되고 있는 주제다.[36]

안타깝게도 이런 새로운 작업은 현재 브리검영 대학에서는 거의 이루어지지 않는다. 1990년대 초에는 모르몬교의 역사와 사상의 모든 영역을 자유롭게 연구할 수 있다고 생각한 활기찬 페미니스트 공동체가 있었다. 물론 모르몬교 역사라는 이미 논란이 많은 영역에 대한 연구 결과를 발표할 때는 승인을 얻느라 어려움을 겪었지만. 그러나 파가 해고당한 뒤 비슷한 입지의 교수들 중 다수가 이 대학을 떠났고, 일부 헌신적인 학자들만 남아 1978년 설립된 '여성 연구소'를 유지하기 위해 분투하고 있다.

브리검영 대학에서 여성 문제를 가르치는 여성은 심한 제약을 받는다. 파처럼 강의실을 정치화한다고 공격받기도 했고, 강의계획서에서 어떤 저자들을 제외하라고 권고받기도 했다. 아마도 남성 교수가 여성 교수보다 페미니스트 작가들을 가르치는 데 운신의 폭이 넓을 것이다. 철학자 짐 폴코너가 이끄는 페미니즘 세미나에서는 캐서린 매키넌과 드러실러 코넬 같은 저자들도 다룬다. 그러나 남성이라고 비판을 면하는 것은 아니다. 영문학과의 한 남성 교수는 마거릿 애트우드의 소설을 과제로 냈다가 교회에서 관리 직분을 맡고 있는 보수적인 학부모로부터 항의받은 뒤 종신교수 승진 심사에서 탈락했다.

최근에는 페미니스트 연구에 대한 반대가 강화되었다. 미국 대학교수협회 브리검영 대학 지부는 일반 보고서와 함께 별도로 "브리검영 대학에서 여성의 학문 자유에 대한 제한"이라는 제목의 별도 문건을 제출했다. 이 문건은 학과에서 제안한 새로운 교수 임용에 대한 대학 당국의 거부(영문학과에서 그런 사례가 네 건 있었다), 고용 해지, 초청 발표자 승인 거부, 교원의 발표와 출간 간섭 등의 수많은 사례를 묘사하고 있다. 대표적인 예를 들자면 1995년 캐런 E. 거디스 교수와 마사 N. 베크 교수는 여성 모르몬교도들이 어린 시절 성 학대를 당한 경험과 도움을 요청했을 때 모르몬교 지도자들이 관심을 보이지 않았다는 주장을 분석한 연구 결과를 발표하는 것이 금지되었다. 그뒤로 두 교수 모두 이 대학을 떠났다.[37] 그로부터 지금까지 몇 년 동안 여성 교수 임용 후보자는 학사 부총장으로부터 교회 지도자들의 요청이 있을 경우 연구 결과를 발표하지 않는 데 동의하느냐는 질문을 받았다. 들리는 이야기로는, 후보자들은 그런 경우 발표하지 않겠다고 동의해야 한다고 한다.[38]

1996년 봄 영문학 교수이자 페미니스트인 게일 털리 휴스턴은 학과에서 종신재직권을 적극적으로 추천했고 수업 평가 점수도 높았지만 해고당했다. 대학 당국은 휴스턴의 교수로서 쌓은 업적을 의심하려는 시도는 하지 않고, 그 대신 그의 교육에 "복음의 통찰"과 "영적 영감"이 없다고 주장하면서, 그가 하늘의 아버지만이 아니라 하늘의 어머니에게도 기도한다는 발언으로 "교회의 근본적 교리를 위배"했다고 비난했다. 그들은 또 "자유 행동권"을 여성의 적절한 목표로 찬양하는 그의 발언을 인용했다. 앨버커키의 뉴멕시코 대학에서 제안한 종신재직권을 받아들인 휴스턴은 모르몬교 신앙은 "내 인생의 중심에 있다"라고 말한다. "그러나 나는 교회와 대학 공동체에 지극히 중요한 문제들에 관해 내가 생각하는 대로 진실을 말하려고 했던 것이기 때문에 평화롭고 차분하다."[39]

모르몬교 역사와 현대 모르몬교도의 삶에 관한 페미니즘적 연구가 브리검영 대학의 밖으로 밀려나는 한, 이 대학은 그 이름에 값할 만한 여성학 프로그램을 갖출 수 없을 것이다. 여성 교수진이 당하는 속박은 너무나 침해적이고 불평등해서 브리검영 대학의 일자리는 현재 충성스러운 모르몬교 여성에게 매력적인 선택이 아니다.

동성애

모르몬교 경전이 동성애 행위에 반대하는 이유는 분명치 않다. 결혼은 성행위를 도덕적으로 승인받기 위한 필요조건이지만, 로마가톨릭교의 경우가 그렇듯이 기혼자의 성행위는 생식에만 국한될 필요가 없다. 피임이나 구강 또는 항문 성행위에 대한 금지는 없다. 동성애 행위는 혼전 성행위와 마찬가지로 결혼 외부에서 발생하기 때문에 부도덕하다고 간주하지만, 이것으로는 많은 모르몬교도가 동성애를 극단적으로 혐오하는 현상이 설명되지 않는다. 많은 모르몬교도가 이성애라는 규범이 모르몬교 신학이나 구원에 대한 전체적 이해의 심오한 부분을 이룬다고 생각한다. 그러나 어떤 사람들은 이런 생각에 반대해, 현존하는 경전 자료에서 그런 결론을 추론해내기에는 우리가 젠더에 관해 아는 것이 너무 적다고 주장한다. 한편 교회의 공식 입장은 로마가톨릭교의 공식 입장과 비슷하다. 죄는 미워하지만 죄인은 사랑하라.[40] 그래서 교회는 순결, 치유, '회개'를 권한다.

브리검영 대학의 교육과정 전체는 이 곤혹스러운 쟁점에 대한 논의를 기피한다. 스콧 브레이스웨이트는 이렇게 쓰고 있다.

> 브리검영 대학에서 동성을 향한 나의 성적 지향을 다루려 했을 때 굉장한 고립감을 느꼈던 것이 기억난다…… 교회가 통제하는 환경은 순응하지 않는 자를 죄다 그곳

> 에 어울리지 않는 사람으로 만드는 경향이 있다. 그런 비순응이 그저 개인의 통제를 벗어난 경우라 해도 마찬가지다…… 브리검영 대학의 수업을 수강하며 동성애에 대해 처음 들은 것은 프라이스 교수의 '아동 발달'에서였다. 그가 이 이슈를 언급했을 때 나는 주의를 온통 기울였다. 동성애의 원인은 어머니의 지배와 아버지 부재였다…… 나는 내키지 않으면서도 그 생각을 받아들이려 했다. 그러나 나는 지배하는 어머니를 아주 많이 알고 있었는데, 그러면 인구의 90퍼센트는 동성애자가 되어야 할 것 같았다. 게다가 우리 아버지는 부재하기는커녕 언제나 그 자리에 있었다. 브리검영 대학에서 모든 학생이 듣는 필수과목 가운데 동성애를 다루는 과목은 생물학이다. 우리 생물학 [교수]가 인간의 이성애적 성행위에 관해 솔직하게 말한 것은 칭찬할 만하지만, 그는 자연에 존재하는 성적 변이에 관해서는 한마디도 하지 않았다. 당연한 일이었다. 성적 변이라는 개념은 교회가 잘 받아들이지 않으니까.

이 분야에 대해 다른 사람들이 쓰고 경험한 것을 찾을 수 없다는 고통은 사람을 고립시키고 뒤틀리게 만든다. 이런 상태는 자존감을 훼손하고 모르몬교도로서 살기 원하는 젊은이를 적대적인 입장으로 몰고 간다.

브리검영 대학 교수진은 브리검영 대학 내에 레즈비언·게이에 대한 심각한 폭력이 있다고 믿지 않는다. 그러나 애벗을 비롯한 몇 사람은 침묵과 무지가 문화적 고정관념을 강화하며, 이것이 실제로 미국 사회 내 게이에 대한 폭력으로 이어진다고 강조한다. 침묵은 당연히 존중과 사랑에 해롭다. 교회의 구성원들은 자신들이 이 문제를 어떻게 생각하든 무지보다는 앎을 지원해야 한다.

“지성은 하느님의 영광이다.” 이것이 브리검영 대학의 모토다. 이 교육기관은 이 말을 사유할 필요가 있다. 지성은 진실로 영광스러운 것이며, 규칙에 대한 비지성적 순응은 그렇지 않다. 그러나 대학에서 지성이 개화하려면 조건이 필요하며, 그 조건을 고수하는 것이 중요하다. 모르몬교도 젊은이에게 영감을 주고 미래 모르몬교도의 삶을 이끌고 싶다면 브리검영 대학은 이 도전에 맞서야 한다.

노터데임 대학과 브리검영 대학: 시민성을 향한 두 방향

두 대학의 사례는 교단 소속 대학들이 다양성 문제와 관련하여 최근 채택한 입장 차이를 보여준다. 어떤 학교는 학문적 사명과 종교적 사명 사이의 긴장이 노터데임 대학보다 훨씬 약하다. 대체로 이런 학교는 설립 때부터 종교적 사명을 더 제한적인 방식으로 이해해온 브랜다이스 대학처럼 한층 비종교적인 분위기를 띤다. 브랜다이스 대학은 유대인 학생들의 종교 생활을 지원하고 그들을 편안하게 해주는 것을 목표로 삼지만, 한 번도 유대인 교수나 학생이 ‘압도적 수’를 유지하는 상태를 추구한 적이 없다. 그러나 종교적 정체성이 캠퍼스 생활에서 더 중심적인 역할을 하는 교육기관들은 대체로 노터데임 대학과 브리검영 대학이라는 양극단 사이에서 선택 가능할 것 같다. 내슈빌의 침례교 교육기관인 벨몬트 대학은 교수진의 행동과 발언에 제약을 가하는 정도가 노터데임 대학과 비교하면 강하지만 브리검영 대학보다는 훨씬 약하다. 벨몬트 대학도 브리검영 대학과 마찬가지로 여성과 섹슈얼리티 연구에 대해 상당히 염려하는 편이며, 아프리카계 미국인 문화 연구에는 노력을 거의 기울이지 않는다. 그러나 전공생 수가 많은 철학과는 소크라테스식 탐구를 장려하며 효과적인 비교문화 과정 몇 가지를 개설해 운영하고 있다.

노터데임 대학과 브리검영 대학은 종교계 대학들이 비종교계 학교를 지배하는 학문의 자유 내지 성과 중심의 승진 같은 규범을 따르기 때문에 위기에 처했다는 주장을 반박하는 예다. 사실 이런 기관들은 그것을 따르지 못하는 만큼 위기에 처하게 된다. 종교적 소속에 따라 채용하는 것은 독특한 전통을 유지하는 데 완벽하게 어울리는 방법처럼 보인다. 반면 비정통적인 발언이나 연구에 대한 불이익은 대학의 핵심 자체를 잘라낸다. 노터데임 대학은 생기를 유지하고 비종교계 대학으로부터 훌륭한 가톨릭교도 학자들을 끌어들일 수 있는데, 그 이유는 바로 그들의 정신을 존중하고 그들에게 자유를 부여하며 예수와 소크라테스를 다 모범으로 삼기 때문이다. 브리검영 대학도 과거에는 이와 같은 방향으로 운영되었다. 그러나 현재와 같이 탐구와 이의 제기에 제약을 가하는 방침은 단순한 종교 훈련 프로그램이 아닌 학부와 대학원 학위를 주는 대학이 되겠다는 야망을 간직한 교육기관의 위치에서는 자살 행위에 가까워 보인다. 오랜 기간 예수그리스도후기성도교회 성자들의 훌륭한 장점으로 칭송되어왔던 교육과 예술에 대한 모르몬교적 헌신은 위기에 처해 있다. 일각에서는 '자유주의적'이고 '세속적'이라고 조롱하는 자유의 수준이 민주주의 문화에서 인간 존중의 핵심 요소로 진지하게 받아들이지 않았기 때문이다.

다양성에 대한 새삼스러운 강조는 이들 대학의 순수한 종교적 정체성에 위협이 되지도 않는다. 훌륭한 가톨릭계 대학이 되려면 교황이 연설로 제시한 대로 문화적 차이에 대한 수용성과 이해를 계발하라는 지침을 따라야 한다는 것을 금방 알 수 있다. 이런 수용성은 젠더와 섹슈얼리티의 영역까지 확장되어야 하며, 이 영역에서의 토론과 대화를 더 장려해야 한다. "대화가 죽으면 예의도 죽는다." 저명한 가톨릭 사상가 존 코트니 머리는 그렇게 썼다.

노터데임 대학에서 성 문제 관하여 한 번씩 예의가 증발하는 것은 존중에 기초한 다원적 대화가 충분히 이루어지지 않았다는 사실을 반영한다. 브리검영 대학에는 국제관계와 소수집단 연구 분야에서 독특하고 풍부한 교육과정을 개발할 자원과 이유가 존재한다. 물론 이해를 장려하려면 두 분야 모두 편협한 선교 목적에서 독립해 개발해야 하지만. 지금은 미미하지만 젠더와 섹슈얼리티 영역에서 대화가 늘어난다면 낮은 자존감과 배척을 경험하는 이들의 삶을 상당히 고양할 것이다. 그런 대화를 장려하는 것은 도덕적으로 필수적일 것이다.

이웃 사랑은 미국의 모든 주요 종교의 중심 가치다. 이 종교들은 우리에게 우리 자신의 이기심과 편협성을 비판적으로 성찰하라고 요구하고 더 포용하며 공감하라고 권한다. 이웃에 관해 아무것도 알지 못한 채, 사실에 입각한 지식으로 이성을 북돋거나 서사를 통해 상상력을 키우지 않은 채 이웃을 사랑하는 것도 가능하다. 그러나 무지한 사람들이 자신의 사랑을 그에 알맞는 실천의 길로 이끌어갈 가능성은 매우 낮다. 또 무지는 너무 쉽게 편견과 증오의 방향으로 이끌릴 수 있다. 모든 대학은 이웃을 사랑할 수 있는 시민을 기르는 일에 기여할 수 있고 그렇게 해야 한다. 그러나 그중에서도 종교계 대학은 그 핵심에 이런 사명이 특별한 방식으로 자리잡고 있다. 아마 이런 이유로 주요 종교들이 대학을 세웠을 것이다. 최고 수준의 사랑은 지적인 것이고, 대학교육은 그것을 구분하는 안목을 키워줄 수 있다고 믿었기 때문이다. 이렇게 믿는다면, 정신의 삶, 정신의 자유, 정신의 다양성을 존중해야 한다. 또 인간의 차이라는 가장 시급한 쟁점을 놓고 진정으로 예의 바른 대화를 추구해야 한다.

결론

'새로운' 자유교육

두려워 마라 오 뮤즈여! 진정 새로운 날과 길이 너를 받아 들여 둘러쌀지니.

월트 휘트먼, 「박람회의 노래」

세네카와 마찬가지로 우리는 자유교육의 개념이 둘로 나뉜 문화에서 살고 있다. 하나는 세네카 시대의 로마를 지배했던 옛 개념인 '리베랄리스', 즉 '자유민에게 적합한' 교육이라는 관념이다. 이때 자유교육은 자유민으로 태어난 유산계급 신사를 대상으로 삼는다는 의미였다. 엘리트는 이 교육을 통해 그들 사회의 유서 깊은 전통에 입문했다. 이 교육은 지속성과 충실성을 추구했으며, 비판적 사유를 억눌렀다. 반면 세네카가 지지한 '새로운' 관념은 '리베랄리스'라는 단어를 다르게 해석한다. 교육은 자유로운 시민, 재산이나 출신 때문이 아니라 자기 정신을 자기 것이라고 부를 수 있기에 자유로운, 그런 시민을 배출하는 교육일 때만 진정으로 '자유에 적합하다.' 남성이든 여성이든, 노예로 태어났든 자유민으로 태어났든, 부유하든 가난하든, 자유로운 시민은 자신을 들여다보면서 단순한 습관이나 관습을 논증으로 옹호할 수 있는 것과 구별하는 능력을 계발했다. 그들은 자신들의 생각과 말을 소유했으며, 이것이 그들에게 계급이나 지위라는 외적 위엄을 훨씬 뛰어넘는 위엄을 부여한다.

세네카는 이런 사람들이 도덕적 상대주의자들에게 무비판적이지 않을 것이라고 주장한다. 자기 정신의 소유는 보통 무엇이 좋고 무엇이 나쁜지, 무엇을 옹호할 수 있고 무엇을 옹호할 수 없는지에 대한 이해로 이어지기 때문이다. 이들은 또 옛 '자유' 교육이 귀하게 여기는 전통을 경멸하지 않을 것이다. 전통에는 시간의 시험을 견딘 많은 것, 사람들이 존중하는 많은 것이 담겨 있음을 알기 때문이다. 그들은 무엇을 선택해야 할지 물을 때 관습과 전통에서 출발할 것이며, 그것이 정신을 위한 필수 양식糧食이라고 볼 것이다. 반면 그들은 양식과 그 양식이 생산하게 될 정신의 힘을 혼동하지 않는다. 그들은 자신의 생각에 활력을 주기 위해 전통을 이용할 필요가 있다는 것을 안다. 그러나 이렇게 유익하기는 해도 마땅히 비판해야 할 때는 기꺼이 전통을 비판하려 한다. 그들은 관습을 오래되었다는 이유만으로 귀하게 여기지 않고, 오랫동안 유지되어온 것을 반드시 있어야 하는 것이라거나 '자연스러운' 것으로 여기지 않는다. 따라서 그들은 다른 방식들이나 다른 사람들에 대해 많이 배우고 싶어한다. 이는 중요한 문제들을 두고 존중에 기초한 소통을 확립하기 위해서고, 가장 좋은 것에 관한 자신의 생각을 계속 되짚어 보기 위해서다. 이런 식으로 이들은 우리 모두가 자신이 태어난 문화의 협소함으로부터 진정한 세계시민으로 전진하기를 바란다.

미국은 이와 같은 자제심과 인간성 계발이라는 이상의 영감을 받아, 유례없는 실험에 착수했다. 다른 나라 사람들과 달리 미국인은 대학교육에 단지 전문화된 직업 준비만이 아니라 시민으로 기능하기 위한 전반적 준비까지 해줄 것을 요구한다. 미국은 다른 어떤 나라보다 공을 들여 이런 교육의 혜택을 계급, 인종, 성, 민족, 종교에 관계없이 모든 시민에게 확대하려고 노력해왔다. 미국인은 복잡한 상호 이해와 개인적인 자기반성을 통해 서로 다가가고, 성찰 없는 선호들이 단순히 충돌하는 문화가 아닌 진정으로 숙의하고 반성하는 민주적인 문화를 건설하기를 바란다. 그리고 미국인은 이런 식으로, 여러 나라로 이루어진 세계 공동체의 귀중한 구성원이 되고자 하는 요구를 정당화하고 지속시키기를 바란다. 세계 공동체가 우리 인간의 공통 문제들을 건설적으로 다루기 위해서는 이해하고 존중하고 소통하는 방법을 반드시 거듭 배워나가야 한다.

세네카 시대의 로마와 마찬가지로 미국에도 자유를 위한 교육이라는 이런 이상을 비방하는 사람들이 있다. 로마의 교양 있는 엘리트는 지위와 위계가 중요하지 않다는 스토아학파의 생각, 남성과 여성, 자유민과 노예가 동등한 인간성과 교육적 잠재력을 가지고 있음을 인정하라는 그들의 주장에 저항하는 경우가 많았다. 미국 사회에서도 전통주의자들은 우리가 전통적으로 평등하지 않다고 여겨온 문화들이나 집단들과 대면하는 과정을 통해 인간적인 것을 인지하는 능력을 계발해야 한다는 생각에 대개 저항한다. 신사 교육이라는 과거의 관념을 옹호하는 이들은 미국 대학이 소크라테스적이고 보편주의적인 목표보다는 미국 자신의 전통 가운데 위대하고 훌륭한 것에 대한 문화적인 순응에 치중하라고 요구한다. 이런 교육이 새로운 시민들에게 영향력을 발휘한다면, 그것은 새로운 시민들이 유서 깊은 신사의 기준을 받아들이는 데 동의하기 때문일 것이다. 이 경우에 그들은 자신의 경험과 전통이 교육과정의 일부를 구성할 것이라고 기대해서는 안 된다. 그런 부분은 오직 관용과 위장을 통해서만 학교에 들어갈 수 있다. 그들의 비신사적 목소리들이 들리게 하지 않는 한, 또는 비전통적 경험을 자유교육이라는 존엄한 사업에 담지 않는 한, 이런 상황은 바뀌지 않는다.

이런 사고방식은 꽤 흔하지만 미국의 훌륭한 민주적 교육 전통에 견주면 이질적이다. 그 전통은 평등과 상호존중이라는 관념 위에 세워졌기 때문이다. 세네카로부터 그런 반대자를 비판하는 방법을 곧바로 배워 적용할 수는 없다. 그의 시대는 우리 시대와 많이 다르기 때문이다. 그러나 인간성 계발이라는 그의 기본 발상에서 우리에게 필요한 답을 끌어낼 수 있다. 동료 시민에 관해 배우고 그들의 역사를 이해하고 그들의 삶과 우리의 삶 사이의 차이를 이해하고 싶지 않다면, 우리는 그들의 인간성을 온전히 존중하지 않는 것이나 마찬가지다. 또는 우리 자신의 인간성을 계발하지 않는 것이다. 따라서 우리는 비판적 사고와 존중에 기초한 논증을 강조한다는 면에서 소크라테스적일 뿐 아니라, 미국 내부 및 점점 국제화하는 사업과 정치의 영역에서 우리가 상호작용하는 집단들의 역사와 기여를 이해하도록 돕는, 다원적인 자유교육을 구축해야 한다. 훌륭한 시민이 되기 위해 알아야 할 것을 학생들에게 전부 가르치지는 못한다 해도, 적어도 그들이 무엇을 모르는지, 어떻게 탐구해야 하는지 등은 가르칠 수 있다. 주요한 비서양 문화와 미국 문화 내 소수집단에 관한 기본적인 지식을 알려줄 수 있다. 젠더나 섹슈얼리티의 역사와 다양성을 탐구하는 방법을 제시할 수 있다. 무엇보다 그들이 자신의 정신을 자기 것이라고 부를 수 있도록 엄격하고도 비판적으로 논증하는 방법을 가르칠 수 있다.

동질적인 엘리트를 위한 신사 교육을 구축하는 것은 상대적으로 쉽다. 출신이 매우 다양한 사람들에게 복잡한 세계시민성을 길러주는 것은 훨씬 어려운 일이다. 이런 이상을 목표로 삼는 교육과정은 어떠한 일반적 틀에도 맞지 않는다. 교육과정이 잘 설계된 경우를 보면 현장에 대한 지식, 즉 해당 교육기관의 학생들, 물질적 자원, 교수진에 대한 지식에 기초하여 슬기롭게 설계됐음을 알 수 있다. 예를 들어 소크라테스식 논증은 보통 필수과목이나 철학 과목에서 가장 잘 전개된다. 그러나 어떤 교육기관에서는 소크라테스식 가치를 여러 유형의 과정에 담아 만든 더 유연한 체계가 좋은 결과를 낳을 수도 있다. 인종과 민족의 이해는 종종 뉴욕 주립대학 버펄로 캠퍼스의 '미국의 다원주의' 강좌나 스크립스 칼리지의 '계몽주의 사상과 그 비판자들' 강좌 같은, 재학생 모두가 필수로 수강해야 하는 조직적인 통합 학문적 과정에서 가장 잘 촉진되는 경우가 많다. 그러나 예를 들어 브라운 대학과 그리널 칼리지 같은 교육기관에서는 학생들이 단일한 공통 과정 없이도 여러 학과에서 개설한 다양한 과목들을 통해 그에 필적하는 이해를 습득할 수 있다. 교육기관과 학생의 다양성은 교수진이 창조적으로 생각하고 교육과정 개발에 시간을 투자하도록 엄청난 압박을 가한다.

그런 기획들이 늘 성공하지는 못한다. 네바다 주립대학 리노 캠퍼스의 경우, 자원이 워낙 제한되어 있어 기본적으로 잘 짜인 인간 다양성 프로그램이 기존 과목들로 이루어진 비조직적 선택형 필수과정에 그치게 되었다. 많은 교육기관이 그런 압박에 시달린다. 캘리포니아 주립대학 리버사이드 캠퍼스는 섹슈얼리티 연구와 여성학 분야에서 장래성 있는 제안을 했지만, 문학 분야의 포스트모더니스트 교수진과 이성적 논증과 관련된 더 전통적인 정전을 고수하는 교수진—이들은 포스트모더니스트들의 진리에 대한 공격이 윤리적·정치적 비판의 가능성 자체에 위협이 된다고 여겼는데 이는 충분히 이해가 가는 일이다—사이의 긴장으로 장벽에 부딪혔다. 리버사이드 캠퍼스에서는 또 민족 연구를 모든 학생에게 중요한 이해 영역으로 보고 접근하는 방식과 정체성 정치에 기초해 접근하는 방식 사이의 긴장도 드러난다. 이런 두 종류의 긴장 모두 많은 대학에서 나타나는 것으로 세계시민성에 위협이 된다. 마지막으로 그런 기획 가운데 일부는 교수진이 논란의 여지가 있는 새로운 내용을 수업에 도입하는 것을 허용하지 않으려 하는 대학 당국의 반대 때문에 틀어진다. 이런 종류의 실패의 한 가지 두드러진 예가 브리검영 대학의 페미니즘 학문 연구에 대한 공격이지만, 많은 교육기관에서 불충분한 재정 지원이라는 그보다 소극적인 방식으로 이 새로운 연구를 억누른다.

그러나 민주주의를 위한 풍요로운 장래를 약속하는 놀라울 정도로 다양한 창의적 제안들이 있는데, 문제는 이들이 계속 발전하면서 그 가치에 걸맞은 지원을 받게 되느냐는 것이다. 가장 성공적인 제안에는 몇 가지 야심찬 협력 과정 프로그램이 들어가 있다. 세인트로렌스 대학의 '문화의 만남' 프로그램을 통해 창의적이고 끈기 있는 교원 집단이 교육과정의 많은 면을 바꾸었다. 하버드 대학의 '아프리카계 미국학 프로그램'에서는 헨리 루이스 '스킵' 게이츠, 앤서니 애피아, 코널 웨스트, 윌리엄 줄리어스 윌슨을 비롯한 여러 사람이 너무나 오랫동안 대우를 받지 못하던 분야에 저명한 학문적 연구와 인도주의적 이상을 들여왔다. 브라운 대학의 '섹슈얼리티와 사회' 프로그램에서는 인문학, 사회과학, 생물학, 의학 등 다양한 분야의 교수진이 학생들에게 개인적이고 정치적인 삶에서 중요한 이 영역에 대한 통합적인 이해를 전한다. 성공적인 기초 필수과목 프로그램도 있다. 뉴욕 주립대학 버펄로 캠퍼스의 '미국의 다원주의' 강좌, 스크립스의 '계몽주의 유산' 강좌, 노터데임 대학, 벤틀리 칼리지, 하버드 대학, 피츠버그 대학의 필수 철학 강좌, 스펠먼 칼리지의 '아프리카 디아스포라' 강좌가 그런 예들이다. 학과 수준에서 이루어지는 헤아릴 수 없이 많은 개별적 선택형 과정도 성공적이다. 브린마 칼리지의 스티븐 솔케버와 마이클 닐런의 '비교정치철학' 강좌, 벨몬트 대학의 로니 리틀존의 '비교도덕철학' 강좌, 스탠퍼드 대학의 수전 오킨의 '정치사상 속 여성' 강좌, 워싱턴 대학의 메릴린 프리드먼의 '페미니즘 정치사상' 수업, 하버드 대학 아마티아 센의 '기아와 기근' 강좌, 세인트로렌스 대학의 이브 스토더드의 '여성의 신체' 강좌 등이 있다. 마지막으로 대학들은 또 학술대회나 초빙 강연 같은 비교과과정 기획을 통해서도 세계시민성을 육성한다. 브라운 대학의 '주요 종교 전통에서의 동성애와 인권' 학술대회는 그런 기획의 뛰어난 예로, 매우 분열적인 쟁점에 관해 정치 노선을 가로지르는 예의 있는 대화를 장려한다.

그러나 이런 기획들의 미래는 매우 불확실하다. 이런 것들은 우리 시대의 위험, 그 가운데서도 자유교육보다 직업교육에 대한 관심이 점증하는 상황 때문에 무너질 위험에 직면해 있다. 수많은 행정가들(그리고 부모들과 학생들)에게는 겉보기에 쓸모없는 삶의 풍요를 위한 교육에 헌신하는 것이 손실이 큰 일로 여겨지는 듯하다. 자칭 리버럴 아츠 칼리지라는 많은 교육기관이 점차 직업교육으로 방향을 틀어, 인문학 필수과목을 줄이고 인문학 교원을 줄였다. 결과적으로 다양한 학생들에게 자유교육의 혜택을 확대한다는 생각을 포기한 것이다. 경제 불안의 시대에는 그런 제안이 지지받는 경우가 많다. 그러나 이것은 민주주의를 하찮게 여기는 일이며, 민주주의가 (마땅히 그래야 함에도) 포용적이고 반성적이지 못하게 가로막는 일이다. 이성과 상상력을 이용해 더 넓은 문화, 집단, 관념의 세계로 들어가는 것을 전혀 배우지 못한 사람들은 직업 준비 과정에서 아무리 성공을 거둔다 해도 개인적으로나 정치적으로 궁핍할 뿐이다.

이 같은 민주주의에 대한 위협은 신사를 모범으로 삼는 자유교육 옹호자들이 되풀이한 교육과정의 다양성에 대한 공격 때문에 더 심각해진다. 원칙적으로 신사 모델과 세계시민 모델은 서로 공유하고 있는, 삶의 교양을 위한 인본주의적 교육의 중요성에 동의한다. 직업교육의 도전 앞에서 이 둘은 대립하기보다 연대해야 한다. 그러나 늘 그렇게 되었던 것은 아니다. 문화적 보수주의자들은 오늘날의 인문학 학과들이 일시적인 유행을 쫓고 비현실적이고 급진적 엘리트의 통제를 받는다고 묘사함으로써—더 전통적인 자유학문 교육과정으로 복귀하자고 요구하면서—결과적으로 인문학에 대한 대중적 경멸을 부추겨 학과와 프로그램의 축소나 지엽적인 예과식 공부의 부흥을 초래했다. 앨런 블룸, 로저 킴벌, 조지 윌 같은 비평가가 극단적이거나 터무니없어 보일 만한 것에만 초점을 맞추어 오늘날 인문학 학과들의 활동을 희화화하는 것은 아마 전통적인 인본주의 교육에 대한 대학의 지원 증대라는 그들의 목표에도 도움이 되지 않을 것이다. 실제로 그들의 공격을 알게 된 주 입법자나 학부모는 인문학에 대한 경멸이 커져, 지엽적인 직업교육을 옹호하면서 인문학 영역 전체의 자원 지출을 삭감하자고 압박할 가능성이 훨씬 높다. 사람들이 인문학에서 실제로 이루어지고 있는 교육이 부적당하고 심지어 정치적으로 위험하다고 보게 되면, 자금을 차단하고 회계, 컴퓨터공학, 경영교육이라는 더 안전한 영역으로 점차 방향을 돌리는 것이 정당하다고 느끼기 마련이다.

따라서 그런 경멸 섞인 묘사가 정확하지 않다고 말하는 것이 시급하다. 현재 제시되는 모든 제안에 우리가 동의하든 동의하지 않든(무한한 다양성과 논란, 토론이 있기에 모든 제안에 동의하기란 불가능할 것이다), 인문학 교원들의 에너지, 선의, 지략은 충분히 존중받아야 한다. 이 교원들은 매우 다양한 유형의 시민을 교육하고 있다. 이들 중에는 한두 세대 전이라면 입학하지 못했을 학생들도 상당하다. 엘리트 학교든 더 포용적인 학교든, 선생들은 지혜롭게도 이 비전통적인 (그리고 전통적인) 학생들을 젊은 로마 신사로 만들려고 하지 않는다. 그렇다고 1960년대 급진주의자의 복제품으로 만들려고 하는 것도 아니다. 그 대신 학생들에게서 그들이 있는 자리에서 출발해 성취 가능한 시민성과 이해 가운데 최선의 것을 끌어내려고 한다. 벤틀리 칼리지의 크리슈나 말리크는 소크라테스식 논증이 자기 삶의 일부가 될 것이라고 생각해본 적도 없는 이들에게 철학을 가르치는데, 그 강좌가 끝날 무렵이면 정치 토론을 대하는 수강생의 태도가 바뀌어 있다. 노터데임 대학에서 젠더 연구를 담당하는 교원들은 학생들의 문화적 배경과 그들이 갖고 있을 법한 고정관념에 대한 인식에서 출발해, 여성과 여성의 삶에 대한 더 포괄적인 이해로 나아가고자 한다.

우리가 사는 세상은 복잡하기 때문에 이런 기획은 인종적·민족적·종교적 차이에 대한 학습을 요구한다. 여성의 역사와 경험에 관한 학습을 요구한다. 인간 섹슈얼리티에 대한 반성적 이해를 요구한다. 매우 다원적이고 상호의존적인 세상에서 자신의 전통이 있는 자리를 파악할 것을 요구한다. 이런 일은 어렵고 늘 잘되는 것도 아니다. 그러나 아주 잘되는 경우도 많다. 더없이 다양한 종교적·민족적·직업적 배경을 가진 사람들이 이런 일을 잘해내고 있는데, 대다수는 자신의 학과가 제대로 운영되게 하려고 안간힘을 쓰거나, 경제적 압박과 학문적 프로그램 위축의 시기에 종신재직권 없이 임시직에서 임시직으로 옮겨다니고 있다. 우리는 우리 미래의 민주주의를 그들의 희망과 창의성에 빚지고 있다.

캘리포니아 주 퍼모나, 캘리포니아 주립 폴리테크닉 대학 퍼모나 캠퍼스의 철학 교수 로리 슈레이지는 직업 지향이라는 목표에 점점 강하게 지배받고 있는 교육기관, 철학이 기본적인 자유교육의 일부를 이룬다는 생각에 점점 무관심해지는 교육기관에서 철학을 지키려는 투쟁에 관해 이야기한다. 캘리포니아 주립대학 체제는 교수진에게 굉장히 무거운 수업 부담을 지우고 있으며, 철학과 여성학 양쪽에서 가르치는 슈레이지는 대부분의 다른 교수들보다 직무가 훨씬 많다. 이런 어려움에도 불구하고 그는 성매매와 여성 평등의 영역에서 법적·도덕적 쟁점에 관한 글을, 그리고 최근에는 인간의 삶에 대한 의미 부여 면에서 종교적 또는 민족적 정체성이 맡은 역할에 관한 글을 써서 널리 존경을 받고 있다. 40대의 자그마한 이 여성의 에너지와 유머는 전파력이 느껴질 정도다.

슈레이지의 말에 따르면 퍼모나 캠퍼스의 학생들은 공학, 경영, 컴퓨터공학, 중고등학교 및 초등학교 교사 등 다양한 직업군으로 진출한다. (철학 전공자를 특별히 탐낸다고 알려진 분야인 의학이나 법학 쪽으로는 그리 많이 가지 않는다.) 그들 대부분은 어떤 선행 경험도 없이 그저 자기에게 너무 어려울 것이라는 생각 때문에 철학을 두려워한다. 이 대학에는 '비판적 사고' 필수과정이 있어 여타 인문학 학과들은 그와 관련된 과목을 개설하지만 대개 논리적 분석이나 논증을 그다지 강조하지 않는다. 슈레이지와 동료들은 논리와 엄격성에 대한 철학적 관심이 특별한 기여를 할 수 있다고 대학 당국을 설득하려 했으나 아직 성공하지 못했다. 슈레이지는 이것이 한 인간으로서, 또 궁극적으로 한 시민으로서 학생들에게 손해라고 느낀다. 학생들은 엄격성, 호기심, 상호 존중을 유지하면서 시사적 쟁점에 관해 토론하는 법을 배우지 못한다. 경영과 공학 과정은 정규 과정중에 윤리학에 어느 정도 관심을 기울이는 등 윤리 문제의 중요성을 인식하는 듯한 모습을 보여주려고 한다. 하지만 이는 그런 과정의 중심도 아니며 전면적으로 다루어지지도 않는다. 오히려 그런 과정에서 윤리적 논의가 이루어지기 때문에 철학이 따로 필요 없다는 학생들의 생각은 강화된다.

슈레이지와 동료들은 철학을 지켜나가기 위해 무엇을 할까? 슈레이지는 미래의 공학자들과 고등학교 교사들을 자신의 과정들로 많이 끌어모을 수 있으리라는 희망은 별로 없다고 말한다. 하지만 그는 포기하지 않는다. 그는 의욕에 넘쳐 정열적으로 말한다. 그는 이 분야를 유지하는 방법을 생각하다가 미래의 초등학교 교사들에게 초점을 맞추기로 결정했다. 그들은 예과 공부에 그렇게 매달리지도 않고, 자유교육이 제공할 수 있는 것에 관심을 가질 준비도 된 것 같다. 그래서 슈레이지는 그들을 위해 '아동문학으로 철학하기'라는 강좌를 설계했는데, 이것은 L. 프랭크 바움을 비롯한 고전적인 아동문학 작가들의 작품을 이용해 (공간과 시간에 관한, 정신에 관한, 인간의 본질에 관한, 우정의 본질에 관한) 경이와 질문을 일깨우는 방법을 탐사하는 것이다. 모든 뻔한 길이 막혔지만 슈레이지는 자신의 목표로 가는 길을 발견했다는 생각에 웃음을 짓는다.

매사추세츠 주 케임브리지에서 크리슈나 말리크는 벤틀리 칼리지와 그의 학생들, 비교문화적 이해에 관해 말한다. 말리크는 콜카타에서 태어났다. 미국에서 20년 이상 살았지만 여전히 사리를 입고 벵골 억양이 강한 영어를 사용한다. 그는 오랫동안 종신재직권을 받지 못한 채 벤틀리 칼리지 및 근처 세일럼 주립 칼리지에서 임시직으로 일했다. 말리크에게는 미국이 몹시 필요로 하는 능력, 전에는 아무 관심도 없던 학생들에게서 이성적 토론에 관한 흥미를 끌어내는 능력이 있다. 그는 빌리 터커(1995~96학년도에 그의 인도 사상에 관한 강의도 들었던 수강생) 같은 학생들에게서 그런 열의를 계속 일깨운다. 이런 인간성 계발이 어떻게 계속될 수 있을까? 특권을 누리는 교육기관에서 가르치는 사람들은 지금 말리크가 씨름하고 있는 것과 같은 상황에 처하면 대부분 그처럼 싸우지 못하고 꺾일 것이다. 괜찮은 보수, 사회보장, 직업적 안정성도 없이 어떻게 그는 지금 하는 일을 계속 하고 있을까? 말리크는 그것이 약간 이상한 질문이기라도 한 것처럼 어깨를 으쓱한다. 아마 그 일이 주는 기쁨 때문이겠죠, 그는 그렇게 말한다. 내가 학생들을 좋아하기 때문입니다. 수업마다 완전히 새롭고 다른 사람들이 있으니까요. 나는 그냥 그 사람들이 좋아요.

그런 선생들이 시작한 프로젝트는 우리의 지원을 시급하게 요구한다. 우리 모두가 좋은 쪽으로든 나쁜 쪽으로든 이 나라에서 통치받게 될 사람들은 바로 이 선생들로부터 복잡한 사안들을 이해하는 능력을 (그들이 결국 얻든 그렇지 못하든) 전수받기 때문이다. 과학기술 분야에는 유능하지만, 비판적으로 생각하고 자기를 성찰하고 다른 사람들의 인간성과 다양성을 존중할 능력을 잃은 사람들의 나라가 된다면 끔찍할 것이다. 우리가 저 선생들의 노력을 지원하지 않는다면, 우리는 그런 재앙 같은 나라에 살게 될 것이다. 따라서 다음을 목표로 삼는 교육과정상의 노력을 지원하는 일은 지금 당장 매우 시급하다. 그 목표란 스스로 추론할 수 있고, 다르고 이질적인 것을 저항해야 할 위협이 아닌 탐험하고 이해하라는 권유로 보면서 자신의 정신을, 나아가 시민성을 함양하는 자신의 능력을 확장할 수 있는 시민을 배출하는 것이다.

"곧 우리는 마지막 숨을 쉴 것이다." 세네카는 분노와 증오의 파괴적 힘을 다룬 논문의 말미에 이렇게 썼다. "그러나 우리가 사는 동안, 인간들과 함께하는 동안, 우리의 인간성을 계발하자." 미국 전역의 각급 대학들은 이 말에 담긴 도전에 응할 교육과정을 개발하려고 노력하고 있다. 그들을 지원하자.

주

제1장 소크라테스식 자기성찰

1. 특히 다음을 보라. Roger Kimball, *The Tenured Radicals* (New York: Harper & Row, 1990).
2. 지금은 다르지만 내가 캠퍼스를 방문했던 1993년에 이 대학은 '남침례회연맹'과 연계되어 있었다.
3. 헤라클레이토스는 예외라고 할 수 있을지 모르지만, 그도 분명히 민주주의자는 아니었다.
4. Aristotle, *Eudemian Ethics* 1.1216a26.39.
5. Cicero, *Tusculan Disputations* 5.4.10.
6. Plato, *Apology* 20C.
7. *Apology* 30E~31A.
8. *Apology* 38A.
9. 다음을 보라. Gregory Vlastos, *Socrates: Ironist and Moral Philosopher* (Cambridge and Ithaca: Cambridge University Press and Cornell University Press, 1991).
10. Lysias, *Against Eratosthenes* (oration 12).
11. 다음을 보라. Plato, *Laches, Lysis, Charmides, Euthyphro*.
12. Plato, *Republic* 352D.
13. 다음을 보라. Vlastos, *Socrates*.
14. "숙의 민주주의deliberative democracy"와 메디슨에서 찾을 수 있는 그 뿌리에 관해서는 예를 들어 다음을 보라. Cass R. Sunstein, *The Partial Constitution* (Cambridge, Massachusetts: Havard University Press, 1993), 133~145쪽; 162~194쪽.
15. *Apology* 20AB.
16. 시기에 관해서는 다음을 보라. A. A. Long, *Hellenistic Philosophy* (London: Duckworth, 1974).

17. Seneca, *On Anger* 3.36에서 세네카가 자기비판을 하는 대목.
18. 로마 스토아 철학자 무소니우스 루푸스의 글을 보라. Musonius Rufus, "That Women Too Should Do Philosophy."
19. 모든 스토아학파 철학자가 민주주의자는 아니지만 로마 스토아학파는 공화주의적이고 반제국주의적인 운동과 자주 연결되며, 역사 전체에 걸쳐 반제국주의적 행동을 정당화할 때는 보통 스토아철학의 자유라는 개념에 (특히 미국 독립 혁명 당시) 호소했다.
20. Plato, *Phaedrus* 275A~E.
21. Epictetus, *Discourses* 1.4.13~17.
22. Seneca, *Letter* 33.
23. E. D. Hirsch, Jr., *Cultural Literacy* (Boston: Houghton Mifflin, 1987)를 보라. 그가 말하는 문화적 문자 해득이란 다른 정보를 해독하는 데 필요하다는 것이 입증된 문화적 정보를 기본적인 수준에서 파악하는 것을 의미한다.
24. 이와 관련된 논의로는 Randall L. Kennedy, "Racial Critiques of Legal Academia," *Harvard Law Review* 102(1989), 1745~1819쪽을 보라.
25. 퍼트넘과 데이비드슨이 칸트에 가장 가깝고, 콰인과 굿맨이 중도며, 로티가 반대편 끝에 있다.
26. Louise B. Antony, "Quine as Feminist," in Louise B. Antony and Charlotte Witt 편집, *A Mind of One's Own: Feminist Essays on Reason and Objectivity* (Boulder: Westview Press, 1993)를 보라.
27. 다음을 보라. Martha C. Nussbaum, "Skepticism about Practical Reason in Literature and the Law," *Harvard Law Review* 107(1994), 714~744쪽; "Sophistry about Conventions," in *Love's Knowledge: Essays in Philosophy and Literature* (New York: Oxford University Press, 1990), 220~229쪽.
28. Amartya Sen, *in Steve Pyke's photographic collection Philosophers* (London: zelda cheatle press, 1995), 2판, 쪽수 미표기.

제2장 세계시민들

1. '애나'는 내가 중국에서 인터뷰한 여성으로, 이 이름은 가명이다.
2. *New York Times*, July 4, 1996, 1쪽.
3. 우리가 가진 정보가 빈약하기 때문에 키니코스학파에 대한 모든 판단은 잠정적일 수밖에 없다. 중심 자료는 Diogenes Laertius의 *Lives of the Philosophers* 로, 다음을 보라. B. Branham and M.-O. Goulet-Caze 편집, *The Cynics* (Berkeley: University of California Press, 1996).
4. 다음을 보라. Plutarch, *On the Fortunes of Alexander* 329AB = SVF 1.262; Seneca, *On Leisure* 4.1.
5. 토머스 페인에 대해서는 *The Rights of Man* 제2부를 보라. 스미스에 대해서는

"Of Universal Benevolence," in *The Theory of Moral Sentiments* (Indianapolis: Liberty Classica, 1982), vol. 6, 제2부, 3쪽 중 마르쿠스 아우렐리우스를 특별히 참조한 대목을 보라. 칸트에 대해서는 *Perpetual Peace*, in *Kant's Political Writings*, H. Reiss 편집, H. Nisbet 옮김 (Cambridge: Cambridge University Press, 1991) 제2판을 보라. 칸트의 정치사상에 담긴 스토아학파의 관념에 대해서는 Martha C. Nussbaum, "Kant and Stoic Cosmopolitanism," *Journal of Political Philosophy* 5 (1997): 1~25쪽을 보라.

6. 다음을 보라. Tagore, "Swadeshi Samaj," cited in Krishna Dutta and Andrew Robinson, *Rabindranath Tagore: The Myriad-Minded Man* (London: Bloomsbury, 1995).
7. Kwame Anthony Appiah, *In My Father's House: Africa in the Philosophy of Cultures* (New York: Oxford University Press, 1991).
8. W. K. C. Guthrie, *History of Greek Philosophy*, vol. 3 (Cambridge: Cambridge University Press, 1969).
9. 다음을 보라. Stephen Halliwell, *Plato: Republic V* (Warminster: Aris and Phillips, 1993).
10. 헬레니즘 시대는 보통 기원전 323년 알렉산드로스대왕의 죽음에서 시작된다고 본다. 아리스토텔레스는 기원전 322년에 죽었다. 디오게네스는 아리스토텔레스와 동시대인이지만, 그의 영향력은 나중에 나타났다. 다음을 보라. A. A. Long, *Hellenistic Philosophy* (London: Duckworth, 1974).
11. 'Loeb Classical Library' 제2권 *Diogenes Laertius*에 실린 R. D. 힉스의 번역은 불충분하기는 하지만 전체적인 생각은 파악 수 있다. 여기에 나오는 모든 인용은 힉스의 책 *Life*에서 가져왔지만 번역은 내가 한 것이다.
12. 디오니소스는 시칠리아 시라쿠사의 참주로, 플라톤은 그를 '철인왕'으로 변화시키려 했으나 실패했다.
13. 스토아학파는 기원전 4세기 말에서 기원후 2세기까지 아테네와 로마 양쪽에서 오랫동안 생명력을 유지하면서 폭넓은 영향을 주었다.
14. 디오게네스는 '코스모폴리테스kosmopolitēs'라는 한 단어를 사용하지만, 마르쿠스 아우렐리우스는 분리된 형태를 선호한다.
15. 다음을 보라. Marcus Aurelius, *Meditations*, G. M. A. Grube 옮김 (Indianapolis: Hacket, 1983).
16. 그 이미지는 키케로가 제시하고 있으며 기원후 1~2세기의 스토아철학자인 히에로클레스에게 명시적으로 드러난다. (본문에 인용되었다.) 어쩌면 더 오래되었는지도 모른다.
17. 이것은 ANC의 새 헌법 초안에서 뽑은 내용이다. 이 초안은 1993년 10월 하버드 대학 인권회의의 Albie Sachs에게서 받은 것이다.
18. 다음을 보라. E. D. Hirsh Jr. 편집, *What Your Second Grader Needs to Know* (New Yoik,: Doubleday, 1991).

19. Charlotte Witt, *Substance and Essence in Aristotle* (Ithaca: Cornell Umveisity Press, 1989); Louise B. Antony and Charlotte Witt 편집, *A Muni of One's Own: Feminist Essays on Reason and Objectivity* (Boulder: Westview Press, 1992).
20. Grant H. Cornwell and Eve W. Stoddard, "Things Fall Together: A Critique of Multicultural Curricular Reform," *Liberal Education*, Fall I994, 40~51쪽.

제3장 서사적 상상력

1. 이 장에 나오는 쟁점들은 Martha C. Nussbaum, *Poetic Justice: The Literary Imagination in Public Life* (Boston: Beacon Press, 1996)에서 더 자세하게 다루었다.
2. Ralph Ellison, *Invisible Man* (New York: Random House, 1992), 563쪽; 566쪽; 3쪽.
3. 같은 책, 572쪽.
4. 같은 책, xxiv쪽; xxv쪽; xxvi쪽.
5. 이 사례에 대한 디킨스의 논의는 다음을 참조하라. Nussbaum, *Poetic Justice*.
6. 다음을 보라. Lionel Trilling, *The Liberal Imagination* (New York: Scribner's, 1953).
7. Jean Jacques Rousseau, *Emile, or On Education*, Allan Bloom 옮김 (New York: Basic Books, 1979), 224쪽.
8. 이런 현상에 관해서는 다음을 보라. Charles Taylor, *Sources of the Self: The Making of the Modern Identity* (Cambridge, Massachusetts: Harvard University Press, 1989); Ian Watt, *The Rise of the Novel* (Berkeley: University of California Press, 1957).
9. 최초의 스토아철학들은 당대의 문학 대부분에 비판적이었다. 문학은 대개 인간의 행복 문제에서 환경의 중요성을 과장한다는 이유에서였다. 그러나 그들의 견해의 이런 측면은 공감 어린 인식에 대한 관심과는 논리적으로 독립된 것이었고, 이런 관심은 자연스럽게 상상력을 계발하는 작업에 대한 관심으로 나아갔다.
10. Walt Whitman, "By Blue Ontario's Shore."
11. Wayne Booth, *The Company We Keep: An Ethics of Fiction* (Berkeley: University of California Press, 1988).
12. 다음을 보라. Stanley Cavell, *The Claim of Reason: Wittgenstein, Skepticism, Morality, and Tragedy* (New York: Oxford University Press, 1976).
13. 다음을 보라. Judith Frank, "In the Waiting Room: Canons, Communities, 'Political Correctness'," in *Wild Orchids and Trotsky: Messages from American Universities*, Mark Edmundson 편집 (New York: Penguin, 1993), 125~149쪽.
14. George Will, *Newsweek*, April 22, 1991.

15. Clive Bell, *Art* (London: Chatto & Windus, 1913); Roger Fry, *Transformations* (London: Chatto & Windus, 1926).
16. Edward Bullough, "Psychical Distance as a Factor in Art and as an Aesthetic Principle," *British Journal of Psychology* 5(1912): 87~98쪽.
17. W. K. Wimsatt and Monroe C. Beardsley, "The Intentional Fallacy," *Sewanee Review* 54(1946); Cleanth Brooks, *The Well-Wrought Urn* (New York: Harcourt Brace, 1947).
18. Milton Friedman, "The Methodology of Positive Economics," reprinted in Daniel M. Hausman 편집, *The Philosophy of Economics* (Cambridge: Cambridge University Press, 1984), 212쪽.
19. Ellison, *Invisible Man*, xxvi쪽.

제4장 비서양 문화 연구

1. R. Littlejohn, handout for "Advanced Moral Theory," fall 1993.
2. 다음을 보라. Cruz v. Beto, 405 U.S. 319(1972).
3. John Searle, "The Storm over the University," *New York Review of Books*, December 6, 1990, 39쪽.
4. 또한 다음을 보라. Martha C. Nussbaum and Amartya Sen, "Internal Criticism and Indian Rationalist Traditions," in *Relativism*, Michael Krausz 편집(Notre Dame: Notre Dame University Press, 1989).
5. 예를 들어 쇼펜하우어나 니체 같은 철학자들은 불교의 영향을 많이 받았다. 이들은 또 리하르트 바그너와 D. H. 로런스에게 영향을 주었다.
6. 중국 문화를 가르치는 일에 관한 현재의 토론은 특히 활발하고 유익하다. 특히 다음을 보라. Stephen Salkever and Michael Nylan, "Comparative Political Philosophy and Liberal Education: 'Looking for Friends in History'," *Political Science and Politics*, June 1994, 238~247쪽. 이 글의 확장판인 "Teaching Comparative Political Philosophy: Rationale, Problems, Strategies"는 1991년 미국정치학회 연례회에서 발표되었으며, 저자들에게 요청하면 구해 읽을 수 있다. 또한 다음을 보라. Zhang Longxi, "Knowledge, Skepticism, and Cross-Cultural Understanding" (manuscript, April 1993); Zhang Longxi, "Out of the Cultural Ghetto: Theory, Politics, and the Study of Chinese Literature," *Modern China* 19(1993): 71~101쪽; Lee Yearley, *Mencius and Aquinas: Theories of Virtue and Conceptions of Courage* (Albany: SUNY Press, 1990).
7. Yearley, *Mencius and Aquinas*, 201~202쪽.
8. 다음을 보라. Henry S. Richardson, *Practical Reasoning About Final Ends* (New York: Cambridge University Press, 1994).
9. 다음을 보라. Lydia Goehr, *The Imaginary Museum of Musical Works: An Essay in the Philosophy of Music* (Oxford: Clarendon Press, 1992).

10. 다음에 실린 비판을 보라. Paul Ehrlich, *The Population Bomb* (New York: Ballantine, 1968), 15쪽; Amartya Sen, "Fertility and Coercion," *University of Chicago Law Review* 63(1996): 1042쪽.
11. 다음을 보라. Amartya Sen, "Is Coercion a Part of Asian Values?" (manuscript, September 1995).
12. 다음을 보라. Charles Taylor, *Sources of the Self: The Making of the Western Identity* (Cambridge, Massachusetts: Harvard University Press, 1989).
13. 이 쟁점들에 관한 나의 논의는 다음의 글과 책에서 볼 수 있다. "The Feminist Critique of Liberalism," in *Amnesty Lectures: Women's Voices, Women's Lives*, M. Forey and J. Gardner 편집(New York: HarperCollins, 1997); *Sex and Social Justice* (New York: Oxford University Press, 1999).
14. 다음을 보라. S. M. Marglin and F. Appfel Marglin 편집, *Dominating Knowledge* (Oxford: Clarendon Press, 1993).
15. 다음을 보라. Sen and Nussbaum, "Internal Criticism"; Martha C. Nussbaum, "Human Functioning and Social Justice: A Defense of Aristotelian Essentialism," *Political Theory* 20(1992): 204~246쪽.
16. S. Radakrishnan and C. A. Moore 편집, *A Sourcebook in Indian Philosophy* (Princeton: Princeton University Press, 1957), xxiii쪽.
17. 다음을 보라. Bimal Matilal, *Perception: An Essay on Classical Indian Theories of Knowledge* (Oxford: Clarendon Press, 1986).
18. 같은 책, 4~5쪽.
19. Daniel Bonevac, William Boon, and Stephen Phillps 편집, *Beyond the Western Tradition: Readings in Moral and Political Philosophy* (London and Toronto: Mayheld, 1992).
20. Zhang Longxi, "Knowledge, Skepticism, and Cross-Cultural Understanding," *Distinguished Humanist Achievement Lecture, University of California at Riverside*, 1993.
21. 다음을 보라. Sen, "Is Coercion a Part of Asian Values?"
22. John Locke, *An Essay Concerning Human Understanding* (1690), book 2, 제13장; 제19장.
23. Matilal, *Perception*, 4쪽.
24. Allan Bloom, *The Closing of the American Mind: How Higher Education Has Failed Democracy and Impoverished the Souls of Today's Students* (New York: Simon and Schuster, 1987), 36쪽.
25. *New York Times*, March 10, 1994에서 벨로는 전화 인터뷰를 하다가 규범을 정하려는 의도는 없이, 문자 이전 사회와 문자 사회의 차이를 보여주기 위해 그런 이야기를 했다고 말한다. 그러면서 사실은 줄루인인 토머스 모폴로의 소설 『차카』를 읽은 적이 있다고 덧붙인다.

26. Frédérique Marglin, "Smallpox in Two Systems of Knowledge," in Marglin and Marglin, *Dominating Knowledge*, 102~144쪽.
27. S. A. Marglin, "Losing Touch: The Cultural Conditions of Worker Accommodation and Resistance," in 같은 책, 217~282쪽.
28. 다음을 보라. Salkever and Nylan, "Teaching Comparative Political Philosophy," 17쪽.
29. Dan Sperber, "Apparently Irrational Beliefs," in *Rationality and Relativism*, Martin Hollis and Steven Lukes 편집(Oxford: Basil Blackwell, 1982), 179~180쪽.
30. Salkever and Nylan, "Teaching Comparative Political Philosophy," 25쪽.
31. 다음을 보라. Martha C. Nussbaum, "Non-Relative Virtues," in Martha C. Nussbaum and Amartya Sen 편집, *The Quality of Life* (Oxford: Clarendon Press, 1993).
32. Salkever and Nylan, "Teaching Comparative Political Philosophy," 19쪽.
33. Arthur M. Schlesinger Jr., *The Disuniting of America: Reflections on a Multicultural Society* (n. p.: Whittle Direct Books, 1991), 76쪽.
34. 다음을 보라. Sen, "Is Coercion a Part of Asian Values?"
35. 다음을 보라. Nussbaum, "The Feminist Critique of Liberalism."
36. Sen, "Is Coercion a Part of Asian Values?"
37. 다음을 보라. M. F. Burnyeat, "Did the Ancient Greeks Have the Concept of Human Rights?" *Polis* 13(1994): 1~11쪽; Fred D. Miller Jr., *Nature, Justice, and Rights in Aristotle's Politics* (Oxford: Oxford University Press, 1995); symposiums on Miller's book in *Review of Metaphysics* 49, no. 4(1996); Ancient Philosophy, Fall 1996.
38. 다음을 보라. Sen, "Is Coercion a Part of Asian Values?"
39. D. C. Sircar, *Asokan Studies* (Calcutta: Indian Museum, 1979), 34~35쪽에 번역 수록된 법령 XIII, Sen, "Is Coercion a Part of Asian Values?"에서 재인용.
40. Sicar, *Ashokan Studies*, 37쪽. Sen, "Is Coercion a Part of Asian Values?"에서 재인용.
41. *Allberuni's India*, E.C. Sachau 옮김, A.T. Embree 편집(New York: W. W. Norton, 1971), 20쪽. Sen, "Is Coercion a Part of Asian Values?"에서 재인용.

제5장 아프리카계 미국학

1. 그날 저녁 연설 도중 무하메드는 그의 종파 예전 구성원이 쏜 총에 맞았다. (치명상을 입지는 않았다.) 그를 처음 처치한 의사는 유대인이었다.
2. Werner Sollors, Caldwell Titcomb, Thomas A. Underwood 편집, *Blacks at Harvard: A Documentary History* (New York: NYU Press, 1993). 이 책의 출판과

관련된 이상한 역사에 관해서는 다음을 보라. Thomas Underwood, "African Americans at Harvard: The Story of a Book." 이 글은 1994년 6월 뉴욕 하버드 클럽에서 발표된 "Of Harvard, but Not in It: Veritas in Washington Square?"라는 제목의 연설문으로 곧 발표될 예정이다.

3. 여러 면에서 다른 모든 교육기관보다 앞서 나간 오벌린 칼리지는 1833년 학위 수여식에서부터 흑인 졸업생을 배출했다.
4. Phillis Wheatley, "To the University of Cambridge, in New England," in Sollors, Titcomb, and Underwood, *Blacks at Harvard*, 10쪽.
5. Theodore Parsons and Eliphalet Pearson, "A Forensic Dispute on the Legality of Enslaving the Africans, Held at the Public Commencement in Cambridge, New-England," in 같은 책, 15쪽; 17쪽.
6. Alexander Crummel, "The Attitude of the American Mind toward the Negro Intellect," 회장으로서 발표한 연설문, 1897. Henry Louis Gates Jr., Loose Canons: Notes on the Culture Wars (New Yoik Oxford University Press, 1992), 72~73쪽에서 재인용.
7. 다음을 보라. Virginia Woolf, "On Not Knowing Greek," in *The Common Reader* (New York: Harcourt, Brace, 1925).
8. Richard T. Greener, "The White Problem," in Sollors, Titcomb, Underwood, *Blacks at Harvard*, 42~56쪽.
9. 같은 책, 47쪽; 49쪽.
10. 같은 책, 50쪽.
11. 같은 책, 53쪽.
12. 다음을 보라. David Levering Lewis, *W. E. B. Du Bois: Biography of a Race, 1868–1919* (New York: Henry Holt, 1994).
13. W. E. B. Du Bois, "A Negro Student at Harvard at the End of the Nineteenth Century," in W. E. B. Du Bois, *A Reader*, David Levering Lewis 편집(New York: Henry Holt, 1995), 271~290쪽.
14. 다음을 보라. Sollors, Titcomb, and Underwood, *Blacks at Harvard*, 195~227쪽. 예일 대학은 당시 이미 '니그로'의 기숙사 거주를 완전히 금지하고 있었다.
15. Du Bois, 같은 책, 219쪽. 원래는 *The Crisis* (1923)에 발표.
16. John Hope Franklin, "A Life of Learning," 1988년 미국학술단체협의회 연설. Franklin, *Race and History: Selected Essays, 1938~1988* (Lafayette: Louisiana Slate University Press, 1989)에 수록, Sollors, Titcomb, and Underwood, *Blacks at Harvard*, 289~295쪽에 재수록. 미국역사학회 최초의 흑인 회장인 프랭클린은 명예학위를 100개 이상 수여했다.
17. Frank Snowden, *Blacks in Antiquity* (Cambridge, Massachusetts: Harvard University Press, 1970).

18. 다음을 보라. David Levering Lewis 편집, *The Portable Harlem Renaissance Reader* (New York: Viking, 1994).
19. Albert C. Barnes, "Negro Art and America," reprinted in 같은 책, 128~133쪽.
20. A. M. Jones, African Music, 2 vols. (Oxford: Oxford University Press, 1959); Gunther Schuller, Early Jazz: Its Roots and Musical Development (Oxford: Oxford University Press, 1968).
21. 다음을 보라. Schuller, *Early Jazz*, 27쪽; 63~64쪽.
22. Countée Cullen, "The Shroud of Color," in Sollors, Titcomb, and Underwood, *Blacks at Harvard*, 242쪽; 249쪽.
23. Arthur A. Schomburg, "The Negro Digs Up His Past," in *Racial Integrity: A Plea for the Establishment of a Chair of Negro History in Our Schools, College, Etc.* (1913). Lewis, *Harlem Renaissance Reader*, 61~67쪽에 재수록.
24. Nathan Huggins, "Two Decades of Afro-American Studies at Harvard," in Sollors, Titcomb, and Underwood, *Blacks at Harvard*, 505~511쪽.
25. 같은 책을 보라.
26. W. E. B. Du Bois, "The Negro College" (1933). Du Bois: *A Reader*, 69~70쪽에 재수록.
27. 같은 책, 72쪽.
28. Gates, *Loose Canons*, 113쪽.
29. Walter E. Massey, remarks at Opening Convocation, Morehouse College, September 19, 1996, 2쪽.
30. 다음을 보라. Eileen Southern, "A Pioneer: Black and Female," in Sollors, Titcomb, and Underwood, *Blacks at Harvard*, 499~504쪽.
31. Schomburg, "The Negro Digs Up His Past," 66쪽.
32. 다음을 보라. Claudia Mills, "Multiculturalism and Cultural Authenticity," Philosophy and Public Policy 14(1994): 1~5쪽.
33. 다음을 보라. Christopher Edley Jr., "The Boycott at Harvard: Should Teaching Be Colorblind?" in Sollors, Titcomb, and Underwood, *Blacks at Harvard*, 462~466쪽. 법학계에서 이 상황을 인상적으로 논의한 일반적인 이야기로는 다음을 보라. Randall L. Kennedy, "Racial Critiques of Legal Academia," *Harvard Law Review* 102(1989): 1744~1819쪽.
34. Huggins, "Two Decades of Afro-American Studies," 505쪽 이하.
35. Gates, *Loose Canons*, 127쪽.
36. 예를 들어 다음의 책이 있다. Daniel Bonevac, William Boon, and Stephen Phillips 편집, *Beyond the Western Tradition* (Mountain View, California: Mayfield, 1992). 더 전문적인 학생들을 위한 책으로는 다음을 보라. Kwasi Wireu, *African Philosophy* (Washington, D.C.: University Press of America, 1979).

37. W. E. B. Du Bois, "Of the Training of Black Men," in *The Souls of Black Folk* (New York: Vintage, 1990), 82쪽.
38. Gates, Loose Canons, 176쪽.
39. Syllabus, "African Diaspora and the World," Spelman College.
40. Massey, remarks at convocation, 2쪽.
41. "The African-American Studies Major in the Department of History at Morehouse College," 1996.
42. Schomburg, "The Negro Digs Up His Past," 66쪽.
43. 다음을 보라. Jay H. Jasanoff and Alan Nussbaum, "Word Games: The Linguistic Evidence in Black Athena," in Black Athena Revisited, Mary Lefkowitz and Guy Rogers (Chapel Hill: University of North Carolina Press, 1996).
44. Martin West, *Early Greek Philosophy and the Orient* (Cambridge: Cambridge University Press, 1971).
45. 이런 암시가 Mary Lelkowitz, *Not Out of Africa: How Afrocentrism Serves as an Excuse to Teach Myth as History* (New York: Basic Books, 1996)의 문제다.
46. 같은 책을 보라.
47. Richard King, *African Origin of Biological Psychiatry* (Germantown, Tenn.: Seymour-Smith, 1990); Carol Barnes, *Melanin* (privately published); Frances Cress Welsing, *The Isis Papers* (Chicago: Third World Press, 1991), 1~16쪽.
48. Michael Bradley, *The Iceman Inheritance* (New York: Kayode, 1978).
49. 다음을 보라. Dyson's essay on Jeffries in Reflecting Black (Minneapolis: Univeisity of Minnesota Press, 1993).
50. Chinua Achebe, "An Image of Africa," in *Hopes and Impediments* (New York, Doubleday, 1988), 18쪽.
51. 같은 곳.
52. Du Bois, "The Negro College," 75쪽.

제6장 여성학

1. 다음을 보라. Susan Moller Okin, *Justice, Gender, and the Family* (New York: Basic Books, 1989).
2. Amartya Sen, "More than 100 Million Women Are Missing," *New York Review of Books*, Christmas issue 1990, 61~66쪽; Martha C. Nussbaum and Jonathan Glover 편집, *Women, Culture, and Development* (Oxford: Clarendon Press, 1995); Jean Dreze and Amartya Sen, *Hunger and Public Action* (Oxford: Clarendon Press, 1989).
3. 다음을 보라. Anne Fausto-Sterling, *Myths of Gender* (New York: Basic Books, 1985) 제2판.

4. 유엔에서 발행한 다음의 자료를 보라. *Human Development Report* (New York: United Nations Development Programme, 1994). 이 자료는 국민소득 계산에서 가사노동을 생산으로 계산하면 전 세계의 생산량이 20퍼센트에서 30퍼센트까지 올라갈 것이라고 판단하고 있다.
5. Gary Becker, *A Treatise on the Family* (Cambridge, Massachusetts: Harvard University Press, 1991) 개정판. 다음의 비판적 논의를 보라. Okin, *Justice, Gender, and the Family*; Nussbaum and Glover, *Women, Culture, and Development*.
6. Martha Chen, lecture at Brown University, spring 1995.
7. Amartya Sen, "Gender and Cooperative Conflicts," in *Persistent Inequalities*, Irene Tinker 편집 (New York: Oxford University Press, 1990), 123~149쪽.
8. Book VII의 마지막 대목을 보라.
9. 지금은 철학적 여성학의 주요 구성 부분이 된 돌봄과 가족의 윤리 분야는 다른 분야들보다 약간 늦게 발전했다. 그 주제가 대두되기 이전인 1970년대는 우정과 감정 문제를 둘러싼 관심이 전반적으로 되살아난 시기였다. Sara Ruddick, "Maternal Thinking," *Feminist Studies* 6(1980): 342~367쪽; Laurence Blum, *Friendship, Altruism, and Morality* (London: Routledge, 1980); Joyce Trebilcot 편집, *Mothering: Essays in Feminist Theory* (Totowa, N. J.: Rowman and Allanheld, 1984); Carol Gilligan, *In a Different Voice* (Cambridge, Massachusetts: Harvard University Press, 1982); Nel Noddings, *Caring* (Berkeley: University of California Press, 1984); Christina Hoff Sommers, "Filial Morality," *Journal of Philosophy* 83(1986): 439~456쪽.
10. Domna C. Stanton and Abigail J. Stewart 편집, *Feminisms in the Academy* (Ann Arbor: University of Michigan Press, 1995)의 탁월한 전공별 조사를 보라.
11. Jean Hampton, "Feminist Contractarianism," in *A Mind of One's Own: Feminist Essays on Reason and Objectivity*, Louise B. Antony and Charlotte Witt 편집 (Boulder: Westview Press, 1992), 227~255쪽; Virginia Held, *Feminist Morality: Transforming Culture, Society, and Politics* (Chicago: University of Chicago Press, 1993); John Rawls, *A Theory of Justice* (Cambridge, Massachusetts: Harvard University Press, 1991); "Political Liberalism: Women and the Family"(manuscript).
12. 다음을 보라. Marcia Homiak, "Feminism and Aristotle's Rational Ideal," in Antony and Witt, *A Mind of One's Own*; Nancy Sherman, *The Fabric of Character: Aristotle's Theory of Virtue* (Oxford: Clarendon Press, 1989); Linda Hirshman, "The Book of 'A'," *Texas Law Review* 70(1992): 971~1012쪽.
13. 다음을 보라. Helen Longino: "To See Feelingly: Reason, Passion, and Dialogue in Feminist Philosophy," in Stewart and Stanton, *Feminisms in the Academy*, 19~45쪽.

14. Annette Baier, "Hume: The Reflective Woman's Epistemologist?" in Antony and Witt, *A Mind of One's Own*, 35~48쪽; Helen Longino, "Essential Tensions—Phase Two: Feminist, Philosophical, and Social Studies of Science," 같은 책, 257~272쪽.
15. Antony and Witt, *A Mind of One's Own*, reviewed in Martha C. Nussbaum, "Feminist Philosophers," *New York Review of Books*, October 20, 1994, 59~63쪽.
16. Sarah Pomeroy, *Goddesses, Whores, Wives, and Slaves* (New York: Schocken, 1975); 같은 저자, *Xenophon's Oeconomicus* (Oxford: Oxford University Press, 1994).
17. Sarah Pomeroy, "The Contribution of Women to the Greek Domestic Economy," in Stewart and Stanton, *Feminisms in the Academy*, 180~195쪽.
18. 특히 다음을 보라. Catherine Lutz, *Unnatural Emotions: Everyday Sentiments on a Micronesian Atoll and Their Challenge to Western Theory* (Chicago: University of Chicago Press, 1988).
19. 다음을 보라. 같은 책; Michelle Z. Rosaldo, *Knowledge and Passion: Ilongot Notions of Self and Social Life* (Cambridge: Cambridge University Press, 1980).
20. Sarah Blaffer Hrdy, "Empathy, Polyandry, and the Myth of the Coy Female," in *Feminist Approaches to Science*, Ruth Bleier 편집(New York: Teachers College Press, 1991), 119~146쪽, with bibliography. 124쪽과 125쪽에서 재인용.
21. 같은 책, 134쪽; 137쪽.
22. Frans de Waal, "Bonobo Sex and Society," *Scientific American*, March 1995, 88쪽.
23. Christina Hoff Sommers, *Who Stole Feminism?* (New York; Simon & Schuster, 1994), 89쪽.
24. Daphne Patai and Noretta Kortge, *Professing Feminism* (New York: Basic Books, 1994).
25. 여기에서 호프 서머스는 철학자 로저 스크루턴과 동료들을 인용한다. *Education and Indoctrination* (London: Sherwood Press, 1985), 96쪽.
26. Sanford H. Kadish and Stephen J. Schulhofer, *Criminal Law and Its Processes: Cases and Materials* (Boston: Little, Brown, 1995), 제6판, 제4장. 또한 다음을 보라. Eh Schulhofer, "Taking Sexual Autonomy Seriously: Rape Law and Beyond," *Law and Philosophy* 11(1992): 35~36쪽. 이 글은 1994년 철학 및 법에 관한 최고 논문으로 선정되어 미국 철학협회가 수여하는 프레드 버저 상을 받았다.
27. Aristotle, *Nicomachean Ethics* 1095a5, 1103b26 이하, 1143bl8 이하, 1179b35 이하, *Eudemian Ethics* 1214M2 이하, 1215a8 이하.
28. Eve Stoddard, "The Politics of Autonomy: Wordsworth, Kant, and Moral Practices," 집필 중인 원고.
29. Barbara Herman, *The Practice of Moral Judgment* (Cambridge, Massachusetts:

Harvard University Press, 1993) ; Onora O'Neill, *Acting on Principle* (New York: Columbia University Press, 1975) ; *Constructions of Reason* (Cambridge: Cambridge University Press, 1989).

30. Marilyn Friedman, *What Are Friends For? Feminist Perspectives on Personal Relationships and Moral Theory* (Ithaca: Cornell University Press, 1993).
31. Iris Young, *Justice and the Politics of Difference* (Princeton: Princeton University Press, 1990).
32. 다음을 보라. John Searle, "The Storm over the University," *New York Review of Books*, December 6, 1990.
33. Susan Moller Okin, *Women in Western Political Thought* (Princeton: Princeton University Press, 1979).
34. John Stuart Mill, *The Subjection of Women*, Susan M. Okin 편집 (Indianapolis: Hackett, 1988) ; Okin, *Justice, Gender, and the Family.*
35. Hoff Sommers, *Who Stole Feminism?*, 258쪽.
36. Marilyn Friedman, "Does Sommers Like Women? More on Liberalism, Gender Hierarchy, and Scarlett O'Hara," *Journal of Social Philosophy* 21(1990) : 83, Hoff Sommers, *Who Stole Feminism?* 258쪽에서 재인용.
37. Hoff Sommers, *Who Stole Feminism?* 258~259쪽.
38. 같은 책, 259쪽; 260쪽.
39. John Harsanyi, "Morality and the Theory of Rational Behaviour," in *Utilitarianism and Beyond*, Amartya Sen and Bernard Williams 편집 (Cambridge: Cambridge University Press, 1992), 39~62쪽.
40. Catharine MacKinnon, *Feminism Unmodified* (Cambridge, Massachusetts: Harvard University Press, 1987).
41. 특히 다음을 보라. Amartya Sen, "Gender Inequality and Theories of Justice," in Nussbaum and Glover, *Women, Culture, and Development*, 259~273쪽.
42. 다음을 보라. Gary Becker, "The Economic Way of Looking at Life," in *The Essence of Becker*, Ramón Febrero and Pedro S. Schwartz 편집 (Stanford, California: Hoover Institution Press, 1995), 633~658쪽.
43. 다음을 보라. Amartya Sen, "Freedoms and Needs," *New Republic, January* 10~17, 1994.
44. 다음을 보라. Barbara Herman, "Could It Be Worth Thinking with Kant about Sex and Marriage?" in Antony and Witt, *A Mind of One's Own*, 49~67쪽.
45. Christina Hoff Sommers, "Should the Academy Support Academic Feminism?" *Public Affairs Quarterly* 2(1988) : 97~120쪽.

제7장 인간 섹슈얼리티 연구

1. Richard A. Posner, *Sex and Reason* (Cambridge, Massachusetts: Harvard University Press, 1992), 2쪽.
2. 같은 책, 347쪽; 346쪽; 4쪽.
3. U.S. v. Lallemand, 989 F.2d 936(7th Cir. 1993).
4. Robert T. Michael, John H. Gagnon, Edward O. I.aumann, and Gina Kolala, *Sex in America: A Definitive Survey* (Boston: Little, Brown, 1994); Edward O. Laumann, John H. Gagnon, Robert T. Michael, Stuart Michaels, *The Social Organization of Sexuality* (Chicago: University of Chicago Press, 1994).
5. Michael 외, *Sex in America*, 27쪽.
6. 같은 곳.
7. 같은 책, 29쪽.
8. 규범의 변화에 관해서는 다음을 보라. Daniel M. Kahan and Martha C. Nussbaum, "Two Concepts of Emotion in Criminal Law," *Columbia Law Review* 96(I996): 269~374쪽.
9. Jean Briggs, *Never in Anger* (Cambridge, Massachusetts: Harvard University Press, 1981).
10. 다음을 보라. Anne Fausto-Sterling, *Myths of Gender* (New York: Basic Books, 1992).
11. 이는 동성애적 지향을 발견한 뒤 ROTC에서 쫓겨난 MIT 학부생의 사례에 기초를 두고 있다.
12. Kenneth Dover, *Greek Homosexuality* (Cambridge, Massachusetts: Harvard Universify Press, 1986) 제2판.
13. 다음을 보라. David M. Halperin, *One Hundred Years of Homosexuality and Other Essays on Greek Love* (New York: Routledge, 1990); John J. Winkler, *The Constraints of Desire: The Anthropology of Sex and Gender in Ancient Greece* (New York: Routledge, 1990); Maud Gleason, *Making Men* (Princeton: Princeton University Press, 1995). 이 논제에 관한 내 논문은 다음을 보라. Martha C. Nussbaum, "Platonic Love and Colorado Law," *Virginia Law Review* 80(1994): 1515~1651쪽, 부록은 나와 도버가 함께 썼다; Nussbaum, "Erōs and the Wise: The Stoic Response to a Cultural Dilemma," *Oxford Studies in Ancient Philosophy* 13(1995): 231~267쪽.
14. 예를 들어 다음을 보라. Dover, *Greek Homosexuality*, vii쪽: "동성애 관계는 '도리아 지역에서는 죄로 간주된, 아테네에서는 극소수가 행한 일'이라는 판단에 깔려 있는 것은 아테네에 대한 사랑과 동성애에 대한 혐오다." (도버는 자신이 논박하고 있는 학자 J. A. K. 톰슨을 인용한다.)
15. Kenneth Dover, 개인 서신, February 11, 1994, Virginia Law Review와 함께 철된 문서.

16. C. J. Fordyce, *Catullus: A Commentary* (Oxford: Clarendon Press, 1961), v쪽.
17. 두 항목 모두 Charlton T. Lewis and Charles Short, *A Latin Dictionary* (1879)에 나온다. 1968년판 *Oxford Latin Dictionary*는 이보다 낫지만 좋지는 않다. 'pedicare'는 'to commit sodomy with'로 정의되어 있는데, 영어의 'sodomy'는 구강 성행위와 항문 성행위 양쪽을 가리킬 수 있지만, 이 라틴어 동사는 그럴 수 없다. 'irrumator'는 이제 'one who submits to *fellatio*'라고 나와 있지만, 로마인들은 사실 이렇게 보지 않았다. 'irrumator'는 분명히 적극적으로 삽입하는 사람이지, 어떤 것에 수동적으로 'submit'하는 사람이 아니기 때문이다. 케네스 퀸이 1970년판 『카툴루스 시집』에서 제시한 정의는 정확하지만, 라틴어로 적혀 있다. "문자 그대로 하자면, pedicare = mentula in podicem insere이며 irrumare = mentulam in os inserere이다." 「카툴루스 16」에 대한 주석. 다음을 보라. J. N. Adams, *The Latin Sexual Vocabulary* (Baltimore: Johns Hopkins University Press, 1982).
18. Roth v. US, 354 U.S. 476(1957).
19. Kenneth Dover, *Marginal Comment* (London: Duckworth, 1994), 111쪽.
20. 또한 다음을 보라. Michel Foucault, *The Use of Pleasure*, vol. 2 of *The History of Sexuality*, Robert Hurley 옮김(New York: Pantheon, 1985).
21. 여성의 동성애에 관한 더 빈약한 증거로는 다음을 보라. Dover, *Greek Homosexuality*, 171~188쪽.
22. Michael 외, *Sex in America*, 44쪽; Laumann 외, *The Social Organization of Sexuality*, 543쪽.
23. Laumann 등, *The Social Organization of Sexuality*, 548쪽.
24. Winkler, *The Constraints of Desire*.
25. 다음을 보라. Gary D. Comstock, *Violence against Lesbians and Gay Men* (New York: Columbia University Press, 1991).

제8장 종교계 대학의 소크라테스

1. 정보를 제공한 사람은 현재 애리조나 대학에서 박사 과정을 마무리하고 있는 브리검영 대학 졸업생 존 암스트롱이다.
2. 예를 들어 다음을 보라. "The Death of Religious Higher Education," editorial, *First Things*, January 1991; 같은 호, George Marsden, "The Soul of the American University"; Douglas Laycock, "The Rights of Religious Academic Communities," *Journal of College and University Law* 20(1993): 15~42쪽.
3. Pope John Paul II, Address to the United Nations General Assembly, October 5, 1995.
4. 아일랜드공화국에서는 과거의 가톨릭계와 프로테스탄트계 교육기관이 모두 비종교화되었다. 이 지역은 종교의 국교화에 대한 불안이 워낙 강하기 때문에

가톨릭 신학에 대한 연구는 과거에 프로테스탄트 교육기관이었던 트리니티 칼리지에서만 허용된다.

5. Wisconsin v. Yoder, 406 U.S. 205(1972).
6. 그러나 19세기 말 아미쉬파 공동체들은 현재 메노파 대학들이라고 알려진 학교들의 설립에 한몫을 했다.
7. Harold. W Attridge, "Reflections on the Mission of a Catholic University," in *The Challenge and Promise of a Catholic University*, Theodore M. Hesburgh 편집(Notre Dame: Notre Dame University Press, 1994), 22쪽.
8. 다음을 보라. Theodore M. Hesburgh, "Academic Freedom," in *God, Country, Notre Dame: The Autobiography of Theodore M. Hesburgh* (New York: Doubleday, 1990), 223~245쪽.
9. 퀸의 미국 철학협회 중부지역 회장 취임 연설문은 다음에 수록되어 있다. "Political Liberalisms and Their Exclusions of the Religious," *Proceedings and Addresses of the American Philosophical Association* 69(1995): 35~56쪽.
10. 그러나 최근에 신학과는 랍비 마이클 싱어를 유대학 에이브럼스 교수직에 임명했다.
11. Philip Quinn, "Cultural Diversity and Catholicism in the University: Allies or Antagonists?" (manuscript, 1994).
12. 다음을 보라. Theodore M. Hesburgh, "The Challenge and Promise of a Catholic University," in *Hesburgh, The Challenge and Promise*, 4쪽.
13. 같은 책, 3쪽; 5쪽.
14. 다음을 보라 같은 책, xiv쪽.
15. 다음을 보라 Hesburgh, "Academic Freedom."
16. Attridge, "Reflections," 17~18쪽, 자신의 이전 연설을 인용하고 있다.
17. Quinn, "Cultural Diversity," 8~9쪽.
18. 예를 들어 다음을 보라. Alvin Plantinga, "On Christian Scholarship," in Hesburgh, *The Challenge and Promise*, 267~295쪽. 알빈 플란팅하는 네덜란드 개혁 프로테스탄트 전통에 속한 널리 존경받는 종교철학자다.
19. Paul Weithman, "Natural Law, Morality, and Sexual Complementarity," in *Shaping Sex, Preference, and Family: Essays on Law and Nature*, David Estlund and Martha C. Nussbaum 편집(Oxford: Oxford University Press, 1997), 227~246쪽.
20. 다음을 보라. Hesburgh, "Academic Freedom."
21. Attridge, "Reflections," 24쪽.
22. Report of the Committee on Minority Students, 1987.
23. Administrative Board of the U.S. Catholic Conference, *Political Responsibility* (Washington, D.C, 1995).
24. Hesburgh, *God, Country, Notre Dame*, 182쪽.

25. 다음을 보라. Paul C. Richards, "Satan's Foot in the Door: Democrats at BYU" (manuscript, August 1993).
26. "The Mission of Brigham Young University," Brigham Young University Bulletin, 1993~1994, 1쪽.
27. '지속되는 계시'에 대해서는 다음을 보라. Joseph Smith's "Wentworth Letter," March 1842, in *Encyclopedia of Mormonism*, Daniel Ludlow 편집 (New York: Macmillan, 1992).
28. 다음을 보라. BYU's current policy on academic freedom, cited in Laycock, "Rights of Religious Academic Communities."
29. '파 사건'을 다룬 문건은 다음의 글에 인용되었다. Brian Kagel and Bryan Waterman, "BYU, Crisis on Campus: The Farr/Knowlton Case" (manuscript, July 1994).
30. BYU Chapter of the American Association of University Professors, "Report on Issues of Academic Freedom at BYU," March 21, 1996.
31. Scott Abbott, "One Lord, One Faith, Two Universities: Tensions between 'Religion' and 'Thought' at BYU," *Sunstone*, September 1992, 15쪽.
32. John Armstrong, "A Mormon Response to the Reason/Revelation Dichotomy" (manuscript, 1994).
33. BYU Chapter of AAUP, "Report on Issues."
34. 다음을 보라. "Mother in Heaven," in *Encyclopedia of Mormonism*; Linda P. Wilcox, "The Mormon Conception of a Mother in Heaven," in *Women and Authority: Re-Emerging Mormon Feminism*, Maxine Hanks 편집 (Salt Lake City: Signature Books, 1992), 3~21쪽.
35. 다음을 보라. Michael Quinn, "Mormon Women Have Had the Priesthood since 1843," in Hanks, *Women and Authority*, 365~409쪽.
36. 최근에 나온 다음의 두 연구 선집을 보라. Maureen Beecher and Lavinia Fielding Anderson 편집, *Sisters in Spirit: Mormon Women in Historical and Cultural Perspective* (Urbana: University of Illinois Press, 1992); George D. Smith 편집, *Religion, Feminism, and Freedom of Conscience: A Mormon Humanist Dialogue* (Buffalo: Prometheus Books, 1994).
37. 이들의 연구는 다음의 저널에 발표되었다. *Affilia: Journal of Women and Social Work* 11(1996).
38. "Limitations on the Academic Freedom of Women at Brigham Young University," BYU Chapter of the American Association of University Professors, March 21, 1996.
39. Peggy Fletcher Stack, "Feminist Fired by BYU for Beliefs," *Salt Lake City Tribune*, June 8, 1996.

40. 다음의 소책자를 보라. *Understanding and Helping Those Who Have Homosexual Problems* (Salt Lake City: LDS Church, 1992); Boyd K. Packer, "The Father and the Family," *Ensign* 5(1994): 19~21쪽. 다음의 글에서 수준 높고 흥미로운 논의를 볼 수 있다. Dallin Oaks, "Same-Gender Attraction," in *Ensign* 23(1995): 7~8쪽. 또한 다음을 보라. *BYU's Student Review*, no. 6(1991).

마사 C. 누스바움 연보

1947 미국 뉴욕 시에서 변호사 조지 크레이븐과 실내 디자이너 베티 워런의 딸로 태어난다. 훗날 누스바움은 자신이 백인-앵글로색슨-신교도-엘리트 사회의 몰개성적이고 돈과 지위에 집착하는 분위기에서 성장했다고 회고한다.

1964 웰슬리 칼리지에 입학한다.

1966 뉴욕 대학에 입학해 서양고전학과 연극학을 공부한다.

1969 뉴욕 대학에서 서양고전학 및 연극학 학사학위를 받고 하버드 대학 석사과정에 진학한다. 앨런 누스바움과 결혼하며 유대교로 개종한다.

1972 하버드 대학에서 서양고전철학 석사학위를 받는다. 이 대학 여학생 최초로 주니어 펠로에 선발된다. 딸 레이철이 태어난다.

1973 영국 철학자 버나드 윌리엄스가 이끄는 '도덕적 운' 세미나에 참석한다. 이 주제는 이후 누스바움 연구에 중요한 동기가 된다. 또한 힐러리 퍼트넘과 존 롤스 등에게서 사사하며 학계의 전문 독자는 물론 대중 독자를 위한 글쓰기에 대해 배운다. 이해부터 이듬해까지 영국 옥스퍼드 대학 세인트휴스 칼리지 교수 전용실에서 강의를 한다.

1975 하버드 대학에서 아리스토텔레스 전문가인 영국

고전철학자 G. E. L. 오언의 지도로 서양고전철학 박사학위를 받는다. 졸업 후 이 대학 (비정규직) 조교수로 임용되어 학생들을 가르친다. 미국 철학협회에 입회한다.

1978 박사학위 논문 『아리스토텔레스의 동물의 운동에 관하여 *Aristotle's De Motu Animalium*』를 단행본으로 출간한다.

1980 하버드 대학 (비정규직) 부교수가 된다.

1983 하버드 대학 고전학과 종신교수 심사에서 탈락한다.

1984 브라운 대학 (정규직) 부교수로 임용된다.

1985 브라운 대학 철학·고전학·비교문학 정교수가 된다.

1986 『선의 연약함 *The Fragility of Goodness: Luck and Ethics in Greek Tragedy and Philosophy*』을 출간해 학계에 이름을 알린다. 이 책은 선하고 유덕한 사람에게 우연한 불행이 끝없이 덮칠 때 그가 계속해서 좋은 삶을 이끌어갈 수 있는가에 관한 철학적 논의를 다룬다. 누스바움은 이 책에서 고대 그리스 비극을 주춧돌 삼아 플라톤의 합리주의를 비판하고, 성공한 삶에 대한 관념은 통제할 수 없는 운명과 충돌한다는 아리스토텔레스의 생각을 지지한다. 한편 세미나에서 알게 된 경제학자 아마티아 센과 공동 연구에 착수하기로 한다.

1987 앨런 누스바움과 이혼한다. 결혼 후 바뀐 성은 그대로 유지하기로 한다. 헬싱키에 소재한 유엔 대학 부설 세계개발경제연구소에서 연구자문으로 활동한다. 그는 1993년까지 해마다 몇 달 동안 헬싱키에 머무르며 연구조직을 이끄는 한편 인도에서 현장연구를 수행하면서, 개발도상국에서의 삶의 질을 측정하는 '역량 접근법'에 관한 구상을 발전시킨다. 정치철학적 차원에서 구명한 누스바움의 이론과 개발경제학적 차원에서 연구한 아마티아 센의 이론은 유엔개발계획의 『인간개발

보고서』를 비롯해 빈곤과 불평등에 관한 국제적인 연구에 영향을 미쳤다.

1988 미국 학술원 회원으로 선출된다. 파이베타카파협회의 초청으로 미국 내 각급 대학을 방문해 강연과 토론을 진행한다. 그는 대학 현장을 다니며 다양한 교수진과 학생들을 만나면서 미국 대학에서 '새로운' 자유교육이 얼마나 절실한 사안인지 실감한다. 이 시기의 경험은 『인간성 수업 *Cultivating Humanity: A Classical Defense of Reform in Liberal Education*』 집필의 중요한 토대가 된다.

1990 『사랑의 지식 *Love's Knowledge: Essays on Philosophy and Literature*』으로 브랜다이스 창작예술상(논픽션 부문)을 수상한다. 이 책에서 저자는 문학은 철학적 분석으로는 파악할 수 없는 개별 세계의 진리와 통찰을 매개한다고 논증한다. 세계개발경제연구소에서 진행한 연구의 첫 결과물 「아리스토텔레스 철학의 사회민주주의 Aristotelian Social Democracy」를 발표한다.

1993 아마티야 센과 공동 저술한 『삶의 질 *The Quality of Life*』을 출간한다. 한편 동성애자의 인권 침해를 명시한 콜로라도 주 수정헌법 2조에 대항한 로머 대 에반스 소송에서 전문가 증인으로 나선다. 당시 누스바움은 플라톤이 『법률』에서 동성애 혐오적인 태도를 드러냈다는 현대의 해석은 오류라고 주장해 다른 학자들과 논쟁을 벌인다.

1994 이해부터 1997년까지 미국 철학협회의 하위조직인 여성지위위원회의 위원장으로 활동한다.

1995 시카고 대학 로스쿨 교수로 임용된다. 『시적 정의 *Poetic Justice: The Literary Imagination and Public Life*』와 『여성, 문화, 개발 *Women, Culture, and Development: A Study of Human Capabilities*』 등을 출간한다.

1996 시카고 대학에서 에른스트 프로인트 공로교수로 임명된다. 『나라를 사랑한다는 것 *For Love of Country: Debating the Limits of Patriotism*』을 출간한다.

1997 『인간성 수업』을 출간한다.

1998 『인간성 수업』으로 미국 각급 대학 협회가 주관하는 네스 도서상을 수상한다. 미국 철학협회 중부지역 부회장으로 선출된다. 『성과 사회정의 *Sex and Social Justice*』를 출간한다.

1999 미국 철학협회 중부지역 회장으로 선출된다. 주디스 버틀러가 『젠더 트러블』에서 전개한 논증을 반박하고 그의 문체를 비판한 「패러디 교수 The Professor of Parody」를 발표한다.

2000 『성과 사회정의』로 북미 사회철학회 도서상을 수여한다.

2001 『사고의 격변 *Upheavals of Thought: The Intelligence of Emotions*』을 출간한다.

2002 여성의 불평등과 빈곤을 인도 여성의 다양한 사례를 토대로 역량 접근법과 연결해 논증한 『여성과 인간 개발 *Women and Human Development*』을 출간한다. 『인간성 수업』으로 루이스빌 대학 그라베마이어 상(교육 부문)을 수상한다.

2004 『혐오와 수치심 *Hiding from Humanity: Disgust, Shame, and the Law*』을 출간한다. 이 책으로 미국 대학출판협회에서 주관하는 학술도서상을 수상한다.

2005 미국 외교 전문잡지 『포린 폴리시 *Foreign Policy*』가 선정하는 세계 100대 지성에 오른다. 이해부터 2008년까지 미국 철학협회의 하위조직인 공공철학위원회의 위원장으로 활동한다.

2006 『정의의 변경 *Frontiers of Justice: Disability, Nationality, Species Membership*』을 출간한다.

2007 『내부의 충돌 *The Clash Within: Democracy, Religious Violence, and India's Future*』을 출간한다.

2008 『양심의 자유*Liberty of Conscience: In Defense of America's Tradition of Religious Equality*』를 출간한다. 영국 학술원 외국회원으로 선출된다. 『포린 폴리시』가 선정하는 세계 100대 지성에 오른다. 한국 학술진흥재단의 초청으로 한국을 방문해, '감정과 정치문화'를 주제로 강연을 진행한다.

2009 미국 철학협회에서 주관하는 헨리 M. 필립상(법학 부문)을 수상한다.

2010 하버드 대학 센터니얼 메달을 받는다. 『포린 폴리시』가 선정하는 세계 100대 지성에 오른다. 『혐오에서 인류애로*From Disgust to Humanity: Sexual Orientation and Constitutional Law*』와 『학교는 시장이 아니다*Not for Profit: Why Democracy Needs the Humanities*』를 출간한다.

2011 『역량의 창조*Creating Capabilities: The Human Development Approach*』를 출간한다.

2012 아스투리아스 공公 상(사회과학 부문)을 수상한다. 『철학적 중재*Philosophical Interventions: Book Reviews, 1986-2011*』와 『새로운 종교적 불관용*The New Religious Intolerance: Overcoming the Politics of Fear in an Anxious Age*』을 출간한다.

2013 『정치적 감정*Political Emotions: Why Love Matters for Justice*』을 출간한다.

2015 미국 철학협회에서 주관하는 필립 퀸 상, 이탈리아 노니노 상을 수상한다.

2016 교토사상예술상(사상·윤리 부문)을 수상한다. 『분노와 용서*Anger and Forgiveness: Resentment, Generosity, Justice*』를 출간한다.

2017 현재 시카고 대학 석좌교수를 지내며 강의와 집필 활동을 활발히 하고 있다.

옮긴이의 말

대학교육의 목표는 무엇일까? 요즘은 이런 거창한 문제를 입에 올리면 타박을 당하기 일쑤다. 전반적으로 거창한 문제를 기피하는 경향도 있는데다가, 현재의 대학 현실 자체가 각박하여 그런 이야기를 꺼내는 것조차 민망하기 때문이다. 설사 꺼낸다 해도, 적어도 4차 산업혁명 정도는 서두에 꺼내놓고 시작을 해야지, 그러지 않고 "전인교육"이나 "홍인인간" 등을 거론한다면 듣는 사람들은 대부분 하품을 베어물 것이고, 경우에 따라서는 안 꺼내느니만 못한 결과와 마주하게 될 것이다. 실제로 "사람으로 사는 법"이나 "사람과 사는 법"은 대학 내 좁은 분야의 목표로 설정되는 경우도 찾아보기 힘들고, 심지어 이것이 대학교육, 나아가 교육과 어떤 관계가 있다는 이야기도 요즘에는 들어보기 힘들다.

그럼에도 이 책의 저자 마사 누스바움은 정색을 하고 대학교육의 목표는 사람을 만드는 것이라고 힘주어 말한다. 이 책의 원제인 'Cultivating Humanity'라는 말 자체가 풀어 말하면 그런 뜻이 될 수 있고, 물론 누스바움은 우리와는 다른 전통에 입각해서 말하지만, 그 핵심은 "전인교육"이라는 말과 얼마든지 통할 수 있다. 누스바움이 이런 공자님 말씀 같은 이야기를 꺼내는 것은 물론 그 자신의 전공인 고전학과 무관하지 않을 것이다. 실제로 그가 전거로 삼고 있는 교육체계는 서양의 고전고대에 확립된 "자유교육"이고, 주요한 방법론은 소크라테스의 질문법이며, 목표 또한 고전고대에 확립된 "세계시민 양성"이다. 이런 교육 목표와 체계를 현대 미국 대학에서 구현하는 방법을 모색하는 것이 이 책의 목적인데, 놀랍게도 그 기본 틀에는 예나 지금이나 큰 차이가 없다는 것이 주요한 논지다. 과학과 관련된 부분은 자신이 전문적으로 할 수 있는 이야기가 아니라고 선을 긋고 이 책에서 다루지 않지만, 설사 과학 이야기가 들어온다 해도 이 책에서 다루는 핵심적 내용이 달라지지는 않는다는 점 또한 중요하다고 말할 수 있다. 즉 과학 부분을 고려해도 자신이 구상하는 교육의 기본 틀에는 변화가 없을 것이라는 이야기다. 그 밑바닥에는 "민주적 세계시민"이라는 목표는 세상이 어떻게 변한다 해도 흔들리지 않는 가장 중요한 가치가 있는 교육 목표라는 확신이 자리잡고 있다. 그렇게 보자면, 다시 말하지만, 우리로 치자면 "전인교육"이나 "홍익인간"의 가치를 믿고 현대 대학교육을 재정비하려고 달려드는 것과 어떤 면에서는 크게 다르지 않은 셈이다. 이것은 누스바움의 이야기에 동의하건 하지 않건, 어떤 주요한 전통이 지금까지도, 적어도 유효한 논의 대상이 되기는 한다는 점을 확인해주는 것이다. 뒤집어서 생각해보면, 이것은 기나긴 세월과 그로 인한 변화 가운데도 변치 않는 인간의 본질적인 면을 숙고할 필요를 보여준다고 말할 수도 있다.

이렇게 말한다고 해서 누스바움이 고전고대의 교육 이념을 천착하는 데만 노력을 기울인다는 뜻은 물론 아니다. 앞에서도 말했지만, 누스바움은 거꾸로 현재의 복잡한 세계를 살아갈 학생들을 교육하는 데 가장 유효한 무기로 고전고대의 이념을 가져오고 있다. 그가 미국의 대학생이 감당해야 한다고 하는 현대의 주요 문제는 서양 외부의 세계와 만나는 문제, 아프리카계 미국인을 비롯한 타 인종 집단 문제, 여성 문제, 동성애 문제, 종교 문제 등이다. 말하자면 오늘날의 백인 미국 중간계급 남성 기독교도 대학생이 다문화적인 현대 세계에서 올바른 민주적 세계시민이 되고자 할 때 반드시 받아야만 하는 교육이 무엇이냐고 묻고 있는 것이다. 즉 우리는 그의 작업에서 대단히 전통적으로 보이는 교육관이 현대 세계의 주요 문제들과 만나면서 대단히 진보적인 교육관으로 자리잡는 과정을 보게 되는 셈이다.

누스바움의 관심은 또한 매우 구체적이기도 하다. 그는 실제 대학 교육과정에서 이런 목표가 어떻게 실현될 수 있는지, 이 목표를 실현하려면 교과과정을 어떻게 개편해야 하는지, 교수와 학생은 어떤 노력을 기울여야 하는지 구체적 사례의 성과와 실패를 살피면서 따져들어간다. 따라서 이것은 누스바움의 머릿속 구상을 밝히는 책을 넘어서서 실제 교육 현장의 보고서이기도 하다.

또한 누스바움은 대단히 논쟁적이다. 그는 교육 목표 실현을 위한 이런 노력에 제기되고 있는, 또 제기될 것으로 예상되는 온갖 반론과 정면으로 대결한다. 그 반론은 보수적 교육자들이나 행정가들에게서 나오기도 하고, 포스트모더니즘 철학에서 나오기도 하는데, 그런 반론들과 대결하는 과정에서 누스바움의 목표와 실행 계획은 구체적 방법론에서만이 아니라 철학적 토대에서도 세련되게 다듬어진다. 이런 논쟁적인 면은 물론 이 책을 읽는 독자들에게는 책을 읽는 "재미"를 안겨주는 면이기도 하다.

미국의 교육 이야기라고 했지만 실제로 읽어보면 이 책의 내용을 남 이야기로만 볼 사람은 드물 것이다. 어떤 의미에서든 이 세상은 그만큼 세계화가 되어 있고, 그래서 서로 비슷한 면도 많고, 또 비슷하지는 않아도 서로 맞물려 있어 우리가 이 이야기의 빠져 있는 부분을 채우는 경우도 많다. 아무리 그렇다 해도 누스바움의 구상을 우리의 현실에 직접 도입할 수 있다고 생각할 만큼 순진한 사람은 없겠지만, 그럼에도 약간의 상상력만 있으면 이 책의 이야기에서 너무도 쉽게 우리 현실의 문제들과 해결 방법들을 유추할 수 있다는 사실에 많은 사람들이 놀랄 것이다.

추천사 1

자유교육은 모든 교육의 기초다

심보선
시인, 연세대학교 커뮤니케이션 대학원
문화매개전공 전임교수

마사 C. 누스바움의 『인간성 수업』은 미국에서 1997년 출간됐다. 90년대 미국 사회는 서로 다른 도덕적 가치와 정치적 입장이 충돌하는 "문화 전쟁culture wars"을 겪고 있었다. 누스바움은 그 소용돌이 가운데서 "자유교육liberal education"이라는 미국 대학의 교육 전통을 수호하고 확장해야 한다고 역설했다.

누스바움은 자유교육을 소크라테스적 진리 추구의 방법론을 따라 세계시민을 육성하는 교육으로 정의한다. 그녀는 자유교육의 목표가 미국 사회의 문화적·인종적·민족적 다양성이 제기하는 근본적 도전을 성찰하고 넘어서는 시민적 역량을 키우는 데 있다고 말한다. 그녀는 미국 내 여러 대학교의 관련 수업을 소개하고, 교육 현장에서 교원들과 학생들이 겪는 다양한 문제와 그에 대한 해법을 상세히 다룬다. 그런 의미에서 이 책은 자유교육의 이론서이자 민속지적 보고서다.

'20세기 미국'에서 주창된 누스바움의 자유교육론이 '21세기 한국'의 고등교육에 적실성을 갖느냐는 의문이 제기될 수 있다. 나는 이 의문과 관련하여 하나의 기억을 떠올렸다. 2014년의 수업이었다. 한 학생은 세월호 참사에 대한 진상규명 운동과 정부 책임론에 적대적인 태도를 가지고 있었다. 그 학생은 세월호 참사가 "피해 규모와 피해자의 성격을 빼고는 다른 사고와 다를 바

없는 사고"라며 감정이 아닌 이성을 통해 사태에 접근해야 한다고 말했다. 다른 국가폭력에 대해서도 학생은 비슷한 보수적 입장을 취했다.

나는 다양한 입장들과 사례를 소개하고 비교하면서도 국가폭력의 피해자들에 대한 공감과 이해를 강조했다. 학기 말에 그 학생의 기말 보고서를 받아봤을 때 나는 꽤 충격을 받았다. 그 학생은 학기 초의 논리를 고스란히 반복하고 있었다. 보고서는 마치 한 학기의 수업이 그에게 미친 영향은 제로였다고 말하는 것 같았다. 보고서는 내가 한 학기 동안 소개한 '다른 생각들'을 언급조차 하지 않았다. 나는 내 수업이 실패했다는 사실을 인정하지 않을 수 없었다.

우리는 흔히 훌륭한 교사와 교육 내용으로 학생의 생각을 교정할 수 있다고 믿는다. 그러나 누스바움은 자유교육이 학생이 처한 상황과 맥락에서 조율되어야 한다고 강조한다. 이는 쉬운 일이 아니다. 낯선 타인과의 대화를 통해, 새로운 생각과의 만남을 통해, 자신의 삶을 돌아보는 과정은 종종 교사와 학생 모두에게 불편과 고통을 초래한다. 자유교육은 그러므로 용기 있는 만남이며, 이 만남은 자신이 틀릴 수 있으며 변화할 수 있다는 가능성을 전제로 한다.

나는 그 학생이 지키려 했던 믿음의 뿌리에 더 접근해야 했다. 어려움을 감수하면서, 존중의 태도를 잃지 않으면서 그래야 했다. 하지만 고백건대 나는 그러한 교수법을 배운 적이 없다. 누스바움에 따르면 자유교육은 능력과 인품을 갖춘 교원과 학생 개개인의 자질에만 의존하지 않는다. 대학 행정, 교원, 학생의 협력은 필수적이다. 예컨대 브라운 대학은 1990년대 중반부터 섹슈얼리티라는 주제를 교과과정에 포함시키기 위해 다양한 '위원회'를 꾸렸고 학술적인 토론을 이어갔다. 그 과정은 매끄럽지 않았다. 구성원들의 반대 의견과 관료들의 소극적 태도가 끼어들었다. 그럼에도 학생과 교원들의 공론화 노력은 이어졌고 결국 브라운 대학은 섹슈얼리티 주제를 자유교육의 전통 내부에 포함시켰다.

나는 누스바움의 자유교육론이 21세기의 한국에도 적용될 수 있다고 본다. 한국 사회 또한 극심한 문화 전쟁을 겪고 있다. 한국은 인종적·민족적 다양성이 심화되고 있다. 노령화가 진척되면서 세대 간의 가치 격차가 커지고 있다. 정치적 격동을 거치면서 사회적 갈등의 골이 깊어지고 있다. 경제적 불안정이 장기화되면서 소득 불평등이 심화되고 있다. 그러나 우리는 일상 깊숙이 들어온 이 문제들을 '시민'으로서 어떻게 다뤄야 하는지 잘 모른다. 우리는 여전히 관습적인 해석틀에 의존하고, 그 과정에서 혼란은 더 커지고 문제들은 더 악화된다.

물론 한국의 대학에도 교양교육이 있다. 일부 대학은 "세계시민" 육성이라는 목표를 내걸고 교양교육을 진일보시키려 한다. 새로운 프로그램이 설립되고 새로운 주제들이 도입되고 새로운 강사진이 꾸려진다. 고무적인 현상이다. 그러나 교양에 대한 우리의 생각은 크게 바뀌지 않았다. 교양은 사회적 갈등과 이해관계의 충돌을 성찰적으로 이해하고 실천적으로 중재하는 자원으로 체감되지 않는다. 교양수업은 고전작품들과 최신 현대 이론을 소개하지만 삶에서 마주하는 문제—예컨대 폭력과 혐오—를 해결하는 데 수업에서 배운 지식이 어떻게 활용될 수 있는지 섬세하게 알려주지 못한다.

교양교육이 한국의 청년세대의 발등에 떨어진 문제—구직과 경력—에 과연 도움을 주겠는가라는 회의주의도 만만치 않다. 누스바움이 이 책을 출간한 이래, 미국에서도 같은 회의주의가 자유교육을 위협하고 있다. 경제적 불안정이라는 압박 때문에 대학교육은 자유교육보다 직업교육을 강조하고 있다. 자유교육을 향한 냉소 중 하나는, 좌파와 우파가 다른 것은 갈려도 하나는 일치하는데, 그것은 두 집단의 엘리트들 모두 자유교육이라는 "값비싼 전통”을 유지할 여력이 있는 엘리트 대학에 자녀들을 보낸다는 점이다. 문학, 철학, 인문학은 일종의 “지적 사치품”으로 간주된다. 이러한 빈정거림의 근거는 충분하다. 한국도 다르지 않다.

그러나 누스바움은 이러한 회의주의와 냉소주의에 굴복할 수 없다고 말한다. 자유교육이란 개인의 품위와 대학의 순위를 높여주는 지적 사치품이 되어선 안 된다. 그것은 대학이 공동체에 제공할 수 있고 제공해야 하는 공적 자원이다. 개인들은 이 공적 자원을 도구로 삼아 성찰적 능력을 배양해간다. 그들은 한 사람으로서, 공동체의 구성원으로서, 더 큰 세상과 연결된 시민으로서 생각하고 살아가는 방법을 실험하고 체득한다.

자유교육은 개방적인 수업 분위기에 그쳐선 안 된다. 자유교육은 집합적이고 제도적인 노력을 통해 발전하는 교육 체계다. 그 체계는 공동체 수준의 합의와 지원, 행정·교원·학생들의 헌신적 노력, 시행착오를 통해 가다듬은 교수법을 통해 유지된다. 그 체계는 진리 추구라는 목표와 개방적 토론이라는 소크라테스적 방법론을 엄수하면서도 당대의 현실이 던지는 화두들을 포용하며 발전한다. 자유교육은 여러 교육 프로그램 중의 하나가 아니다. 그것은 모든 교육의 기초다.

우리는 생각만으로 세상을 바꿀 수 없다고 말한다. 그러나 생각과 결합되지 않은 어떤 것도 세상을 바꿀 수 없다. 생각은 생각보다 강하다. 대학은 공동체 구성원의 생각을 책임지는 공적 기관이며 교육은 생각과 삶을 연결시킴으로써 바람직한 세상을 상상하고 구현해가는 실천적 과정이다. 동서고금을 막론하고 생각을 통해 사람을 사람답게, 세상을 세상답게 만드는 노력은 중단된 적이 없다. 대학이 이 노력을 포기한다면 대학은 물론 인간성의 존립 근거조차 사라질 것이다.

추천사 2

문화 전쟁 시대
인/문학은 무엇을 해야 하는가

임옥희
여성문화이론연구소 이사

신자유주의 시대 인문학은 무엇을 할 수 있는가? 대학이 시장이 되어버린 시대에 인문학의 위기를 어떻게 돌파할 수 있는가? 인간이 어떻게 혐오를 넘어 인류애로 나갈 수 있는 성숙한 세계시민이 될 수 있는가? 인류는 인간으로서 살아볼 만한 가치 있는 세계를 함께 만들어갈 수 있는가? 『공부를 넘어 교육으로』 『시적 정의』 『혐오에서 인류애로』 등의 저서에서와 마찬가지로, 탁월한 인본주의 철학자 마사 누스바움은 이번에 번역된 『인간성 수업』에서도 이런 주제들을 집요하게 성찰하고 있다.

1990년대 미국에서 인문학은 사면초가였다. 대학이라고 하여 신자유주의 파고를 피해갈 수는 없었다. 이익과 일자리가 창출되지 않는 인문학과들은 구조조정의 압력에 시달렸다. 다른 한편 '정치적 공정성'으로 무장한 젊은 세대들은 기존 인문학의 커리큘럼에 저항하면서 전면적인 개편을 원했다. 그들은 인문학의 보편적 토대에 근본적인 질문을 제기했다. 그들에게 불멸의 고전들은 서구 백인 남성 청교도 중심의 가치관에 불과했다. 그런 비판은 단지 커리큘럼의 변화가 아니라 기존 패러다임의 변혁을 요구하는 것이었다.

그로 인해 헬레니즘 문화 이후 지속되었던 정전canon의 위치가 요동쳤다. 해럴드 블룸의 표현대로라면 정전의 신성한 권위를 파괴하려는 이론들이 급부상했다. 계급, 인종, 젠더, 섹슈얼리티, 범주에 바탕을 둔 마르크스주의, 탈식민주의, 페미니즘, 성소수자, 트랜스젠더 퀴어 이론, 해체론 등이 그런 불경스러운 무리에 속했다. 학계 보수주의자들의 입장에서 볼 때, 젠더 프리즘을 통해 '사심 없이'가 아니라 사심 가득한 재/해석을 제기한 페미니스트들은 죽은 백인 남성 시인의 시체 도굴꾼들이었다. 아프리카계 미국학을 들고 나온 '듣보잡'들은 유서 깊은 미국문학을 추문거리로 만들었다. 비유럽계 탈식민주의 이론은 셰익스피어를 이해하느냐 못하느냐에 따라 문명인과 미개인으로 구분하는 폭력성에 분개했다. 트랜스젠더 이론들은 근엄한 청교도적 철학을 불순한 동성사회적인 남성연대의 한 형태라는 퀴어한 해석으로 변질시켰다. 전통주의자들이 보기에 이들 과격분자들은 전통의 권위와 질서를 파괴하는 파괴천사들이었다. 보수적인 인문학자들은 대학의 경내로 들어온 불온한 불법체류자들을 추방해야 한다고 주장했다.

반면 마사 누스바움은 그런 전통주의자들이 혐오하고 두려워했던 이론들이 대학에 난입함으로써 미국과 같은 다문화사회에서 다양한 이론의 공존 가능성을 보여주고, 역설적이게도 오랜 세월 굳어져 화석화되었던 고전교육이 그들로 인해 소생되었다고 보았다. 고사되어가던 인문학은 이들의 수혈로 인해 오히려 활력과 생기를 되찾았다. 해럴드 블룸이 새로운 도전에 공포와 혐오로 반격했다면, 동일한 도전에 맞서 마사 누스바움은 세계시민으로서 교양을 갖춘 지성인답게 포용정책의 필요성을 역설했다. 그녀가 새로운 도전에 유연할 수 있었던 것은 하버드 대학 최초의 여성 유대교도 펠로로서 겪었던 개인적 경험과 무관하지 않았을 것이다. 때늦은 1972년 누스바움은 하버드 대학 최초의 여성 펠로가 되었다. 그때 고전 전공 교수는 펠로를 고대 그리스어로 옮기면 헤타이로스hetairos인데 그 단어의 여성 명사인 헤타이라hetaira로 부르면 되겠다고 농담했다. 누스바움의 지적에 의하면, 헤타이라는 여성연구자가 아니라 성매매 여성을 뜻했다. 연구자들은 고대 그리스 시대 소크라테스에게 철학을 한 수 가르쳤던 디오티마가 성매매 여성이었을 것으로 추측한다. 지적인 장에 나와 남성과 더불어 '감히' 학술토론을 하는 여성을 남성들이 무차별적으로 교환할 수 있다는 생각은 몇천 년이 지나도 그다지 바뀌지 않았다. 그런 배제와 농담(요즘 식으로 말하자면 성희롱)이 일상이었던 환경을 견뎌야 했던 여성 연구자가 페미니스트가 되지 않는다면 그것이 오히려 더 이상했을 것이다.

옛 교육과 새로운 '생각 학교'가 충돌하면 문화 전쟁이 발발한다. 박식한 고전 전공자답게 누스바움은 그런 문화 전쟁의 기원을 거슬러올라가 그리스에서 찾는다. 서구 문명의 기원으로 일컬어지는 그리스 시대에도 신구사상의 대립은 예외가 아니었다. 성찰하지 않는 삶은 살 만한 가치가 없다고 보았던 소크라테스는 새로운 교육법인 변증론을 들고 나와서 아테네 젊은이들의 무지를 깨치려 했다. 하지만 아리스토파네스는 소크라테스의 교육법을 부모 패기의 패륜적인 방식이라고 조롱한다. 자신의 희극 「구름」에서 아리스토파네스는 소크라테스가 젊은이들에게 부모 패기를 선동한다고 풍자했다. 소크라테스 이전의 옛 학교는 부모에게 순종하고 국가에 충성할 때, 진짜 사나이가 된다고 가르쳤다. 그러면 가슴은 넓어지고 혀는 짧아지고 생식기는 작아질 것(작은 생식기는 자제력을 뜻했다고 한다)이라고 했다. 반면 소크라테스의 생각 학교에 다닌 젊은이들은 소크라테스를 본받아 철학하기에 바쁜 나머지 가슴은 좁아지고, 혀는 길어지고, 생식기는 커진다. 기존 질서와 부모의 권위를 되받아치느라 그들의 혀는 길어지고, 국가에 충성할 용기는 사라진다. 책임은 방기하고 쾌락만 추구하는 젊은이들의 정신은 부패하고 영혼은 타락하게 된다. 그러니 어찌 소크라테스에게 책임을 묻지 않을 수 있겠는가. 그 결과 소크라테스는 아테네 젊은이들을 타락시키는 인물로 찍혀 독배를 마셨다.

누스바움은 다문화시대에 이르러 소크라테스처럼 성찰하는 삶이야말로 세계시민에 이르는 길이라고 주장한다. 다문화시대 성찰적인 인문학 교육은 세계시민을 키워내는 데 필수적이다. 기존의 권위나 고정관념을 수동적으로 수용하지 않으려면 성찰하는 태도를 지녀야 한다. 세계시민이 되려면 서로 낯선 타자들을 이해할 수 있어야 한다. 타인의 고통을 이해하기 힘든 사람들이 어떻게 타인을 이해하고 그들에게 연민을 느낄 수 있는가? 우리는 직접 경험하지 않더라도 상상력을 통해 타인의 고통과 슬픔에 공감할 수 있다고 누스바움은 말한다. 우리가 아프리카 흑인 여성 노예 당사자가 아니라고 하더라도 혹은 아우슈비츠의 유대인이 아니라고 하더라도, 이야기를 통해 충분히 공감하고 감정이입할 수 있도록 해주는 것이 '서사적 상상력'이다. 그러므로 인/문학은 세계시민을 교육하는데 아주 중요한 장치다. 타인과 공감하고 동정하고 배려하고 연민하는 데 문학 수업만큼 서사적 상상력을 자극하는 것이 없기 때문이라고 누스바움은 확신한다.

글로벌 다문화 시대, 세계는 갖가지 갈등과 혐오로 넘쳐난다. 누스바움의 『인간성 수업』이 보여주는 특별함은 '소크라테스식 성찰'을 통해 젠더, 인종, 민족, 섹슈얼리티, 종교 등에서 초래된 갈등과 혐오에 대한 돌파 가능성을 대단히 포괄적이면서도 구체적으로 제시한 점에 있다. 다양한 대학 구성원들의 인터뷰, 인권문제와 차별금지법, 교과과정 개편과 분석, 대학이 당면해 있는 문제에 이르기까지, 『인간성 수업』이 보여주는 설득력은 구체적이면서도 전방위적이다. 인간의 종언이 거론되는 4차산업 시대이므로, 누스바움은 오히려 '인간성 수업'을 통해 세계시민 정신의 회복과 인류애의 도래를 더욱더 역설한다. 협소한 경제적 이해관계를 넘어 우리가 사는 세계가 살아볼 만한 가치가 있는 세계가 되기를 갈망하는 독자들이라면 누구라도 누스바움의 이 저서와 즐겁게 공감할 수 있을 것으로 기대한다.

찾아보기

인간성 수업

초판 1쇄 2018년 3월 8일
초판 5쇄 2023년 11월 15일

지은이 마사 C. 누스바움
옮긴이 정영목
기획 김형균 책임편집 허정은
편집 오윤성 송지선 김영옥 고원효
디자인 신선아 이혜진
저작권 박지영 형소진 최은진 서연주 오서영
마케팅 정민호 서지화 한민아 이민경 안남영
왕지경 황승현 김혜원 김하연 김예진
브랜딩 함유지 함근아 고보미 박민재 김희숙
박다솔 조다현 정승민 배진성
제작 강신은 김동욱 이순호
제작처 영신사

펴낸곳 (주)문학동네 펴낸이 김소영
출판등록 1993년 10월 22일 제2003-000045호
주소 10881 경기도 파주시 회동길 210
전자우편 editor@munhak.com
대표전화 031) 955-8888
팩스 031) 955-8855
문의전화 031) 955-3576(마케팅)
031) 955-3572(편집)
문학동네카페 http://cafe.naver.com/mhdn
인스타그램 @munhakdongne
트위터 @munhakdongne
북클럽문학동네 http://bookclubmunhak.com

ISBN 978-89-546-4895-0 93370

이 도서의 국립중앙도서관 출판예정도서목록(CIP)은 서지정보유통지원시스템 홈페이지
(http://seoji.nl.go.kr)와 국가자료종합목록 구축시스템(http://kolis-net.nl.go.kr)에서
이용하실 수 있습니다. (CIP 제어번호: CIP2017031388)

www.munhak.com